상담자의 회복탄력성과 자기 돌봄

원서 3판

Thomas M. Skovholt · Michelle Trotter-Mathison 공저
유성경 · 김선경 · 유정이 · 이윤주 · 장채원 · 정인숙 공역

The Resilient Practitioner (3rd ed.)

학지사

역자 서문

2003년에 『Resilient Practitioner』의 1판 번역서인 『건강한 상담자만이 남을 도울 수 있다』를 출간하고 난 후 20년이 넘어 3판 번역서인 『상담자의 회복탄력성과 자기 돌봄』을 출간하게 되었다. 10년이면 강산이 변한다고 하니 강산이 두 번은 변하는 사이에 한국 상담자들의 생태학적인 여건과 전문적 관심들도 많이 변하였고, 우리 역자들에게도 수많은 안팎의 변화들이 있었다. 처음 번역을 결정하게 되었던 역자들의 마음이 20년이 지난 이 시간에 새롭게 마음을 두드린다. 1판 번역에 참여한 4명의 역자는 서울대학교 사범대학 교육학과 교육상담 전공 선후배들이고 모두 워킹맘 상담자들이었다. 일과 가정 양립의 현장에 서 있었던 당시 우리들의 심정은 마치 양다리에 모래주머니를 달고 트랙을 달리는 듯 힘겨웠다. 심정을 내놓고 말하지 않아도 서로의 상황과 마음이 공감되던 시절이었다. 우리가 하는 일은 가정과 일터에서 끊임없이 우리 자신을 내어 주는 일이라 자기 자신을 돌보겠다고 굳은 결심을 하지 않으면 순식간에 스트레스에 꼴깍 삼켜질 것 같은 시간이었다. 그래서 워킹맘 상담자 4명이 자기 돌봄을 위해 무엇이라도 해 보자는 마음으로 선택한 것이 상담자 자기 돌봄을 다룬 이 책이었다. 마침 저자인 스코브홀트 박사님은 나의 박사 과정 지도교수이셨고, 이 책에 수록된 상담자 전문성 발달에 관한 연구는 내가 박사 과정 당시 따끈따끈한 원고로 접했던 터라 아주 기쁜 마음으로 번역을 시작할 수 있었다. 3판 번역 과정에는 기운이 쇠한 50, 60대의 1판 번역자들을 보조하기 위해 이화여자대학교 심리학과 상담심리전공 박사 과정 졸업생 두 명이 추가로 참여하였다.

원저의 1판은 2001년, 2판은 2011년, 그리고 3판은 2016년에 출판되었다. 3판에서 변화된 내용은 회복탄력성에 관한 새로운 장이 첨가되었고, 매 장마다 자기 성찰 활동들이 추가되었다. 또한 2010년도에 개발된 상담자 회복탄력성 척도가 소개되었다. 1판과 3판의 번역서 제목도 변화되었다. 1판을 번역할 2000년 초반에는 회복탄력성이라는 개념이 그다지 익숙지 않은 개념이었던 터라 번역서 이름을 『건강한 상담자만이 남을 도울 수 있다』로 의역하였다. 그러나 2000년대 이후 국내외적으로 회복탄력성에 대한 연구가 급증하였고, 회복탄력성이라는 개념이 친숙하게 자리매김하여 3판의 제목은 원저 제목을 그대로 살려 『상담자의 회복탄력성과 자기 돌봄』으로 번역하였다. 원저는 상담자뿐만 아니라 돌봄 직종군(상담사, 교사, 간호사, 사회복지사 등) 전체를 아우르는 방향으로 집필됐으나 번역서에서는 이 가운데 상담자에 초점을 두고 번역하였다.

이 책은 크게 두 개의 부로 구성되어 있다. 제1부에서는 타인을 돌보는 직종으로서 상담의 본래적 특성에 대해 기술한다. 상담은 타인을 돌보는 과정에서 대치 불가한 기쁨과 보상을 경험하게 되는 직종이다. 그러나 상담은 상담자 자기를 치료 도구로 사용하는 직종이며, 상담에서 가장 핵심적 치료 요인인 공감은 마음의 출혈을 전제로 하는 것이므로 상담 자체가 소진을 유발할 수밖에 없음을 이야기한다. 특히 초심 상담자들이 경험하게 되는 불가피한 스트레스에 대해 상세히 기술하고 있다. 제1부 마지막 부분에서는 상담 실무의 본래적 특성으로 인해 어쩔 수 없이 발생하는 상담자들의 소진 주제에 초점을 둔다. 조력 직종 전반에서 나타나는 소진 관련 연구가 시작된 배경을 소개하고, 소진의 구체적인 양상 및 특징들을 기술하면서 상담자가 자기 돌봄과 타인 돌봄의 균형을 잡는 것이 필요한 이유를 설득력있게 제시한다.

제2부에서는 상담자 소진에 대비되는 개념으로 회복탄력성 개념을 소개한다. 회복탄력성 연구 흐름을 독립된 장으로 제시하고, 상담자의 회복탄력성을 고양할 수 있는 원리와 방법을 상당히 구체적인 수준에서 제시하고 있다. 구체적으로 상담자가 전문적 자기와 개인적 자기를 각각 유지하기 위한 방법을 현실에서 적용 가능한 수준에서 제안한다. 실제 상담자들을 대상으로 진행된 상담자 전문성 발달과 관련된 연구를 통해 상담자 자기 돌봄과 타인 돌봄의 균형이 전문성 발달을 위해 필수적인 부분임을 역설한다. 마지막으로 숙련 상담자들의 소진 예방과 자기 돌봄의 전략을 활동지를 통해 구체적으로 점검해 볼 수 있도록 안내한다.

3판의 원고를 검토하며 20년 전과 비교할 때 이 책에서 다루고 있는 주제들이 다른 깊이와 넓이로 다가오는 것을 경험하였다. 책에서 소개하고 있는 전문성 발달의 여정을 압축적으로 생각해 볼 수 있는 시간이었다. 내담자의 변화는 기법이 아니라 결국 상담자를 통해서 이루어지며, 이것은 영혼과 영혼의 조우라고 할 수 있는 깊은 내면의 접촉과 고통을 공유함으로써 가능하다는 핵심은 변치 않았다. 이를 위해 상담자가 자기 자신을 소중하게 돌보고, 책임감 있게 자신의 삶을 가꾸어 가야 한다는 저자의 따뜻하지만 확고한 조언이 오래 마음에 남는다. 아무쪼록 이 책을 읽는 상담자들과 상담수련생들에게도 저자의 조언이 개인적이고 구체적인 수준에서 들리기를 소망한다.

3판 번역을 제안해 주시고 최종 원고를 탈고하기까지 약속한 시간보다 1년이나 넘는 시간을 기다려 주신 학지사 김진환 사장님, 그리고 꼼꼼히 원고작업을 진행해 주신 박선민 선생님께 깊은 감사를 드린다. 번역의 시작을 함께해 준 오랜 동지들 김선경, 유정이, 이윤주 공동 역자분들과 이화의 제자들 장채원, 정인숙 선생님에게도 대표 역자로서 감사의 마음을 전한다.

2025년 7월

이화동산에서

대표 역자 유성경

저자 서문

오페라 가수는 목소리를 어떻게 돌보는가?
투수는 팔을 어떻게 돌보는가?
목수는 장비를 어떻게 돌보는가?
사진작가는 눈을 어떻게 돌보는가?
무용수는 다리를 어떻게 돌보는가?
상담자는 자신을 어떻게 돌보는가?

이 책에서 우리는 타인의 삶을 증진시키기 위해 자신을 집중적으로 내어 주는 것에 대해 다룬다. 2001년의 초판, 2011년의 2판, 이제 2016년의 3판에 이르기까지 이 책의 중심이었던 것은 자신을 집중적으로 내어 주는 것의 중요성과 그 취약성이다. 이번 제3판을 다시 쓰는 데 수개월을 보냈다. 척도가 개정되었고, "인간의 회복탄력성이란 무엇인가?"와 "상담자 회복탄력성 폭풍의 눈 모델"에 대한 새로운 장이 추가되었으며, 기존의 장들도 개정되었다. 저자들에게 이 책은 아주 매력적이고 어려우며 동시에 매우 의미 있는 프로젝트였다. 우리는 이 책의 독자와 워크숍 참여자들의 반응에 매우 고무되었다.

우리는 조력 전문직, 교육, 의료 직종, 성직자와 같은 다양한 직업 분야에 종사하는 이들을 위해 이 책을 썼다. 어떤 독자들은 상담사, 심리치료사, 교사, 교수, 사회복지사, 간호사, 의사, 물리치료사, 또 다른 의료 전문직의 다양한 직업군을 동일한 직업으로 생각하지 않을 수도 있다. 왜냐하면 그것들은 서로 달라 보이기 때문이다. 예를 들면, 학교 교사는 자기가 하는 일이 간호사나 상담사가 하는 일과는 아주 다르다고 생각할 것이다. 그렇다. 거기에는 차이가 있다. 훈련 중인 초심자들은 자주 그들 영역의 차이점과 독특성에 대해 배운다. 우리는 그런 것들이 직업 정체성, 역할 및 기능에 중요할 수 있다는 것을 알고 있다. 그런데 다른 한편으로는 상담, 교육, 의료 서비스에서 우리의 경험은 이 세 영역 간에 있는 큰 공통점을 발견하게 해 주었다. 우리는 이러한 전문적 그룹들 사이에 업무상의 고민을 많이 공유하고 있다고 느낀다. 돌봄 전문직(caring profession)으로서 공통의 업무 요소가 있기 때문이다.

널리 알려진 진로 발달 검사지인 캠벨의 진로 홍미 검사(The Campbell Interest and Skill Survey)에서는 이 영역들 간의 유사성을 "가르치는 것, 치료하는 것, 상담하는 것을 통해 다른 이를 돕는 것"이라고 제시하면서 이들을 일곱 가지 진로 분야 중 한 분야로 제시하였다(Campbell, Hyne, & Nilsen, 1992, p. 2). 나는 여러분이 책을 읽어 가며 이 직업들 간의 차이점보다는 공통점에 대해 생각하기를 바란다. 이 공통점들을 이해하게 된다면 이 책은 서로 다른 돌봄 전문직에 종사하는 많은 사람에게 도움이 될 것이다.

모든 이가 궁금해하는 것은 "자기 자신을 변화의 도구로 여기는, 도와주고-돌보는, 관계집약적 전문직의 종사자들이 어떻게 자기 소진을 막고 전문가로서의 생명력을 잃지 않는가?" 하는 것과 "타인 돌봄과 자기 돌봄 사이에서 어떻게 균형을 유지하는가?" 그리고 "상담자 회복탄력성의 핵심은 무엇인가?" 하는 것이다. 이 책에서 우리는 이러한 질문을 하고 독자들이 이런 질문들에 초점을 맞추고 귀중한 해답을 찾는 데 유용한 방법을 제공하기를 희망한다.

회복탄력적 실무에 속하는 직군

다음의 목록은 광범위하게 정의된 관련 직종에 종사하는 많은 사람의 일부를 열거한 것이다. 여기 제시된 모든 직업은 다른 사람들의 삶을 증진시키기 위해 자신을 집중적으로 내어 주는 일을 포함하고 있다. 이 책은 이런 모두를 위한 것이다.

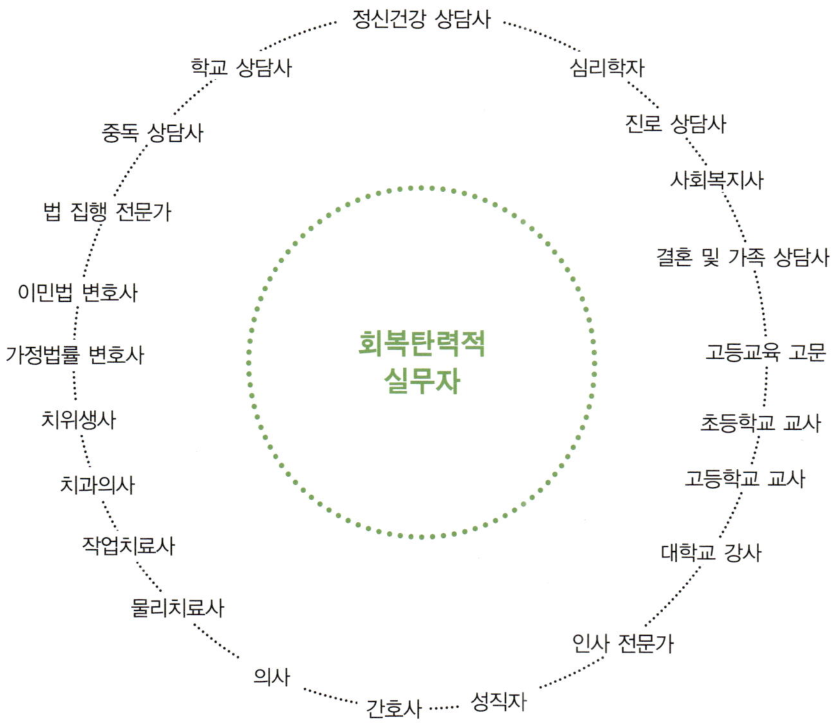

스코브홀트의 상담자 회복탄력성 및 자기 돌봄 척도[1]

2014년 버전

이 척도의 목적은 넓게 정의된 조력, 의료 및 돌봄 분야의 학생과 실무자들에게 자기 성찰을 제공하는 것이다. 이 모든 분야는 타인(내담자, 환자, 학생, 조언 받는 이, 멘티 등)의 복지가 최우선인 관계집약적(relationship-intense) 분야를 말한다. 여기서 실무자(practitioner)는 이러한 분야에서 일하는 개인이다. 이 모든 직업은 각각의 지식과 기술에 있어서 특화된 영역으로 구별된다. 하지만 자주 고통을 겪거나 다양한 종류의

1) SKOVHOLT PRACTITIONER PROFESSIONAL RESILIENCY AND SELF-CARE INVENTORY, 이 척도는 한국어 척도로 타당화되어 장채원, 정인숙, 유성경(2022). 한국판 상담자 회복탄력성 척도 타당화. 상담학연구, 23(2), 215-236에 게재됨.

인간 필요를 경험하는 타인과의 나-너(I-Thou) 관계를 위해 엄청난 양의 정서적 집중을 필요로 한다는 점에서는 공통적이다.

척도의 질문은 돌봄 및 관계집약적 직종의 광범위한 분야에서 활약하고 있는 실무자와 훈련 프로그램에 있는 학생들에게 묻는 것이다. 일부 질문은 다른 질문보다 특정 전문가나 특정 교육 프로그램에 있는 학생들과 더욱 관련이 있을 수 있다.

이 체크리스트는 전문적 활력, 개인적 활력, 전문적 스트레스와 개인적 스트레스의 네 가지 하위 척도로 구성되어 있다.

1 = 매우 아니다, 2 = 아니다, 3 = 보통이다, 4 = 그렇다, 5 = 매우 그렇다

당신에게 가장 잘 들어맞는 응답에 표기하라.

전문적 활력

1. 나는 실무자로서 나의 일이 의미 있다고 생각한다.	1 2 3 4 5
2. 나는 자기 돌봄이 지속되어야 할 내 일의 일부라고 생각한다.	1 2 3 4 5
3. 나는 내담자와 긍정적 애착을 맺는 것에 관심이 있다.	1 2 3 4 5
4. 나는 내담자와 긍정적 애착을 맺을 수 있는 에너지를 가지고 있다.	1 2 3 4 5
5. 나의 슈퍼바이저는 상담자의 복지 증진을 위해 노력한다.	1 2 3 4 5
6. 내가 하는 업무에 대해 높은 통제력을 갖고 있는 편이다.	1 2 3 4 5
7. 내가 하는 업무에 대해 과도하지 않고 합리적인 요구를 받고 있다.	1 2 3 4 5
8. 나는 지지적인 업무 환경에서 일하고 있기 때문에 나의 업무 환경이 온실과 같다고 느낀다.	1 2 3 4 5

전문적 활력 점수 총합 (가능한 점수는 8~40점) ______

개인적 활력

9. 나의 삶은 유머와 웃음으로 가득하다.	1 2 3 4 5
10. 나는 방향성과 진실성을 갖게 하는 윤리 강령을 가지고 있다.	1 2 3 4 5
11. 나는 친밀한 사람들로부터 사랑받고 있다고 느낀다.	1 2 3 4 5
12. 나는 긍정적이고 친밀한 친구 관계를 갖고 있다.	1 2 3 4 5
13. 나는 신체적으로 활동적이며, 운동의 혜택을 누리고 있다.	1 2 3 4 5

14. 나의 재정 상태는 균형이 잡혀 있다. 1 2 3 4 5
15. 나의 삶에는 즐거움이 가득하다. 1 2 3 4 5
16. 나는 삶에서 높은 에너지를 유지하게 하는 많은 자원을 갖고 있다.
(예: 친구, 가족, 취미, 반려동물, 자연) 1 2 3 4 5
17. 나는 돌봄 직업이 갖는 모호성에 대처하기 위해 뚜렷한 결과를 즐길 수 있는 구체적인 활동들을 한다. (예: 화초 가꾸기, 뜨개질, 요리) 1 2 3 4 5
18. 나는 건강한 식습관을 갖고 있다. 1 2 3 4 5
19. 나의 수면 패턴은 회복력이 있다. 1 2 3 4 5

개인적 활력 점수 총합 (가능한 점수는 11~55점) ____________

전문적 스트레스

20. 나는 자기 돌봄을 실천하는 것과 유능한 상담자가 되는 것 사이의 상충되는 메시지를 해결하는 방법을 찾기 위해 노력한다. 1 2 3 4 5
21. 나는 내담자들과의 작업에서 적절한 경계 설정을 할 수 있다. 1 2 3 4 5
22. 나는 내담자와 고통을 함께할 수 있지만 그의 고통에 압도되지는 않는다. 1 2 3 4 5
23. 나는 일에 있어 높은 기준을 가지고 있지만 도달할 수 없는 완벽주의에 빠지지 않는다. 1 2 3 4 5
24. 나의 일은 대부분 근본적으로 즐겁다. 1 2 3 4 5
25. 돌봄 직업에서 성공을 판단한다는 것이 종종 혼란스럽지만, 나는 내 직업적 성공을 판단하는 효과적인 방법을 알고 있다. 1 2 3 4 5
26. 나는 적어도 한 명 이상의 슈퍼바이저와 긍정적 관계를 맺고 있다. 1 2 3 4 5
27. 나는 내 분야에서 새로운 아이디어, 방법, 이론, 기술을 배우는 것에 흥미를 느낀다. 1 2 3 4 5
28. 내가 속한 조직에서 동료들 간의 갈등 수준은 낮은 편이다. 1 2 3 4 5

전문적 스트레스 점수 총합 (가능한 점수는 9~45점) ____________

개인적 스트레스

29. 나는 스트레스에서 벗어나 휴식을 취할 수 있는 다양한 방법을

알고 있다. 1 2 3 4 5

30. 개인적인 삶에서 내가 일방적으로 돌보는 관계를 과도하게 갖고 있지는 않다. 1 2 3 4 5
31. 나의 신체적인 고통이나 불편감의 수준은 견딜 만하다. 1 2 3 4 5
32. 나의 가족 관계는 만족스럽다. 1 2 3 4 5
33. 나는 개인적인 가치나 영적 · 종교적 활동과 믿음으로부터 힘을 얻는다. 1 2 3 4 5
34. 나는 개인적 삶에서 큰 배신을 경험하고 있지 않다. 1 2 3 4 5
35. 나는 서로 교감하는 하나 이상의 지지적인 공동체를 갖고 있다. 1 2 3 4 5
36. 나는 삶에서 주요한 상실에 대해 대처할 수 있다. 1 2 3 4 5
37. 나는 성찰적 활동을 위한 시간을 가진다. 1 2 3 4 5
38. 나는 도움이 필요하다고 느낄 때 도움을 받을 수 있다. 1 2 3 4 5

개인적 스트레스 점수 총합 (가능한 점수는 10~50점) ______________________

전체 점수 총합 (가능한 점수는 38~190점) ______________________

이 척도는 총 38문항으로 구성되어 있다. 모든 질문은 1점(낮음)에서부터 5점(높음)에 이르는 정적 방향으로 점수가 매겨진다. 앞서 이야기한 것처럼, 돌봄 전문직의 실무자와 학생들이 자기 성찰을 통해서 점수를 매기는 방식이다. 최고라고 간주되는 총점수는 없다.

당신의 직업에서 전문적 회복탄력성과 자기 돌봄의 한 방법으로 다음의 질문들을 생각해 보라.

먼저 앞의 질문들을 훑어보고 당신이 높은 점수, 즉 4점과 5점으로 응답한 문항들에 집중해 보라. 당신의 답을 보면 어떤 결론을 내릴 수 있을까? 다음에 적어 보라.

____

____

____

다음엔 낮은 점수, 즉 1점과 2점으로 응답한 문항들에 집중해 보라. 당신의 답을 보면 어떤 결론을 내릴 수 있을까? 다음에 적어 보라.

다음으로 전문적 활력, 개인적 활력, 전문적 스트레스와 개인적 스트레스의 네 가지 부문을 살펴보라. 균형이 잡혀 있는가? 균형이 잡혀 있지 않다면 어떤 개선방안을 생각해 볼 수 있을까? 다음에 적어 보라.

마지막으로, 이 척도에서 다룬 다양한 주제, 당신의 응답, 이후의 자기 성찰, 슈퍼비전 및 다른 사람과 토론한 내용들을 생각해 보라. 행운이 함께하기를!

톰 스코브홀트

차례

제1부

제1장 타인 돌봄 대 자기 돌봄: 위대한 인간 드라마

나는 자신을 돌보는 것보다 항상 다른 사람을 돌보고 보살피는고 것을 더 잘해 왔다. 그러나 근래 몇 년 동안 나 자신을 돌보는 것도 점점 잘하게 되었다.

—**칼 로저스, 75세**(1995, p. 80)

병원 교회 목사로서 월터 피트는 한 소녀가 할머니와 작별 인사를 하기 위해 기도하는 것을 도운 적이 있었다. 후에 그는 그것이 소녀의 인생에서 가장 중요한 순간 중 하나였다는 편지를 받았다.

—**암펠**(2013, p. B4)

학교에서 가르치는 일은 마치 부스터 코드를 뇌에 꽂고 몸에서 모든 즙을 빼내는 것과 같다.

—**전 교사, 현 소설가 스테판 킹**(Grothe, 2008, p. 15에서 인용)

너무 자주 우리 상담자들은 개인적인 인간관계를 등한시한다. 일이 삶이 되곤 한다. 일과가 끝날 무렵에는 우리의 너무 많은 것을 주었기에 관계에 대한 욕구가 빠져나가는 것을 느낀다.

—**얄롬**(2002, p. 252)

나는 나 자신을 위한 시간을 보내기에 앞서 다른 사람들에게 시간을 할애한다.

—**중학교 교사**(1996)

회복탄력성, 최근에 점점 더 많이 사용되고 있는 이 단어는 힘겹고 도전적인 상황에서 긍정적인 방법으로 적응하는 개인의 능력을 말한다. 만약 회복탄력성의 개념에 대해 깊이 있게 읽고 싶다면, 루터 등(Luther et al., 2000)이 169개의 참고문헌과 함께 그 주제에 대해 학술적 고찰을 쓴 것을 참고하라! 혹은 지름길로 '회복탄력성'이란 용어를 이해하려면, 물속에 던져진 낚시찌가 튀어 오르는 것처럼 음의 힘에서 되돌아올 수 있는 능력으로 생각해 볼 수 있을 것이다.

로라 힐런브랜드(Laura Hillenbrand, 2010)는 자신의 베스트셀러 저서 『언브로큰: 모든 기적은 삶에 있다(Unbroken: A World War II Story of Survival, Resilience, and Redemption)』에서 루이스 잠페리니를 이런 방식으로 묘사했다. 그것은 페이지마다 묘사된 극도의 고난과 고통을 겪은 한 남자가 계속해서 되돌아오며 회복탄력성을 보여 주는 이야기이다. 서문의 첫 장에서 우리는 1943년에 머물게 된다. 루이스는 태평양에서…… "서쪽으로 표류하는 작은 구명정에 가로질러 누워 있었다……. 그들은 일본 통제 수역 깊숙이 27일째 표류 중이었다"(p. xvii). 루이스는 잡혔고, 잔인한 경비원의 특별한 희생양이 된 채 강제 수용소에서 여러 달을 보냈지만…… 탄성력이 좋은 낚시찌처럼, 그는 수용소에서 육체적으로 그리고 감정적으로 계속 회복했고, 그 후 수십 년 동안 마찬가지였다. 그리고 55년 후인 1998년 그는 수십 년 전에 갇혀 있던 강제 수용소로 돌아왔다. 이제 81세의 루이스는 그 지역 주민들이 "기쁨에 찬 나이 지긋한 남자가 뛰고 있는" 장면을 존경스럽게 보고 있는 동안 승리감에 감격하여 올림픽 성화 봉송을 했다. 『언브로큰』이라는 제목은 루이스 잠페리니의 인생 이야기를 매우 잘 담고 있다. 그것은 회복탄력성 이상의 회복탄력성을 보여 준다.

이타적인 많은 영웅적인 이야기들이 타인 돌봄 대 자기 돌봄의 균형에 대한 예들을 보여 준다. 버스에서의 로사 팍스가 떠오르고, 개신교 개혁가 마틴 루터도, 시카고 헐하우스(Hull House)의 사회복지사 제인 아담스, 비행기를 허드슨 강에 착륙시키고 기체가 물에 잠기는 동안 모두가 빠져나갔는지 계속해서 확인했던 기장 체슬리 설렌버거도 그런 예들이다. 이번에는 수백 명의 유대인을 구한 일본 공무원에 대한 예를 소개하며 이 부분을 마치겠다. 1940년 리투아니아에서 일본 공무원으로 일하던 스기하라 치우네는 하루 20시간씩 절박한 유대인들의 출국 비자를 작성했다(Levine, 1996). 타인 돌봄 대 자기 돌봄의 시소에서 그는 그것이 옳은 일이기 때문이라고 말하며 타인 돌봄으로 방향을 돌렸다.

상담자에게 요구되는 회복탄력성은 다른 차원을 가지는데, 그것은 기본적인 육체적 생존이라는 축을 중심으로 개인의 삶이 돌아가는 때의 강도는 아니다. 그러나 상담자는 종종 타인 돌봄과 자기 돌봄 사이에서 괴로운 끌어당김을 경험한다. 우리의 삶에는 지속적인 끌어당김, 끊임없는 팽팽함, 긴장감이 존재한다. 그것은 어떤 이들에게는 강력한 것이 아닐지도 모른다. 사람들이 지속적으로 경험하는 이 긴장감이 어떠한 공통된 형태로 나타나는지는 분명치 않다. 대체로 그것은 신체적인 긴장감으로 느껴진다. 그것은 한번 왔다가 가는 것이 아니라, 오히려 잔물결치는 일종의 파도와 같다. 두 방향으로 나아가는 물결, 혹은 세 방향으로 밀려가는 물결과도 같다. 아니면 네 방향으로 밀려가는 물결이라고 할까? 가끔 그것은 사소한 충돌에서 시작하여 금세 전쟁과 같은 극심한 갈등으로 발전하곤 한다.

우리는 "예"라고 말하면 지치게 되고 "아니요"라고 말하면 죄책감을 느끼며, 주는 것과 받는 것 사이, 타인을 돌보는 것과 자신을 돌보는 것 사이에 끼어 갈등하고 있다. 이것은 인간이 살아가면서 경험하는 보편적인 딜레마이다. 다만 이러한 갈등이 선천적으로나 성향상 타인의 필요에 정서적으로 맞추는 사람들에게는 좀 더 강하게 나타날 뿐이다. 강도 높은 인간 상호작용(예를 들어, 돕고, 가르치고, 치료하는 것)이 직업상 핵심 요소일 때 이러한 갈등이 더 잘 나타나게 된다. 이런 직업 영역에서는 자신을 내어주는 것이 그 분야에서 성공하기 위해 필수적인 선행 요건이다. 그리고 다른 사람을 돌보는 것은 그 자체로 값진 것이다. 우리가 한 종(種)으로서 본성상 자신의 필요를 충족하는 방향으로 기울어질 때 타인을 돌보는 것은 돌봄 분야에 많은 강점을 제공한다.

이러한 조력 분야에 뛰어든 최고의 사람은 자연스럽게 다른 사람들의 필요를 향하여 기울인다. 그들은 주변의 모든 곳에서 인간의 욕구를 보고, 느끼고, 냄새를 맡고, 만지고, 듣고 응답하고 싶어 한다.

훌륭한 사람들일수록 이와 같은 고투를 더 많이 한다. 이들은 희망이 사라져 가는 동안에 그 문제를 해결하거나, 그 문제 상황을 떠나거나, 아니면 내면적인 소진을 경험한다. 자신보다 타인을 우선시하는 것은 자연스러운 것이 아니다. 인간의 감각(후각, 시각, 미각, 촉각, 청각)은 자신을 보호하고 또 발전시키기 위해 존재한다. 다른 사람의 감각을 통해 세계를 이해하는 것은 흐르는 물을 거슬러 수영하는 것처럼 힘들고 또한 저항에 부딪히기 쉽다. 한 사람이 다른 사람을 위해 얼만큼 일을 해야 할까—이 순간, 이 시간, 오늘, 이번 주, 이번 달, 이번 해, 이번 10년, 이 일을 하는 동안 내내? 시간이 많은 다른 날, 더 많은 시간이 있는 다른 주, 그리고 심지어 더 많은 시간이 있는 다른 달이 있다면, 내가 도우려는 사람에게 이 시간을 얼마나 주어야 하는가? 이 시간에 자신을 타인에게 얼마나 내어 주어야 하는가?

이 세 단락에서 우리는 루이스 잠페리니 유형의 회복탄력성을 위해 자신의 강인함에 빠져드는 것에 대해 이야기하는 것이 아니다. 그러나 사방에 있는 인간의 고통과 필요를 보고 타인을 돌보는 것과 자기를 돌보는 것 사이의 시소(다가갈 것인가, 물러설 것인가) 위에 계속 있으려면, 나름의 회복탄력성이 요구된다. 이 책도 마찬가지이다.

조력 전문직에서 성공하려면 우리는 전문적인 활력을 끊임없이 지속시켜 겨우겨우 남을 돌보아 주는 상태를 피해야만 한다. 상담사, 치료자, 교사, 의료 전문인들에게 이것은 매우 어려운 일이다. 프로이덴버거(Freudenberger, 1974)가 소진이란 용어를 처음 사용하면서부터 많은 학자는 조력과 관련된 분야에서 전문적인 활력을 갖기 어렵다는 점에 대해 논의해 왔다(Baker, 1973; Canfield, 2005; Larson, 1993; Linley & Joseph, 2007; Maslach, 1982; Mathieu, 2012; Papastylianou, Kaila, & Polychronopoulos, 2009; Robinson, 1992; Rothschild, 2006; Shirom, Oliver, & Stein, 2009; Sussman, 1995; van Dernoot Lipsky & Burk, 2009).

돌보는 직업에서 주된 강점이 되는 "타인의 관점 취하기"는 타인의 욕구와 자신의 욕구를 돌보는 것 사이에 한계를 긋는 것을 어렵게 한다. 직업상 우리는 다른 사람의 시각으로 바라보도록 훈련을 받았고, 또한 자연스럽게 이것을 해 왔다. 킹(King)은 우리는 살아오면서 종종 다른 사람을 능동적으로 도운 개인의 역사가 있다고 말했다.

> 우리는 종종 잘 들어 주는 좋은 친구, 인간관계에서 조정자, 논쟁을 할 때 외교관 역할을 하는 사람, 그리고 원가족 안에서 조력자이다[킹(1996년 2월, 개인적 대화)].

다른 논문에서 스코브홀트(skovholt, 1988)는 다음과 같이 기술하였다.

> 우리 직업에서 가장 두드러진 특성 중 하나는 타인의 입장을 취하는 일에 집중하는 것을 매우 능숙하게 한다는 점이다. 다시 말하면 공감, 지각의 유연성, 모호함을 견뎌 내는 것, 감정적인 민감성을 결합하는 것에 온갖 관심을 집중한다. 이것에 성공한다면, 이 모든 것이 다른 사람의 세계를 이해하는 심오한 능력으로 바뀐다. 이렇게 잘 다듬어진 능력은 다른 직업에 종사하는 많은 사람이 소유하지 못한 우리 직업의 강점 중 하나이다(p. 283).

인생의 극장에서 타인이 무대의 조명을 받는 부분이 된다. 즉, 우리의 '나'는 조명

밖에 있다. 우리는 타인의 삶, 그 사람의 희망, 이상, 목표, 열망, 고통, 두려움, 절망들에 초점을 맞춘다. 현미경으로 잎을 관찰하는 것처럼, 우리는 조명에 비춰진 이 타인을 상세히 살펴본다. 우리는 상담사, 치료자, 교수, 의료 전문가로서 타인에게 주의를 기울인다. 우리 자신의 욕구는 조명 밖에서 쉽게 잊혀진다. 우리는 심지어 주변의 모든 필요에 반응하지 않아도 된다는 통찰도 잃게 된다.

타인의 필요에 초점을 맞춘 타인의 관점 취하기 외에도, 우리는 종종 다수의 관점에서 사물을 바라보게 된다. 그래야 엄마, 아빠, 딸, 아들 등 가족 구성원 개개인의 관점에서 문제를 봐야 하는 가족 상담과 같은 활동을 자연스럽게 할 수 있다. 어떤 사람들은 스티븐스(Stevens, 1923)의 시 「검은 새를 보는 13가지 방법」을 듣고 "와, 13가지나 방법이 있어요?"라고 말할 것이다. 조력 전문직에 종사하는 사람들은 자주 다른 사람들을 이해하기 위해 동시에 여러 개의 렌즈를 사용한다.

다양한 관점을 통해 인간의 욕구 세계를 볼 수 있다는 것은 가치 있는 일이 될 수 있다. 하지만 때때로 돌봄 전문직의 사람들은 자신의 관점과 자신의 욕구에 대한 감각을 잃게 된다.

강렬한 인간 욕구가 드러나는 환경에서 남을 돌보는 일을 하는 사람들은 매우 힘들다. 그 이유는 이들이 보통 사람들보다 훨씬 높은 수준으로 인간의 욕구에 반응하고 경험하고 평가하도록 배워 왔기 때문이다. 그렇게 하도록 하는 것이 훈련의 목표이다. 양로원은 많은 사람의 강렬한 필요가 드러나기 때문에 실무자에게 어려움을 주는 곳의 한 예가 된다. 남의 입장을 취하는 데 뛰어난 능력을 갖춘 사람들은 양로원 노인의 외로움, 두려움, 절망을 쉽게 느낄 수 있다. 어떤 상담자는 그와 같은 장소에서 자신의 내담자 이외의 다른 많은 노인의 욕구를 민감하게 느끼고, 그것에 휘둘리지 않으면서 자신의 내담자를 만나기 위해 고투한다. 그는 내담자에게 언제 다가가고, 언제 물러나야 하는가의 경계를 탐색하는 동안에 정서적인 소모 아니면 죄책감 가운데 하나를 선택해야 한다. 이런 상황에서 "구두 수선공이 자기 구두는 가지고 있지 않다"는 속담과 같이 상담자가 자기를 돌보지 못하는 문제가 쉽게 발생한다. 이 문제에 대해 서스먼(Sussman, 1995)은 다음과 같이 설명하였다.

> 많은 치료자는 원가족 안에서 돌보는 사람, 중재자, 부모화된 아이, 부담을 견뎌 내는 역할을 하면서 자란다. 이들은 어릴 때 다른 사람들에게 자기를 맞추는 것을 배우기 때문에 자신의 욕구에 주의를 기울이는 것을 매우 어려워한다(p. 4).

상담자는 삶의 어디에서 자신을 보호받고 양육 받는가? 아마도 그 답은 더 거대한 인간 드라마에서 나타나는 이타심과 자기 보존 사이의 갈등에서 찾을 수 있을 것이다. 하나의 종(種)으로서 우리 인간의 수는 놀랄 만큼 증가했다. 이 증가는 최근 더욱 놀라운 속도로 진행되어 인구수가 1950년 25억에서, 2014년 72억으로 늘어났다(U.S Census Bureau, 2014). 인간은 자기 보존이라는 뛰어난 감각을 지녔기 때문에 이렇게 인구수가 증가하게 되었고 다른 종들을 지배하게 되었다.

생물학적으로 인간 모두는 자기를 보호하도록 태어났다. 감각들은 끊임없이 우리에게 위험을 경고한다. 신체 방어 체계는 백혈구, 부신에서 뿜어 나오는 에너지, 불가사의한 과정을 통해 질병과 그 위험을 물리친다. 아이를 갖고 싶다는 바람도 생물학적 자기 보존의 일종이라고 볼 수 있다. 때로는 부정, 합리화, 투사와 같은 심리적 방어 기제들도 우리를 위험에서 지켜 준다.

자기 보존이 인간의 주요한 추동인 것처럼, 이타심과 자기 희생도 인간의 핵심적인 추동이라는 사실을 뒷받침할 수 있는 근거를 찾을 수 있다. 2012년 겨울, 비통하게도 코네티컷주 뉴타운의 샌디훅 초등학교가 무장 괴한의 공격을 받았다(Associated Press, 2012). 학교가 포위 당해 있는 동안, 교사들과 관리자들은 학교 아이들의 삶을 그들 자신의 삶보다 우선시했다. 총격의 후유증 속에서 여러 영웅적 이야기가 보도되었다. 빅토리아 소토 선생님은 1학년 교실에서 아이들을 물리적으로 방어했다. 다운 호크스프룽 교장과 심리학자 메리 셀라크는 말 그대로 학생들과 살인범 사이에 끼어들어 총을 쏜 사람을 향해 돌진했다. 세 명 모두 총격으로 사망했고, 그들은 한 개인으로서 또한 조력 전문가로서 자연스럽게 그들의 일, 즉 보살피는 아이들을 보호하고 돌보는 일에 따르는 궁극적인 희생을 치렀다.

『죽음의 수용소에서(Man's Search for Meaning)』(Frankl, 1946/1959)와 『타인에게 행하라: 평범한 사람들의 비범한 행동(Do Unto Others: Extraordinary Acts of Ordinary People)』(Oliner, 2003)과 같은 책들에서는 자신을 희생했던 보통 사람들에 대한 이야기를 다루고 있다. 도덕 발달에 관한 저명한 학자인 콜버그는 어머니를 살리기 위해서 '훔칠 것인가 말 것인가'의 딜레마에 놓여 있는 유명한 하인츠 사례를 통해 도덕성을 측정했다. 하인츠의 이야기는 다른 사람을 돌보는 것과 자신을 보존하는 것 사이의 딜레마이다.

하인츠의 딜레마는 이타심과 자기 보존이라는 큰 인간 드라마의 한 예이다. 이렇게 이타심과 자기 보존의 두 축이 잡아당기는 가운데 상담자들은 이 두 가지의 균형을 맞추면서 살아가려고 노력하며 그들의 일을 수행한다. 예를 들어, 상담자는 다음 날 만날 내담자를 위한 준비를 위해 어느 정도로 잠을 줄여야만 하는가? 이것은 하이터치 분야에서 상담자가 계속해서 겪는 많은 딜레마 중 작은 하나의 예이다.

다음 장에서부터는 상담자의 세계를 알아볼 것이다. 거기서 우리는 상담이란 일이 주는 깊은 만족감을 탐구한다. 타인의 삶을 더 좋게 만드는 것을 목표로 하는 일에 둘러싸여 있을 때 오는 깊고 종종 미묘한 쾌감에 대해 말할 것이다.

자기 성찰 활동

이 장에서는 인간의 주요 주제에 관해 설명하려고 했다. 개인의 에너지는 다른 사람의 행복으로 향해야 할까, 아니면 자신의 행복으로 향해야 할까? 아니면 그 조합일까? 무엇으로 향해야 할까? 언제 향해야 할까?

1. 이 장에서의 개념에 대해 당신은 어떤 종류의 반응을 보였나?

2. 이 장의 '타인 돌봄과 자기 돌봄 사이에서의 당기기'에 대한 설명이 당신에게는 얼마나 맞는 이야기였나?

제 2 장 실무 경험에서 오는 기쁨, 보상, 그리고 선물

삶이 공허하지 않다면 쉽지 않아도 된다.

—**리제 마이트너**(Maggio, 1997, p. 12에서 인용)

남을 가르치는 것을 통해서 우리는 자신을 가르친다.

—**속담**

효과적인 상담자에게는 일반적인 경험이지만, 당신이 다른 한 인간의 삶에 실질적이고 지속적인 차이, 그 특별한 의미를 결코 잃어버릴 수 없는 차이를 만들었다는 것을 아는 것보다 더 큰 기쁨은 없다.

—**노르크로스와 가이**(2007, p. 21)

삶의 진정한 기쁨은 이것이다. 즉, 자신이 발견한 주요한 목적을 위해 살아온 존재, 고철덩어리 위에 던져지기 전에 완전히 사용된 존재, 세상이 자기를 행복하게 해 주지 않는다고 불평하며 질병과 불만으로 찌든 이기적인 흙덩이가 되는 대신에 대자연의 힘이 되어 주는 존재가 되는 것이다.

—**조지 쇼**(Larson, 1993, p. 2)

스승은 영원히 영향을 미친다. 스승의 영향력이 어디서 끝이 나는지 알 수 없다.

—**애덤스**(1918, p. 300)

아이들을 진료하는 것의 대부분은 멋진 일이었다. 대개 그들은 튼튼했고, 질병에서 회복되었으며, 항상 보살핌에 응답했다.

—**소아과 의사 베리 브라젤턴**(2013, p. 35)

한 사람의 생명을 구원하는 사람은 온 세계를 구원하는 것과 같다.

—**탈무드**(Danby, 1993, p. 388)

가르치는 것으로부터 얻게 되는 보상은 당신의 삶이 변화를 일으켰다는 사실을 아는 것이다.

—**아이어스**(1993, p. 24)

이 책을 읽는 대부분의 독자는 인간이 발전하도록 돕는 양육자이다. 이것은 매우 보람 있는 일이다. 삶을 긍정적으로 변화시키고 다른 사람들을 위해 함께하는 것이 상담자들에게 핵심적인 직업적 관심사이다. 다른 사람과 친밀한 관계를 맺고 그들을 도움으로써 상담의 기쁨, 보상, 선물을 얻게 된다. 조력 관계에서 성공적이 되면 깊은 만족감을 느낄 수 있다.

사람들은 왜 우리가 소프트웨어 디자인 같은 공과 계열의 직업이나 실험실에서 연구하는 직업을 택하지 않았느냐고 묻곤 한다. 이 질문에 대해 우리는 삶의 고난과 씨름하는 사람들과 함께 작업하면서 갖게 되는 멋진 만족감 같은 다양한 답을 가지고 있다. 지구상에 존재하는 많은 종(種) 중에서 가장 복잡한 대상과 밀접하게 상호작용한다는 것은 정말 풍성한 일이다. 다른 이들을 위해 인간의 삶이 더 나아질 수 있도록 시도해 볼 수 있는 기회를 갖는 것은 큰 특권이다. 그리고 많은 경우에 깊이 만족스러운 그 일을 하면서 월급을 받는 것은 특권을 더하는 일이다. 상담을 통해 얻게 되는 특별한 기쁨, 보상, 선물은 과연 무엇일까?

상담하는 것으로부터 오는 기쁨들

우리가 하는 일의 초점은 인간의 욕구에 긍정적으로 영향을 미치는 데 있다. 이러한 목표는 정의 내리기도 힘들고 달성하기도 어렵다. 노련한 상담자들에게도 역시 어려운 일이다. 그렇지만 결과적으로 상담자는 대성공을 거두었을 때 상담으로부터 오는 기쁨을 맛보게 된다. 상담으로부터 오는 기쁨의 예를 보자.

미셸은 자신을 전문적 조력 현장으로 이끌었던 상담자의 기쁨을 떠올렸다.

> 대학교를 나오자마자 평신도 조력자로서 나는 정서와 행동 문제로 어려움을 겪고 있는 청소년들을 위해 여름 기숙사에서 일했다. 나는 이제부터 메리라고 부를 한 젊은 여성과 함께 작업했다. 나는 메리와 작업하면서 그녀가 목표를 세우고 삶을 변화시키는 것을 좋아한다는 작은 징후들을 보게 되었다. 메리의 생일을 축하하기 위한 특별한 소풍 후에 그녀는 나에게 와서 이렇게 말했다. "정말 즐거운 하루였어요. 다른 생일날에는 저는 술에 취했거나 약에 취해 있었지만, 오늘은 정말 즐거웠어요. 감사합니다. 오늘 정말 감사합니다." 이 젊은 여성으로부터 이 말을 듣고 돌봄 전문직이 나를 위한 것이라는 것을 알게 되었다. 나는 메리와 같은 다른 이들이 자신과 연결되고, 자신의 성장 능력을 알 수 있도록 돕고 싶었다.

톰은 여름 태양의 따뜻한 보살핌처럼 느껴졌던 뜻밖의 감사와 같은 상담자의 기쁨을 회상했다.

> 나는 상담이 종결되고 한참 후에 한 통의 전화를 받았다. 그 전화에서 이전 내담자는 "상담과 컨설팅에서 해 주셨던 훌륭한 일들에 감사해요, 톰. 그건 너무 가치가 있었어요. 어쩌면 다시 돌아갈 수도 있지만, 지금은 모든 것이 좋습니다"라고 말했다.

'좋아요, 아주 좋아요, 훌륭해요, 도움이 돼요, 기분이 훨씬 좋아졌어요, 환상적이에요, 희망적이에요'. 이것들은 함께 일하는 우리를 안심시켜 주는 친절하고 용기를 북돋아 주는 내담자의 말들이다. 이런 단어들은 우리의 심장을 뛰게 하고 피가 돌게 한다. 우리는 뉴욕 공립학교에서 30년 동안 청소년들을 가르쳤고, 후에 『선생님(Teacher Man)』을 쓴 매코트(McCourt, 2005)가 했던 이야기를 떠올렸다. "종종 그들은 당신에게 그것이 꽤 좋은 수업이었고, 당신이 세상에서 최고라고 말할 것이다. 그것은 어쨌든 당신에게 에너지를 주고, 집에 가는 길에 노래하고 싶게 만든다"(p. 77).

라슨(Larson, 1993)은 간호사들에게 "남을 도와주는 사람으로서 가장 기뻤을 때"를 기술하게 했다. 세 명의 간호사들이 다음과 같이 말했다.

제가 담당했던 한 환자의 집에서 출장 진료를 하고 병원에 돌아왔을 때, 그 환자의 부인이 슈퍼바이저에게 전화를 걸어서 "훌륭한 간호사를 보내 주셔서 감사합니다"라고 말했습니다. 정말 보람을 느꼈어요.

한 환자가 "오늘 간호사님이 저를 돌봐 주셔서 기뻐요. 왜냐하면 제가 죽는 날 간호사님이 제 곁에 있어 주었으면 했거든요"라고 말했습니다. 그리고 그녀는 내가 그날 근무를 마치고 난 후에 죽었어요.

백혈병에 걸린 꼬마 환자의 엄마가 제게 말했어요. "저희가 이 병원에 매주 올 때마다 간호사님이 아주 많은 아이를 돌보는 걸 보았어요. 그런데 간호사님이 우리 아이를 돌볼 때는 마치 오늘 우리 아이만 돌보고 있다는 느낌이 들었어요"(pp. 6-7).

서던 대학교의 원로 심리학자는 톰에게 자신이 하는 일로부터 얻는 기쁨을 다음과 같이 서술했다.

어제 내 생일날 아주 멋진 전화 메시지를 받았다네. 한 4년 전에 내가 상담을 했던 내담자였지. 그 내담자는 잘 지내고 있으며 곧 결혼을 할 예정이고 자신이 살아 있다는 것만으로도 행복하다는 메시지를 남겼어. 그러면서 자신이 지금 이렇게 행복하게 된 것이 나와 상담을 함께 했기 때문이라더군. 당시 그 내담자는 심한 우울 증세를 보였고, 수개월 동안 자살 시도를 해 왔던 상태였어. 그때 난 온 힘을 다해 그 내담자와 상담을 했지. 정말 멋진 결과이지 않나!

어떤 목사님은 남을 돕는 것의 즐거움을 이렇게 표현했다.

어느 날 저는 몹시 아픈 여자를 방문했습니다. 제가 집에서 나서려고 할 때 그분은 이렇게 말했어요. "목사님은 제 삶에서 중요한 사람이에요. 제가 목사님께 얼마나 고마워하는지 말씀드리고 싶어요." 이 말은 저의 가슴에 따뜻하게 와 닿았습니다(Rupp, 1994, p. 17).

어떤 초등학교 선생님도 이와 유사한 '가르침의 기쁨'을 경험했다.

전에 제가 가르쳤던 두 학생이 지난 가을에 편지를 보냈더군요. 그 아이들이 다니는 학교 선생님이 가장 좋아하는 초등학교 선생님께 편지를 쓰라고 했답니다. 아이들은 가장 좋아하는 선생님이 왜 저인지를 적어 보내 주었습니다. 눈물이 나더군요. 영원히 그 편지를 간직할 겁니다. 편지를 제 책상에 넣어 두고 그것을 다시 보면서 제가 좋은 교사이고, 아이들에게 긍정적인 영향을 미치고 있다는 것을 생각합니다. 교사 생활을 하면서 그 편지를 받았던 순간이 가장 행복했습니다[쉐일라 맥닐(1996년, 개인적 대화)].

인간 드라마가 잘 보이는 곳에 자리를 잡고, 그 드라마가 잘되도록 가끔씩 도와주는 일보다 더 멋진 일이 있을 수 있을까? 우리는 남을 도와주는 직업에 몸담고 있는 행운을 누리고 있다. 상담자로서의 과거 경험에 대한 행복한 기억들, 지금도 즐겁게 하는 일들, 그리고 이 분야의 미래에 대해 지니고 있는 긍정적인 기대감을 통해 우리는 남을 돕는 직업에 종사하는 것이 행운이라는 사실을 인정하게 된다.

상담을 하면서 얻게 되는 보상들

> 내 자신을 실현하기 위해 다른 사람이 성장하도록 돕는 것이 아니라 다른 사람이 성장하도록 도움으로써 내 자신이 실현될 수 있다.
>
> –**마이어호프**(1990, p. 40)

> 많은 사람과 친밀한 수준으로 관계 맺는 경험에는 풍요함이 있다.
>
> –**헤프너**(1989, p. 74)

마이어호프와 헤프너가 말했듯이, 관계집약적 분야는 많은 '심리적 이득'을 보상으로 제공한다. 리데케와 머호니(Redeke & Mahoney, 2000)는 심리치료 분야에서 얻게 되는 몇 가지 보상들을 다음과 같이 제시했는데(〈표 2-1〉 참조), 심리학 연구자와 심리치료사의 경험을 비교하여 치료자가 연구자보다 유의미하게 더 높은 점수를 보여준 항목들을 제시하였다.

〈표 2-1〉 심리치료의 보상들

차원	응답 비율	
	심리학 연구자들	심리치료사들
더 좋은 사람이 되게 했다.	78	94**
더 지혜로운 사람이 되게 했다.	81	92**

자기 인식이 높아졌다.	69	92**
인간관계에 대한 이해도가 높아졌다.	56	90**
심리적 발달이 가속화되었다.	69	89**
모호함을 더 잘 인내할 수 있게 되었다.	58	81**
삶을 즐기는 능력이 커졌다.	51	75**
영적인 예배의 한 형태처럼 느껴졌다.	25	74**
가치 체계가 바뀌었다.	68	61**

출처: Radeke, J. T. & Mahoney, M. J. (2000). Comparing the Personal Lives of Psychotherapists and Research Psychologists. *Professional Psychology: Research and Practice, 31*, pp. 82-84.
**$p < .001$.

그들의 저서 『사무실에 두고가기(Leaving It at the Office)』에서 노르크로스와 가이(Norcross & Guy, 2007)는 상담의 보상으로 다음을 이야기했다. 도와주는 것의 만족감, 자유와 독립, 다양한 경험, 지적 자극, 정서적 성장, 성격 특성의 강화, 그리고 삶의 의미가 그것들이다.

상담의 보상들은 레이스만(Reissman)이 1965년 논문에서 처음으로 발표하였던 '조력자들이 치료되는 원리'와 관련되어 있다. 궁극적으로 그의 중심 아이디어는 인간의 상호작용 과정에서 남에게 주는 사람이 더 많은 보상을 받는다는 것이다. 한 예로 알코올 중독자 지지그룹인 AA(Alcoholics Anonymous)에서 상담자 역할을 맡은 사람을 들 수 있다. 톰은 다른 논문에서 레이스만이 제시하였던 바와 같이, 줌으로써 보상을 얻게 되는 것을 다음의 네 가지 측면에서 설명하였다(Skovholt, 1974).

① 정체성 발달

주는 역할을 하면서 상담자들은 정체감을 갖게 된다. 또한 상담을 통해 '영향력 동기'(원인 제공자가 되는 기쁨)와 '유능함 동기'(유능하고자 하는 선천적인 갈망)의 욕구를 만족시킨다. 마지막으로, 상담을 통해 다른 사람과 밀접한 관계를 맺으면서 외로움을 덜 느낀다. 최근 건강과 심리에 관한 많은 전문적 문헌들에서 건강을 위해서는 사회적인 관계가 매우 중요하다고 입증했다. 예를 들면, 루퍼트, 스테바노비치와 헌리(Rupert, Stevanovic, & Hunley, 2009)는 심리학자들을 설문 조사했을 때, 일과 가족의 지지는 안녕(well-being)의 중요한 요소인 반면, 일과 가족 사이의 갈등은 소진과 관련이 있음을 알아냈다.

② 사회교환이론

사회교환이론은 교환에 적용되는 방식을 통해 인간 간의 규칙을 설명하는 것이다. 포아(Foa, 1971)는 여섯 가지 자원(사랑, 지위, 정보, 돈, 상품, 서비스) 모델을 발달시켰다. 본질적으로 상담자는 한 가지 혹은 그 이상의 자원(예를 들면, 정보와 서비스)을 줌으로써 사랑, 지위, 돈의 형태로 보상을 받는다. 사람들(상담자들을 포함하여)은 이런 자산을 소중히 여긴다.

③ 모델링

모델링의 문헌은 어떻게 사람들이 관찰을 통해 배우는가에 대해 많은 예를 제시한다. 그 예들은 사람들이 자신의 교사와 부모를 관찰함으로써 배운다는 내용을 담고 있다. 이는 인간이 발달하는 강력한 방법이다. 상담자들은 자신이 도와주고 있는 사람들이 정서적 · 지적 · 육체적으로 긍정적인 방향으로 변화하도록 돕는 과정에서 돕는 사람들을 세밀하게 관찰하게 된다.

상호작용하면서 관찰하는 것이 교실처럼 공적인 장소에서 이루어지기도 하지만 많은 경우 사적인 장소에서 이루어진다. 하이터치 분야의 종사자들은 문화 인류학자처럼 인간의 행동을 세밀히 관찰하고 그것으로부터 배울 수 있다. 물론 이때 다른 사람의 욕구를 우선시하는 윤리적인 방법으로 학습해야 한다. 하여튼 이런 인간과의 접촉은 관찰을 통해 학습할 수 있는 풍부한 기회를 제공해 준다. 이때 배우게 되는 것은 종종 깊이 있는 인간적 주제, 예컨대 동기가 변화에 미치는 영향, 성공을 이루는 요소, 고통에 직면하는 방법, 친구와 가족이 삶의 목표에 어떤 영향을 주는지 등에 관한 것이다. 이러한 학습이 윤리적인 한계를 벗어나지 않는다면 그것은 상담자에게 교육상 유익한 경험이 될 것이다.

여기 한 가지 예가 있다. 몇 년 전 톰은 교수상 수상자 시상식에 참석했다. 여덟 개의 상이 시상되었다. 수상자 여덟 명 모두는 학생들로부터 얼마나 많은 것을 배웠는지에 대해 열정적으로 이야기했다. 어떤 면에서는 아이러니하다. 그들은 저명한 교수들이다. 그들이 깨달음을 얻지 못한 사람들에게 지식을 주는 존재여야 하지 않는가? 아니다. 그들은 어떻게 학생들이 그들에게 선생님이었고, 그리고 자신들이 배운 것에 대해 얼마나 감사한지 말하였다.

④ 직접 강화

상담자들은 일을 통해 직접적으로 사회적 강화를 받을 수 있다. 사회적 강화는 스키너(Skinner, 1953)가 지적한 대로 관심, 인정, 친밀감과 같은 것들이다. 확실히 이와 같은 형태의 강화를 받음으로써 상담자가 하는 일은 만족스러운 것이 된다.

상담이 가져다주는 선물들

상담이 가져다주는 위대한 선물 중 하나는 종(種)의 불멸성을 이루는 것이다. 우리는 이러한 표현을 통해 상담자들이 우리의 종(種), 호모 사피엔스가 계속 진화하는 과정과 어떤 관계를 맺고 있는가를 묘사하고자 한다. 상담자들은 조력, 가르침, 치료를 통해 먼 과거에서부터 미래를 이어 주는 위대한 인간 삶의 사슬과 관계를 맺게 된다. 생물학적 사슬에서 다른 사람의 DNA를 공유하듯이, 인간의 성장에 힘을 불어넣는 역할을 통해 상담자들은 계속되는 인간 삶의 이야기에 긍정적으로 관계를 맺는다.

자기 자신이 종(種)의 성장과 인간 발달과 관계를 맺게 된다는 것은 대단한 의미를 지닌다. 상담자들은 이 의미를 명확히 느낄 때도 있고, 느끼지 못할 때도 있다. 현대사회와 같이 많은 사람이 삶의 의미를 찾지 못할 때, 관계집약적 상담자들이 의미를 찾을 수 있다는 것은 상담이 가져다주는 위대한 선물이다. 반대로 의미를 가져다주는 상담의 선물이 사라지게 되면 상담자들은 제6장에서 살펴볼 개념인 '의미의 소진(meaning burnout)'으로 힘겨워진다.

노르크로스와 가이(Norcross & Guy, 2007)의 연구에 인용된 한 대가 상담자는 의미 있는 일의 가치에 대해 다음과 같은 감상을 표현하였다.

> 나는 내담자와의 경험을 통해 인생에 대해 많은 것을 배웠다. 그들은 나를 변화시켰고, 나는 그들의 투쟁과 고통을 함께하면서 더 나은 사람이 되었다. 나는 여러 번의 인생을 살았고, 말 그대로 수백 명의 눈을 통해 삶을 바라보았다. 행복한 삶을 위한 기회가 많아질 수밖에 없었다(p. 30).

상담의 또 다른 선물은 내담자와의 조력 관계를 통해 우리가 얼마나 깊이 있는 수준으로 성장하는지와 관련된다. 반 더누트 립스키(van Dernoot Lipsky)는 상담사로서 병원에서 하고 있는 그녀의 일에 대해 다음과 같이 기술했다.

인생에서 가장 절망적인 순간에도 사람들은 어떻게든 가장 고귀한 자신을 끌어낸다. 그들은 내가 개입해야 하는 수준으로 고통받고 있었지만, 그런 고통에도 불구하고 포기하지 않았다. 나는 매 순간 경외심과 희망을 느꼈다……. 나의 오래된 고독이 녹아내리는 것을 느꼈다. 나는 타인의 아픔을 목격하면서 그들이 사랑받고 보살핌 받을 수 있다는 것을 알게 되는 기회를 가졌기 때문에 깊은 치유를 경험했다. 하버뷰(Harborview)에서의 나의 일은 선물과도 같았다(van Dernoot Lipsky & Burk, 2009, pp. 118-119, 허가 후 재발행).

요약해 보면 상담자들에게는 위대한 기쁨, 보상, 선물이 있다. 그것들은 상담자 삶의 여러 시점에서 독특한 형태로 경험되곤 한다. 상담의 기쁨과 보상, 선물은 일의 종류에 따라, 상담자들에 따라 그 강도와 형태가 다양할 수 있다. 그러나 이런 차이는 있을지라도, 상담을 통해 얻게 되는 긍정적인 특성—기쁨, 보상, 선물—은 실재하는 것이며 계속 유지되는 것이다.

자기 성찰 활동

이 장에서는 우리 상담자들을 위한 깊은 만족의 순간들에 대해 설명했다. 간호사, 교사, 그리고 상담사들은 그들의 일이 다른 사람들에게 매우 도움이 된다고 느꼈던 특별한 시간에 대해 언급하였다. 이런 다른 사람들의 중요한 도움은 일의 '정신적 소득(psychic income)'이라고 불린다. 그것은 모든 것을 가치 있게 만들 수 있다.

1. 내담자의 사생활을 보호하면서 상담자로서 당신의 삶에서 상담의 즐거움(강렬한 업무 만족의 순간)을 1~3가지 정도 구체적으로 설명해 보라. 내담자에게 구체적으로 어떤 긍정적인 영향이 있었나? 상담에서 어떤 점이 가장 의미 있게 느껴지는가?

2. 아마도 상담의 즐거움에 해당하는 경험 중 하나 이상은 우리의 직업적 삶에서 종종 전환점이 되는 강력한 중대 사건 또는 결정적인 순간이었을 것이다. 그 사건이 우리를 다른 시각으로 이끌기 때문에 우리는 갑자기 새로운 방식으로 우리 자신을 본다. 때때

로 결정적인 사건 · 결정적 순간은 우리로 하여금 갑작스런 통찰력으로 이론이나 실습을 이해하도록 이끈다. 이제 상담의 즐거움에서 중요한 사건 · 결정적 순간을 설명해 보라. 어떠한 일이었는가? 그것이 당신의 삶에 어떤 영향을 미쳤는가?

3. 만약 당신이 숙련된 상담자라면, 다음의 질문들에 답해 보라. 당신은 과거와는 다른 방식으로 상황들을 보고, 상담의 즐거운 경험으로 판단하는가? 그렇다면 무엇이 바뀌었을까? 지난 시간과 경험이 당신의 업무 만족도에 미치는 영향에 대해 당신은 만족하는가 혹은 실망하는가?

4. 돌봄 전문직에 종사하는 사람들은 의미 있고 긍정적인 업무 경험을 하는 것이 중요하다. 모든 상담자가 매일 그것을 경험하지는 않는다. 하지만 무작위적이고 간헐적인 경험도 우리를 매우 강화시킬 수 있다. 다음 질문에 대한 답을 적어 보라. 당신의 직장생활에서 긍정적인 업무 경험의 비율은 높은가? 그렇지 않다면 무엇이 빠져 있는가? 상담자로서 당신의 삶에서 긍정적인 경험의 비율을 높이기 위해 무엇을 할 수 있는가?

제 3 장 돌봄의 순환 과정: 조력 전문직의 핵심

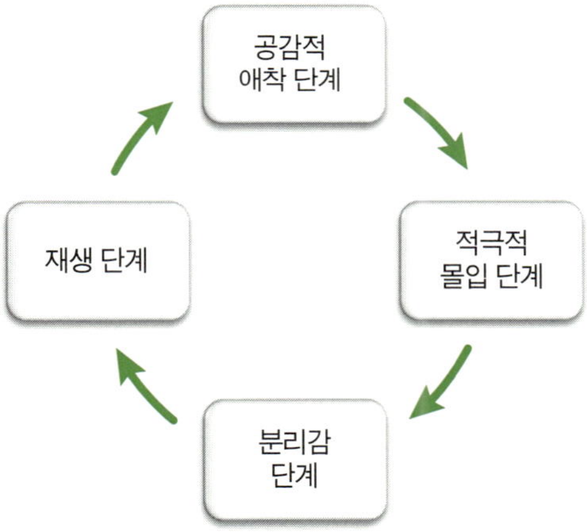

[그림 3-1] 돌봄의 순환 과정

심리치료 연구자인 제롬 프랭크(Jerome Frank)는 많은 다양한 상담 기법이 공통 요인 때문에 비슷하게 효과적이라는 증거를 제시했다. 가장 중요한 공통 요인은 "도움을 주는 이와 맺는 정서적으로 충만하고, 신뢰할 수 있는 관계"의 존재라고 그는 말했다(Wampold & Weinberger, 2010, p. 34). 최근 4명의 저명한 상담 연구자들도 동일한 결론을 내렸다. "일부 상담자들은 지속적으로 다른 상담자들보다 더 나은 결과를 얻고…… 더 효과적인 상담자들은 다양한 내담자에 걸쳐 작업 동맹을 형성할 수 있고…… 더 높은 수준의 촉진 기술을 가지고 있는 것으로 보인다"(Tracey et al., 2014, p. 225).

이것은 저명한 조력 전문직 연구자들이 제시하는 매우 설득력 있는 말이다. 그들은 다음과 같은 질문을 가지고 수백 개의 연구를 검토했다. 효과적인 전문적 도움이란 어떤 것인가? 조력 관계가 열쇠가 된다. 앞의 인용문에서 알 수 있듯이, 이들과 많은 다른 연구자들 그리고 상담자들에게 있어 효과적인 전문적 도움의 대부분은 작업 동맹의 관계집약적 작업으로 귀결된다. 우리는 이것을 돌봄의 순환 과정(cycle of caring)이라고 부르는데, 2001년 이 책의 1판과 2005년 논문에서 그 개념을 처음 설명했다([그림 3-1] 참조).

서로 다른 상담 및 심리치료 접근법을 비교하는 연구에서 발견한 중요한 결과 중 하나는 어떻게 모든 치료 접근법이 유사하게 긍정적인 결과를 도출하는가 하는 것이다. 이러한 결과의 균등성은 기법이 결정적 요소라고 믿는 사람들에게는 성가신 일이다.

돌봄: 효과적인 조력 관계의 전제 조건

회복탄력적인 상담자가 되는 것의 중요성에 관해 이 책을 쓰는 데 있어 우리의 절박함은 돌봄의 개념과 관련이 있다. 만약 우리가 다른 사람을 돌보는 것을 느끼지 못하거나, 원하지 않거나, 생각하지 못하거나, 표현하지 못한다면 우리는 상담에서 도움을 주기 어려울 수 있다. 제6장 '돌보는 자기의 출혈'에서는 상담자의 애착 능력이 소모되어 버리는 길, 즉 소진, 공감 피로, 대리 외상, 모호한 전문적 상실과 불확실성 등에 관해 설명한다. 보살피는 능력은 돌봄의 순환에서 필수적이다.

> 환자가 앓고 있는 병을 아는 것보다 병에 걸린 환자를 아는 것이 더 중요하다.
>
> —**히포크라테스**(기원전 460~377년)

> 돌보는 것은 타인을 자신과 같은 하나의 인격체로 인식하는 것, 타인의 기쁨과 슬픔을 함께할 수 있는 것, 그리고 죄책감, 연민, 우리 모두 공통된 인간성에 바탕을 두고 있다는 자각을 아우르는 상태이다.
>
> —**메이**(1969, p. 284)

> 훌륭한 선생님이 있었던 사람들은 거의 항상 "그 선생님은 내가 스스로 볼 수 없었던 무언가를 내 안에서 보셨다"고 말한다.
>
> —**팔머**(2004, p. 82)

> 상담자의 의도가 내담자와 함께 있는 것이거나 내담자를 위해 있는 것일 때, 그 사람은 외경심, 경이감, 따뜻함, 연민, 그리고 사랑을 경험할 수 있다. 인터뷰한 상담자들은 내담자에 대한 그들의 감정을 설명하기 위해 '공감' '돌봄' '존경' '경외' '감탄'과 같은 단어를 사용했다.
>
> —**겔러와 그린버그**(2012, p. 128)

기술적인 혁명이 각광을 받는 세상에서 기초적인 것일수록 더 중요하다고 말하는 것이 너무 단순한 것처럼 들릴지 모르겠다. 그러나 상담에서 인간에 대한 돌봄이 기본 중의 기본이라는 사실은 연구들에 의해 분명하게 밝혀지고 있다.

스코브홀트와 드로자리오(Skovholt & D'Rozario, 2000)는 사람들에게 학창 시절에 가장 좋아했던 선생님을 두 가지 단어로 설명하도록 하였다. 다른 사람들에게는 그들에게 최고인 선생님의 특성을 묘사하도록 하였다. 171명으로 이루어진 표본에서 각 개인은 두 단어를 대답하여 총 342개의 단어가 모였다. 이들이 선택했던 단어들 중에 교사의 명석함, 높은 교육 수준, 출신 학교의 명성, 교수 방법, 혹은 외적인 매력과 관련된 것은 거의 없었다. 가장 많이 나온 응답은 선생님이 얼마나 자신을 개인적으로 소중히 여긴다고 느끼게 했는지와 관련된 것이었다. 학생들이 가장 좋아하고 최고의 선생님의 특성이라고 가장 많이 응답한 단어는 '돌봄(caring)'이라는 단어였다. 이 연구에서 나온 단어들을 공통으로 묶었을 때 나타난 가장 두드러진 주제는 돌봄과 이해라는 것이다. 돌봄과 이해라는 주제로 묶인 단어들은 학생과 선생님이 맺는 관계의 중요성을 강조하는 단어들로서 배려, 이해, 친절, 인내, 관심, 도움이 됨, 정다움이었다.

2000년에 실시된 이 연구 이후로 우리, 톰과 미쉘, 두 사람 모두는 회복탄력성 워크숍과 수업에서 사람들에게 그들이 가장 좋아하는 선생님에 대해 물었고 비슷한 결과에 도달했다. 예를 들어, 2008년 9월 중서부 전문 심리학 프로그램에서 14명의 박사과정생에게 가장 좋아하는 선생님을 묘사하기 위해 세 단어를 사용하도록 요청했다. 그들의 대답은 다른 결과와 일치했고, 마찬가지로 '돌봄'이 가장 인기 있는 단어였다. 관련되는 단어들은 인내심 있는, 지지적인, 친절한, 전념하는, 관심이 많은, 긍정적인이었다. 다른 면에서는 '유머러스한'이 있었다. 그들은 또한 지식이 풍부한, 내 능력을 인정해 주는, 높은 기대와 같은 개념들을 언급하였다.

이제 우리는 여러분이 가장 좋아하는 선생님에 대해 생각해 보기를 요청한다. 그 선생님의 가장 두드러진 특징은 무엇이었나? 앞에서 제시한 결과와 일치하지 않을 수도 있다. 당신의 답은 당신만의 것이다. 근본적인 면에서 당신이 가장 좋아하는 선생님은 아마도 당신을 변화시켰을 것이다. 그것은 당신의 능력에 대한 당신만의 관점에서의 변화였을지도 모른다. 어쩌면 당신이 가장 좋아하는 선생님은 공부의 새로운 분야나 당신이 세상을 이해하는 새로운 방법을 열었을 것이다. 대부분의 사람들은 가장 좋아하는 선생님과 유대감을 느낀다. 그 선생님은 개인적으로도 그들을 알고 학생으로서도 그들에 대해 신경을 썼던 것으로 묘사된다. 당신의 선생님이 가르치는 분야에 대해 매우 박식하고, 가르치는 데 매우 능숙하며, 당신의 복지에 깊이 관심을 가지고, 한 사람으로서 당신을 열정적으로 돌보는 것과 같은 것들의 조합을 가지고 있다면— 가장 좋아하는 선생님이 거기 있다. 개인적인 돌봄 없이 다른 요인들은 보통 강력한 효과를 잃는다.

당신이 가장 좋아하는 선생님을 성찰해 보았을 때, 그분의 가장 놀라운 특성들은 무엇이었나? (다음에 응답을 작성해 보라)

이러한 특성들은 당신의 학교생활에서의 성취에 어떻게 도움이 되었는가?

클렘과 코넬(Klem & Connell, 2004)은 학생의 성취 요인들을 조사하면서 교사의 지지와 돌봄이 학생들의 성공과 참여에 중심이 된다는 것을 발견했다.

> 교사의 지지는 학생들과 교사들이 보고한 것과 같이, 학생 참여에 중요하다. 학생들은 교사가 돌봐 주고 잘 구조화된 환경, 즉 기대가 높고 명확하며 공정한 학습 환경을 만든다고 인식할 때 학교에서의 참여를 보고할 가능성이 더욱 컸다(p. 270).

마예로프(Mayeroff, 1990)는 돌봄의 효과에 대해 다음과 같이 묘사했다.

> 아마도 다른 무엇보다 용기를 주는 것은 나를 돌봐 주는 사람이 내가 성장한 것에 대해 감격하고, 진심으로 기뻐하고 즐거워한다는 것을 알았을 때일 것이다(p. 56).

정신과 의사인 펙(Peck, 1978)은 자식에 대한 부모의 사랑이 매우 중요함을 강조하면서 다음과 같이 적었다.

> 아이들은 자신의 가장 깊은 곳에서부터 자신이 진정으로 존중 받는다고 느껴질 때 자신을 가치 있는 존재라고 느낀다. 자신이 가치 있다고 느끼는 감정—난 소중한 사람이야—은 정신 건강의 기본적인 요소이며 자기 단련의 초석이 된다(p. 24).

자기를 단련할 수 있는 힘, 학생들의 성공을 위한 기본적인 기술에 대한 앞과 같은 견해들을 통해 학생들이 왜 선생님의 돌봄을 가장 중요한 요소로 평가하는지를 이해할 수 있다. 흔히 사랑이라고 정의되는 부모의 보살핌이 부모와 자식 간의 관계에서 얼마나 근본적이고 중요한 요소인지 생각해 보라. 또한 라디오에서 흘러나오는 대중가요에 대해 생각해 보라. 어떤 노래이고, 가수가 누구이고, 어느 나라 곡이고, 언제 작곡되었는지를 떠나 노래들은 한결같이 돌봄의 한 종류라고 할 수 있는 버려진 낭만적인 사랑에 대해 이야기하고 있지 않은가!

우리가 여기서 전제하고자 하는 것은 돌봄이 높은 수준의 욕구와 높은 수준의 개인적 관계가 존재하는 상담이라는 직업에 있어서 지속적으로 갖추어야 할 기본적인 자질이라는 것이다. 사람들을 돌볼 수 없게 되었다는 것은 소진되고, 효율성이 떨어지고, 유능감이 떨어졌음을 보여 주는 심각한 징조이다. 그러므로 타인을 돌볼 수 없게 되는 상태는 이런 관계가 중심이 되는 직업 분야에 머무는 한 강력히 지양되어야 한다. 보하트 등(Bohart et al., 2002)은 조력 관계에 관한 연구에서 돌봄의 힘을 설명할 때 공감(empathy)이란 용어를 사용했다.

돌봄의 순환 과정

돌봄의 순환 과정을 고찰해 보기 위해 우리는 당신이 계절적 변화를 생각해 보기를 바란다.

> 봄은 비와 함께 흙을 건드리는 새로운 온기로 시작된다.
> 여름의 광채는 모든 초록의 성장과 함께 뿜어져 나온다.
> 가을은 화려한 색상으로 펼쳐지지만 성장이 느려지고 다음 계절을 준비한다.
> 겨울은 눈과 함께 조용하고 느린 아름다움을 가지고 있다.
> 그리고 겨울이 봄의 폭발에 자리를 내어 줄 때, 순환은 다시 시작된다.

계절의 이런 순환, 그것의 아름다움과 에너지 그리고 흥분은 돌봄의 순환 과정에서 상담자의 삶에 반영된다(앞의 [그림 3-1]에서 보여 주었듯이). 공감적 애착(empathetic attachment)은 봄과 같고, 적극적 몰입(active involvement)은 여름, 분리감(felt separation)은 가을과 그리고 재생(re-creation)은 겨울과 같다.

몇 번이고 (내담자와 함께) 상담자는 친밀함의 작은 순환에 참여해야 하고, 그러고서 종종 강렬하고 전문적인 연대의 끝에서 어느 정도의 슬픔에 잠기게 된다. 관계집약적인 분야에서는 공감적 애착, 적극적 몰입, 분리감, 재생과 같은 순환 과정이 계속된다. 상담 분야에서는 여러 가지 방법으로 부단히 타인의 존재를 느끼는 것에서부터 시작해서 그들에게 몰입하고 그리고 그들과 분리해야 한다. 매우 효율적이며, 유능하고, 도움이 되는 방법으로 한 사람 또 한 사람, 그들을 느끼고, 그들에게 관여하고, 그들과 분리할 수 있어야 한다.

상담의 핵심 중 하나는 매우 숙련된 관계 형성으로서 부단히 애착하고, 몰입하고, 잘 이별하며, 전문적 강도에서 벗어나 새로운 사람과 다시 그 과정을 반복하는 것이다. 우리는 사실상 이것이 작업의 핵심이라고 말할 수 있다. 이것은 40년에 이르는 조력 전문가로서의 경력에 대한 매우 간결한 요약이다.

인간 발달의 이해에 큰 공헌을 한 볼비(Bowlby)는 그의 고전적 저서인 『애착(Attachment)』(1969), 『분리(Separation)』(1973), 『상실(Loss)』(1980)에서 이 과정들을 잘 기술하였다. 상담은 인간들 간의 연결과 단절이라고 하는 거대한 인간 드라마를 그대로 반영하고 있다.

이러한 순환 과정은 우리가 상담하고, 교육하고, 치료하고자 하는 사람들과의 상호작용에서 계속하여 반복된다. 공감적 애착 단계 → 적극적 몰입 단계 → 분리감 단계 → 재생 단계 → 공감적 애착 단계 …… 이렇게 계속되는 반복 과정이다. 상담하는 과정에서 적극적으로 애착하고, 몰입하고, 다른 이들과 분명하게 분리하는 것은 상담자들에게 가장 핵심적인 전문 기술이라고 보여진다.

새로운 한 주가 시작되는 월요일 오전에 유치원 선생님은 몇 명의 아이들을 맞이할까? 학교 상담 선생님은 하루에 학생–교사–부모 상담을 몇 번이나 할까? 커플이나 가족 상담사는 매주 몇 명의 내담자를 만날까? 사회복지사는 매달 몇 번의 도움 요청을 받을까? 물리치료사는 6개월에 몇 명의 환자를 치료할까? 학교 선생님은 1년에 몇 명의 학생을 지도할까? 전직 지원 상담사는 10년 동안 갑작스럽게 해고된 내담자를 몇 명이나 만날까? 목사님은 일하는 동안 몇 번의 장례식을 치를까?

어떻게 이러한 일들을 반복해서 해낼 수 있을까? 어떻게 그것을 잘할 수 있는가? 이 사람 그리고 또 다음 사람과 애착하고, 몰입하고, 분리하고, 재생하고, 그리고 다시 애착하고, 몰입하고, 분리하고, 재생하는 과정을 계속해서 매주, 매달, 매해 거듭해 나갈 수 있는가? 상담자들은 최고 30년에서 40년 정도 한 분야에 종사하게 된다. 그들은 그동안 계속해서 애착 관계를 만들고, 몰입하고, 분리하는 과정을 수백 번 혹은 수천 번 반복한다.

상담자들은 각기 구분되는 단계들—애착, 몰입, 분리, 재생—을 끝없이 순환한다. 각각의 단계들은 그 자체로 중요성을 지니며, 앞으로 각각 논의될 것이다. 하지만 전체적인 순환 과정에 초점을 두고 유능한 상담자가 되기 위해 그 순환 과정의 각각의 단계에서 요구되는 기술을 습득할 필요가 있다. 각각의 단계에 모두 능숙해지는 것은 결코 쉬운 일이 아니다. 왜냐하면 이들 요소들은 서로 구별되는 것으로 상담자에게 각기 다른 특성들을 요구하기 때문이다. 애착은 타인의 체험에 정서적으로 관계하고 개방적인 자세를 취할 것을 필요로 한다. 몰입은 상담자에게 일의 내용과 관련된 기술과 그 일을 할 수 있는 에너지를 필요로 한다. 분리는 역설적이지만 애착과는 정반대의 것을 요구한다. 누군가와 분리한다는 것은 연결하는 것과 반대되는 것이기 때문이다. 이는 부모의 양육에 대한 뿌리와 날개(roots and wings)의 글귀를 떠올리게 한다. 뿌리를 만들고자 하는 부모는 자녀와 정서적인 유대를 맺고 종종 자녀에게 날개를 달아 주는 것이 어렵다는 것을 안다. 반면, 뿌리를 깊게 발달시키지 않은 부모에게는 비록 자녀가 괴로워하더라도 날개를 달아 주는 일은 쉬운 일이다. 상담자는 바로 이러한 딜레마에 직면하게 되지만, 훌륭한 양육 방법의 경우와 같이 애착(뿌리)과 분리(날개)를 모두 잘 해내고자 도전하는 것은 중요한 일이다. 마지막 단계인 재생은 여러 가지 이유로 어려울 수 있다. 우리는 취약한 사람들을 돌보고자 하는 윤리에 근거하여 지극히 책임감 있고 양심적인 사람들이 돌봄 분야에 진출하기를 원한다. 하지만 한 사람으로서 매우 세심하고, 부지런하다고 해서 재생 단계로 쉽게 넘어가는 것은 아니다. 다시 애착하기 위해서 순환 과정의 일부로서 내려놓고, 쉬고, 즐거운 시간을 보내는 것이다.

어떤 이들은 몰입은 잘하지만, 애착과 분리는 잘하지 못하는 경우가 있다. 특수한 내용(예를 들어, 고등학교 수학)에 초점을 둔 선생님은 아마도 이런 경향성을 지니고 있을 것이다. 특정한 내용이나 기술은 개개인의 업무(예를 들어, 고등학교에서 수학을 가르치는 것, 중환자를 간호하는 것, 심리학적 판단을 내리는 것)에 초점이 맞추어져 있을 것이고, 정서적인 연결과 분리에는 별로 관심이 없게 된다. 그러나 상담에서 바람직한 결과를 얻기 위해서는 몰입의 단계에서도 정서적인 면이 중요하다. 이제 각각의 단계에 대해 논의해 보자.

제1단계 공감적 애착

공감이 치료적 가치를 지닌다는 것은 계속적으로 강한 지지를 얻고 있다.

– **바첼러와 호바스**(1999, p. 142)

애착(attaching), 연결(connecting), 결속(bonding) 이것은 상담자들이 타인과 연결되어 감정적인 산소를 공급하는 것을 묘사하는 핵심적인 용어들이다. 볼비(Bowlby, 1988)가 제시한 애착이론은 아이들이 정서적으로 안전하게 느껴 타인에게 접근할 수 있게 되는 방식을 이해하는 데 가장 중요한 개념적인 틀을 제공했다. 피스톨(Pistole, 2003), 그리고 피스톨과 피치(Pistole & Fitch, 2008)는 애착이론의 풍부한 응용을 돌봄 전문직에 제공하였다.

상담과 심리치료 분야의 문헌들은 인간관계가 상담과 심리치료에 미치는 영향력을 강하게 뒷받침하고 있다. 섹스턴과 휘스턴(Sexton & Whiston, 1994)은 그들이 저술한 상담 관계에 대한 72쪽짜리 논문의 서문 첫 줄에서 다음과 같이 밝혔다. "상담 관계의 질이 내담자 변인에 있어서 성공적인 성과를 거두는 데 매우 중요한 영향을 미친다는 것은 꾸준히 밝혀지고 있다."

그들은 계속하여 다음과 같이 말했다.

> 어떠한 치료적 시도이든지 간에 그것의 성공은 개방적이고, 신뢰가 있는 협력적인 관계, 치료 동맹에 의해 좌우된다. …… 연구에 의하면 내담자와 동맹 관계를 이루지 못하게 되면 내담자들은 치료 계획에 동조하지 않을 것이고 …… 조기 종결을 하거나 형편없는 성과밖에 거두지 못하게 된다(p. 7).

치료 동맹의 중요성은 슈트라우스 등(Strauss et al., 2006)에 의해서도 강조되었다. 그들은 다음과 같이 주장했다.

> 상담 초기의 동맹의 힘은 치료 참여, 유지 및 결과에 영향을 미치는 하나의 요인이다. 동맹 파열 또한 일어날 수 있고 이는 치료적일 수도 있지만, 적절하게 다루어지지 않으면 조기 종결이나 더 나쁜 치료 결과로 이어질 수도 있다(p. 337).

작업 동맹에 관한 문헌연구에서 캐스통과이, 콘스탄티누스와 그로스 홀트포스(Castonguay, Constantino, & Grose Holtforth, 2006)는 선행연구를 검토하는 과정에서 가장 주목할 만한 발견 중 하나가 "동맹이 다양한 치료 방법 및 임상 문제를 망라하여 치료적 변화와 정적 상관을 가진다"고 보고했다(p. 272). 램버트, 가필드와 버긴(Lambert, Garfield, & Bergin, 2004)은 공통 요인에 대해서 다음과 같이 말했다. 기본적인 치료 요인들은 특정 상담자가 가진 상담 스타일의 토대가 되는 이론에 상관없이 긍정적인 변화를 촉진하는 것으로 확인되었다.

> 인본주의적 · 현상학적 관점에서는 공통 요인이 따뜻함, 지지, 주의, 이해, 수용으로 특징짓는 돌봄 관계라고 제시한다. 이 요소들은 유기체를 튼튼하게 하고 성장을 자극하는 좋은 영양이나 태양열의

효과와 같이 직접적인 치유 특성이 있다고 주장된다(p. 809).

거북 껍질의 안쪽 부분으로 애착하기, 하지만 또한…

…… 피터와 함께 작업을 계속하면서 점점 더 분명해진 것처럼, 거북 껍질의 양쪽 모두가 우리의 작업에 필요하다. 나는 피터가 어떤 고통이나 상처를 나에게 공유하더라도 내가 무조건적으로 그와 함께할 것이라고 알리기 위해 피터에게 한결 같은 돌봄을 제공하는 것이 얼마나 중요한지 알게 되었다. 시간이 흐르면서 나는 성찰의 공간을 위해서 일정 수준의 정서적 거리를 유지해야 하고, 상담자로서 효과적으로 되기 위해 자기 돌봄을 해야 한다는 것도 배웠다(Hage, 2010, pp. 183-184).

애착 과정의 본질은 무엇인가? 이것은 매우 중요하지만 이것을 잘 해내기란 얼마나 어려운가? 이 과정을 잘 해내기 위해서는 자신의 연약한 부분에 맞닿을 필요가 있다. 우리는 이것을 거북의 껍질에 대조하여 거북 안쪽 부분이라고 부른다. 우리가 딱딱한 껍질을 뒤집어쓰고 있으면 상처를 받지는 않지만, 반면 애착하기는 매우 어렵다. 따라서 우리는 부드러운 면을 계속 보이면서 그 부분과 맞닿을 수 있어야 한다. 그리고 헤이지가 앞에서 언급한 것과 같이, 우리는 또한 분리되어야 할 필요와도 균형을 맞추어야 한다. 우리는 감정적인, 지적인, 또는 물질적인 필요에 의해 고군분투하고 있는 개인들과 애착을 해야 한다. 가장 바람직한 애착 수준을 배우는 것은—상담자가 내담자의 세계를 경험하더라도 압도당하지 않을 수 있는—필수적이고 복잡한 전문 기술이다. 치료적 관계 과정에서 정서적 애착의 수준을 조절하고 통제하는 방법을 배우는 것은 시간이 걸린다. 그것은 역설적인 기술로 감정적으로 몰두하면서도 감정적으로 멀어지고, 결합되지만 분리되는 방법을 배우는 것이다. 베이커(Baker, 2003)는 이것을 자기-타인 차별화라고 설명하고, 이것이 상담자의 자기 돌봄에서 얼마나 중요한 부분인지 논의했다.

상담자들은 관계를 잘 맺지 못하는 사람, 몹시 괴롭고 침울해 있는 사람들과도 좋은 협력 관계를 맺어야 한다. 사회적으로 거부 당했던 아이들은 종종 실제로 좋은 의도를 가진 타인들조차도 자신에게 해를 끼치려 한다고 생각한다(Dodge & Feldman, 1990). 상담자는 때로 심리적 혹은 육체적으로 고통을 겪거나, 어떤 문제 상황이 해결되길 바라거나, 자기들의 의문에 해답을 찾기 원하거나, 혼돈 속에 빠져 있거나, 자신감이 결여되었거나 혹은 적대적이거나 우울증에 빠진 사람들과 관계를 맺어야만 한다. 종종 이 사람들은 매우 괴로워하거나, 고통 중에 있거나, 실패자라는 느낌을 지니고 있다. 이러한 느낌 이면에는 일종의 상실감이나 갈등이 존재하는 것 같다. 예를 들어, 하몬, 호킨스, 램버트, 슬레이드와 휘플(Harmon, Hawkins, Lambert, Slade, & Whipple, 2005)은 다음과 같이 가정했다. "일부 내담자들은 대인 관계 이력 때문에 상담자(혹은 어떤 사람과도)와 신뢰 관계를 맺는 것을 힘들어하며, 이러한 내담자들은 상담자의 성격과 과거 고통스러운 경험의 기억을 불러일으키는 행동에 특히 민감하다" (p. 177).

말린크로트와 웨이(Mallinckrodt & Wei, 2005)는 "더 안전한 치료적 애착과 결실이 많은 작업 동맹을 구축하기 위한[상담자에 의한] 지속적인 분투는 내담자가 새로운 사교적 능력을 갖추는 교정적 정서 경험을 일으키고, 이는 다른 인간관계로 일반화될 수 있다"고 제안했다(p. 358). 효과적이 되려면 돌봄 제공자들은 매우 고통받는 사람들과 성공적으로 애착할 수 있을 것으로 기대된다. 긍정적인 인간관계를 만드는 데 매우 숙련되는 것은 말린크로트의 연구에서 볼 수 있듯이 상담자에게 있어 핵심적인 직업 특성이다.

정당하고 윤리적이고 전문적인 관계를 맺어야 하는 책임은 내담자에게 있는 것이 아니라 바로 상담자에게 있다. 내담자는 매우 우울해 있거나 분노해 있을 것이고, 부끄러워하거나 바보 같다는 생각을 할지 모르고 심각한 병을 앓고 있을 수도 있다. 상담자는 이들을 도와주기 위해 이들보다 한발 앞서 있어야 하고, 적극적으로 인간적인 유대를 만들어 가야 한다. 상담과 같이 특히 정서적인 요구가 필요한 분야에서 이 일을 잘 수행하기 위해 상담자는 다른 사람들로부터 많은 것을 흡수할 수 있어야 한다.

상담 분야에서 거북의 딱딱한 껍질에 대비되는 거북의 안쪽 부분—돌봄의 부분—으로 애착하는 법을 배우는 것은 모든 훈련 단계 중 한 부분이다. 예를 들면, 상담자들은 모두 전문적인 관계 형성 기술, 내담자에게 감정 이입하는 방법을 배운다. 상담자는 함께하는 것, 경청, 정서적인 민감성, 비언어적 이해와 같은 애착 기술을 익히는 데 많은 시간을 보낸다. 타인의 현실에 스며드는 것, 타인을 배려하는 것, 다른 이의 감정을 느끼는 것 모두는 공감적 애착이라는 기술에 있어 필수 불가결한 것들이다. 이들을 통해 돕는 과정이 대양에 빠져들듯이 타인의 세계에 푹 젖어 드는 것, 즉 공감적인 몰입이라는 것을 시각적으로 생각할 수 있게 된다. 상담자 중 어떤 이들은 공감하는 것을 배우는 것을 상당히 어려워한다. 이러한 상담자들은 종종 훈련 도중에 자발적으로 또는 타의에 의해 이 상담직을 떠나기도 한다. 이는 불충분한 관계 능력과 그리고 이렇게 일에 엄청난 양의 감정 에너지를 쏟는 것이 흥미에 맞지 않기 때문일 수 있다.

적정 수준의 애착

내담자들은 몇 년 후, 그들의 상담 경험을 돌아볼 때 무엇을 떠올릴까? 대개 그들은 긍정적인 지지를 기억한다. 돌봄 전문직에서의 훈련 초점은 언어적이고 비언어적인 상담 기법을 통해 훈련생인 상담자가 내담자를 충분히 보살필 수 있도록 가르치는 것이다. 자주, 실제 상담 분야에서 문제가 되는 것은 타인을 지나치게 보살피려한다는 것이다. 즉, 타인의 괴로운 감정, 슬픔, 공포, 수치, 불안, 절망을 과도하게 느끼고, 타인의 인생 드라마를 되풀이하여 자신의 마음속에서 계속 반복한다는 것이다. 상담자는 타인의 고통과 외상을 대리적으로 경험할 수도 있다(대리 외상의 과정은 제6장에서 자세히 기술될 것이다). 상담자가 타인의 세계를 경험하면서 압도당하지 않고 적정 수준의 애착을 익히기 위해서는 수년간의 수련, 실습, 그리고 슈퍼비전이 필요하다. 이것은 기본적이면서도 복잡한 기술이다. 감정적인 애착의 수준을 조정하고 조절하는 법을 익히는 것은 시간을 필요로 한다. 이는 역설적인 기술이라고 할 수 있다. 감정적으로 몰입하지만 거리를 두어야 하고, 하나로 결합되었지만 분리되어야 한다. 종종 불행, 분노, 반항 또는 절망감에 빠진 타인에게 맞추어 조율하고, 관심을 가지고, 그들을 위해서 활기차야만 하는 요구와 그것을 계속해서 다음 또 다음 내담자와 반복해야 한다는 것은 큰 부담뿐만 아니라 깊은 보람을 느끼게도 하는 일이다.

초심 상담자들은 특히 상대방의 현실에 압도당하여 상처받기 쉽다. 우리는 초심자가 경험하는 스트레스를 다룬 제4장에서 정서적인 경계선(emotional boundaries)이라는 용어로 이 문제를 기술하였다. 상담자와 내담자 간의 물리적인 경계에 대해 배우는 것은 중요하다. 그런데 정서적인 경계를 설정하는 기술을 습득하는 것은 보다 더 어렵다. 예를 들자면, 학교의 사회복지사는 다음과 같은 질문을 할 수 있다. "학생과 그의 가족이 매우 화가 나 있을 때 나는 쉽게 해결책을 찾을 수 없어서 계속 이런저런 시도를 해 보고, 그 문제를 집에까지 싸들고 온다. 어떻게 하면 사무실에 그 문제를 두고 올 수 있을까?"[스미스(1996년 2월 21일, 개인적 대화)]. 이런 것이 적정 수준의 애착일까? 애착의 적정한 수준을 알고 능숙하게 애착-몰입-분리-재생이란 일련의 과정을 수행할 수 있는 것은 숙련된 상담자의 특징이다.

랄슨(Larson, 1993)은 조력 분야에서 요구되는 정서적인 면들에 대해 저술하면서 상담자가 감정적으로 지나치게 휘말리게 되어 자신을 침울한 감정의 도가니 속으로 내모는 고통을 경험하게 될 때를 가리켜 조력자가 빠지는 함정라고 표현하였다. 랄슨은 리프와 폭스(Lief & Fox, 1963)가 일찍이 의사들이 거리를 두고 관심을 갖는 것이 이상적라고 보았던 견해를 반영하였다. 랄슨은 거리를 두고 관심을 갖는 것을 관여의 최적 스타일이라고 하면서 이는 일정한 감정적인 거리를 유지하면서 동시에 감정적으로 몰입되어 있는 상태라고 기술했다(p. 38). 올슨(Olson, 2000)은 가족의 기능에 대해 저술하면서 가족 기능의 최적 수준은 한 차원에서는 응집과 격리의 중간, 그리고 다른 한 차원에서는 혼돈과 경직의 중간 지대라고 하였다. 아마도 이것은 상담자에게도 어떻게 최적 수준의 애착을 할 것인지에 대한 지침이 될 것이다.

애착하는 데 있어서의 어려움

타인과 애착하는 일은 상대방이 긍정적인 애착의 기술을 지니고 있지 않을 때 매우 힘들다. 적정 수준에서 풍부하게 전문적인 애착을 계속 형성한다는 것이 개인적인 삶에서 애착과 관련하여 심각한 고통이 있었던 상담자에게는 종종 너무 어려울 수 있다. 유아기 혹은 사춘기에 상담자에게 주요한 애착 대상이 되어야 했던 대상과 심각한 어려움을 경험했다면, 예를 들어 부모와 매우 힘든 관계를 맺었다면 성인기에 지속적이고 최적 수준의 전문적인 애착을 형성하는 것이 어려운 일이다. 프로이트의 말을 빌리자면, 때때로 아이는 어른의 부모와 같다. 다시 말하면, 어린 시절에 경험했던 사건들은 성인이 된 후에도 삶에 지대한 영향을 줄 수 있다는 것이다. 애착의 어려움과 관련된 또 다른 예는 상실과 관련된 것으로, 지리적으로 멀리 이동하여 애착 대상을 상실함으로써 문화적 충격을 경험하는 경우가 있다.

『친밀감에 대한 두려움(Fear of Intimacy)』이라는 책에서 파이어스톤과 캐틀렛(Firestone & Catlett, 1999)은 유아 시절의 경험이 이후의 친밀감의 정도에 미치는 영향을 보여 주기 위해 극단적인 사례를 들었다. 예를 들어, 저자는 아이가 동성의 부모로 부터 친밀감 혹은 친밀하지 않음을 보여 주는 행동들을 모델링하여 그것으로부터 지대한 영향을 받게 된다고 주장했다. 만약 어른이 되었을 때, 그 아이(어른이 된 후에도 내면화되어 있는 아이)가 친밀감에 대해 지니고 있는 불안을 의식적으로 부각시키지 않는다면, 내면화된 어린 시절의 메시지가 현실을 압도하여 회피나 불안과 같은 극단적인 반응을 보일 수 있다.

조금 확장하여 생각해 보면 상담자의 개인적인 삶에서의 애착 행동은 그의 전문적인 애착 스타일과 직접적인 관계가 있다. 전문적인 애착과 관련하여 나타날 수 있는 문제들로는 상담자가 너무 깊게 애착하거나, 내담자를 충분히 이해할 만큼 애착을 할 수 없거나, 그들이 보살핌을 받고 있다는 것을 느끼게 해 줄 수 없거나, 한 개인 혹은 수많은 내담자를 만나며 일관되지 않은 애착 스타일을 보여 주게 되는 것 등이다. 비일관성은 전문적인 관계의 질에 심각한 타격을 주게 되고, 그 결과 일관된 관계를 맺음으로써 줄 수 있는 이득을 잃게 한다. 앞서 이야기한 것과 같이, 피스톨과 피치(Pistole & Fitch, 2008)는 상담 작업에 애착이론을 적용하는 것에 관한 가치 있는 관점을 제공했다.

전문적인 애착의 기술은 복잡하다. 단지 도와주고자 노력하는 것 이상이 필요하다. 최적의 효과를 내기 위해서는 상대방에 대한 깊이 있는 이해가 있어야 한다. 다음에 이어지는 짧은 이야기에 나오는 상담자는 숙련된 전문적인 애착은 있지만, 애착의 핵심적인 요소는 결여된 상태를 잘 비유하고 있다.

어느 훗날에

하나님, 직업적인 상담사로부터 저를 보호하소서.

그녀는 좋은 의도를 가지고 있습니다. 그러나 그녀가 무언가를 얻을 수 있도록 도와주기에 저는 너무 바쁘답니다.

저는 다시 경험하고 싶습니다. 샘과 내가 딸기를 따던 7월의 어느 날을.

그때 저는 열여덟 살이었습니다.

머리카락은 길었고 윤기가 흘렀죠.

저는 가시덤불에 머리가 걸리지 않도록 머리를 땋아 둥글게 말아 올렸습니다.

그러나 그늘에 쉬려고 앉았을 때 저는 머리를 풀어 아래로 늘어뜨렸습니다.

그때 샘은 저에게 청혼을 했어요.

머리카락으로 유혹해서 그가 날 사랑하도록 한 것이 잘못이라고 생각했지만

어쨌든 우리는 행복한 결혼 생활을 했죠.

오! 상담사가 풀과 가위를 들고 엉터리로 편집하는군요.

자, 오려 낸 그림들을 붙여 볼까요?

"아니요, 나는 시간이 없어요."

"말도 안 돼요. 당신은 앞으로도 오래 살아야 해요."

그것은 내가 말하려고 하는 것이 아니에요.

저는 살아오는 동안 늘 무엇인가를 해 왔죠. 사람을 위해, 또 사람과 함께.

저는 제가 생각하는 것, 제가 느끼는 것을 따라가야 합니다.

샘의 죽음에 대해서 한 가지 말할 것이 있어요.

샘이 죽기 전에 무엇을 원하는지 물어보았습니다.

그는 머리를 풀어 보라고 했어요.

"오! 샘! 지금은 백발이 다 되었어요"라고 했지만,

그는 괜찮다고 하면서 머리를 풀어 보라고 했어요.

저는 머리를 풀었고, 그는 손을 뻗었죠.

그의 피부는 투명하여 손등에 튀어나온 푸른빛 핏줄을 볼 수 있었어요.

그는 내 머리를 쓰다듬어 주었죠.

난 눈을 감으면 그때의 느낌이 떠올라요. 샘.

"눈을 뜨세요." 상담사가 말했어요. "당신은 그날을 꿈속에서 떠나보내고 싶어 하지 않는군요."

상담사는 내가 무엇을 하곤 했는지를 알고 싶어 합니다.

뜨개질? 코바늘 뜨개질?

네, 그런 것들을 했죠.

요리도 했고, 청소도 했어요.

다섯 아이들을 키웠고, 많은 일이 일어났죠. 아름다운 일들, 끔찍한 일들.

난 그것들을 생각하고 싶어요.

마음의 선반들에 차곡차곡 정리하고 싶습니다.

상담사는 빛나는 구슬들을 보여 주면서 보석을 만들고 싶은지 묻는군요.

그녀는 귀여운 아이와 같고, 좋은 의도를 지녔어요.

그래서 그렇게 하겠다고 그녀에게 말합니다.

그 어느 훗날에.

-매클레이(1977, pp. 46-47), 샌포드 제이 그린버거(Sanford J. Greenburger 출판사)의 허가에 따라 인용함.

제2단계 적극적 몰입

> 주의력을 기르는 데 있어 지금까지 가장 공통되고 중요한 방법은 듣는 것이다. …… 잘 듣는 것이란 얼마나 어려운 일인지. 귀 기울여 듣는 것은 주의력의 연습이고, 필연적으로 많은 노력을 필요로 한다. …… 때로 나는 다른 환자를 받아들이면서 그 중압감에 전율을 느끼곤 한다.
>
> –**펙**(1978, pp. 121, 141)

> 상대방이 성장한다는 사실, 그리고 내가 잘 돌볼 수 있다는 것을 신뢰함으로써 나는 용기 있게 미지의 세계로 나아간다. …… 그리고 분명한 것은 미지로 나아가고 있음을 더 깊이 감지하면 할수록 돌보는 일에 보다 많은 용기가 필요하다는 것이다.
>
> –**마예로프**(1990, pp. 34–35)

이 장은 상담자가 일하는 단계에 관한 것이다. 관계집약적 전문직에서 분야별 전문지식의 내용은 매우 다양하고, 이러한 전문지식의 내용은 한 분야의 전문성을 다른 분야와 확연히 다르게 만든다. 따라서 업무의 과정은 비슷할 수 있지만, 업무의 내용은 다양한 직업 분야에서 각자의 분야에 대한 뛰어난 지식과 구체적인 기술을 요구한다. 다음의 것들이 얼마나 다를지 생각해 보라–어른들에게 읽는 법을 가르치기, 오래된 그리스어를 해독하여 성경을 설명하기, 치아를 고치기, 환자들이 적절한 혈당 수치를 유지하도록 돕기, 아동학대가 있는지 평가하기, 성인들이 갑작스런 실업에 대처하도록 돕기. 자신이 어떤 전문 분야에서 일하느냐가 이 단계에서 주요 주제로 부각된다. 이 단계에서 제기되는 주된 질문은 상담자는 문제를 어떻게 진단하고 해결해야 하는지 알고 있는가이다. 하지만 이 책에서는 조력 전문직에서 다루는 내용적 측면에 초점을 맞추지는 않겠다. 이 내용 영역은 매우 광범위하므로 그 모든 특정적인 내용에 관한 기술을 다루는 것은 이 책의 주제에서 벗어나게 한다.

적극적 몰입이 저절로 되는 단계에 접어들기 위해서는 상담자가 내담자들과 지속적으로 애착하는 것이 필요하다. 타인을 위해 일관되고 지속적으로 일함으로써 돌봄의 순환 과정에서 적극적 몰입이 저절로 되는 단계가 된다. 이것은 초기의 출산과 애착 뒤에 오랫동안 뒤따라 나타나는 부모의 양육과 비유될 수 있다. 어린 아이를 매일,

매주, 매달, 몇 십년 동안 계속해서 일관되게 보살피는 것은 양육을 잘하고 있다는 분명한 지표가 된다.

상담자의 일관된 정서적 보살핌은 적극적 몰입 단계의 한 부분이다. 이 기간은 심리치료 상담사가 계약한 10회기의 상담 기간, 교육자들에게 반복되는 매 학기, 혹은 내과 의사가 노인 환자가 서서히 쇠잔하는 것을 돌봐야 하는 시기를 의미할 수 있다. 적극적 몰입 단계는 또한 수없이 이루어지는 단 회기 만남으로 애착과 분리 사이에 이루어지는 시간일 수도 있다. 예를 들면, 단 회기의 상담, 자문이나 강의 같은 것이 있다.

제3단계 잘 분리하기

"안녕하세요?"라는 말을 할 때마다 우리는 이별을 전제로 한다.

—**랄슨**(고등학교 교사)

헤어짐은 달콤한 슬픔이다.

—**셰익스피어**(로미오와 줄리엣, 제2막 두 번째 장면)

모든 상담 관계는 결국 끝내야만 한다.

—**굳이어**(1981, p. 347)

매우 만족스러운 종결에서부터 완전히 불안한 종결에 이르기까지 상담자의 정서적 경험은 거의 관심을 받지 못한다.

—**데이비스**(2008, p. 173)

공감적 애착 단계의 경험과 비교하여 상담자의 전문적 분리에 대해서 우리는 아는 것이 거의 없다. 과거에 어떤 성질의 애착과 분리를 했는가에 따라 미래의 애착과 분리가 결정된다는 논제에서 우리가 인정하고 있는 바와 같이, 개인적인 삶에서 애착과 분리는 서로 연관되어 있다. 그렇다면 직업적인 분리가 직업적인 애착만큼이나 중요할까? 아마도 조력 전문직에서 분리를 잘하는 것, 직업적인 상실 과정을 통해 역설적이지만 에너지를 얻을 수 있는 능력은 장기적으로 직업적인 생명력이 되는 관계 설정을 위한 핵심적 요소라고 할 수 있다.

그렇다면 매우 유능한 상담자는 어떻게 분리를 잘하는가? 선생님들이 학생들을 나의 아이들이라고 말하는 것을 보면 그들이 학생들에게 얼마나 애착하고 있는지를 알 수 있다. 실제로 직업적인 분리의 과정에 있어 상실과 슬픔의 요소가 있을까? 애도의 과정에서 상담자가 또 다른 내담자와 다시 애착할 수 있도록 긍정적으로 작용하는 요소가 있는가? 직업적인 애착과 분리의 역동을 보여 주는 다음의 예를 살펴보자.

톰이 대학교에서 학부생을 가르칠 때는 한 학기가 10주였다. 그는 30여 명 정도의 학생들을 가르치곤 하였는데, 그들은 이름과 얼굴, 희망과 불안 그리고 꿈을 지닌, 살아 있고, 생각하고, 느끼고, 행동하는 존재였다. 그는 학생들의 이름을 외우려고 애썼지만, 학생들은 아마도 톰이 이런 저런 이유로 인해 그들에게 무관심하다고 여겼을 것이다. 톰은 매 학기마다 이전 학기에 맡았던 학생들에 대한 상실감에 젖었고, 그들을 여전히 잊지 못하고 있음을 종종 느꼈다. 이는 감정적인 회고적 억제(emotional, retroactive inhibition)의 한 종류일 것이다. 살아 있는 유기체, 생동하는 집단으로서의 학생들은 어느 순간 기말고사와 더불어 갑자기 사라져 영원히 없어지고 말았다. 이러한 그의 애도(이것이 상실감을 나타내는 정확한 단어인지 잘 모르겠다. 우리에게 직업적인 애착의 상실을 표현할 수 있는 언어가 있는가?)가 수그러들고, 새로운 학생들의 이름을 모르고 있다는 사실에 당혹하기 시작하기까지는 새 학기가 시작되고 5주 또는 7주가 걸렸다. 그때부터 그는 다시 이름들을 익히지만, 다음 학기에도 이 전반적인 과정을 되풀이하게 된다. 그는 수년 동안 이 애착, 몰입, 분리의 과정을 이해하지 못했다. 대다수의 대학생들은 이것을 알지 못할 것이다. 그들은 단지 잘 대우받고, 무언가를 배우고, 좋은 학점을 받고, 계속 나아가기를 바랄 뿐이다.

과거에 대학교에서 기숙사 사감으로 재직했던 사람이 비슷한 상실의 경험에 대해 이야기했다. 여러 해 동안, 그는 기숙사에서 함께 지내던 조교와 학생들이 떠나는 6월에는 3주 가량 우울을 경험했다. 그가 직업적으로 애착을 느꼈던 수많은 사람으로 북적이던 기숙사가 갑자기 텅 비어 버린 것이다. 그는 학생들과 조교들이 떠난 뒤, 수고로움도 덜고, 기운도 차리길 바랐다. 그런데 그 대신 그는 상실감에 빠졌다. 수년 동안 그는 자신의 경험을 이해할 수 없었다.

한 인턴 훈련 책임자는 그녀가 수련 중인 학생이었을 때 경험했던 이 직업적인 분리에 따르는 갈등을 다음과 같이 표현했다[레닝거(1995년 2월, 개인적 대화)].

> 많은 내담자를 만나고 그들과 이별하면 할수록 나는 이것이 상실의 과정이라는 사실을 깨닫게 된다. 이러한 깨달음으로 인해 나는 내담자에게 다가가는 것이 점점 더 어려워지고, 이것이 내가 하는 일의 전체에 영향을 준다고 생각한다. 나는 자신을 무뚝뚝하게 하며 전문성 뒤로 숨어 버리는 나를 발견하곤 한다. 나는 올해 그 어느 때보다 많은 상실감을 느꼈는데, 그 이유는 내가 단기치료를 하며 많은 내담자와 만나고 헤어져야 했기 때문이다. 나는 지난 일년 동안에 이전에 수년 동안 치료했던 수만큼의 많은 내담자를 만났다. 내담자와 나는 단지 몇 회기 동안에 관계를 맺고 종결하는 과정을 모두 거쳐야 했다.

경험이 풍부하고, 매우 유능한 상담자—애착, 몰입, 분리 및 재생의 전문가—는 새로운 애착 관계가 가능한 방법으로 분리의 과정을 경험할까? 새로운 애착을 가능하게 한다는 관점에서 긍정적인 직업적 분리와 부정적인 직업적 분리로 나누어볼 수 있을까? 돌봄의 과정에서 애착, 몰입, 분리를 반복적으로 지속하면서 좋은 성과를 나타내는 데에는 어떤 패턴이 존재하는가? 우리가 생각하기로는 타인을 돌보는 것과 자신을 돌보는 것 사이에서 최적의 조화를 이루는 것이 관계집약적 분야에서 전문가의 능숙한 직업적인 애착과 밀접하게 관련되어 있는 것 같다.

상실에 따른 슬픔을 예견하는 것(anticipating grief), 상실을 경외하는 것(honoring the loss)과 같은 개념은 분리를 용이하게 해 준다. 슬픔을 예견하는 것은 한 개인이 자신의 삶에서 일어나는 변화에 대해 심리적으로 준비하기 위해 종종 의식적인 자각 없이 내적으로 준비하는 과정을 말한다. 예를 들면, 사랑하는 사람이 오랫동안 천천히 잠식하는 병을 앓다가 죽게 되는 경우, 학기를 마치거나 졸업하는 경우, 또는 오랫동안 계획하여 지리적인 이동을 하는 경우를 들 수 있다. 상담자는 내담자와의 공감적 애착 → 적극적 몰입 → 분리감 → 재생하는 경험이 매우 구체적인 한계를 지니고 있다는 것을 알고 있으며 다가올 변화에 대해 내적인 준비를 한다.

데이비스(Davis, 2008)는 다섯 가지 정신건강 작업에서의 종결—예비된, 유연한, 복잡한, 모호한, 비전문적인—에 대해 내담자와 논의했다. 또한 그녀는 "종결은 항공기를 착륙시키는 조종사의 임무에 비유할 수 있다"고 말했다(p. 1).

비행기 착륙과 같은 그녀의 은유를 사용하여 우리는 몇 가지 예를 들고자 한다. 예비된 종결은 상담자와 내담자 간의 긴 계획 과정이 있었고, 하강 중 여행에 관한 이야기를 하는 것으로, 그것은 아주 부드러운 착륙으로 이어진다. 비행기가 멈추고 둘 다 내리면 각자의 길을 간다. 이는 상담자에게 긍정적인 과정이며, 상담자가 다시 돌봄의 순환 과정으로 들어갈 수 있도록 활력을 불어넣곤 한다.

유연한 종결은 긴 계획 과정으로는 부족하다. 갑자기 비행기가 착륙할 시점이 되는 것처럼, 회기 중 내담자가 "이번 상담이 마지막이 될 것 같다"고 공표한다. 그러면 상담자는 종결로 초점을 옮기고 내담자와 함께 잘 분리하기 단계의 작업을 수행한다. 이것도 상담자에게 에너지를 주는 결말이다.

복잡한 종결은 착륙이 매끄럽지 않다. 비행기는 활주로에 도착해서 멈추지만, 그것은 조종사와 승객에 비유되는 상담자와 내담자 둘 모두에게 종종 괴로운 사건이다. 대학교 상담센터의 인턴 프로그램에서 대학원생 상담자와 학생 내담자가 학기가 끝나면서 종결해야 하는 경우와 같이, 외부의 사건으로 인해 상담이 강제 종결될 수 있다. 다른 예로는 서서히 악화되는 갈등이 있는 상담 관계나 상담자 혹은 내담자가 상담 작업에 만족하지 못하고 상담 과정이 꽉 막힌 경우도 포함된다. 그러면 아마도 내담자가 다음 약속에 오지 않는 것으로 종결될 수 있다. 복잡한 종결은 다음 돌봄의 순환 과정에 들어가야 하는 상담자를 고갈시킬 수 있다.

모호한 종결은 조종사가 승객이 떠나는 것도 모르고 비행을 안내하는 동안에 승객이 비행기의 후방에서 낙하산을 타고 뛰어내리는 것으로 비유할 수 있다. 상담자가 작업이 잘되고 있다고 생각하고 상담이 중반쯤 와 있다고 생각하는 동안에 내담자는 약속을 취소하고 사라지는 경우이다.

이러한 결말의 미완은 상담자에게 우리가 모호한 직업적 상실이라고 부르는 스트레스를 주는 경험이다. 모호한 상실(Boss, 1999)은 상실 요인이 불분명(실종된 병사가 돌아올 수 있을까, 아닐까?)하기 때문에 흔히 사람들에게 스트레스를 준다. 돌봄 분야에 있는 우리에게 모호한 직업적 상실은 내담자와의 작업에서 끝이 없이 끝나는 모든 시간 동안에 발생한다. 모호한 직업적 상실의 스트레스와 그에 대한 해결책은 이 책의 뒷장에서 논의할 것이다.

다시 조종사의 은유와 데이비스(Davis, 2008)의 다섯 가지 종결 중 마지막 종결의 형태로 돌아가 보자. 비전문적 종결은 상담자가 비전문적으로 행동하여 조력 관계가 끝날 때 발생한다. 비유하자면 조종사의 실수로 비행기가 추락하는 것이다. 조종사의 실수에는 많은 이유가 있지만, 어떤 것도 승객에게 용납될 수 없다. 마찬가지로 어떤 이유로든 상담자의 비전문적인 행동은 내담자에게 결코 용납될 수 없다.

데이비스가 제안한 다양한 종결은 모두 조력 관계가 끝나는 과정의 일부이다. 모든 인간관계에는 시작과 끝이 있다. 좋은 결말은 양쪽 모두에게 긍정적이다. 상실을 경외한다는 것은 분리할 것을 염두에 두고 시간과 에너지를 들이는 것을 의미한다. 이것은 나태한 상담자가 하는 행동과는 다른 것이다. 상담자는 직업적 애착을 다시 그리고 곧 해야 한다. 분리를 잘하면 새로운 애착이 생길 수 있다.

애도 작업은 죽음에 관한 것만이 아니다. 애도 작업은 삶에 대한 것이다. 이는 삶에서의 강렬함을 가능케 해 준다. 이것이 애도 작업이 그렇게 중요한 이유이다. 오해하지 말기 바란다. 나는 모든 상담자가 내담자를 짧게 만난 후에도 모두 긴 애도의 과정을 겪게 된다고 말하는 것은 아니다. 직업적인 상실의 슬픔은 마치 한 개인의 삶과 같이 애착과 몰입의 깊이를 반영한다. 오랫동안 만나 온 사람과 헤어지게 되었을 때 더 많은 시간과 에너지가 필요하듯이 말이다. 예를 들어, 양로원의 어떤 간호사는 아주 오랜 기간 그녀가 돌봐 온 사람이 죽은 경우에 그의 장례식에 참여하기도 한다. 어떤 초등학교 교사는 똑같은 모양으로 다시는 나타날 수 없는, 살아서 숨쉬는 그룹으로서 자신의 학생들, 학급과 헤어지는 것을 경외하며 학기의 마지막 날을 보내기도 한다. 그 교사는 아이들과 자기 자신을 위해서 일련의 작별 및 이행의 의식을 행하기도 한다. 상담자는 내담자와 좋아진 점들을 검토하고, 내담자가 어느 정도 목표를 달성하였는지에 대해 얘기하고 작별을 고하는 데 마지막 회기를 모두 보내기도 한다.

어떤 상담자들은 자기 자신을 위해 분리를 위한 특정한 의례를 만들기도 한다. 이것은 내면화된 사고 체계(예를 들면, 내담자와 특정하게 했던 일에 대해 생각하는 것)나 외부적인 사건(예를 들면, 사무실 주변을 의례적으로 걸어 다니기) 등을 포함한다. 자신만의 창의성과 상상력을 활용해서 이를 행함으로써 효과를 얻을 수 있다. 어떤 학업 상담자는 그녀의 의례에 대해 다음과 같이 쓰고 있다.

> 안녕이라고 말하고 기분을 전환하여 새로운 내담자와 새로운 관계를 맺을 준비를 할 수 있도록 분리하는 방법이 무엇인가를 생각하는 데 도움이 된다. 내가 사용하는 의례는 모든 내담자와 상담한 것을 마치 위대한 소설인 것처럼, 주인공의 삶에 빠져들어 읽어 내려가는 재미있는 소설인 것처럼 상상하는 것이다. 그러나 내가 언제나 발견하는 것은 나 자신이 책에 적혀 있는 글귀로 인간성에 영향을 받고 동시에 영향을 주는, 단지 책장을 넘김으로써 도와주는 적극적인 독자일 뿐이라는 것이다. 종결할 때가 되면 나는 내담자의 삶에 다가가는 것을 끝마치고, 마침내 그 책을 내 마음의 중요한 선반 위에 올려놓는 장면을 마음에 그려 본다[랭어(1998년 7월, 개인적 대화)].

제4단계 재생

재생은 돌봄의 순환 과정에서 네 번째 단계이다. 그것은 작업 단계로부터 벗어나는 것이다. 이 단계는 이전의 세 가지 "ON 버튼" 단계와 반대되는 "OFF 버튼" 단계로, 세 가지 ON 버튼 단계(공감적 애착, 적극적 몰입 및 분리감)만큼 중요하다. OFF 버튼이 없으면 결과적으로 ON 버튼 단계가 존재하지 않기 때문이다.

방의 전등 스위치는 이것을 상징한다. 조명이 꺼져 있는 동안만 태양으로부터 에너지를 모으는 태양 전지판에 전등 스위치가 부착되어 있다고 상상해 보자. 조명이 꺼지면 에너지가 생성된다. 이후에 스위치를 켜면 조명이 들어온다. 그리고 그것은 단순히 어두운 조명이 아니다. 좀 더 세고 강렬한 조명이다. 도움, 지원, 지도, 가르침 또는 치유가 필요한 타인에게 깊이 헌신하고 성심성의껏 보살피는 상담자의 조명이다.

재생 단계는 문자 r로 시작하는 많은 다른 단어들을 사용하여 이해할 수 있다. 여기에는 재생(renewal), 휴식(rest), 재단장(refurbishment), 보수(repair), 회복(restoration), 개조(renovation), 반환(restitution)과 귀환(return) 등이 포함된다. 다른 용어들로는 휴식하기(having a break), 중간 휴식(time out), 빈둥거리기(goof off)가 포함된다. 우리는 재생이라는 단어를 사용하는 것을 좋아한다. 왜냐하면 재생(re−creation)은 즐거움의 진지함에 대한 역설을 전달하기 때문이다. 다시 말해, 레크리에이션(recreation)은 자아의 재생(re−creation)에 관한 것이다. 그리고 그것은 중요하다.

상담자마다 각자의 휴식과 회복의 질과 양은 다양하다. 어떤 이들은 일종의 자기 돌봄과 같은 이런 활동에 능숙하다. 다른 이들은 결코 그렇게 되지 못하는 것 같다. 그리고 그것은 결국 위험한데, 회복은 순환 과정을 다시 시작하는 데 필요하기 때문이다.

요약

> 나는 인생을 살면서 한 가지 중요한 사실을 배웠다—어떻게 다시 시작할 수 있는가를.
>
> —**킨**(Goodyear, 1981, p. 347에서 인용)

북부 기후의 큰 계절적 차이가 서로에 의존하듯, 모든 단계가 중요하다. 봄의 폭발은 여름의 광채로 이어지고, 다시 가을의 화려한 색채로 펼쳐지고, 겨울 눈의 고요한 아름다움을 선보인다……. 그러고는 때맞춰 다시 봄이 온다.

돌봄 전문직에서 자신을 유지하고, 활력이 넘치고, 적극적이라는 것은 다른 사람을 위해 완전히 채워질 수 있는 것을 의미한다. 하지만 상담자가 어떻게 계속하여 한 사람, 또 다른 사람에게 그런 존재가 될 수 있겠는가? 어떻게 상담자가 거북 껍질 안쪽의 부드러운 부분으로 공감적인 애착을 하고, 내담자와 작업을 하면서 몰입하고, 다른 이와 그리고 또 다른 이와 다시 시작하기 위해 절실하고 긍정적인 방법으로 그 일을 끝낼 수 있겠는가? 이 과정을 잘할 수 있도록 하는 것이 이 책에서 중점적으로 다루는 내용이다. 돌봄의 순환 과정의 정확한 본질은 직업에 따라 그리고 각 직업에서 어떤 종류의 만남을 하느냐에 따라 다르다. 그렇지만 어떠한 차이가 있더라도, 끝없는 돌봄의 순환 과정에서 능숙할 수 있다는 것이 성공적인 상담자가 되기 위한 잣대가 될 것이다.

돌봄의 순환 과정은 조력 전문직의 본질에 대한 정의 중 하나가 된다. 40년에 걸친 경력에서 상담자들이 계속해서 반복하여 수천 번씩이나 하는 일이다. 고귀하고 용기 있는 일이며, 잘 수행되었을 때 매우 가치 있는 일이기도 하다. 돌봄 순환이라는 예술 형태의 뛰어난 재능과 기술을 배우길 바란다.

자기 성찰 활동

우리는 돌봄의 순환 과정에서 네 가지의 단계를 공감적 애착, 적극적 몰입, 분리감, 재생이라고 설명했다. 또한 관계집약적인 분야에서 가장 성공적인 일은 상담자가 '거북 껍질의 안쪽'과 연결되는 것이라고 이야기했다. 순환 과정을 고려하여 당신에게 몇 가지 질문을 하고자 한다.

1. 다음 각 단계에서 당신은 당신의 기술적 수준에 대해서 어떻게 느끼는지 설명해 보라.

공감적 애착: ______________________________

____

____

적극적 몰입: ____________________

____

____

분리감: ____________________

____

____

재생: ____________________

____

____

2. 네 가지 단계 중 어떤 것이 가장 만족스러운가? 어떤 것이 당신을 가장 지치게 하는가? 그 이유는 무엇인가?

____

____

____

3. 내담자와 연결되었다가 다음에 분리하는 것과 같은 것에서 당신의 리듬은 어떠한가?

____

____

____

제 4 장 초심자에게 밀려드는 스트레스

전문가로서의 자아를 형성하는 것은 상당히 두려운 일일 수 있으며 실제로 종종 두려운 일이다.

—**아델슨**(1995, p. 35)

미리 알면 미리 잘 준비할 수 있다.

—**라틴 속담**

초심자들, 학생들에 관한 연구논문들은 중요한 기능을 한다. 심한 불안과 불편함, 불확실함 속에서 짧은 순간이지만 초심자들에게 자기 확인, 명료함, 희망을 준다.

—**피카**(1998, p. 362)

인생은 생각보다 쉽다. 필요한 것은 불가능한 것을 받아들이고, 없어서는 안 될 것 없이 행하며, 견딜 수 없는 것을 참는 것뿐이다.

—**노리스**(1997, p. 13, Maggio에 의해 인용)

장미꽃을 꺾어 모으려면 어쩔 수 없이 가시에 찔려야 한다.

—**필페이**(1872, p. 67)

수년 동안, 톰은 새로운 상담 전공 학생들이 실습의 스트레스, 혼란, 불확실성, 그리고 이 모든 것이 갑작스런 폭염처럼 그들을 덮치는 것에 관해 이야기하는 것을 들을 때 괴로움을 느꼈다. 톰은 학생에게 고통을 없애는 비밀 혈청을 주사할 수 있는 능력을 갖췄으면 하고 바라기도 했다. 그 혈청은 관계집약적 분야에서 일하는 수천 명의 상담자가 경험으로부터 배우는, 고뇌의 수많은 시간을 겪으면서 습득한 지식의 액체형 혼합물일 것이다. 앞에서 인용한 "장미꽃을 꺾어 모으려면 어쩔 수 없이 가시에 찔려야 한다"라는 문장은 143년 전의 것으로, 세월의 시험을 통과한 명언이다. 그러나 그것도 역시 인간의 고통을 말하고 있다. 단지 많은 사람이 독감에 걸린다고 해서 그것이 환영받을 일이라는 것을 의미하지는 않는 것처럼, 우리는 자주 그 고통을 피하려고 애쓴다.

큰 그림의 관점에서 바라본다면, 흔히 우리 각자에게 위대한 교훈을 주는 것은 삶의 어려움이다. 그리고 이것이 『다윗과 골리앗: 거인을 이기는 기술(David and Goliath: Underdogs, Misfits and the Art of Battling Giants)』(Gladwell, 2013)의 전제가 된다. 조력 전문직에서 역경의 가치에 대한 좋은 예는 제럴드 코리(Gerald Corey)의 인생 이야기이다. 그는 조력 전문직에서 가장 성공적인 작가로서 15권의 책을 출판했고, 그중 다수가 여러 판에 걸쳐 인쇄되었다. 조력 분야에 있는 수천 명의 학생은 그가 쓴 글의 명료함을 좋아해 왔고, 코리의 책을 높이 평가했다. 학생들은 그의 글을 통해서 이론, 기술, 방법을 이해할 수 있게 됨으로써 강해짐을 느낀다. 그들은 똑똑하다고 느끼고, 강사에게 그 책이 좋다고 말하고, 강사는 책을 다시 주문한다. 그리고 코리는 또 다른 책과 다른 판을 쓴다.

제럴드 코리는 어디에서 인간의 복잡성에 대해 명료하게 쓸 추진력과 기술을 얻었을까? 그의 명료함은 상담 전공을 시작하는 학생들의 이해력을 높이고, 학생들은 이해함으로써 힘이 있다고 느낀다. 그의 자전적 에세이에서 코리(Corey, 2005)는 우리에게 자신의 성공의 뿌리가 학교에서의 실패에 있었다고 말한다. 학창 시절 그는 수업에서 F와 D학점을 받아 완전히 혼란스럽고 비참함을 느꼈다. 종종 그는 선생님이 무엇을 가르치는지 이해하지 못했다. 하지만 점차 그는 어두운 학교생활에서 벗어나 두각을 드러내기 시작했다. 몇 년 후, 대학원에서 학위를 받은 후 코리는 지역전문대학의 강사가 되었다. 그곳에서 그는 수업을 명확하고 이해하기 쉬운 내용으로 만들고자 하는 의욕으로 가득 차 있었다. 이후에 그의 경력은 조력 전문 분야의 학생을 가르치는 것으로 발전했다. 그 무렵 그는 다른 전문대학이나 대학교에 등록한 학생들을 위해 점차 수업 내용을 교과서로 바꾸었다. 수십 년이 지난 후, 미국 전역의 졸업생들은 여전히 코리의 책을 가지고 있다고 말할 것이다.

제럴드 코리의 성공담은 글래드웰(Gladwell)이 『다윗과 골리앗(David and Goliath)』에서 이야기한 것, 즉 역경은 힘을 불러일으킬 수 있다는 것의 한 예시가 된다. 이 장에서 우리는 초심 상담자가 직면하는 역경에 자주 기여하는 아홉 가지 요인을 제시한다. 상담 초기에 안개에 부딪힌 초심자의 순수함은 다양한 스트레스 요인을 만들어 내곤 한다. 자, 이제 시작해 보자-우리는 초심 상담자의 밀려드는 스트레스를 만들어 내는 아홉 가지의 서로 다른 요인을 제시할 것이다.

초심자 스트레스의 핵심-매우 모호함

피카(Pica, 1998)는 임상 실제의 많은 모호함을 대비하기에는 자신의 준비가 부족했다는 사실을 발견하고 놀랐던 경험을 다음과 같이 이야기했다. "임상에서 수련을 할 때 모호한 일이 얼마나 많으며, 이것을 어떻게 견뎌야 하는가는 대학원 다닐 때는 짐작할 수 없다"(p. 361). 그렇다. 우리는 인생이라는 광야를 탐험하면서도 아무런 준비 없이 여러 가지 일에서 놀라움을 경험하고 있다. 아마도 에밀리 디킨슨(Emily Dickinson)의 다음과 같은 표현이 이를 매우 적절히 표현할 것이다. "산다는 것은 너무도 놀라운 일이다. 산다는 것은 우리에게 어떤 여지도 남겨 두지 않는다"(Johnson & Ward, 1958, p. 380). 새로운 상담자는 놀라운 인생의 여정에서 겨우 첫 장을 연 것에 불과하다.

학생들은 보통 상담 전문가로서의 대학원 훈련 과정에 잘 적응하는데, 왜냐하면 그들은 학교에서 뛰어났기 때문이다. 그들은 열심히 일하고, 성실하며, 수업 자료를 잘 이해하고, 주어진 일에 숙달되어 있다. 그들은 과제를 부여받고 높은 수준으로 완성하는 것을 잘한다. 사실상 그들은 자주 주어진 일을 거의 완벽하게 해낸다. 그럼으로써 학생으로서 통제감을 느낀다. 이는 이들이 좋은 학점을 따내는 것으로 알 수 있다. 그런 다음 그들은 실제 인간의 어려움을 해결해 보겠다는 마음을 먹게 되는데, 이러한 결정을 하게 되는 한 가지 이유는 사람들에게 관심이 많기 때문이다. 우리가 이 분야에 들어설 때 인간이 얼마나 복잡한 존재인지를 알았다면. 그리고 모호함을 통제한다는 것이 얼마나 어려운 일인지 알았더라면 좋았을 텐데. 하지만 우리가 초심자로서 발걸음을 뗄 때는 우리의 무지함이 현실을 보지 못하게 한다.

최근에 톰은 호주의 신규 의사를 위해 모호성으로 인한 갈등에 대해 글을 썼다 (Skovholt, 2014, p. 9).

> 미래의 의사들이 과학과 수학에 통달하는 것은 중요하다. 완벽을 추구하는 것은 숙달(mastery)의 경지로 이끈다. 학교 수준에서 지식의 발달과 과학과 수학에 정통하는 것은 점점 더 복잡해지는 논리적 · 선형적 · 순차적 사고 패턴을 사용하는 것을 포함한다. 대학교 수준에서는 정답과 오답이 있고, 정답을 맞추기 위해 숙련하는 데에는 공부하고, 암기하며, 더 공부하고, 사고하고, 더 사고하는 과정이 수반된다. 정답이 있는 것이다! 매트 네이피어(Matt Napier)나 호주 횡단 트레킹을 한 사람들처럼, 마침내 바다, 혹은 공식적인 의학 수업의 끝이 시야에 들어오는 것이다. 그리고 이제 신참 의사가 된다.
>
> 그러면 의료 행위의 모호함이 나타난다! 충분히 열심히, 오랫동안 공부하면 항상 정답을 맞혀 왔던 완벽주의 의대생은 불안해진다. 의술이라고 이름 붙여진 모호성이 나타나고 표효하게 되는데, 이는 이제 무한히 다양한 인간 세계(환자, 가족, 의사, 간호사 및 기타 직원)로 들어왔기 때문이다. 그들이 의료 실습(medical practice)을 실습(practice)이라고 부르는 것은 부정확하기 때문이다. 불명확하고 마치 변동하는 것처럼 보이는 기준으로 평가받는 것 또한 신참 의사에게는 매우 스트레스가 될 수 있다. 새로 발표된 전국 의사 및 의대생 정신 건강 설문 조사(National Mental Health Survey of Doctors and Medical Students, 2013)에서 "연구에서 직업으로의 전환은 경험이 많고 나이가 많은 의사들과 비교하여 젊은 의사들에게서 특히 더 높은 스트레스와 소진이 일어나는 기간으로 보인다"고 한 것은 놀랄 일이 아니다(p. 6; www.Beyondblue.org.au).

초심자가 받는 이런 스트레스의 핵심이 되는 매우 모호함은 신참 의사뿐 아니라 조력 전문직에 있는 모두를 강타한다. 우리의 일은 인간을 아주 가까이에서 접촉하는 것이다. 이것은 아주 좋은 일이기도 하고 아주 힘든 일이기도 하다. 이 일을 함에 있어서 초심자에게 가장 어려운 점은 호모 사피엔스가 매우 복잡하다는 사실이다. 지금도 세계의 유명한 극작가, 저명한 의사, 그리고 유능한 리더들은 수세기에 걸쳐 이 점을 밝히고자 노력하고 있다. 우리가 해결하고자 하는 문제는 복잡성과 애매모호함으로 가득차 있다(예를 들어, 인간의 능력은 무엇인가, 우리가 어떻게 거기에 이를 수 있었을까, 효과적인 상담이란 무엇인가, 우울 혹은 불안의 유전인자는 무엇인가). 이러한 복잡성과 애매모호함을 이해하기 위해서 상담자로서 우리는 종종 비논리적인 방식으로 혹은 복합적으로 생각한다. 따라서 이 분야에서 전문적인 기술을 쌓으려면 여러 해가 걸린다.

정확치 않은 안내 지도를 가지고 찾아가기

나는 내가 가르친 것이 정확히 어떤 것인지 알 수 있을 만큼 충분히 잘 가르치지 않았다.

—**스마일리**(1991, p. 384)

경험은 훌륭한 스승이다. 그러나 그 스승에게 배우는 수업료는 무척 비싸다.

—**앤트림**(1982, p. 317, 익명으로 인용됨)

초심자가 정보와 지식들을 배우고, 통합하고, 종합하고, 적용하는 일은 무척 힘겨운 일이다.

—**퓰렌바흐**(1999년 3월, 개인적 대화)

처음 카누를 타는 사람이 바다로 들어갈 때처럼 초심자는 불안한 상태에서 수업에서 배운 몇 가지 정확치 않은 안내 지도와 자기 삶의 경험만을 가지고 상담을 하러 들어간다. 예를 들어, 지금 상담자 앞에 있는 내담자가 매우 개인적이고 실제적인 얘기를 하고 있다고 가정하자. 그 이야기는 복잡하고 모호한 형태로 상담자 안으로 들어온다. 이러한 경험은 급류 속에서 래프팅을 할 때와 비슷하다. 갑자기 밀려오는 물, 바위, 그리고 급류 속에서 즉시즉시 이해하고 대처해야 하는 것처럼, 상담을 하는 동안에 우리는 우리에게 밀려드는 것들을 즉각적으로 이해하고 대처해야 한다. 이런 상황 속에서 종종 초심자는 119 구급대를 부르고 싶을 정도로 힘겹고, 다른 한편으로는 내담자에게 침착하고 전문적으로 보여야만 한다는 생각을 하기도 한다. 병원에서 일하는 초보 의사에 관한 연구에 따르면, 가장 스트레스를 주는 상황은 매우 혼란스러운데도 불구하고 임상적인 결정을 내려야만 하는 때라고 한다(Zeigler, Kanas, Strull, & Bennet, 1984).

대부분의 경우, 초심자가 가지고 있는 지도란 머릿속에 있는 인지적 지도이다. 그것은 수업 시간에 배운 이론이나 실습실에서 습득한 절차와 기술을 포함하여 초심자가 사용하는 아이디어와 정보(Skovholt & Starkey, 2012)를 조합한 것이다. 그 지도에는 새로운 상담자의 강렬한 심리학적 분석과 내성(introspection)도 들어 있는데, 그것은 마치 의학이나 간호학과 학생들이 질병을 공부하면서 자신의 몸을 살피고 연관이 있나 궁금해하는 것과 같다. 또한 견습공이 장인이 어떻게 하는지를 보고 배우는 것과 같이 숙련된 전문가를 모델링한 결과도 포함된다. 인간 상황에 반응하는 방법에 관한 '인지적인 지도'에 따라서 각 개인의 삶은 다루어진다. 나이가 들어가면서 사람들은 평행한 하나의 진로로 나아가거나 지도상에서 뚜렷이 구분되는 두 개의 진로(예를 들어, 심리상담사가 되기 전에 엄마가 되는 것)를 갖기도 한다.

수업 시간에 배우는 지도는 내부 인지 도식의 일부라기보다는 초심자에게는 외적인 것으로, 다른 사람으로부터의 이론이나 기술의 형태로 온다. 지도의 대부분은 초심자의 전문적인 경험을 넘어서는 것이다. 하얀 포말로 가득한 급류 속에서 씨름하는 초심자에게 이 지도는 충분하지 않다. 초심자의 위치는 부적절한 인지적 지도와 같다.

전문적인 경험이 없기 때문에 모든 것이 더 어렵다. 경험이 부족하기 때문에 많은 문제가 생기는데, 그것은 "내가 무엇을 했는지 나도 몰랐다"라는 말로 요약될 수 있다. '모른다'는 것이 무엇을 의미하는가? 여러 가지를 의미할 것이다. 예를 들어, 초보교사는 지루해 하는 학생들에게 어떻게 하면 공부할 내용을 쉽고, 전문적이고, 재미있게 가르칠 것인지에 대한 인지적 지도가 없다. 상담, 치료, 교육, 그리고 의료 분야에서의 상담자는 이러한 모호함에 직면해서 여러 가지 적절한 반응을 선택해야만 한다. 이건 초심자에게 너무 어려운 춤이다. 거기에 다시 스트레스 요인, 즉 초심자 스트레스의 핵심인 '매우 모호함'이 있는 것이다.

숙련되지 않은 사람이 사용하는 이론과 연구 결과로부터 얻게 되는 지도는 이론가, 슈퍼바이저, 교사, 멘토와 같은 다른 사람에게서 온 것이다. 여기엔 상담, 치료, 교육, 그리고 건강과 같은 분야의 모든 초심자에게 영향을 미치는 이론과 실제 사이에는 전형적인 틈이 있다. 이것은 훈련 중에 있는 실습생이 여러 과목을 듣고, 수없이 많은 책과 논문을 읽고, 많은 논문을 쓰고, 시험을 치르며 열심히 일한 후에 생긴다. 하지만 우리가 배운 것들이 우리가 일하는 실제에 아무 관련이 없어 보이는 이유는 무엇일까?

그 이유는 초심자가 당면한 어떤 특수한 상황 때문이 아니다. 그것은 다양한 상황을 안내하는 광범위한 안내서와 같은 인지적 지도가 바로 자신으로부터 온 것이 아니라 다른 누군가에 의해 만들어졌기 때문이다. 또한 자신의 개인적인 삶을 통해 만들어진 지도가 있다고 하더라도 그것은 초심자가 당면한 하나하나의 어려운 상황에서는 그다지 적절하지 않기 때문이다. 그것은 마치 가상 세계를 현실 세계와 비교하는 것, 혹은 특정 외국어를 배운 뒤에 아무 곳에서나 그 언어를 사용하는 것과 같다. 책에서 배운 것이 실제에 딱 맞는 것은 아주 드문 일이다. 언어는 쓰임, 스타일, 맥락에 따라서 책에서와는 달리 사용되기 마련이다. 초심자들이 가지고 있는 또 다른 문제는 계속해서 전문가의 인지적 지도와 다른 이론들을 습득하기 위해서 노력하면서 동시에 그것을 자동적으로 사용하도록 노력해야만 한다는 것이다. 따라서 전반적인 안내자로서 전문가들의 이론은 타인의 이론 혹은 개인적인 자기 이론이지 전문적인 자기 이론이 아니고, 또한 새로운 상황에 자동적으로 적용되는 이론이어야 하기 때문에 초심자는 대부분 성공적으로 이를 얻기가 어렵다. 이것은 아주 귀찮은 과정이다. 예를 들어, 초심 상담자가 매우 자기 비판적인 내담자를 만났다고 하자. 상담자는 내담자의 상황이 인지치료를 하기에 적합하다고 판단하여 인지이론에 근거하여 이 내담자의 문제를 다루려고 한다. 그런데 내담자가 상담에서 내놓은 정보 중 어떤 것들은 인지이론을 적용하기에는 적합하지 않아서 유용한 접근을 찾으려고 고투하는 이 초심 상담자를 혼란에 빠뜨릴 수 있다.

내담자들의 이러한 독특한 상황은 초심 상담자가 학교에서 학생으로서 배운 상황하고는 전혀 다른 상황이다. 상담 실제에서의 이러한 고투는 초심자에게 좌절감을 준다. 실제로 초심 상담자가 이러한 상황에 부딪히면 학부 과정 혹은 대학원 과정의 교육 프로그램에 대해서 심한 실망감도 생긴다. 따라서 자신이 적절한 훈련을 받았고, 그 훈련이 가치가 있었다고 생각했다고 해도, 훈련 이후 실제로 상담을 담당하면서 적절한 길을 탐색하는 단계에서는 크게 실망하게 되는 것이다(이 책의 제11장을 보라). 흔히 초심자는 훈련 중이든 이후이든 이처럼 강력한 부적절감이 왜 생기는지를 탐색하면서 상담 교육 훈련 프로그램의 부적절함이 그 원인이라고 생각하기 쉽다. 교육과정 중 어떤 특정 부분이든, 혹은 전체이든, 혹은 교수에 대한 것이든 간에 이런 비판은 어디에서든지 나타난다. 초심자들은 이렇게 말한다. “만약 내가 훈련을 더 잘 받았더라면 그렇게 혼란스러워하지도 않았을 것이고, 잘 해내야 할 상황에서 그렇게 크게 무능함을 느끼지도 않았을 것이다.”

초심자는 흔히 자신을 탓하기도 한다. 자신을 탓할 때 초심자들은 이렇게 말한다. “내가 문제야. 나는 상담에 소질이 없는 것 같아. 아무리 노력해도 소용이 없어.” 다시 말해서 다음의 글에서 보여지듯이 초심자는 교육이 부적절했고, 자신 또한 부적절한 사람이라고 생각하는 것이다. 비판의 손가락질을 교육에 돌리든, 자신에게 돌리든 둘 다 원인을 잘못 짚은 것인데, 이런 경향이 새로운 학교 상담자인 브렌트 반다우어의 가슴 뭉클한 이야기에 잘 표현되고 있다.

> 인정받는 석사과정을 졸업했지만 나는 학교 상담자가 되기에 필요한 것들을 충분히 배우지 못했다. 나는 때로 내가 수업을 열심히 들었는지, 교과서를 제대로 공부했는지 의심스럽기 조차 하다. 나는 아이들을 도울 때 필요한 중요한 개념들도 기억이 나지 않는다. 누가 물으면 변화에 필요한 핵심 조건을 그럴 듯하게 설명할 수는 있다. 또 나는 비합리적인 신념이 무엇인지, 그것이 일상생활을 어떻게 방해하는지를 설명할 수도 있다. 또한 내담자가 변화하는 실제적인 이유를 지적한 성과 연구를 말할 수도 있다. 아마도 나는 자신이 원하는 것이 무엇인지를 알고 있는 통찰력 있는 내담자만을 도울 수 있다는 가정을 갖고 공부했는지 모르겠다. 이 문제는 나의 개인적인 단점 때문일까? 아니면 훈련을 잘못 받았기 때문일까?(Bandhauer, 1997, p. 7)

경험을 쌓아가면서 초심자는 외적인 전문 지식에서 내적인 전문 지식으로, 그리고 타인의 이론에서 자신의 복합적이고 경험에 기초한 상황에 따른 규칙, 절차, 지침을 따르게 된다. 간호학을 연구한 바 있는 베너와 루벨(Benner & Wrubel, 1982)은 환자를 진찰하고 환자가 위험한 상황인지 아닌지를 아는 전문적인 간호사는 이론이 그렇게 말하기 때문이 아니라, 풍부한 경험을 통해서 알 수 있는 것이라고 설명했다. 베너와 루벨이 30년 전에 이 개념을 설명한 이래로 많은 간호학 문헌은 간호 실습에서 직관의 역할에 관한 탐구를 주제로 했다. 수백 시간의 경험을 통해서 내면화된 자신의 이론이 발달한다. 간호사는 어떤 접근을 취할 것인지를 빨리 결정하기 위해서 이처럼 경험에 기반한 일반화 전략을 사용한다.

문제는 알아야 할 것이 너무 많고, 무엇이 언제 필요할 것인지를 잘 모른다는 점이다. 외국을 여행하는 여행가의 예를 들어 보자. 여행을 떠나기 전에 그는 옷과 필요한 물품들을 가방에 챙긴다. 그런데 항상 필요한 물품이 빠져 있곤 한다. 여행가는 불안해지고, 어떤 식으로든 보완해야 한다. 초심자도 종종 이와 같은 느낌을 받는 것이다. 상담자 발달 중 전환점에 관한 연구에서 한 초심 상담자는 다음과 같이 회상했다. "자신감 면에서 롤러코스터를 타고 있는 것 같다……. 하루는 내가 이것을 잘할 수 있을 것 같고, 다음날은 누군가의 삶을 망칠 것 같아서 죽을 만큼 두렵다"(Howard, Inman, & Altman, 2006, p. 96). 오를린스키와 로네스태드(Orlinsky & Rønnestad, 2005) 또한 초심자들에게 밀려드는 불안감을 발견했다. 초심 상담자는 이러한 특정 상황을 다루는 법을 어떻게 배우는가? 반다우어(Bandhauer, 1997)는 상담자로서의 그의 발달에 대해 다음과 같이 설명하면서 이 질문에 답했다.

올바른 판단은 잘못된 판단의 경험을 통해서 나온다고 누군가 말했던 것이 기억난다. 나는 자신감을 갖고 적절한 결정을 내리는 현명한 사람이 되려고 노력하는 중이다. 지혜는 경험에서 나오기 때문에 자신감을 갖기 위해서는 오랜 시간이 필요하다. 나의 길을 발견하기 위해 나의 경험에 대한 나의 느낌과 반응을 검토하기로 다짐했다. 내가 압도당했다고 느낄 때 나는 그 이유를 발견하기 위해서 애써야만 한다. 나는 문제를 가진 사람이 누구인지를 파악하도록 노력해야만 한다. 그러고는 지금까지의 기억 속에 무엇을 혹은 누가 있는지를 찾아내기 위해서 나의 경험을 샅샅이 뒤져야 한다. 10년이 지나면 그런 지혜가 나에게 생길 것을 확신한다(p. 9).

전문적 여행이란 오랫동안 열심히 공부하는 것이며, '고난의 학교(school of hard knocks)'에 다니는 것이기도 하다. 이 학교는 필요하지만 힘겹다. 생어(Sanger, 2010)는 불길하게 들리기도 하는 그녀의 에세이 『어떻게 실패하는가(How to fail)』에서 초심자 시절의 자신의 경험을 들려주었다.

내가 석사과정 실습을 마쳤던 지역 정신건강센터의 그룹 슈퍼바이저는 그레이스(가명)의 사례를 다루면서 이 내담자와 함께 일할 수 있는 직원이 없었다는 이야기로 발표를 시작했다. 그녀가 노골적으로 말하지는 않았지만, 그 설명에서 분명한 것은 직원들 중 누구도 이 내담자와 함께 일하고 싶어하지 않았다는 것이다. 그레이스는 오랫동안 조울증과 약물 남용 이력이 있었다. 그녀가 선택한 마약은 헤로인이었다. 그녀는 한 번 이상 입원 치료를 받았고, 몇 주간은 제정신인 상태를 미약하게 유지하고 있었다. 이런 면에서 그녀가 클리닉의 내담자 중 두드러진 것은 아니었다. 하지만 시간이 지나면서 알게 된 것은 그레이스는 가족과도 마찬가지로 상담자들과도 돌이킬 수 없는 방식으로 관계를 정리한 이력이 있었다. 그녀는 금방 화를 내고 그만큼 또 빨리 애원하듯 사과했다. 세상이 그녀에게 뭔가 빚진 것처럼 느끼는 듯 보였고, 그것이 무엇이든지 간에 주변 사람들에게서 받아 내기로 결심한 것처럼 보였다.

같이 앉은 동료들을 둘러봤을 때, 그레이스와 함께 일하기 위해 뛰어드는 사람이 아무도 없다는 것이 확실했다. 일이 엄청 많을 것 같았다. 조금 주저하다가 나는 슈퍼바이저와 동료 초심자를 기쁘게 하고 싶어 "한 번에 한 명의 내담자를 구하여 세상을 구하겠다"는 태도로 접근했다. 나는 그레이스와 함께 일하기로 하였다. 그 당시에는 내가 실패하게 되어 있다는 것을 몰랐다……. 여러 번의 전화 통화와 그녀가 약속했던 시간에 나타나지 않는 상황을 반복하고 난 후 다시 우리가 처음 만났을 때 나는 이미 내가 감당할 수 없는 상황이라는 것을 알 수 있었다. 그레이스는 자신의 삶을 계속되는 위기라고 표현했다. 그녀는 실패한 관계들, 헤로인을 사용하려는 충동, 그리고 자살에 대한 되풀이되는 생각들을 깜짝 놀랄 정도로 높은 목소리로 눈물을 흘리며 열거했다. 그녀의 말이 너무 빨라서 나는 그녀가 실수도 없이 그렇게 빨리 계속 이야기하는 것에 놀랐다. 나는 "숨 좀 쉬세요" 하고 부드럽게 그녀에게 말했다. 머릿속으로는 나에게 '숨 쉬어!'라고 좀 더 절박하게 이야기하며, 어디서부터 시작해야 할지를 고민했다. 나는 이중 진단을 받은 내담자들과 함께 일한 경험이 거의 없었고, 최근 그레이스가 약물 없이 맨정신인 상태일 때 어떻게 하면 가장 잘 지지할 수 있을지 고민하는 동시에 그레이스의 기분 장애와 관계 불안을 함께 돌볼 방법을 고민하며 불안해 했다. 그녀가 자살이란 단어를 너무 많이 내뱉었다는 사실은 내 맥박을 유산소 운동을 하는 수준으로 빠르게 만들었다.

첫 번째 회기가 끝나고 동료들과 다시 모여서 협의하는 시간을 가진 후, 나는 합리적인 치료 목표라고 생각되는 안전 계획, 재발 방지, 기분 및 정서 관리, 대인 관계 기술 강화 등을 정하였다. 하지만 알고 보니 내가 어떤 치료 목표를 선택했는지는 별로 중요하지 않았다. 그레이스와 그 목표에 대해 한 번도 실제로 논의할 기회가 없었기 때문이다. 우리가 만날 때마다 그레이스는 새로운 위기를 들고 왔다. 당시에는 그리 잘 몰랐던 나는 그레이스를 쫓아 매번 위기의 길로 충실히 따라가며 그녀가 화재를 진압하도록 도왔지만, 새로운 위기를 예방하는 데에는 실패했다…….

이 모든 것에도 불구하고, 우리는 마침내 효과가 있는 치료 관계처럼 느껴지는 것을 만들 수 있었다. 그녀는 나를 믿는 것 같았다. 나는 과거에 그녀를 너무도 많이 걷어차 넘어뜨린 삶에 몰두하려고 계속해서 애쓰는 그녀가 존경스러웠다. 나는 그레이스의 관점에서 그녀가 필요로 하는 어떤 방식으로든 그녀를 위해 있어 주려는 끈질기고 순진한 나의 고집이 그녀에게 위로가 되었고, 관계가 나아지게 되었다고 짐작한다. 하지만 그것은 또한 나의 분노를 키우고 정서적인 고갈을 일으키는 데 기여했다. 내가 내담자보다 더 많은 일을 하고 있다고 느낄 때가 상담 과정을 함께 검토해 봐야 할 타이밍이라는 것을 배우는 데에는 시간이 걸렸다. 그 당시, 나는 그레이스와의 작업이 온통 '과잉 개입'으로 불릴 수 있다는 것을 알 만큼 나 자신을 돌아볼 수 없었다.

그레이스를 통해서 초심자인 나는 치료에서 진전이 느릴 수 있으며, 산발적이며, 정의하기 어려울 수 있다는 것을 배웠다. 때로 그것은 아무 죄가 없다. 그것은 마치 페이지를 빠르게 넘길 때 말이 부드럽게 풍경을 가로질러 질주하는 것을 보여 주는 플립북과 같다. 하지만 때때로 페이지가 손가락에 걸리고, 말은 멈추고, 경련을 일으키기 시작한다. 각각의 페이지에서 멈춰서 보면 한 페이지와 다음 페이지 사이의 변화를 알아차리는 것은 거의 불가능하다. 그레이스와 상담하는 것은 한 번에 한 페이지씩 넘기는 것과 같았다. 내가 아무리 안간힘을 써도 변화의 증거가 있음에도 불구하고 앞으로 나아가는 움직임이 거의 보이지 않았다. 시간이 지남에 따라 그녀는 위기가 계속되는 동안에도 어머니와의 관계, 자기 자신에 대한 견해, 실망과 후회 등 큰 주제를 논의하기 위해 상담에서 더 많은 것을 개방하기 시작했다. 우리의 치료적 유대가 커지는 것과 함께 이렇게 그레이스가 하는 이야기들도 발전해 갔지만, 나는 그것을 훨씬 후에야 깨달았다. 그것들이 애초에 내가 구하던 것이 아니었기 때문이다.

그레이스가 내 실습 마지막 주에 재발했을 때, 내 엄지손가락은 그 책의 가장자리를 완전히 벗어난 것 같았다. 그녀는 조증 상태로 병원에 도착했고, 그동안의 우리의 작업은 마치 아무런 진전도 없었던 것처럼 보였다. 마지막 상담은 입원실에서 되는대로 마련된 낡은 소파에서 이루어졌다. 그레이스는 우리가 함께했던 작업에 대해 감사를 표했고, 그녀가 부탁한 새 속옷을 내가 가져왔는지 물었다. 나는 가져가지 않았다. 그녀가 나를 포옹했다. 그게 다였다. 나는 망연자실해서 걸어 나갔다. 나는 실패했다고 느꼈다.

그레이스와 작업하면서 가끔 내가 마치 두 개의 깊은 협곡 사이에 있는 좁은 벼랑에서 균형을 맞추려고 애쓰고 있는 것처럼 느껴졌다. 한쪽에는 충분한 시간과 노력만 들인다면 누구라도 도울 수 있다는 무한하고 순진한 낙관주의의 우물이 있었다. 반대편에는 냉소와 절망으로 가득찬 구덩이가 있었는데, 나는 그 구덩이에 발을 헛디뎌 넘어지기도 했다. 내가 구덩이에 빠져 있을 때, 나는 아무것도 할 수 없다는 무력감을 느꼈다. 그 가운데는 현실이라는 파악하기 힘든 중간 지대였는데, 양쪽 극단이 모두 어느 정도의 진실을 가지고 있었다.

이런 비이원론(non-dualism)은 나에게 새로운 개념이었다. 프롬(Fromm, 1968)은 『희망의 혁명(The Revolution of Hope)』에서 그것에 대해 묘사했다. "희망한다는 것은 아직 탄생하지 않은 것을 위해 매 순간 준비한다는 것이고, 우리 인생에서 태어난 것이 없을 때 아직 절망하지 않는 것을 의미한다"(p. 9). 나는 그레이스에 대해 많은 희망을 가졌고, 사실 너무 많은 희망을 가졌고, 이것이 그 희망이 실현되지 않았을 때 나를 절망에 취약하게 만들었다(pp. 72-74, 허가 후 재발행).

여기서 생어는 우리 모두에게 "장미꽃을 꺾어 모으려면 어쩔 수 없이 가시에 찔려야 한다"에 해당하는 자신의 초심자 경험을 들려준다. 생어는 점진적으로 자신의 경험 기반을 다지고 있다. 그 과정은 길고, 느리고, 변덕스러워서(제11장의 상담자의 발달에 대한 설명을 보라) 초심자는 종종 역량의 안전성에 도달하기 위해 속도를 내고 싶어 한다.

개인적인 삶에서 우리가 원하는 것도 같은 바람일까? 10년간의 경험을 하지 않고 지난 10년의 교훈을 배운다는 것은 가능할까? 톰은 노르웨이 속담을 기억했다. "너무 빨리 늙으면 너무 늦게 영리해진다"라는 말인데, 이것은 이러한 인간적인 딜레마를 설명하고 있다. 초심 상담자는 자신의 언니(또는 형, 오빠, 누나)처럼 빨리 크고 싶어하지만, 빨리 자라기 위해서 할 수 있는 일은 아무것도 없는 집안의 막내와 같이 느낄 수 있다.

경험과 많은 것이 내적 기반으로의 전환을 위해 필요하다(Skovholt, Rønnestad, & Jennings, 1997). 『아웃라이어(Outliers: The Story of Sucess)』에서 글래드웰(Gladwell, 2008)은 한 영역에서 전문가가 되기 위해선 10,000시간이 필요하다는 자주 인용되는 원칙에 대해 논의했다. 베너와 루벨(Benner & Wrubel, 1982)이 다음과 같이 말했듯이, 경험은 상담의 질을 높이는 데 반드시 필요하다.

> 경험은 어떤 수준의 전문 지식을 다른 수준으로 높이는 데 필요하지만, 경험은 단순히 오래 한다거나, 먼저 했다거나, 혹은 시간을 보내는 것이 아니다. 경험은 여러 가지 상황을 지각하고 인식하는 데 도움이 되는 방식으로 실제 상황을 통해 살아 있는 것을 의미한다(p. 28).

경험이 초심 상담자에게 내적인 인지적 지도를 줄 때까지 초심자는 경험이 없기 때문에 생기는 스트레스를 경험한다. 초반에 안개 속에서 길을 잃고 혼란스러워하는 것은 상담하고, 가르치고, 치유하는 모든 초심자에게 고통스러운 통과의례의 일부이다. 많은 임상가의 상호작용이 복잡하고 모호하다는 것은 10대 청소년들처럼 초심자 시절을 기억하지 못하게 만들 수도 있다. 어떤 사람은 풋내기 시절에 한 자신의 실수를 받아들인다. 테네시에서 대학교 교수를 했던 사람처럼, 어떤 사람들은 초심자 시절의 미숙함에 대해 죄책감과 후회를 경험하기도 한다.

> 나는 47명의 대학생을 가르치라는 말을 들었을 때 "그것이 만약 운 때문이라면 나는 정말 운이 없는 사람일 거야"라는 노래 제목이 생생하게 떠올랐던 기억이 난다. 나의 첫 강의를 견뎌 준 수백 명의 순진한 대학교 신입생들은 3시간의 수업 시간을 돌려받을 수 있는 쿠폰을 받아야 마땅하다(Eison, 1985, p. 3).

절실한 긍정적 멘토링 대 고아의 고통-비판적인 멘토-방치된 초심자

멘토와 초심자들은 고대의 무용에서의 파트너에 견줄 수 있다. 이들이 추는 춤은 두 파트너가 나선형으로 돌아가는 춤이다. 여기서 멘토는 선배 세대로서 자신의 경험으로 젊은 세대인 초심자에게 힘을 북돋고, 초심자는 그들의 새로운 생활

> 로 멘토에게 힘을 불어넣으며 서로 접촉하고 서로에게 영향을 준다. 둘은 날실과 씨실이 되어 인간 공동체를 직조해 가는 것이다.
>
> –**파머**(1998, p. 25)

전문적 실습이라는 폭풍우가 이는 바다로 떨어진 초심자는 예측할 수 없고 강력하며 위협적인 힘으로부터 안전한 곳을 찾는다. 초심자는 격랑의 바다 속에서 안전함을 찾으면서 위험을 평정하고, 초심자로 하여금 배를 조종하고 통솔하도록 도와줄 감독자를 원한다. 여기서 통솔한다는 것은 50분간 상담을 하는 것이며, 그다음에도 그것을 반복적으로 실행하는 것을 말한다. 워드와 하우스(Ward & House, 1998)는 거친 바다를 "감정과 인지의 부조화 수준이 증가된 상태"(p. 23)로 비유하여 설명했는데, 말하자면 초심자 자신조차도 자기가 하고 있는 것을 모르는 상태(비경험 요소)라고 할 수 있다. 이때 초심자는 "밧줄 다루는 법을 알고 있는" 전문적 지식을 발전시킨 현명한 선배(슈퍼바이저, 교사, 멘토)에게 도움을 청한다.

초심자는 숙련된 임상가(멘토라고 부를 수도 있다)와 지지적인 관계를 맺기를 원하는데, 이것은 마치 인생에서 부모를 정말로 필요로 하는 시기와 견줄 수 있다. 하지만 우리는 부모를 선택할 수 없고, 우리가 원할 때 부모가 자신이 원하는 부모가 되도록 만들 힘을 가지고 있지 않다. 그러나 "학생이 준비되었을 때 교사는 나타날 것이다"라는 속담은 사실인 경우가 많다. 초심자는 항해를 다루는 방식에서 지지적이고, 긍정적이며, 도움이 되는 멘토를 원한다(Rønnestad & Skovholt, 2013). 멘토가 없으면 초심자는 고아가 겪는 고통을 겪으면서 경험도 없이 높은 격랑의 파도 속에서 길을 찾아 헤매게 된다. 멘토가 있는 데에도 없는 것과 마찬가지로 고통을 겪게 되면 초심자는 필요한 것을 주지 않는 멘토에게 크게 실망하게 된다. 예를 들어, 멘토가 없거나 멘토가 비판적이거나 혼돈스러운 지시를 주는 경우이다. 고아의 고통, 비판적인 멘토와 초심자 유기라는 말은 초심자들이 격랑 속에서 겪는 공포를 단적으로 표현한 말이라고 할 수 있다.

가장 좋은 멘토란 초심 상담자의 발달에서 중요한 요소가 될 수 있는 '확실성 · 불확실성 원리'와 유사한 구조로 작용하는 것 같다(Rønnestad & Skovholt, 2003). 교사 혹은 슈퍼바이저와 같은 멘토는 초심자에게 불확실성을 통과하며 길을 찾아나가는 과정을 가르쳐 준다. 자기 성찰을 하면서 불확실성을 파헤치는 것은 초심자가 전문가로 성장하는 가장 좋은 방법으로 알려져 있다(Neufeldt, 2007). 초심자는 다른 사람을 상담하고, 가르치고, 혹은 치유하는 한 가지 이상의 좋은 틀(framework) 안에서 항해를 하도록 배운다. 그런데 멘토는 불확실함 속에서 혼란에 빠진 초심자에게 정말 도움이 될 수 있는 구체적인 기술, 방법, 절차와 같은 확실성을 알려 주기도 한다. 이러한 도움을 줄 수 있는 멘토를 찾아내는 것은 때로 쉽지 않다. 만약 초심자에게 도움이 너무나 필요한데 바로 그 순간에 초심자의 성장을 도울 수 있는 최상의 멘토를 찾기 어렵다면 초심자의 어려움은 더 클 수도 있다.

발전하기 위한 최선의 조건과 방법은 멘토에 의해 만들어진 '버텨 주는 환경'(holding environment)을 갖추는 일이다. 초심자를 잘 버텨 주는 환경은 초심자의 내면과 외부에 존재하는 부정적인 힘으로부터 초심자를 안심시키고, 고유성과 창의성을 발휘하도록 하는 것이다. 창의성 연구의 대가인 토랜스(Torrence, 1996)는 "멘토는 멘티(mentee)가 자신의 아이디어를 내서 그것을 수정할 수 있을 때까지 동료의 반응으로부터 멘티를 보호한다. 멘토는 구조를 충분히 개방시킨 채 멘티의 고유성이 나타날 수 있게 한다"(p. ii)고 하였다.

멘토의 존재가 얼마나 중요한지는 상담, 치료, 교육, 건강 분야의 전문가에게 초심자 시절의 자신의 취약함이 극도에 달했을 때 자신들이 받은 멘토링에 관해서 적어 보도록 함으로써 평가될 수 있다. 긍정적이거나 혹은 부정적인 정서의 강렬함과 함께 수십 년 전의 기억을 통해서 초심자에게 있어서 멘토링이 얼마나 중요한지를 확인할 수 있다. 구체적인 상황이 기술되고, 애정, 감사, 존경의 강력한 정서 혹은 분노, 비난, 실망의 강력한 정서가 표현된다. 여기에 세 개의 회고록이 있다. 첫 번째 회고록은 브린슨(Brinson, 1997)의 것이다.

내가 대학원을 졸업했을 때 나는 마치 재잘거리고, 코 흘리며, 기어 다니고, 넘어지면서 많은 시간을 보낸 것만 같았다.

귀가 젖은 채, 그리고 분만의 고통을 겪으면서 나는 새롭고 재미있는 전문 분야에 적응하도록 나를 도와주고 신뢰할 수 있는 친구의 지지와 보살핌을 간절히 원했다. 대학원 경험이 나를 전문 영역의 '정치적' 차원에서 준비시키지 못했다는 것을 깨달으면 깨달을수록 나는 이러한 안내를 점점 더 절실히 원했다.

확실히 전문 영역에서 일을 시작한 사람은 누구나 지식과 전문 지식을 빌려 주어서 성공에 이를 수 있도록 도와줄 사람들이 너무나 필요하다. 이것이 나의 상황에서도 절실히 필요했고, 나는 이런 사람을 만나면서도 이런 도움의 관계가 가능할 수 있을지 회의적이었다. 그와의 이러한 관계를 중단하게 할 만한 이유가 없었지만 단지 그가 다른 민족이라는 사실은 나에게 딜레마를 주었다. 그의 민족과 나의 민족 간에는 갈등의 역사가 있었기 때문에 나는 스스로에게 이렇게 묻고 싶었다. "이 사람이 무엇 때문에 내가 성공하는 것에 관심을 쏟겠는가?" 그러나 시간이 지나고, 그를 알게 되면서 나는 생산적인 멘토 관계를 형성하는 것을 불가능하게 만들 수도 있었던 그러한 고정관념을 버릴 수 있었다.

멘토를 가진다는 것은 나의 성장에 다른 세상을 가져올 수 있었다. 나는 전문 영역에서의 수년간 경험을 통한 지혜, 지식, 경험을 나에게 줄 수 있는 누군가를 찾았을 뿐만 아니라, 내가 앞으로 살면서 장애물을 만났을 때 내 편이 되어 줄 수 있는 사람을 찾았다.

전문 영역에서 초심자로서 겪는 두려움과 염려에 대해서 무능하다고 평가받는 느낌을 주지 않고 이해해 주는 누군가를 찾은 것이다. 특히 개인적으로 위기에 빠져서 상담자로서 낙심하고, 낙담해 있을 때 나의 멘토가 나를 도왔던 여러 가지 방법에 감사한다. 누군가 내 편이 있다는 것은 모든 것을 다르게 만들었다.

몇 년이 지난 지금에야 나는 자신의 길을 찾으려 애쓰지만, 어디로 가야 할지 알지 못하는 다른 초심자들에게 도움이 되고 싶은 희망을 가진 당신에게 나의 경험을 털어놓는다(pp. 156-166, ACA의 허가를 받아 재발행).

다음 회고록에서 오사추크(Osachuk, 2010)는 초보 학생 상담자가 되는 과정에서 몇 년 전에 있었던 긍정적인 멘토링 경험의 정서적 강도와 그의 교수이자 임상 지도자인 데이비드의 영향을 다음과 같이 말했다.

두 번째 실습을 시작할 시간이 왔고, 나는 다시 한 번 데이비드가 내 슈퍼바이저가 되기를 요청하고 기다렸다. 나의 요청은 받아들여졌다. 데이비드는 그의 심리치료 수업에서의 나를 기억했다. 실습 초기에 내담자와의 상담 비디오를 검토하는 동안, 그는 내 실력이 수업 이후 향상된 것을 보고 기뻐했다. 초심 상담자로서 나는 여전히 배우는 중이었고, 서툴고 어색했다. 나는 그의 기술의 깊이에 경외심을 느꼈고, 계속 성장하기를 원했기 때문에 슈퍼비전에서 그의 피드백 한 마디 한 마디에 매달렸다. 발달상에서 나는 또한 숙련된 상담자가 되는 데 있어 내 잠재력에 대한 외부의 확언과 확신이 필요했고, 언젠가는 슈퍼바이저인 데이비드로부터 그것을 받기를 희망하고 있었다. 데이비드는 내 안의 가능성을 보고 내가 괜찮을 거라고 믿었던 것 같았다.

내가 받기를 바랐던 확언과 확신은 뒤이은 임상 슈퍼비전 과정에서 나왔다. 너무 작은 일인 것 같지만, 그 당시 내게는 너무나 중요한 일이었다. 데이비드는 성인이 된 딸 중 한 명과의 전화 통화에서

> 나의 성장에 대해 이야기했다고 말했다. 사실은 그는 처음에 심리치료 수업에서의 나에 대한 기억을 바탕으로 내가 잘할 수 있을지에 대해 확신하지 못했다고 했다. 하지만 그 이후로 내 실력이 발전한 것을 보고 기뻤고, 사실 너무 기뻐서 놀랐다고 말했다. 그는 또한 슈퍼비전에서 우리가 함께 겪을 수 있는 예상되는 일들을 나와 공유했다. 처음에 그는 내가 슈퍼바이지가 되는 것을 두려워하고 있었다. 그는 심리치료 수업에서 내가 처했던 강렬함과 불안감, 그리고 내가 현존하는 것을 어려워했던 것에 대한 기억을 이야기했다. 슈퍼비전에서 나와 함께 그것을 다루게 될 것을 기대하지 않았다고 말했다. 그가 자세히 설명하지는 않았지만 나를 슈퍼비전하는 것에 대해 개인적으로 그가 매우 부담스러워 했을 것이라는 느낌이 들었다.
>
> 이제 그가 기뻐하는 이유는 이러한 특성들이 대부분 없어졌고, 나의 상호작용이 더 이상 강요받은 것이 아니기 때문이다. 그는 내가 현존하고, 내담자의 말에 경청하고, 공감적 반영을 하는 데 큰 진전을 이뤘다고 말했다. 나는 그 말을 듣고 전율했다. 물론 나는 아직도 초심자이고, 그래서 슈퍼비전을 받는 것이었다. 하지만 이 대화는 나에게 결정적인 순간이 되었다. 나는 마침내 마음을 놓을 수 있었고, 내가 상담자가 될 수 있으며, 그것이 올바른 선택이었다는 것을 받아들일 수 있었다. 그것은 내가 선택한 직업, 나의 작업에 대한 많은 확신 경험 중 첫 번째가 될 것이다(pp. 65-66, 허가 후 재발행).

반대로, 웨이스(Weis, 2010)는 수년 후까지 생생하게 회상되는 부정적인 경험을 묘사했다. 이 예는 다시 임상 슈퍼비전의 상황이지만, 돌봄 전문직의 상담자가 직면하는 많은 새로운 기술 영역 어디에서나 충분히 일어날 수 있는 일이다.

> 나는 동료들과 슈퍼바이저에게 가장 최근의 상담 회기를 어떻게 시작했는지 설명했다. 나의 노련한 슈퍼바이저는 "그건 내가 들어본 것 중 가장 바보 같은 말이야"라고 꾸짖었다.
>
> 내가 치료 중에 뭘 했길래 그렇게 멍청해 보였을까? 나는 폭식증으로 오랫동안 고생해 온 내담자와 나란히 앉아 치료 접근법 목록을 검토했다. 그녀와 나는 치료 옵션의 기반이 되는 이론과 기술적 요소를 비교하고 대조했다. 그 회기는 의도적이고 투명하며, 열린 마음에서 협력하는 분위기를 조성하는 데 도움이 되었다. 내 슈퍼바이저의 경멸을 성찰해 보며 나는 슈퍼바이저가 치료 방법 선택과 같은 문제는 내가 주도하기를 기대했다고 결론지었다(p. 52).

초심자는 경험, 자격, 지위, 또는 전문 지식 면에서 상급자를 찾는다. 이 모든 걸 가진 사람이라면 괜찮을 것이다. 긍정적인 멘토링을 절실히 필요로 한다는 것은 초심 상담자들에게는 스트레스가 되는데, 왜냐하면 그것이 초심자들에게 얼마나 중요한지는 측정조차 불가능하기 때문이다. 또한 초심자는 아는 사람이 별로 없고, 구조적 혹은 경제적 여건도 부족하기 때문에 더 어려워진다. 멘토가 없는 초심자, 혹은 무관심하고 무능력하거나 적대적인 멘토를 만난 초심자는 스트레스를 과도하게 경험한다. 그렇지 않은 초심자는 정말 운이 좋은 것인데, 그들은 발달 과정에서 훌륭한 멘토 관계를 가지고 있기 때문이다.

앞서 언급한 것처럼, 호주에서 신규 의사들은 매우 높은 스트레스 수준을 보고했다(www.Beyondblue.org.au 참조). 좋은 멘토링을 보장하고 고아의 고통, 비판적인 멘토, 초심자 유기의 영향을 막기 위해 호주의 심리학자인 다이엔 살바도르(Dianne Salvador)와 내과의사인 레이첼 콜린스(Rachel Collins)는 2014년에 가이드북인 『멘토링 의사들(Mentoring Doctors)』을 작성했다. 그리고 그것은 호주 전역의 병원에서 시행 중이다. 이제 진전이 있다!

미화된 기대

> 많은 업적은 용감하게 실천에 옮기는 이들에 의해 이루어진다.
>
> —**오스틴**(Maggio, 1997, p. 176에서 인용)

사람들이 진로 의사결정을 할 때 대개는 상담과 같이 인간에 대한 관심이 필요한 분야와 엔지니어와 같이 사물에 대한 관심이 필요한 분야를 구분하는 것 같다. 사람과 함께 일한다는 것은 각각의 사람들이 고유하게 가지고 있는 꿈, 백일몽 같은 것들과 함께 일한다는 것을 말하는데, 그 이유는 이런 것들이 여러 사람의 삶을 다르게 만들기 때문이다. 톰은 어렸을 때, 아프리카에서 일했던 알베르트 슈바이처, 그리고 남아시아에서 일했던 톰 둘라처럼 개발도상국에서 일하는 의사들에 대한 이야기를 읽었던 것을 기억한다. 인도의 어느 시골에서 의사로 일했다는 그의 삼촌 얼링의 이야기를 들었던 것도 기억한다. 이런 이야기들은 저개발 지역 사람들의 고통을 줄여 주기 위한 영웅적인 노력에 관한 것이었다. 그들은 영감을 불어넣어 주었다. 어린아이였을 때, 미셸은 세상을 변화시키는 사람들의 이야기에 영감을 받았다. 톰과 미셸 둘 다 언젠가 열심히 일해서 세상을 더 좋게 만들기를 원했다.

직업적 분야에서 우리가 우상처럼 느끼고 그렇게 되기를 꿈꾸는 우리보다 앞선 사람들은 우리가 되고 싶은 모든 것 같다. 조력 전문 분야에서 일을 시작할 때, 누가 당신에게 영감을 주었나? 그것은 우리를 너무나 잘 도와주고 많은 것을 가르쳐 주었던 교사가 될 수도 있고, 우리가 고통을 참을 수 있도록 좋은 상담을 해 주었던 간호사가 될 수도 있고, 훌륭한 외과의사가 될 수도 있고, 유능한 교수가 될 수도 있다. 이상화되고 매우 유능한 모델은 정말로 우리를 동기부여할 수 있다. 또한 이상주의적인 것이 어쩌면 닿을 수 있고 실현할 수도 있다는 것을 알도록 도와준다. 미화된 기대가 현실적이라고 생각하도록 하는 것이다.

누군가를 돕고자 하는 사람들이 노력해서 경이로운 결과를 내는 직업을 갖고 싶어 하는 것은 자연스럽다. 이를 위해서 개인은 특정 조력 전문 분야의 내용을 시험, 논문, 리포트 등을 통해서 공부하고, 교수의 강의를 필기하면서 수백 페이지에 해당되는 교재를 읽고 많은 프리젠테이션을 들으며 다양한 그룹 프로젝트를 수행한다. 조력 전문직에서 초심자는 요구되는 모든 학업 및 실습을 통해서 길을 찾으려는 강한 동기를 갖고 있다.

완전히 자각하지는 못하지만 초심자는 종종 상담하고, 가르치고, 치료하려는 노력이 가져올 효과에 대해서 과도하게 기대한다. 이러한 과도한 낙관주의는 한편으로는 자신의 기술에 대한 불안과 함께 존재한다. 왜냐하면 잘 돕기 위해서는 많이 변화시켜야 한다고 생각하게 되고, 많이 변화시키겠다는 목표를 가지게 되기 때문이다. 만약 큰 변화를 일으킬 수 있다면 조력 전문가의 작업은 영향력이 큰 것이고, 초심자는 이미 초심자가 아닌 성공적인 임상가이다. 대개 초심자들은 다음과 같이 추론한다. '만약 내가 충분한 능력과 기술, 따스한 마음, 뛰어난 지능, 재빠른 순발력이 있다면 내가 돕고자 하는 이 사람은 변화할 수 있을 것이다. 만약 이 사람이 변화하지 않는다면 그것은 내가 그렇지 못하다는 증거이며, 내가 이 분야에 성공적으로 입문하는 것은 어려울 것이다.'

자신의 일에 대해 불확실하고 과도한 기대를 갖게 되는 것은 모든 종(種)의 변화 과정이 아주 복잡하게 일어나기 때문이다. 우리가 '초심자 스트레스의 핵심-매우 모호함'으로 이번 장을 시작한 것을 기억하라. 이것은 마치 "성공이란 무엇인가?"란 질문이 그냥 바깥에 매달려 흔들거리고 있다는 뜻이다. 초심자는 종종 상담자의 유능성을 불안, 우울, 분노의 감소와 같은 명백한 내담자의 개선에 의존한다. 그 방정식에서 성공은 주로 내담자의 직접적인 변화로 측정된다. 즉, 내담자의 개선이 곧 상담자의 능력과 같은 것이다. 초심자는 종종 비현실적인 기대로 인해 자신이 자기 스스로에게만 초점을 두고 있음을 인식하지 못하고, '만약 내담자가 호전되고, 감사함을 표현하고, 나를 좋아하면 나는 상담을 잘하는 것이다'라고 생각한다.

다음의 경우는 초심자의 영향받기 쉬운 세계관 내에서 상담자의 자기 평가와 내담자의 반응 간의 관계를 기술하고 있다.

'팜'은 내가 전문 상담자가 된 후에 만난 첫 번째 내담자이다. 나는 에어컨이 고장나서 방 안의 온도가 32도에 달한다는 사실도 인지하지 못한 채 그녀와의 만남을 기대하고 있었다. 나는 조용히 앉아서 충분히 이해하고 열정적으로 팜의 말을 경청하겠다는 환상을 품고 있었다. 나는 그녀의 이야기를 듣고 싶어 안달이 나 있었다.

내가 도착했을 때 팜은 이미 상담실에 와 있었다. 내가 방문을 열고 들어서자 그녀는 나에게 눈살을 찌푸리면서 머리를 흔들었다. "죄송해요. 선생님이 마음에 안 들어서 그런 건 아닌데…… 나는 '플로렌스' 선생님 이외에는 다른 어떤 분과도 상담해 본 적이 없어요." 플로렌스는 팜의 이전 상담자로서 다른 곳에 자리가 생겨서 상담소를 떠났다.

팜이 나를 거부하자 나는 어안이 벙벙해졌다. 그런 느낌을 억제하려고 애썼지만 소용이 없었다. 나는 침착하게 대응할 수가 없었다. 우리는 조용히 앉아서 이야기를 시작했고, 나는 그녀를 바라보면서 그녀가 자신의 감정을 이해하기를 기다렸다. 나 역시 나의 마음으로 돌아와야 했다. 나는 나의 갑작스런 강렬한 감정을 잘 조절하는 데에는 그다지 신통한 준비를 못했다. 무척 고통스러웠지만 나는 나에게 이런 경험을 하도록 해 준 팜에게 고마움을 표현하고 싶었다. 내가 내 분야에서 더 발전하고 있고, 나 자신만의 방식을 찾았다면 나는 이러한 감정을 알아차리고 다룰 수 있어야만 했다.

침묵은 더위보다도 더 고통스럽게 나를 짓눌렀다. 나는 불안했고, 거의 실신할 지경이었다. 그 후 팜과 나와의 관계는 점점 좋아졌다. 그녀는 다른 상담자를 칭찬하곤 했지만 나와 얘기를 했고, 나는 더 이상 평가절하되거나 거부 받는 느낌은 들지 않았다.

나는 정기적이진 않았지만 계속해서 팜을 상담했다. 여러 회기 동안 팜의 엄마에게 초점이 맞추어졌다. 그녀는 폭력적인 양아버지 때문에 어렸을 때 엄마가 자신을 얼마나 힘겹게 돌봤는지 나에게 말했다. 나는 그녀가 양아버지와 함께 살았던 때를 얘기할 때 그녀의 얼굴에 비친 고뇌를 읽을 수 있었다.

"당신이 겪어 내야 했던 그런 고통을 감당해 낼 수 있는 사람은 없을 거예요"라고 나는 말했다.

"있잖아요, 선생님…… 저는 플로렌스 선생님보다 선생님이 더 좋아요." 그녀가 말했다.

"왜 그렇지요?" 내가 물었다.

"플로렌스 선생님보다 선생님이 나를 더 잘 이해해 주는 것 같아요."

> 나는 그녀를 안아 주고 싶었다(Pincus, 1997, pp. 59-60, ACA의 허가를 받아 재발행).

기대가 깨질 때 초심자는 충격을 느끼고, 스트레스를 받는다. 내담자가 더 이상의 진전을 보이지 않을 때 이런 일이 생긴다. 이제 초심자의 손으로 일구어 왔던 인간의 변화 과정은 김이 빠졌고, 대단치 않아졌다. 아무런 성장이 없다는 것은 곧 상담자가 무능력하다는 것과 같은 말인 것처럼 느껴진다.

'일련의 굴욕감'을 겪으면서 초심자는 더욱 성장하고, 더 현실적이고 정확하게 상황을 판단하고 기대를 수정하게 되는데, 이렇게 현실적인 기대를 갖는 것이 스트레스를 낮춘다. 수업과 실습에서 배운 방법과 기술을 사용하여 최대한 노력했을 때에도 초심자에게는 굴욕감이 생길 수 있고, 긍정적인 일은 거의 일어나지 않는 것처럼 보인다. 누구도 어떤 사람을 빨리 쉽게 치료할 수는 없다. 오히려 원래 인간의 변화는 복잡하고, 변화를 위해서 상담자가 할 수 있는 역할은 조금밖에 되지 않는, 아주 느리게 진행되는 긴 과정이다. 이러한 생각은 상담자의 스트레스를 줄이는 데 도움이 된다. 그런데 비현실적인 기대 대신에 현실적인 기대가 들어서는 데에는 시간이 걸리게 마련이다.

시간이 지나면서 초심자는 내담자의 성공에 기여하는 수많은 다른 요인들(내담자의 준비도와 같은)이 있다는 사실을 이해하게 된다. 랑게(Lange, 1988)는 준비도에 대한 자신의 새로운 이해를 다음과 같이 기술했다.

> [성장] 전문가로서 발전하면서 나는 여러 가지 영역에서 민감성이 증가되었다. 첫째로, 내담자가 변화할 준비가 얼마나 되었는가를 더 잘 인식하게 되었다. 나의 통찰력과 전략이 아무리 대단하다고 해도 변화의 능력은 내담자에게 달려 있는데, 내담자는 자신이 듣고 싶은 것만 듣고, 자신이 알고 싶은 것만 알려고 한다. 나에게는 중요해 보이지 않았던 것이 특정 내담자에게는 중요한 변화의 계기나 요인이 될 수 있다. 나는 촉진자이고 격려자일 뿐 새로운 정체감을 언제, 어떻게 만들어 갈지를 결정하는 사람은 결국 내담자 자신이다(p. 109).

"성공이란 무엇인가?"란 질문은 답하기 어려운 것이다. 예를 들어, 환자가 살면 의사는 성공한 것인가? 그렇다면 치명적인 병으로 죽을 가능성이 높은 환자들을 만나는 의사는 어떤가? 한 직업에 대한 이 몇 문장만으로도 우리는 각각의 돌봄 전문직에서 성공을 측정하는 것이 어려운 일임을 알 수 있다. 무엇인가를 측정하기 어려울 때 초심자가 깨닫지 못하는 사이에 기대는 미화될 수 있다.

또 다른 요인은 전문적인 경험과 임상가의 성공에 관한 관점과 정의가 혼란스럽기 때문이다. 예를 들어, 에릭슨(Ericsson, 2007)은 경험이 전문성을 담보하지 못한다고 주장했다. 그렇다. 직업적 경험이 느는 것과 더욱 전문적으로 된다는 것 사이에 명확한 연관성은 없다. 물론 실제로 초심자의 의욕에 찬 기대가 인상적인 결과를 낳을 수도 있다. 매년 훈련 중이거나 아직 학교에서 공부하고 있는 수천의 상담 수련생이 많은 사람을 돕는다. 도움에 관한 유사연구에서 대학교의 선택된 교수 집단은 숙련된 상담사와 비슷한 성과를 내었다(Strupp & Hadley, 1978). 이러한 결과는 누구든 만약 일을 잘하기만 하면 내담자-학생-환자에게 큰, 마술적인 변화가 일어날 것이라는 기대를 하게끔 했다. 그러나 노련한 임상가들은 정말 의미 있는 변화는 그 변화가 대단한 정도의 것이거나 비현실적인 것이 아닐 때 오히려 더 의미 있는 것이 될 수 있다는 역설적인 사실을 잘 알고 있다.

우리의 개인적인 경험에서 어떤 상담사, 교사, 의사는 다른 이들보다 더 잘한다고 평가한다. 그리고 다른 사람들도 같은 말을 한다. "좋은 선생님은 무엇보다도 중요하다. 놀라울 정도로 중요하다. 훌륭한 선생님을 두는 것이 소수 정예 반에 속하거나, 그런 선생님이 있는 좋은 학교에 가는 것보다 훨씬 더 중요하다는 것이 밝혀졌다" (Kristof, 2009, p. 11).

초심자가 미화된 기대를 가질 때의 가장 큰 문제는 일하는 동안에 다른 사람과 갖게 되는 수천 번의 만남 각각에 중요한 영향을 미치는 것은 불가능하다는 것이다. '나는 매 회기마다 큰 영향력을 가져야 한다'고 초심자가 생각할 때, 거기에는 압박과 스트레스가 함께하기 마련이다. 정말 좋은 일을 하고 싶어 하는 것과 내담자를 성공의 유일한 기준으로 삼는 것은 별개이다.

전문가 문지기에 의한 강도 높은 평가와 검사

그대, 슈퍼바이저.

그대는 이 기계의 가장자리 위에서 춤을 추네. 그대의 확실한 힘과 가치관, 분명하고 고요한 그대의 목적에 의해.

나, 수련생은 회전축에 매달려 떨리고 흔들리며 위계상의 동요에 따라 밀리고 당겨진다네. 현실의 첨단을 부드럽게 변색시키는 결과물들에 의해 나의 비전은 잠기고 덮힌다네.

그리고 그대와 나는 안다네.

회전축은 언제나 그대가 관리 감독을 위해 뚜껑을 열 때 회전을 멈춘다는 것을.

–**모어랜드**(1993, p. 13, 출판사의 허가에 따라 재발행)

수련생들에게 상담자로서 갖추어야 할 기술의 적정한 수준이란 "파악하기 어려운 기준에 의해 움직이는 과녁"처럼 여겨진다.

–**로비너, 퍼먼과 리스트베트**(1993, p. 5).

상담자는 인간의 취약성을 다룬다. 상담자에 의한 피해를 방지하고 제거하기 위하여 상담 분야의 선배들은 상담자로서의 자신을 스스로 규제해야 하는 윤리적인 의무를 가지고 있다. 수많은 전문가로서의 관문을 통과한 이후라도 소수의 무능하고 비윤리적인 상담자는 내담자에게 해를 끼칠 수 있다. 그러므로 이러한 직업에서는 이런 위험성을 제거하기 위해서 전문가가 되기 위해 통과할 문을 새로 만들고, 통과하기 어렵게 함으로써 이런 문제에 대응한다. 그러나 인간과 집중적으로 작업하는 것은 복잡하고 모호하기 때문에 바람직하지 않은 것을 발견하고 제거하는 치료 혹은 조력하는 과정은 아주 복잡하고, 혼동스러우며, 자칫 뒤엉키기 쉽다.

수많은 관문을 통과해야만 하는 초심자의 입장에서 생각해 보자. 초심 상담자에게 평가는 커다란 스트레스 원이 된다. 예를 들어, 교수법 연구자인 모튼과 동료들(Morton, Vesco, Williams, & Awender, 1997)은 이렇게 말한 바 있다. "평가에 대한 불안은 교사들에게 전반적으로 나타난다"(p. 85).

어떤 평가 스트레스는 과제의 명료성이 부족한 데에서 시작된다. 예를 들어, 상담과 심리치료에서 전문적인 상담자에게 정확한 수행에 대한 공식은 존재하지 않는다. 성과 연구에서 이론적인 차이는 사라지고 공통 요인만이 떠오른다(Ogles & Hayes, 2010). 전문성을 정의함에 있어서 명료함만큼 여전히 확실치 않은 부분도 많다(Skovholt et al., 1997; Tracey et al., 2014). 이에 관한 라이미(Raimy, 1950)의 명언이 있다. "심리치료는 예측할 수 없는 성과를 지닌, 구체적이지 않은 문제에 대해서 정의되지 않은 기법을 적용하는 것이다. 이러한 이유 때문에 우리는 엄격한 훈련을 해야 한다고 권한다"(p. 150). 마찬가지로 우리는 잘 가르치는 것이 무엇인지를 명료하게 정의하는 것이 어렵다는 훌륭한 교사들의 한탄을 듣기도 했다.

그렇다면 전문가로 가는 길이 알려져 있지 않을 때 어떻게 초심자를 평가할 수 있을까? 대중과 전문 영역에서 평가를 요구하기 때문에 어쨌든 평가는 있어야 한다. 그래서 초심자는 그의 부모와의 관계에서 그랬듯이 슈퍼바이저의 다양한 의견과 만족시켜야 할 모호한 기준들을 떠안고서 평가받고 감독받으면서 상담을 해 나간다. 어려움은 다음과 같은 현실 때문에 더욱 커진다. “슈퍼바이저는 존경받는 교사일 뿐만 아니라 실권을 가진 무서운 판단자이다”(Doehrman, 1976, p. 11). 그것이 바로 스트레스인 것이다!

평가는 종종 숙련된 전문가 집단에 속하기는 하지만 슈퍼비전에 대한 적절한 교육은 받지 않은 선배에 의해서 이루어진다. 예를 들어, 어떤 선배는 상담자가 되는 것보다 슈퍼바이저가 되는 것에 더욱 큰 어려움을 느낄 수 있고, 그래서 상담하는 것을 더 편하게 느낄 수 있다. 슈퍼바이저 선배는 학생이 전공을 보다 명료하게 이해하도록 돕는 지도교수, 제2외국어를 유능하게 하도록 학생을 돕는 교사나, 환자로 하여금 혈압을 줄이도록 돕는 의사와 같이 고유 업무만 할 수 없다는 것 때문에 힘들어 할 수 있다. 슈퍼비전에는 이러한 과정 목표와 상반되는 평가와 같은 다른 기술이 포함되어 있기 때문이다.

보더스와 브라운(Borders & Brown, 2005)은 상담과 같은 자연스러운 역할을 넘어서서 슈퍼비전의 역할로 옮겨 가기 위한 처방을 제시했다. 한 가지 갈등은 조력자로서 자기와 문지기로서 자기 사이의 갈등이다. 상담의 실제에서는 보통 그렇지 않지만 슈퍼비전에서는 성공-실패(통과-불통)의 마음가짐이 나타나는 경우가 많다. 슈퍼바이저는 누군가에게 점수를 매겨야 하는 자신의 역할에 대해서 양가감정을 가지고 있다(Bernard & Goodyear, 2008). 또한 슈퍼바이저의 평가는 종종 선배 상담자로서 갖고 있던 자연스러운 책임감 위에 부가적인 책임감을 추가한다. 이런 여러 가지 요인이 평가 과정에 어려움을 주고, 초심자가 경험하는 평가 스트레스를 가중시킨다.

삼투성이 있는 정서적 경계

고통은 집으로 돌아올 때까지도 내 속에 머물러 있었다.

–한 초심 상담자

내가 처음으로 학생들을 가르칠 때, 나는 늘 학생과 수업에 대해서 생각했다.

–한 고교 교사

(내담자들의 고통과 트라우마에 대해서 들을 때) 무너지는 그 마음에 닿아 있기보다는 다시 또다시 내가 목격한 것의 결과로 나는 벽을 쌓기 시작했다.

–판 더누트 립스키와 버크(2009, p. 3)

슬픈 이들의 세상을 지나가는 것…… 나는 슬픈 이들의 이야기를 듣고, 슬픈 이들을 만난다. 나는 그들 각각이 자신을 둘러친 벽을 두드려 열 수가 없다. 나에게는 살아남기 위한 대처 기법이 있어야만 한다.

–클레인메이어(Garfield, 1995, p. 6에서 인용)

경계(boundary)란 말은 상담자와 내담자 간의 적절한 접촉과 부적절한 접촉 간에 넘어서는 안 되는 선을 설명할 때 주로 사용된다. 역사적으로 볼 때는 '적절한'과 '부적절한'의 차이를 설명할 때 경계선이라는 말이 사용된다.

비록 초심자가 훈련과 슈퍼비전을 통해서 물리적으로 적절한 경계선이 무엇인지를 분명히 이해한다고 해도 정서적 경계선에 대해서는 관심을 덜 기울여 왔다. 정서적 경계선이란 도움을 주는 사람의 내적인 느낌과 생각을 가리킨다. 정서적으로 가까워졌다 멀어졌다 할 수 있는 능력은 갖추기 어려운 숙련된 기술이다. 초심 교사는 근무 외의 시간에도 학급 학생들에 대해서 계속 생각한다. 초심 간호사는 환자를 잘 치료했는지를 늘 걱정한다. 또 초심 상담자는 내담자의 정서적인 고통에 대해서 과도하게 신경을 쓴다. 정서적인 경계가 잘 이루어지지 않게 되면 초심자는 과도한 스트레스를 받는다.

이런 정서적이고 인지적인 몰두는 교육적일 수 있다. 사실상 그것은 전문적 발달의 중요한 방법인 성찰의 재료를 제공하는 역할을 한다(Neufeldt et al., 1996; Rønnestad & Skovholt, 2013; Schön, 1987). 그러나 여기서 중요한 것은 유용한 정서적 경계선을 어떻게 만들고 조절하는가를 배우는 것이다. 인상, 이미지, 느낌, 아이디어, 걱정, 희망 등으로 가득찬 초심자는 이 모든 것을 적절히 조절할 장치를 가지고 있지 않다.

상담자의 스트레스에 관한 연구에 따르면, 경험이 적은 상담자일수록 더 많은 스트레스를 겪는다고 한다(Ackerley, Burnell, Holder, & Kurdek, 1988; Farber & Heifetz,

1981; Rodolfa, Kraft, & Reilley, 1988; Rønnestad & Skovholt, 2003). 이 연구를 해석할 때 주의할 점은 코호트 효과가 있다는 점이다. 스트레스를 많이 받은 상담자는 다른 직업을 선택하게 되고, 비교적 스트레스가 적은 사람들만 남게 된다. 애커리와 동료들(Ackerley, Burnell, Holder, & Kurdek, 1988)은 심리학자 표집에서 상담 경험이 적은 상담자의 경우에 스트레스가 더 많다고 보고했다. 이 결과는 마슬락의 소진 척도(Maslach Burnout Inventory, 1981)에서 정서적 고갈과 비인간화 하위 척도로 측정되었다. 과도한 몰입은 정서적 고갈과 비인간화의 변량 중 일부를 설명하는 변인이다. 과도한 몰입은 상담자의 스트레스를 가중시키고, 정서적 경계를 유지하기 어렵게 만드는 삼투성을 가중시키는 것으로 나타났다.

초심 상담자들은 외상과 같은 위급한 인간의 문제를 다룰 때, 삼투성이 강한 정서적 경계로 인한 어려움을 겪는다. 펄먼과 맥클란(Pearlman & Maclan, 1995)은 최근 2년간 외상 경험을 한 성폭력 희생자를 상담했던 상담자들이 전반적으로 과도한 고통을 느끼며, 대인 간의 신뢰와 안전과 같은 쟁점에 대해서 더욱 와해된 인지적 도식을 갖는다는 것을 발견했다. 아마도 이와 관련된 가장 뚜렷한 예로는 성폭력의 희생자가 성폭력 상담소에서 일하는 것과 같이, 자신이 예전에 외상을 경험한 적이 있는 초심 상담자에게서 나타나는 강한 정서를 들 수 있다(Pearlman & Maclan, 1995). 이것은 삼투성이 강한 정서적 경계의 극단적인 예로서 초심 상담자의 가중된 스트레스를 일으키는 요인들 중 하나이다.

여러 가지 경계를 구축하기 위해서는 시간이 필요하다. 이 기술은 운전자가 오일, 파워 스티어링, 변속기, 브레이크와 같이 자동차의 여러 가지를 검토하는 것과 같이 자기를 지속적으로 모니터할 줄 알아야 한다. 마음챙김을 예로 보면, 우리가 알아차릴 수도 있고 알아차리지 못할 수도 있는 자동적인 반응에 주의를 기울이면서 경험과 함께하도록 가르친다. 초심자는 자신이나 다른 사람에게 미치는 영향을 깨닫지 못하거나 자신이 그러고 있다는 것을 알지 못한 채 타인의 삶에 과도하게 관여하려는 경향이 있을 수 있다. 타인에 대한 공감적 애착과 스스로를 돌보고자 하는 욕구 사이에서 긍정적인 상호작용을 찾아야 한다. 이렇게 되려면 시간과 경험이 필요한데, 이것은 초심자로서는 갖기 어려운 것이다.

윤리적이고 법적인 면에 대한 혼동

초심 상담자는 전문적인 역할에서 유능해지는 데 초점을 둔다. 일하는 곳에 따라서 활동은 정서적인 영역, 지적인 영역, 신체적인 영역 중 어딘가에 초점을 두게 된다. 목표는 다른 사람을 돕고, 치료적인 목표를 이루는 것인데, 이것은 다시 말해서 내담자를 돕는 것이다. 치료 과정은 상담자가 결정하게 되는데, 이때 초심 상담자가 인식하지 못하는 중요한 다른 측면이 있다. 이것은 윤리적이고 법적인 면이다. 물론 목표는 치료 과정을 따를 때 윤리적이고 합법적이 되는 것이다. 윤리적–법적 경로를 통해 우리는 윤리적 규칙과 법적 절차에 대한 매우 명백한 초점을 논의한다.

치료적인 면과 윤리적 · 법적인 면은 실제로 아주 다르고, 또 다른 것으로 여겨져야 한다. 윤리적이고 법적인 면은 자기 보호에 강력한 효과를 주지만, 초심자 단계에서 조명되는 부분은 아니다. 상담 분야에서는 초심자를 훈련시킬 때 다른 사람을 돌보도록 사회화시킨다. 돌봄은 내담자의 능력을 증진시키는 데 초점을 두는 것이다. 반면에 윤리적이고 법적인 면은 초심자에게 자기 보호적이 되도록 요청한다. 또한 이러한 측면에서는 관심의 대상이 내담자의 분노에 대한 잠재적 피해자와 같이 또 다른 사람이 되어야 한다. 이것도 또한 치료적인 면과 다르다.

치료적인 측면과 윤리적 · 법적인 측면이라는 두 개의 서로 다른 측면은 어려운 일을 더 어렵게 만들기 때문에 상담자에게 스트레스를 준다. 여기에 한 예가 있다. 초심 상담자를 슈퍼비전하면서 톰은 상담 회기에 대한 그녀의 자기 보고를 듣고 있었다. 그녀는 자기와 10대 내담자 간의 상호작용을 자세히 설명했고, 내담자가 한 이야기를 상세히 얘기했는데, 그 내용은 주로 내담자 자신, 친구, 가족과의 갈등에 대한 것이었다. 상담자는 자신이 내담자를 충분히 이해하기 위해서 얼마나 애썼는지, 적당한 시기에, 적당한 정도로, 적당한 방법을 사용해 돕기 위해서 얼마나 노력을 했는지에 대해서 얘기했다. 그녀는 도와주려는 마음이 너무나 컸고, 특히 내담자의 고통을 알았을 때 더욱 그러했다.

이야기 도중에 그녀는 내담자가 자신의 의붓아버지를 얼마나 죽이고 싶어 하는지를 톰에게 얘기했다. 이어서 그녀는 자신이 내담자의 이러한 분노감을 어떻게 다루었는지 얘기했다. 목표는 내담자로 하여금 분노를 덜 느끼게 하고, 문제에 대해 보다 건설적인 접근을 찾는 것이었다. 상담자는 치료적 길로 들어서는 데 온 관심을 집중시켰다. 하지만 "그녀의 아버지를 죽이고 싶어 한다"는 말을 들었을 때 슈퍼바이저인 톰은 즉각 다른 길(윤리적이고 법적인 길)로 들어서기 시작했다. 내담자의 고통과 상담자의 집중적인 노력은 더 이상 톰의 머릿속에 들어 있지 않았다. 이제 다루어야 할 과제는 '그녀가 자신의 아버지를 죽이지 않도록 하는 것'이 되었다. 갑작스럽게 논의는 그녀가 그녀의 의붓아버지를 죽이지 않도록 '경고할 의무'에 대해 다루는 것으로 모아졌다.

길은 극적으로 달라졌다. 법적이고 윤리적인 초점은 규칙이고 절차이지 치료가 아니다. 상담자는 치료적인 존재에서 뭔가 행동을 취하는 사람으로 변화되었다. 더 이상 내담자가 다가 아니라, 상담자를 포함한 그 밖의 사람이 중심에 들어서게 된 것이다. 두 개의 길을 알고 사용하는 것은 초심자가 일하는 데 복잡함을 더한다. 이것은 이미 복잡할 대로 복잡해진 일에 더해지는 것이니만큼 환영받지 못하는 것이다. 비유를 들자면 두 개의 문화가 존재하게 된 것이며, 야구에서는 스위치 히터가 된 것이다. 두 개 중 하나도 충분히 어려운데 두 개 다 잘하는 것, 빨리 치고 빠지는 것은 더 어렵다. 그러나 능력 있는 상담자는 두 가지를 다 잘해야만 한다. 이것은 초심자에게 또 다른 스트레스 요인이 된다.

또한 법적이고 윤리적인 길 안내판은 종종 혼동스럽다. 왜냐하면 상담 전문가에게 중요한 윤리적이고 법적인 많은 문제에 대해서 여러 가지 의견이 있기 때문이다. 이는 다음의 예와 같은 경우라고 할 수 있다. 새로운 의사소통 기법(예를 들면, 이메일, 음성메일, 그리고 여러 다양한 소셜 미디어 플랫폼)은 우리가 분명한 윤리적 원칙을 가지기 전에 이미 사용되어 오고 있었다. 이런 것을 사용할 때 윤리적이고 법적인 태도로 활동하고 싶지만 그것이 어떤 상황에서 무엇을 의미하는지는 잘 모른다. 상담자가 윤리에 대한 학회에 참석하거나, 혹은 동료들에게 자문을 구하는 이유는 바로 이 때문이다. 그러나 종종 이러한 정보들을 알면 알수록 불안이 줄어들기는커녕 더 늘어나기도 한다.

두 개의 길을 하나의 전문 영역으로 통합해야 하는 것, 그리고 혼란스럽고 변화무쌍한 윤리적이고 법적인 쟁점은 초심자를 혼란스럽게 만든다. 마치 초심자가 아직 덜 혼란스러워 하기라도 한 것처럼 말이다.

심각한 수행 불안과 공포

> 젊은 교사인 나는 나의 기술을 잘 알고, 유능하고, 노련하고, 영향력 있는 교사가 되어 두려운 마음 없이 교실로 걸어 들어갈 수 있는 그날이 하루빨리 오기를 고대했다.
>
> –**파머**(1998, p. 57)

> 두려움은 어떠한 전진도 허락하지 않는다.
>
> –**격언**

알려지지 않은 것에 대한 불안과 알려진 것에 대한 공포는 초심자에게 좌우 연타로 펀치를 맞는 것(one–two punch)과 같다. 초심자는 전문적인 영역으로 입문해 들어갈 때 자신이 매우 부적절하다는 느낌을 가질 수 있다. 그 결과 갑작스런 불안이 밀려온다. 이러한 순간은 잘 잊혀지지 않는다. 수십 년 전이지만 마치 어제처럼 톰은 학생들과 함께 대학교 교실에 들어갔던 것을 기억한다. 학생들이 자리에 앉았을 때 그는 앞으로 나갔고, 그가 뒤돌아섰을 때 46개의 눈이 가까이에서 자신을 응시하고 있는 것을 보았다. 어떤 전문적인 훈련도 받지 않은 채 그의 대학교 강의 경력이 시작된 것이다. 반면 미셸은 자신과 비슷한 역량을 가진 동료들과 경험 많은 교육 슈퍼바이저와 함께 교수 실습의 일환으로 가르칠 기회를 통해 도움을 받을 수 있었다. 물론 이것은 미셸이 새로운 시도를 함에 있어서 가르치는 것과 관련된 불안감을 줄이고, 같은 발달 단계에 있는 동료들과 공동체를 이루는 데 도움이 되었다.

매우 좁다란 산길에 들어설 때, 그리고 그 산길이 낯설 때(즉, 처음으로 구체적인 전문 과업을 하게 될 때) 갑작스런 불안이 엄습한다. 이것은 강력한 평가 상황이다. 초심 상담자의 이러한 상황은 상담자가 자기를 의식하고 자신에게 초점을 맞추는 데에서 오는 불안이다. 이러한 불안은 그렇지 않아도 복잡한 일에 더욱 몰두하기 어렵게 만들기 때문에 초심 상담자의 상황은 어려워진다. 중간 수준의 불안은 수행을 증진시킬 수 있지만 높은 수준의 불안은 눈에 보이는 외부적인 영향들(손이 떨리고 축축히 젖음, 목소리가 떨림 등이 그 예)을 줄이고 내적인 불안 수준을 낮추는 방향으로 개인의 주의를 돌림으로써 효과적으로 생각할 수 있게 된다.

전반적인 수행 불안과 달리 위협적인 비구름처럼 엄습해 오는 것은 특정한 것에 대한 공포이다. 내담자에게 무엇을 말해야 할지 아무 생각이 없어서 말을 하지 못하는 것, 능동적인 학생들이 있는 학급을 통제하지 못하는 것, 예측할 수 없는 고통을 일으키는 의료 처치를 하는 것 등의 구체적인 예들이 있기는 하지만 가능한 예는 이것 말고도 수없이 많이 있다. 불안과 공포는 초심자의 스트레스 수준을 심각하게 높일 수 있다.

약하고 불완전한 상담자로서의 자기

무엇이 되든 우리가 새로운 역할을 맡게 되면 우리가 잘 알고 있는 안전한 과거로부터 우리가 알지 못하는 안전하지 않은 미래로 가는 다리를 건널 때, 우리는 보통 불확실함을 느낀다. 이런 예는 수없이 많다. 처음 데이트하러 나갈 때, 외국의 어떤 공항에 착륙할 때, 새로운 직장에 처음 출근하는 날, 혹은 처음 부모가 되어 아이를 기르기 시작할 때…… 초심자는 상담자로서의 자기(self)를 만들어 내기 위해 새옷을 입고 세상 속에서 새로운 방법으로 시도하고 노력한다. 전문적인 상담자의 정체성을 만들어 가는 초심자의 활발한 내부 구조 작업을 설명하기 위해서 엘바인, 그레이스, 컴포트(Ellwein, Grace, & Comfort, 1990)의 표현을 차용하면, 옷을 입어 보는 것은 여러 날, 여러 주, 여러 달에 걸쳐 많은 형태를 취해 보는 것이다. 성인 세계에서 청소년과 같이 행동하는 것이 얼마나 어색한지를 깨달으면서 초심자는 숙련된 상담자처럼 행동하려고 한다. 초심자는 청소년이었을 때 우리 모두가 그랬던 방식으로 그러한 과정을 겪어 나간다. 이때 사용되는 고전적인 방법은 '전문가 따라하기(imitation of experts)'라고 부르는 방법이다(Skovholt & Rønnestad, 1992b).

청소년과 같이 약하고 불완전한 상담자의 자기(self)는 정서상 여러 가지 변화를 겪어 나간다. 즉, 고양(高揚), 공포, 안심, 좌절, 기쁨, 절망, 자신감, 그리고 수치심 등이 그것이다. 이러한 여러 정서를 함께 경험하게 될 것이라는 것은 상담자의 세계로 발을 들여놓을 때부터 예측 가능한 결과이다. 상담자의 세계가 상담자의 전문성이 천천히 발달하는 데 도움이 되기도 하지만, 반면에 상담의 세계에 들어선 초심자들에게 수치심을 주는 환경이 될 수도 있다. 초심자의 자기는 깨지기 쉽고, 따라서 부정적인 피드백에 매우 민감하다. 아직은 근육이 발달되지 않았고, 면역 체계는 스트레스를 받고 있다. 상담과 비슷한 직종에서 나이와 경험은 부정적인 초심자 효과를 약화시키는 경향이 있다. 예를 들어, 병원 조력자로서 일했던 40세의 상담 전공 학생은 23세의 비숙련된 상담 전공 학생보다 이러한 고양된 스트레스원들에 대해서 덜 예민할 수 있다.

다음은 갈루조와 케이서(Galluzzo & Kacer, 1991)가 적은 학급일지에서 발췌해 온 신임 교사의 이야기인데, 이 책에서 이야기하고 있는 정서적인 민감성을 잘 보여 주고 있다.

> 학생들은 내 능력을 벗어난 질문들을 던지기 시작했다. 나는 어떤 답도 떠오르지 않았다. 나는 그 질문들을 제대로 다룰 수가 없었다. 나는 당황했고, 실수를 하기 시작했다. 학생들은 나를 보고 웃었고, 그것은 나에게 상처가 되었다(p. 15).

> 그것은 내가 기억하는 가장 재미없고, 지루한 수업이었다. 학생들은 딴 생각을 하고 있었고, 나는 울고 싶었다. 수업은 약 30분이 지나서 끝났다. 나는 이틀 정도의 시간이 지나간 것처럼 느껴졌다. 학생들이 한 말 중 최악의 말은 내가 지루하다는 것이었다. 그것은 가장 모욕적이었다. 그들은 나를 좋아하지 않았다(p. 16).

> 나는 메스꺼움을 느꼈고, 내가 설명하려고 했던 것을 이해하지 못하는 아이들에게 화가 났다(p. 21).

초심자가 자신에 대해서 이런 느낌에 사로잡히고, 상담자 자기가 진짜가 아닌 연기 같다는 느낌이 드는 것은 무대 위에서 주목받는 느낌을 받는 청소년과 유사하다. 깨질 것 같은 느낌을 느끼지 않고 자신을 보호하기 위해서 초심자는 자기에게 집중하는 것(self-focus)이 필요하다. 문제는 초심자들이 타인, 내담자의 필요에 온 신경을 쓰는 것을 배워야 할 때, 오직 자신에게만 집중하는 이러한 현상이 동시에 생긴다는 것이다. 지지적인 멘토로서의 선배 상담자는 초심자의 자기 보호적이고, 방어적인 초점을 약하게 하고, 초심자로 하여금 타인의 필요에 초점을 두면서 동시에 배움과 성장에 개방적이 되도록 도울 수 있다. 상담자 자아를 만들어 내는 동안에 자기 집중과 타인 집중 간의 이러한 불일치는 초심자에게 또 하나의 고양된 스트레스를 만들어 낸다.

요약

고도의 전문직 직종에서 '구석에서 코끼리에 대해서 얘기하는 것(talking about the elephant in the corner)'과 '나의 목소리를 찾는 것(finding a voice)'과 같은 문장들은 정교하지 않은 것을 정교하게 하는 일의 가치를 표현하는 것이다. 집단 내에 있는 이렇게 강력한 치유적인 힘은 '경험 효과의 보편성(universality of experience effect)'이라고 불렸다(Yalom, 1985). 이 장의 목표는 우리 각자가 초심자 시절에 살았던 땅을 그려 봄으로써 경험이 어떤 효과를 가져다주는지에 관한 일반적인 법칙을 만들어 내는 것이다. 보다 구체적으로 말하면, 이 장의 의도는 현재의 초심자, 그들의 교사, 그리고 그들의 슈퍼바이저에게 타당함, 명료함, 희망의 긍정적인 삼위일체를 주고자 함이다. 목표는 계곡과 언덕, 바위와 흙, 그리고 폭포와 같은 지형에 대해서 잘 알게 해 주는 것이다. 고도의 전문직 직종의 지형에 대한 이러한 지도가 초심자로서 우리 모두가 겪어야 할 여행길을 밝혀 주는 데 도움이 되기를 바란다.

비록 이 장은 초심자의 스트레스 요인에 초점을 맞추고 있지만 초심자의 여정은 자주 흥분, 기쁨, 희망, 그리고 긍정적인 약속으로도 채워진다. 여러분을 위한 우리의 바람은 초심자 시절에 스트레스는 더 적게, 기쁨은 더 많이 누리는 것이다!

자기 성찰 활동

이 책을 읽는 당신은 아마도 초심 상담자일 수 있다. 아마도 당신은 대학원이나 학부 수준의 실습 프로그램에 참여하는 학생일 수도 있고, 아니면 좀 더 경험이 많을 수도 있다. 하지만 다른 모든 이와 마찬가지로 당신도 한때 초심자였다.

1. 당신의 경험 수준과 상관없이 초심자들이 경험하는 밀려드는 스트레스 요인에 대한 설명이 당신에게는 어떻게 다가왔는가? 당신의 경험은 어떠했는가?

2. 더 중요한 것일 수 있는 초심자로서 당신의 경험이 '회복탄력적인 상담자가 되기' 위한 당신의 능력에 장기적인 관점에서 미치는 영향은 무엇인가?

제 5 장 상담 실무의 어려움

나는 어떤 여성의 이야기에 마음이 움직이거나 누군가가 가정폭력 상황에 대해 말을 하면 그 생각을 멈출 수가 없다. 그 사람을 동정한다. 매일 온종일 그들을 생각하면서 그들의 고통을 느낄 수 있다. 그것이 그들이 느끼는 고통이 아니라는 걸 알지만, 어떤 면에서 나는 그들에게서 고통을 느낀다. 나는 낙담하고, 짜증이 나고, 그것을 고치고 싶다……. 나는 다른 사람의 트라우마를 떠맡았고, 나의 일뿐만 아니라 다른 사람의 일까지 하고 있었다. 그리고 이것이 건강하지 않다는 것을 깨닫기 시작했다.

–**보이랜드**(van Dernoot Lipsky & Burk, 2009, p. 124에서 인용)

나는 새로운 외래 환자 리사를 상담 중이었다. 젊은 그녀는 나와 눈을 맞추지 못하고, 성난 눈빛을 한 채 안절부절못하고 있었다. [그녀가 말했다…….]

"나는 깜깜한 방 안에서 머리에 방아쇠를 겨누고는 침대에 앉아 있었어요. 완전히 마비된 상태에서 겨우 방아쇠를 당길 용기를 얻었는데…… 그때 어디에선가 고양이가 나의 무릎으로 뛰어 올라왔어요! 나는 총을 떨어뜨리고 막 울기 시작했지요. 그리고 남자친구에게 전화를 했습니다. 전화를 걸어놓고도 나는 아무 이야기도 할 수 없었지만, 그는 나라는 것을 알았어요. 그는 곧바로 우리 집으로 왔고, 나를 병원으로 데려갔습니다."

고양이가 그녀를 놀라게 해서 방아쇠를 쉽게 당길 수도 있었겠다고 내가 말했을 때, 그녀는 처음으로 다리의 움직임을 멈추고 나를 정면으로 응시했다.

"그것도 괜찮았겠는걸요."

나의 아드레날린은 가벼운 동요를 일으켰으나, 그녀를 단호하게 바라봤다. 우리는 우리가 해야 할 적절한 일이 있을 거라고 생각했다. "그렇다면 당신이 그 상황에 대해 다른 느낌을 갖기 위해서는 당신의 인생에서 무엇이 바뀌어야만 한다고 생각하나요?" 나는 언어적으로 비언어적으로 내가 전달하고자 하는 의미를 살려 힘주어 말했다. 그녀는 이 질문에 대해 길고 깊은 생각에 잠겼다.

> 책상 위의 시계는 조용히 시간을 기록한다. 시계의 빨간 숫자는 바쁜 상담센터의 내 사무실로 들어왔다 나가는 내담자들의 행렬을 관리하고, 그리고 내 사무실에서는 고통 가운데에 있는 무수한 인생들이 나 자신의 인생과 교차된다. 나의 시간은 보험 회사에서 값을 치르는 준보석의 상품이다. 내담자들의 시간은 어떠한가? 그녀는 분명히 그것에 아무런 가치도 부여하지 않는다.
>
> –**가펑클**(1995, pp. 148–149)

상담 실무가 기쁨을 주지만 어렵게 하는 요소들

상담자로 일한다는 것은 한 사람과 고도로 숙련된 전문적인 애착, 몰입, 그리고 분리를 하고 그것을 그다음 사람과 또 계속한다는 것을 의미한다. 상대방에게 정말로 의미 있기 위해서는 부버(Buber, 1970)의 용어로, 나와 그것(I–It)의 관계가 아니라 나와 너(I–Thou)의 관계이어야 한다. 그것은 관계가 상대방에 대한 존중, 상대방에 대한 이해, 그리고 상대방에 대한 에너지로 가득차 있다는 것을 의미한다. 스코브홀트와 드로자리오(Skovholt & D'Rozario, 2000)가 학생들을 대상으로 한 최고의 선생님에 대한 연구에서 발견했듯이, 그것은 돌봄의 관계이다.

무엇이 이 일을 그렇게 어렵게 만드는가? 그것은 종종 이런 대인 관계에서 직면하게 되는 현실과 관련이 있다. 관계를 구축하고 유지하는 것은 노력이 많이 든다. 상담자의 에너지가 엄청나게 쓰인다는 것을 의미한다. 그것은 2009년 아카데미상 후보에 오른 프랑스 영화 〈클래스(Class)〉에서도 잘 드러난다. 이 영화는 프랑스의 한 학급 선생님과 학생들에 관한 이야기로, 그 반에는 이민 가정 출신의 13세와 14세의 학생들로 가득했다. 영화는 학생들의 동경, 혼란, 요구를 생생하게 묘사한다. 영화는 자기 자신을 연기한 프랑수아 베고도의 교사 경험에 바탕을 두고 있다. 그는 학생들을 참여시키고 그들의 다양한 욕구, 방식, 그리고 요구에 부응하기 위해 정말 열심히 노력한다.

이러한 일의 어려움은 변화를 만들고자 하는 우리의 희망과 함께 많은 모호함을 참지 못하는 우리의 무능함, 우리가 도우려는 사람을 대신하여 느끼게 되는 고통과 관련이 있다. 여기 내담자와의 작업을 힘들게 하는 몇 가지 특정한 어려움이 있다. 만약 여러분이 경험이 많은 상담자라면 당신은 어쩌면 당신만의 목록이 있을 수도 있을 것이다.

어려움 1 내담자는 빠른 해결책을 원하고, 상담자가 제안하는 느린 성공에 실망한다

> 좋은 요리와 마찬가지로 좋은 치료는 시간이 걸린다.
>
> –**파이퍼**(2003, p. xxiii)

우리의 연구를 통해서 지지된 내담자에게 할 수 있는 윤리적인 제안은 그들의 삶이 더 나아질 수 있다는 것이다. 즉, 고통은 덜하고 기쁨과 역량은 더 커질 수 있다. 하지만—이 하지만은 상당히 큰 하지만이다—시간이 걸린다. 내담자는 실망이 이만저만이 아니다! 그리고 상담자도 내담자가 실망하는 것을 보면 실망스럽다. 조력 전문직에 있으면서 빠른 도움을 줄 수 없다는 것은 지옥이다.

물론 가끔은 빠른 도움이 효과가 있다. 예를 들어, 맥레이(McRae, 2010)의 『1시간의 진로상담이 30년 동안 미친 영향(One Hour of Career Counseling and 30 Years of Influence)』에서는 한 시간이 그녀의 인생을 어떻게 영원히 바꾸어 놓았는지를 묘사한다. 하지만 아이가 갑자기 부모를 잃는 것과 같은 어려운 문제들에는 시간이 필요하다. 새로운 정체성이 나타나기까지 많은 시간을 필요로 한다.

이것은 이상과 현실 사이의 차이이며, 변화의 단계이론(Prochaska & Norcross, 2001)은 상담자들이 이러한 현실을 이해하는 데 도움을 주었다. 변화의 6단계 모형(다음 장에서 자세히 설명된다)은 상담자가 가능한 수준보다 속도를 올려 프로세스를 진행하지 않도록 하는 데 도움이 된다. 자전거를 타고 언덕을 매우 매우 빠르게 내려가는 것은 그렇지 않다는 것을 깨닫기까지는 좋은 생각처럼 보일 수 있다. 인간의 변화 과정도 마찬가지이다.

종종 사람들은 인간의 실질적 성장과 발달에는 시간이 걸린다는 말을 듣고 싶어 하지 않는다. 그러나 그런 예들은 어디에나 있다. 부상자의 재활을 위한 물리치료, 언어의 학습, 상당한 금액의 퇴직연금에 대한 불입, 부모 되는 법을 배우기…… 그리고 이 책의 3판 개정의 완료 등. 이런 것들이 지금 당장 될 수 있을까? 아니 지금 당장은 불가능하다.

그러나 우리는 내담자들이 실망감에 한숨 쉴 때, 빠른 도움을 제안하는 것들도 많다고 이야기해야 한다. 톰은 현장에서 수십 년 동안 많은 이야기를 들어 왔다. 유혹은 강력한 단어이다. 보통 유혹이란 깔때기의 앞코에서는 사물이 희망적으로 보이다가 나중에 그 깔때기의 뒤끝에서는 끔찍하게 보인다는 것을 뜻하는데, 그것은 사람이 더 나쁜 상태가 되어 나올 때이다. 빠른 변화를 촉진하는 방법은 종종 유혹이다. 톰의 첫 번째 교직은 속독을 가르치는 것이었다. 그 당시에는 속독법으로 한 시간 안에 책 한 권을 읽을 수 있다는 전망이 강했다. 불행하게도 이해력은 그 속도와 맞지 않았고, 그 방법은 사라졌다. 너무 빨리 작동하는 대부분의 방법은 결국 인간의 성장과 발달에서 사라진다.

접수 면접 후, 내담자가 삶에서의 어려움을 설명하면서 불안, 우울, 분노와 같은 고통스러운 감정을 하나 이상 가지고 있고 그 고통을 당장 없애고 싶다고 할 때, 톰은 수백 시간의 상담 경험을 통해 때때로 다음과 같이 말하며 실망감을 해소하는 것을 배웠다. "제가 당장 주사를 놔서 모든 고통을 기쁨으로 바꿀 수 있다면 얼마나 좋겠어요!" 톰은 그들에게 상담이 가르치는 것보다 약 세 배나 강력하다고 말해 준다. "……그리고 저는 이 두 가지 모두를 수십 년 동안 해 왔지만…… 한 방의 주사 형식으로 변화를 일으킬 능력은 없습니다!" 그는 그들에게 말한다. "아마도 다른 누군가는 그것을 약속할 수도 있을 겁니다. 저는 상담과 심리치료의 성과에 대한 최고의 연구들(Lambert, Garfield, & Bergin, 2004)을 읽었지만, 타당한 것으로 검증된 즉각적인 변화는 없었습니다."

어려움 2 때로 상담자는 그 당시에 적절한 사람이 아니기에 도움을 주지 못한다

내담자는 아마도 그들을 도와줄 사람을 찾고 있을 것이다……. 그리고 어쩌면 그들은 우리와 다른 사람을 찾고 있을지도 모른다. 우리는 그들에게 적합한 상담자가 아닐 수도 있다. 인구통계학적 변수가 잘못되었을 수도 있다. 톰이 나이가 들었기 때문에 어떤 내담자에게는 더 좋을 수도 있고, 다른 내담자에게는 더 나쁠 수도 있다. 여성 치료자를 원하는 어떤 여자 내담자에게 톰은 잘못된 성(性)을 가진 것이고, 남성 치료자를 찾는 여자 내담자에게는 좋은 성을 가진 것이다. 우리는 그 사람을 돕기에 적절한 경험적인 배경 또는 요구되는 특수한 능력을 갖고 있지 않을지도 모른다. 미셸의 경우도 때로는 인지된 그녀의 나이, 성별, 그리고 스타일 등이 맞았고, 때로는 아니었다.

내담자는 수백 시간의 역사를 가지고 우리에게 온다. 우리는 의식적으로든 혹은 무의식적으로든 그들을 깊이 아꼈던 사람…… 혹은 그들을 깊이 배신한 사람을 상기시킬 수 있다.

종종 도움을 주기에 적합한 사람은 너무 연하도 연상도 아닌 내담자보다 딱 몇 살 더 많고 성별과 민족이 같으며 성공한 것처럼 보이는 사람, 성격이 따뜻하고 활기차게 보이는 사람이다. 모든 내담자에게 이런 적합한 사람이 되기는 어렵다.

이 어려움의 흥미로운 한 예는 우리의 대가 상담자 연구에서 나타났다. 박사과정 학생인 렌 제닝스, 메리 뮬렌바흐와 미셸 설리반에 의한 인터뷰가 연구의 데이터 수집 방법이었고, 연구비가 없었기 때문에 트윈 시티 메트로 지역의 300만 인구 기반에서 상담자를 추천받는 것이 필수적이었다. 대가 상담자로 선정하기 위한 세 가지 기준을 통해서 103명의 상담자가 적어도 한 번은 추천되었다. 그들 중 4번 이상 지명된 사람들이 인터뷰 그룹으로 선정되었다. 이 그룹은 총 77번의 추천을 받았고, 최종적으로 대가 상담자에 대한 질적 묘사는 한 사람의 것이 아니라 10명에 대한 복합된 것이었다(Skovholt, Jennings, & Mullenbach, 2004). 이것은 추천이 타당한 선택 방법이 될 수 있음을 보여 준다. 톰이 렌, 메리, 그리고 마이크에게 각각 10명 모두를 인터뷰한 후에 10명의 대가 상담자의 순위를 매기라고 요청했을 때, 일부는 일관되었지만 다양했다. 이것은 이 어려움의 두드러진 한 예이다. 즉, 때때로 우리는 적임자가 아니란 것이다.

같은 맥락에서 이 대가 상담자들은 겸손함을 보였다. 그들은 그들이 모든 사람에게 적합한 조력자가 되지 않을 것이라는 생각을 받아들였다. 한 대가 상담자는 당신이 없어도 세상이 돌아갈 수 있다는 것을 깨달을 만큼 오랫동안 휴가를 떠나는 것이 중요하다고 말했다. "……비결은 충분히 오래 자리를 비워야 한다는 것입니다……. 그러면 당신은 당신이 완전히, 완벽하게 대체될 수 있다는 것을 깨닫게 됩니다" (Mullenbach, 2000, p. 100).

초심자들에게는 잘못된 상담자라는 의식은 특히나 받아들이기 어려울 수 있다. 매슬로우가 말했던 유명한 어구, "만약 당신이 가지고 있는 도구가 망치 하나뿐이라면 모든 것을 못처럼 다룰 것이다"(Goldfried, 1980, p. 994)는 제한된 능력이 미치는 결과를 상징적으로 보여 주고 있다. 시간이 흐르면서 상담자들은 그들의 적절치 못한 인구통계학적 특징, 인생 경험, 또는 능력 수준이 내담자의 욕구를 충족시키지 못할 때

'굴욕의 시리즈'를 경험할 것이다. 이것은 인간의 삶에 분명한 변화를 이루고 싶어 하는 상담자들의 기본적인 직업적 욕구 때문에 생기는 일이다.

어려움 3 준비도 댄스-내담자와 상담자는 준비도가 다르다

여기서 우리는 통제할 수 있는 것은 통제하고 통제할 수 없는 것은 내려놓고 그 차이를 이해하라고 전하는 〈평온의 기도(Serenity prayer)〉의 메시지에 대해 이야기하려고 한다.[1)]

사이렌이 울리고 불빛이 번쩍이는 와중에 새로 훈련받은 소방관이 준비와 열정으로 가득하여 소방서를 뛰쳐나오며 불길이 어디에 있는지를 찾는다. 베테랑이 아닌 초심 소방관은 불이 나기도 전에 준비가 되어 있을 수 있다! 과잉준비(over-ready)는 새롭게 만들어진 초심자의 마음가짐이다.

조력 전문직은 발달의 과정을 제시한다. 이것은 상담자의 목표가 개인의 기능 향상을 촉진하는 것임을 의미한다. 목표는 연속된 것에서의 변화이다. 당신이 15세에 대학교 1학년을 시작했다면 어떠했을까? 학업을 위한 준비도를 생각한다면 25세에 대학 교육을 시작하는 것이 더 적절할까? 10년은 매우 큰 변화를 이룰 수 있는 시간이다. 16세에 부모가 된 어떤 사람들은 그들이 30세가 되면 더 훌륭한 부모가 될 수도 있다.

준비도는 또한 '실제 사회'를 처음 경험하는 문제일 수도 있다. 예를 들면, 친구의 딸은 집에 함께 살면서 세상에 대해 조금밖에 알지 못했을 때보다 독립하여 혼자 살면서 더 많은 것을 알게 된 후에 자기 아버지의 생각을 더 수용하게 되었다. 진로상담을 할 때 내담자가 첫 직업에서 실패한 경우, 상담을 통해 보다 수용적이며 효과적인 도움을 줄 수 있다.

조력 직종에서 우리는 종종 불충분한 헌신, 무관심, 그리고 소진에 대해서만 걱정하지만, 지나친 헌신 또한 문제가 된다. 그러므로 상담자들의 헌신 정도와 준비도는 내담자들의 헌신 정도 및 준비도와 잘 맞아야 한다. '준비도 댄스'란 도움을 받는 사람과 도움을 주는 사람의 준비도의 수준이 비슷하여 최상의 형태가 되는 것인데, 이러한 준비도 댄스는 많은 실습 경험 없이 개입의 정도와 타이밍을 결정하려고 하는 초

---

1) 역자 주: 라인홀드 니부어(Leinhold Niebuhr) 시의 첫 번째 연에 해당됨. "주여 바꿀 수 없는 것을 받아들이는 평온함과 바꿀 수 있는 것은 변화시킬 수 있는 용기를 주시고, 이 둘의 차이를 알 수 있는 지혜를 주시옵소서"

심자에게는 매우 어려운 일이다.

상담, 심리치료, 교육, 치료에서 나타나는 고전적인 문제는 준비가 안 된 사람에게 프로그램을 제공하는 것이다. 프로차스카와 노크로스(Prochaska & Norcross, 2001)는 변화의 6단계 모델을 발달시켰는데, 그 단계는 다음과 같다. 숙고 전(前) 단계(변화에 대한 계획이 없음), 숙고 단계(문제를 인식했으나 변화하기로 결정하지는 않음), 준비 단계(문제를 인식하고 변화하는 시도들을 함), 실행 단계(행동적으로 변화 과정에 있음), 유지 단계(변화를 유지시킴), 종결 단계(변화 과정이 종료되었으며, 재발 방지를 위해 더는 작업할 필요가 없음)이다. 프로차스카와 노크로스의 변화 단계에 대한 연구에서 내담자의 변화 단계에 대한 지식과 그에 맞춘 개입 유형이 치료에 긍정적으로 영향을 미칠 수 있음을 시사했다. 프로차스카, 딜레멘테, 그리고 노크로스(Prochaska, DiClemente, & Norcross, 1992)에 따르면, 미국의 건강관리국 조사에서 흡연자들의 70%가 금연하는 데 도움받기를 원했다고 보고하였다. 그러나 실상 프로그램을 개발하여 그 흡연자들에게 제공하려고 하였을 때, 도움을 받겠다고 서명을 한 흡연자는 단지 4%에 불과했다. 불과 싸우기 위해 준비하는 소방대원들처럼, 초심 상담자들은 종종 연기만 보고 불이라고 오인한다. 내담자의 준비도에 맞추는 것이 매우 중요한 이유 중 하나는 변화에 대한 내담자의 양가적인 마음에 걸려 넘어지기 쉽고, 따라서 저항이 증가하기 때문이다. 숙련된 상담자는 도움을 주기 위해 성급하게 서두르지 않음으로써 어느 정도 동기부여를 높이고 저항을 줄이는 데 재능이 있다.

준비도의 차이에 대해 〈표 5-1〉을 참조하라.

〈표 5-1〉 준비도 차이

<table>
<tr><th>변화 단계</th><th>내담자</th><th>상담자</th></tr>
<tr><td>숙고 전 단계(precontemplation)</td><td colspan="2" rowspan="6">↘
준비도 차이(the readiness gap)
↖</td></tr>
<tr><td>숙고 단계(contemplation)</td></tr>
<tr><td>준비 단계(preparation)</td></tr>
<tr><td>실행 단계(action)</td></tr>
<tr><td>유지 단계(maintenance)</td></tr>
<tr><td>종결 단계(termination)</td></tr>
</table>

출처: Prochaska, J. O., DiClemente, C. C., & Norcross, J. C. (1992). In search of how people change: Applications to addictive behavior. *American Psychologist, 47*(9), 1102-1114.; Prochaska, J. O., & Norcross, J. C. (2001). Stages of change. *Psychotherapy: Theory, Research, Practice, Training, 38*(4), 443-448. https://doi.org/10.1037/0033-3204.38.4.443

의료 전문가들이 금연치료를 위한 프로그램을 준비했지만 너무 적은 사람들이 도움을 청하러 왔을 때 실망하게 되는 것처럼, 도움을 주려는 지나친 욕구 또한 우리에게 방해가 된다. 도와주고 싶어 하고 다른 사람들을 돌보려는 강한 욕구를 가진 상담자들은 훈련 프로그램을 선택한다. 우리는 내담자들보다 더 쉽게, 많이 변화에 대해 준비되어 있다. 이것은 자연스러운 직업적 어려움이다.

도움을 주고자 하는 사람으로서 적절한 정도로 직업적인 애착을 하기란 쉽지 않다. 애착 과정에 몰입하지 않을 수도 있지만 이것은 당연히 좋은 일이 아니다. 지나치게 몰입할 수도 있지만 이것 역시 적절한 것은 아니다.

톰은 고(高)위험 집단(at-risk)에 속하는 대학교 신입생의 지도교수였던 때를 기억하고 있다. 그 당시 그는 대학원 학생들에게 직업 발달 이론과 실제라는 과목을 가르쳤고, 대학교 신입생에게 직업 계획이라는 과목을 가르치고 있었다. 그는 대학교에서 지도교수와 진로 상담자로서 경험이 많았고, 전문 저널에 진로 상담에 대한 논문도 실었다. 사실 대학생 지도라는 영역에 있어서 그는 영문학, 물리학, 수학의 교수들과 비교하여 지나치게 준비된 지도교수였다.

톰은 위험성이 높은 대학교 신입생인 지도 학생들을 도와줄 준비가 되어 있었지만, 미네소타주의 야구팀인 트윈스의 매니저 톰 켈리가 일이 잘 안 되었을 때 "남쪽으로 갔다"라는 표현을 썼던 것처럼 상황은 엉뚱한 방향으로 흘러갔다.

톰은 그들의 교육적인 미래와 직업적 미래의 큰 그림을 보면서 그의 시간, 재능, 에너지를 지도 학생들에게 쏟아부었다. 우리는 불리한 조건에 놓인 사람이 미로 찾기를 하듯이, 자신의 길을 찾아가는 것을 도와주는 조력자들의 일에 가치를 부여한다. 그러나 단지 "수강 신청서에 서명해 주시겠습니까?"라는 요청만을 하려고 그를 찾아오는 지도 학생들을 만나면서 톰의 노력과 행동은 시간이 지나가면서 변해 갔다. 그들은 교육과 진로에 관한 거창한 안내를 받기 위해 찾아오는 것이 아니었다. 그들은 행정적인 규칙에 따라 그의 서명을 받아야만 했기 때문에 온 것이다. 이것이 준비도의 차이이다! 톰은 그 자신의 과도한 조력 욕구가 준비도에 있어서 이러한 차이를 만들어 낸 것을 알게 되었다.

여기 또 다른 예가 있다. 플로리다 대학교에서 톰이 일하기 시작했던 초기에 그는 행동연구학과를 시작하기 위해 여러 다른 지역에서 온 새로운 교수들과 함께 일했다. 그들은 혁신적으로 다학문적인 교과 과정을 우등 학생들에게 제공하려고 몇 년 동안 대학원에서 이 교과를 준비하는 작업을 했다. 가을 신입생 오리엔테이션에서 이 교수들은 신입생들—플로리다의 고등학교를 졸업한 몇몇의 엘리트 학생들—을 만나기 위해 테이블에 앉아 있었다. 그들은 굉장한 열정을 가지고 권력 및 폭력(power and violence)과 같은 새로운 다학문적인 교과 과정의 내용을 설명했다. 그런데 신입생들은 "점심시간 전에 끝날 수 있는 오전 강의는 어떤 것들입니까?"라고 물었다. 이것 또한 준비도의 차이이다. 미셸은 대학원생과 학부생들을 대상으로 한 상담에서 이러한 사실을 계속해서 알아차렸다. 관계 맺는 것에 대한 흥분과 함께 상담에 뛰어들면서 미셸은 강력한 동맹을 맺고 치료 과정의 변화를 향해 나아가기 위해서는 내담자가 변화에 대한 준비에 있어 어디에 있는지를 듣고, 알아차리고, 감지하는 것이 중요하다는 것을 안다.

준비도는 또한 자연스러운 인간의 성숙 과정과 관련된 문제이다. 즉, 내담자가 변화를 위한 준비가 되었다고 하는 것은 그들이 더 넓고, 더 깊고, 덜 자기중심적인 방식으로 이해할 수 있을 때가 되는 것을 말한다. 준비도는 중요한 것이지만 때로 우리가 준비도에 영향을 미칠 수 있는 정도는 매우 미미하다. 결국 당신은 말을 물 가까이로 끌고 갈 수는 있으나 말에게 물을 마시게 할 수는 없다. 그리고 학생이 준비가 되었을 때 선생님이 나타나게 된다. 그때까지 조력자인 당신은 그들에게 보이지도 않고, 인식되지도 않고, 들리지도 않는다. 우리의 도움을 받는 사람들은 말한다. "난 당신이 무슨 말을 하는지 들을 수 없어요. 단지 내 마음의 메아리만이 들릴 뿐이에요."

비행기 내의 강한 난기류와 객실 감압 상황에서 어떻게 산소마스크를 사용해야 하는지에 대한 안내와 지시를 받는 승객들처럼, 내담자들이 조력자들에게 주의를 기울이고 열심히 들을 것이라고 기대할 수는 없다. 이것이 우리가 하는 일이 어려운 이유 중의 하나이다. 상담자들은 그들이 인간의 삶에서 변화를 이루어 낸다고 믿고 싶어 하지만, 때로 우리는 그러한 변화를 이끌어 내지 못한다. 때때로 우리는 무력하다고 느낀다. 그리고 그 느낌은 정확하다. 우리는 무력하다! 여기서의 핵심은 시간이 지남에 따라 베테랑 운동선수처럼, 상담자들은 언제 에너지를 소비해야 하고, 언제 에너지를 보존해야 하고, 언제 노력이 중요하고 중요하지 않은지를 배우게 된다는 것이다. 앞서 언급했듯이, 상담자의 열망이 너무 클 때에도 내담자의 저항을 미묘하게 일으킬 수 있다는 교훈을 얻는다. 그리고 이러한 저항을 일으키는 것은 성공을 정말로 방해할 수 있기에 숙련된 상담자들은 하지 말아야 할 것으로 배운다. 내담자, 학생, 환자가 전문가와 싸우고 있을 때는 조력 과정에서의 실패가 코앞에 닥칠 수 있다. 별들이 정렬되어 있을 때에도 성공은 어려우며, 정렬되어 있지 않을 때는 훨씬 더 어렵다.

그럼 내담자가 준비되지 않았을 때 당신은 무엇을 할 수 있을까? 때로 우리는 그저 기다려야 한다. 밀러와 롤닉(Miller & Rollnick, 2002)은 준비도를 높이기 위한 방법으로 동기부여 면담(Motvational Inferview: MI)을 제안했다. 이러한 상담 방식의 맥락에서 상담자는 내담자의 문제를 이해하고 저항을 최소화하기 위해 공감적인 경청을 한다. 라포가 어느 정도 발전하면 상담자는 한 사람의 목표와 가치가 변화하고자 하는 욕구와 어떻게 상호작용할 수 있는지를 탐구하는 작업을 한다. MI는 내담자가 삶의 변화에 대한 양가적인 감정을 직면하도록 돕는다. 톰은 내담자가 삶의 변화로 발생할 수 있는 모든 손실과 이득을 이야기해 볼 수 있도록 돕는 것이 가치 있다는 것을 알게 되었다. 이런 방법은 내담자가 깊은 심호흡 후에 느린 변화 과정을 시작하도록 도울 수 있다.

어려움 4 때로 그들은 해결이 불가능하나 해결되어야만 하는 문제를 가지고 온다

사람들이 직면하는 가장 어렵고 스트레스 받는 상황 중에는 모든 선택지가 상당한 손실을 수반하는 상황에서 선택하는 것이 포함된다. "그 사람과 함께 살 수도 없고, 그 사람과 안 살 수도 없다"는 문장은 그것이 더 개인적이고 실제적인 것이 될 때까지는 시적인 문장일 뿐이다. 그 순간, 그 사람은 거대한 손실을 수반하지 않는 해결책을 필사적으로 찾고 있다. 예를 들어, 당신이 상황을 견딜 수 없게 만드는 하나 이상의 것들로 인해 파트너나 배우자와 계속 친밀한 관계 속에서 살 수 없다고 상상해 보라. 반대로, 상대방을 더 큰 세상으로 잃어버리고 관계에서의 모든 멋지고 평범했던 것들을 가지지 못하게 되는 것 또한 참을 수 없는 것이다. 이제 당신은 행복한 해결책을 위해 조력 전문가에게 접근한다.

삶에서 때로는 접근도, 회피도 통하지 않는다. 이것은 프랭크와 프랭크(Frank & Frank, 1991)가 말한 절망과 낙담의 요소이며, 개인이 도움을 구할 때의 핵심적 문제이다. 우리가 막다른 골목에 다다르게 되어 해결이 불가능할 때, 결과적으로 낮은 자기효능감과 깊은 절망감을 느끼게 된다. 이런 상황에서 상담자가 강하고 빠른 영향을 주는 것은 대개는 어려운 일이다. 그것이 쉬웠다면 내담자는 이미 그 문제를 해결했을 것이다. 그리고 내담자가 회피할 수 있었다면 피했을 것이다. 우리 모두는 문제를 해결하거나 회피하는 것, 이 둘을 모두 한다. 둘 다 여의치 않을 때 우리는 전문적인 도움을 요청한다.

그리고 전문가는 도와줄 수 있다. 치료자와 상담자로서 우리의 경험은 답은 구해지지만, 대개는 시간이 걸리고 그 과정에서 내담자에게 어느 정도의 고통이 동반된다는 것이다. 종종 이러한 상황들은 한 사람의 인생에서 문이 열리고, 문이 닫히는 것 모두를 포함하는 두 개의 달콤쌉싸름한 선택지 중에서의 선택을 의미한다. 그 사람의 인생은 앞으로 나아갈 수 있지만, 그곳에 도달하는 과정은 유람선에서의 생활과는 다르다.

예를 들어, 한 상담자가 매우 반항적인 10대의 부모와 상담하는 경우를 생각해 보자. 부모는 자식을 포기할 수 없으며, 그렇다고 아이가 화내는 것을 멈추고 반항적인 행동을 그만두도록 하는 것도 불가능하다. 여기서 상담자는 효과적으로 도울 수는 있지만 즉각적이고 긍정적인 해결책을 찾을 수는 없다. 다른 예로, 학습장애 아이를 가르치는 선생님은 아이의 성적을 올리는 데 도움을 주고 아이의 능력으로는 버거운 과제를 도와주려고 노력하지만 그 아이의 조건을 생각하면 매우 어려운 과업에 도전하는 것이다. 물리치료사는 골다공증 환자가 엉덩이 골절을 당하지 않으면서 운동성을 높이도록 돕는 일을 해야 한다. 이러한 경우, 개선의 가능성에는 한계가 있다. 이런 실무자들은 '반드시 해결되어야 하지만 해결할 수 없어 보이는 문제'라는 공통 영역에서 씨름하고 있다.

우리는 여기서 '반드시 해결되어야 하지만 해결할 수 없어 보이는 문제' 상황이 빠른 해결을 요구하지는 않으며, 상담자에게 매우 보람 있는 작업이 될 수 있음을 밝히고 싶다. 해결책은 상담자와 내담자 사이에서 좋은 작업 동맹을 맺는 것이며, 신중하게 선택지를 고려하고 충분한 애도 과정을 거치는 것이다. 그러면 종종 세상은 열리고, 내담자는 자신의 미래를 위한 진정한 선택으로 나아간다. 이것은 상담자에게 만족스러운 일이 될 수 있다.

어려움 5 상담은 때때로는 우등생이 아닌 개인과 함께 작업하는 것이다

우등생들은 어디서든지 더 나아지고, 더 많이 향상되고, 더 잘 배울 수 있다. 하버드 대학교의 교수들이 자원과 기술이 많은 학생들이 배우려고 올 때 이들을 위해 해주는 일은 거의 없다. 만약에 교수들이 그들에게 해만 끼치지 않는다면 그 학생들은 성공할 것이고, 교수들은 후에 그들의 성공에 대해 행복해 하고 뿌듯해 할 것이다. 스코필드(Schoefield, 1974)는 가장 이상적인 내담자의 특성, 즉 빨리 향상될 수 있는 특성을 YAVIS(Young, Attractive, Verbal, Intelligent, Socially skilled의 약자: 젊고, 매력적이고, 언어적 능력이 뛰어나고, 머리가 좋고, 대인 관계에 관련된 기술을 가진)라고 기술하였다. 이러한 자질을 가진 사람들의 경우에는 그들을 방해하지만 않으면 상담자들은 성공에 대한 공을 인정받을 수 있다. 조력 분야에서 일하는 상담자들이 성공을 가속화시키는 데 도움이 되는 자원들(예를 들면, 동기, 능력, 적은 문제들)이 많은 내담자들을 원하는 것은 당연하다. 이러한 자원이 있는 경우에 내담자들은 좋아지고, 상담자들은 유능감을 느끼며, 성공으로 인한 행복을 만끽할 수 있다. 예를 들면, 현대 대학교의 아이러니 중의 하나는 모르는 것이 많은 학생들을 가르치는 기초 과정보다 우등생들을 가르치는 과정, 혹은 심화 수준의 박사과정 세미나를 가르칠 때 교수들이 더 높은 점수를 받는다는 것이다.

어려움 6 내담자들에게 동기의 갈등이 있을 수 있다

조력 직종에서 동기의 갈등(motivational conflicts)은 역사적으로 '부차적인 이득(secondary gains)'이라는 개념으로 논의되어 왔다. 정부에서 운영하는 어떤 프로그램을 통해 도움을 받던 사람이 상태가 좋아지면 받고 있던 보조를 잃을 수 있다. 예를 들어, 한 사회복지사 동료는 과거에 그녀가 맡았던 일을 되돌아보았을 때, 재향군인병원 환자들의 우울증의 심각도가 낮아지면 장애 수당을 잃었기 때문에 그 일이 너무 좌절스러웠다고 말했다. 장애가 있는 동안에는 돈을 받지만, 다시 일할 수 있을 때 보조금을 잃는 사람에게 일어날 수 있는 동기부여 갈등을 상상해 보라. 그러한 상황에서 조력자가 되어 타인이 좋아지도록 하기 위해 노력한다고 상상해 보라.

과거 톰에게도 이런 상황에 처한 내담자가 있었는데, 그는 정신장애라는 진단을 받았기 때문에 매월 장애자를 위한 보상금을 받았다. 그에게서 진단명을 떼어 내는 것은 보상금을 잃게 하는 것이고, 또한 이전의 사업 파트너로부터 지불하지 못한 자금을 지불하라는 법적 조치를 받을 수 있게 하는 것을 의미했다. 어린 상담자로서 톰은 그 상황이 내담자가 변화하도록 돕고자 하는 그의 능력에 심각한 영향을 주고 있다는 사실을 이해하지 못했다. 그는 내담자가 변화를 위해 얼마의 손해를 봐야 했는지에 대해 순진하게 생각했기에 그 내담자를 맡기로 했을 것이다.

톰은 경제적으로 빈곤한 소수민족 여성이 학사학위를 받고 몹시 슬퍼하던 것을 기억하고 있다. 커다란 성공을 앞에 두고 슬퍼한다고? 그 성공은 혹독한 환경에서 오랜 역경을 이겨 낸 것이었기 때문에 혼란스러웠다. 그러나 그녀는 자신이 일구어 낸 성공으로 인해 풍부한 우정을 맛보게 하였던 이전 동료 집단을 잃게 되었다. 별안간 그녀는 나머지 집단원들에게 받아들여지지 않았던 것이다.

한 연구에서 우리는 대학교 전공을 결정하지 못하고 있던 대학생들을 인터뷰한 적이 있다. 그들은 정보 또는 의사결정 기술의 부족과 같은 단순한 문제 때문이 아니라 해결하기 어려운 매우 복잡한 갈등 때문에 의사결정을 내리지 못하고 있었다 (Hagstrom, Skovholt, & Rivers, 1997).

동기의 갈등은 본인이 아닌 다른 사람들, 부모 또는 법의 판정으로 상담을 받도록 보내진 경우(예를 들면, 보충수업, 가정폭력 상담, 영양 섭취에 대한 정보)에도 관련이 된다. 이 경우, 동기는 도움을 받는 사람의 밖에 있다. 외부 기관에서 배치되어 온 경우, 음주 운전을 한 운전자를 특별 수업을 들으라고 보내진 경우, 학사경고를 받아 지도교수가 의무적으로 내준 과제, 배우자에 의해 강제로 끌려온 부부상담 등 상담에서 성공적으로 도울 수 있을지에 대해 적신호를 켜게 되는 경우 중의 하나는 도움을 구하는 사람의 동기가 외부적인 경우이다. 그리고 이것이 우리가 '어려움 3'에서 논의한 것처럼, 동기부여 면담(MI)이 인기를 얻게 된 이유이다(Miller & Rollnick, 2002).

톰의 상담 과정에서 그는 여성 파트너나 배우자에 의해 보내진 많은 남성 내담자들을 만나 왔다. 그것은 종종 언덕 위로 바위를 밀어 올리는 것과 언덕 아래로 바위를 굴리는 것 사이의 대결과 같았다. ① 상담의 여성적 면인 파스텔색 벽에서부터 낮은 조명, 사각 휴지가 눈에 띄게 놓여 있고, 푹신한 의자, 연약한 감정에 초점을 맞추는 것과 ② 떡갈나무와 같이 강인함과 무적의 남성 역할에 대한 요구, 그리고 ③ 다른 사람에 의해 보내진 것을 모두 합치면 힘든 조합이 될 수 있다. 전 세계적으로 10대들과 젊은 성인 남성들은 공동체 · 민족 집단 · 나라를 위한 전쟁을 위해 길러진다. 이를 위해 젊은 남성들은 자라면서 딱딱해진다. 타인을 해치려는 의지는 타인에 대한 공감과 어울리지 않는다. 톰은 이것을 전쟁을 위해 훈련되고 나중에 양육될 것으로 기대되는 180도 남성 역할 갈등(180-degree male role conflict)이라고 불렀다. 이는 남성들이 자신의 취약점과 두려움을 드러내도록 기대되는 내담자 역할에 자주 갈등을 겪는다는 것을 의미한다. 때로 남성들은 이러한 두려움을 극복하고 도움을 받는 것이 그들에게 매우 긍정적일 수 있다는 것을 알기 시작한다. 그 밖의 사람들은 거기까지 결코 가지 못한다. 동기의 갈등이 다시 휘젓는다!

어려움 7 내담자들은 종종 자신들의 부정적인 감정을 상담자에게 투사한다

> 가장 좋은 때라도 사람들은 신의 판단에 대한 두려움, 분노, 그리고 다른 많은 감정을 성직자들에게 투사한다. 스트레스가 심한 상황이 되면 성직자를 오해하는 경향은 점점 강해진다.
>
> –**미첼과 앤더슨**(1983, p. 118)

노련한 교사들이 과도한 짐이라고 부르는 용어가 의미하는 것은 학생들이 과거에 어른과의 상호작용으로부터 남겨진 아픈 느낌들을 교사와의 관계 속으로 가져온다는 것을 뜻한다. 학교에서 선생님이 당신을 마치 당신의 형이나 누나인 것처럼 대했는가? 그들이 당신을 그 혹은 그녀의 이름으로 부르고, 당신이 그 혹은 그녀의 특징을 가지고 있다고 가정했는가? 새로운 연인과 관계가 깊어지면서 과거의 관계가 새로운 관계에 투사되기 시작하면 서로 간의 의사소통이 점점 나빠질 수 있다. 특히 배신 혹은 유기와 같은 유형의 내러티브가 대화에 끼어들어 이해와 신뢰를 훨씬 더 어렵게 만들 수 있다. 초기 관계에서 화학작용으로 오는 행복감이 과거에서 온 유령(혹은 천사)으로 대체되어 버린다.

이것이 투사와 전이 역동의 예이다. 우리의 내담자들은 조력자나 권위적인 인물과 관련 있는 과거의 고통, 상처, 분노, 그리고 두려움을 가지고 우리에게 강렬한 전이 반응을 가져올 수 있다. 우리는 내담자가 잘 인식하지 못한 완고함, 원한, 분노, 그리고 협력의 부족을 경험하게 된다.

초기 감정과 내적 도식의 투사는 도움을 받는 사람에게 도움이 되는 관계의 결과가 매우 중요할 때 특히 강화될 수 있다. 그 사람은 관계에서 많은 힘을 느끼지 못하고 참여의 규칙은 흐릿하다. 이것은 누구의 잘못도 아니다. 단지 매우 인간적인 것이다. 검증되지 않은 예로 박사과정 지도교수와 박사과정 학생과의 관계가 있다. 이것은 지식 재산이 경제적 번영의 중심인 현대 사회와 고등교육에서 매우 중요한 부분이다. 그러나 매우 많은 분야(예를 들면, 역사, 물리학, 문학, 수학, 사회학)에서 지도자로서의 교수들은 박사생과 관계의 기술을 훈련받지 못한다. 매우 긍정적인 전이가 함께하는 일에 활력을 불어넣을 수 있는 것처럼, 학생으로부터 교수 또는 교수로부터 학생으로의 부정적인 전이 반응은 그들의 일에 해를 끼칠 수 있다. 많은 교수는 이 관계 작업에 저절로 숙련되지만, 일부는 그렇지 않다. 아무도 그것에 대해 직접적인 훈련을 받지 않는다.

고등학교 교사들은 가끔 분노하고, 실망하고, 고통스러워하는 부모들을 만나고 그 부모들의 반응을 자기 자신에 대한 개인적인 반응이라고 생각한다. 전이라는 요소를 이해하고 개인적으로서 상처받지 않는 것은 어려울 수 있다. 애착과 접촉의 전문가가 되었다는 증거는 내담자가 과거의 아픈 대인 관계 경험으로 이해할 수 있는 두려움을 가지고 올 때에도 전이 현상을 이해하고 그들의 반응을 개인적으로 받아들이지 않을 수 있는 능력일 것이다(Harmon et al., 2005).

톰은 가난하고, 실패의 경험이 많은 학생들을 처음 가르칠 때 자신이 무지하다는 것을 알지 못했다. 톰은 그들이 자신을 그들을 도울 준비가 된 좋은 사람 '톰'으로 환영할 것으로 생각했다. 그러나 몇 년 동안 그들에게 그는 의무적으로 출석해야 했던 감옥 같은 학교에서 그들을 퇴학시키고, 자존심을 상하게 하고, 부끄럽게 했던 과거의 선생님으로 그들에게 나타났다는 것을 알지 못했다. 그들에게 그는 단지 또 한 사람의 가혹한 성인이었다.

어려움 8 내담자들에게는 상담자가 제공하는 것보다 더 광범위한 서비스가 필요한 경우가 있다

모든 상담자는 자원을 많이 가지고 있을 때 성공의 가능성이 얼마나 증가될 수 있는지를 경험하였을 것이다. 예를 들어, 학습도우미가 얼마 없는 학교의 고등학생들은 매일 학습도우미의 조력을 간절히 원한다. 신체적 · 정신적 건강 분야에서 상담자들은 제한된 재정적 조건 안에서 가능한 모든 자원을 쥐어짜면서 환자와 내담자들을 돕기 위해 지속적으로 노력하고 있다. 어려운 환자들은 개인적인 문제 때문이 아니라, 그들을 성공적으로 돕기 위해 필요한 만큼 충분한 자원을 제공하지 못하는 시스템 때문에 실패한 사람들일 수 있다.

이러한 종류의 제한된 자원은 2012년에서 2015년까지 미국의 재향군인국 시스템에서 분명히 드러났다. 참전용사들이 육체적 · 정서적 그리고 영적 요구가 극심한 전쟁터에서 집으로 계속해서 돌아오고 있었지만, 그들은 대기자 명단에만 올려져 기다려야 하거나 심지어 대기자 명단에조차 올려지지 않았다. 재향군인국은 무한한 인간의 필요로 가득했지만, 시스템은 한정된 자원만 제공했다. 그래서 합법적인 인간의 고통을 겪던 많은 재향군인이 그들의 요구를 해결하지 못했다.

대조적으로 어떤 내담자들은 시스템을 압도하지 않는다. 그들은 아마도 과업에 빠르게 성공할 것이다. 그들은 더 나아지고자 하는 동기, 기술, 자원을 가지고 있고, 그리고 상담자로서 우리는 그들의 성공으로 인해 행복해 하고, 다른 사람을 성공적으로 도와주었다는 사실에 의해 우리도 성장할 수 있다. 지금이라도 쉽게 도울 수 있는 내담자들만 있는 세계를 상상해 보자. 꿈을 꾸자! 그들을 데리고 오라. 그러나 현실의 세상은 물론 그렇지 않다.

어려움 9 "아니요"라고 말하기의 어려움 – 다람쥐 쳇바퀴 돌기

> 특수학급 교사인 그녀는 자기 앞에 있는 수십 명의 학생들이 지닌 문제들에 압도되어 자신의 열정이 썰물처럼 밀려 나가는 것을 느꼈다.
>
> –**스메탄카**(1992, p. 1B)

> 일과 개인적인 책임의 균형을 맞출 필요와 함께 직장에서 너무 많은 일을 하고, 일에서의 책임, 긴 근무시간과 실수를 하는 것에 대한 두려움으로 호주 의사들의 일반적인 경험은 스트레스가 많고 힘들다는 것이다.
>
> –**호주의 의사 및 의대생들을 대상으로 한 국립 정신건강 조사**(2013, p. 4)

> 우리가 사람들이 어떻게 생각하는지 신경 쓰지 않으면 우리는 연결에 대한 능력을 잃게 된다. 우리가 사람들이 생각하는 것에 의해 정의될 때, 우리는 연약해지려는 의지를 잃는다.
>
> –**브라운**(2012, p. 169)

상담자들은 내담자의 지속적인 요구를 충족시키기 위한 전략으로 종종 점점 더 빨리 달리는 것으로 반응하곤 한다. 곧 너무 빠른 속도에 현기증이 나고 주변이 제대로 보이지가 않는다. 상담자들은 감각이 없어져서 자신들의 경험이나 다른 사람들의 피드백에 대해 생각하거나 제대로 대처하고 반응할 수 없게 된다. 그리고 우리가 전문적인 경험을 처리할 수 없을 때, 우리는 배우고 향상될 수 없다. 심지어 다람쥐 쳇바퀴 속에서 점점 더 가속도가 붙을 때 그것은 부차적인 것처럼 보인다.

이러한 주요 직업적인 스트레스 요인은 도움을 주려는 우리의 욕망, "아니요"라고 말하는 것의 어려움, 그리고 결과적으로 나타나는 과부하와 관련된다. '영웅 증후군(Heroic Syndrome)'에서 스톤(Stone, 1988)은 "좋은 의지와 영웅의 노력"은 장기적으로 직업적 생명력을 지키기 위해서는 결국 변화되어야 할 아킬레스건이라고 묘사했다. 그의 처방전은 "'아니요'라는 단어를 조력이라는 단어에 넣는 것"이다. 그는 아이오와 대학교 상담센터에서 심리학자로서 그의 일에 대해 다음과 같이 묘사했다.

> 나는 토요 축구 게임 방송이 끝난 새벽 1시 무렵에 기숙사 조교로부터 전화를 받았다. 조교는 "젊은 남자가 방에 있는데 팔에서 피가 흐르고 이상한 행동을 하고 있다"고 했다. 그리고 나에게 "좀 내려와 달라"고 간청했다. 나는 그의 말을 들으면서 막연한 생각이 있었지만 어쨌든 "알았다"고 대답했다. 나는 운동복으로 갈아입고 자동차 시동을 걸러 나갔다. 그리고 차를 몰고 가면서 내가 그 상황에 대해서 얼마나 모르는 것이 많은지를 깨달았다. 조교의 이름, 어느 기숙사인지, 안전 문제, 의학적인 필요와 같은 것들에 대해 아무것도 아는 것이 없었다. 나는 결국 나의 슈퍼맨 망토를 접고(영웅적인 의도를 접고) 안내실로 가서 약간의 정보를 얻었다.
>
> 비록 상황이 긍정적인 방향으로 해결되었지만, 나의 영웅적인 노력에도 불구하고 일이 잘못될 가능성 또한 있었다. 이 사건은 맹목적으로 세상을 구하려고 시도하기 전에 정보를 아는 것이 얼마나 중요한가를 명확하게 알려 주었다. 훌륭한 의지와 영웅적 노력이 정보를 아는 것, 그리고 유능하게 문제를 해결하는 것을 대치할 수 있는 것은 아니다. 한계가 있다!
>
> 개인적으로 이 사건을 경험한 다음에 나는 상담과 성인 교육에서 나타날 수 있는 영웅적인 현상에 대해 상당히 민감해졌다. 나는 상담센터 리더와 상담자들이 교내에서 일어난 흔치 않은 일에 대해 어떻게 대처했는지 설명하는 것을 들을 때 그들의 영웅적인 욕구를 발견하곤 한다. 구체적으로 24시간 대기 업무, 제한된 자원을 가지고 장기 내담자를 돌보는 것, 캠퍼스 내의 다양한 기관이 원하는 모든 도움을 줌으로써 영웅적인 노력을 하는 것이다. 예를 들면, 상담기관이 장기치료를 하기 위해 필요한 24시간 의뢰 서비스, 충분한 숫자의 상담사, 그리고 입원 절차에 적합한 체제를 가지고 있지 않으면서도 대학교 내의 다른 기관에서 학생에 대한 장기치료를 요청할 때 "아니요"라고 말하는 것이 어렵다는 것이다. 상담기관이 가진 자원은 제한되어 있고, 상담 대기자들은 길게 줄지어 있고, 그리고 대학교 상담센터는 학생의 발달 과업에 적합한 단기치료 오리엔테이션을 가지고 있으므로 장기치료에 필요한 적절한 처치 능력이 없을 가능성이 크다. 그렇다면 대학교 상담센터를 이용하는 것은 장기상담이 필요한 내담자에게는 반치료적일 수도 있다. 물론 상담기관에서 장기치료를 제공할 것인가, 말 것인가의 문제는 지금 논의하고 있는 문제들보다 훨씬 더 복잡한 문제들과 관련되어 있지만(예를 들

> 면, 의뢰할 만한 적절한 자원이 있는가), 상담기관의 영웅적인 의지와 이들이 지닌 적절한 자원 및 서비스의 유능성 정도가 잘 맞지 않으면 영웅 증후군을 나타낼 가능성이 있다.
>
> 나는 영웅주의에 대한 문제를 제기하는 것이 아니라 영웅적인 욕구가 지니는 한계를 깨닫고, 그 욕구를 조절해 나갈 필요가 있다는 것을 제안하는 것이다. '아니요'라는 단어는 노력이라는 어휘 안에 포함된다.
>
> 지금 막 응급실 전화를 받았기 때문에 나의 논의는 여기서 끝내야겠다. 나는 굴러가듯이 달려 나가야만 한다. 고투는 계속되는 것이다(p. 108).

스톤의 딜레마는 인간을 위한 서비스, 교육, 의료 분야에서 우리 모두가 경험하는 것이다. 그것은 두 가지 요소 사이의 긴장과 관계가 있다. 즉, 훌륭한 의도나 영웅적인 노력과 사람의 욕구에 등을 돌리며 "아니요"라고 말하는 것, 두 요소 사이의 긴장과 관련된다. 상담자의 마음과 가슴에서 양쪽으로 잡아당기는 이 두 가지 요소를 조정시키는 것은 매우 어렵다. 특히 도와주기 위해 어느 정도로 열심히 노력해야 하는지에 대해 자주 혼란스러워 하는 초심 상담자들에게는 더욱 어렵다. 상담실습, 병원실습, 교생실습, 그리고 인턴십을 제공하는 기관에서는 훈련 중의 학생들이 당연하게 지니고 있는 돕고자 하는 강한 의지와 영웅적인 노력으로 인해 학생들로부터 과도한 서비스를 받게 된다. 이러한 과정은 새로운 학생들이 매년 들어오면서 해마다 반복된다. 마치 강남에 갔던 제비가 매년 돌아오듯이…… 이러한 일들은 우리, 즉 톰과 미셸에게 그리고 우리의 동료들에게도 일어났다. 당신과 당신의 동료들에게도 일어나는 일인가? 경계를 배우고 "아니요"라고 말하는 것은 더 시간이 흘러 나중에 하게 되는 것 같다.

시카고에는 550명의 사례를 다루는 공중위생 간호사가 있었고[스미스(1982년, 개인적 대화)], 뉴욕에는 400명의 학생이 충분히 이용할 수 있고 학생들과 관련된 모든 유관 집단들—학교 행정관, 그의 상담실 동료, 학생, 그리고 부모들—을 즐겁게 하려고 노력하는 학교 상담자가 있었다[세버슨(1987년, 개인적 대화)]. 한계를 정할 수 있는 능력과 "아니요"라고 말하는 능력은 종종 30~40년 정도의 비교적 긴 기간 또는 몇 달 또는 몇 주의 비교적 짧은 기간 동안 일에 끌려 다니고 난 후 신체적으로, 또는 정서적으로 더 이상 그 속도를 유지할 수 없다고 깨닫을 만큼 이미 완전히 소진이 되고 난 후에 생기는 것 같다. 힐(Hill, 1988)에게 있어서 이러한 능력은 수백 명의 학생을 위한 유일한 대학교 상담자로서 일하다가 일에 완전히 파묻히고 난 후에 생겼다. 그녀는 이에 대해 다음과 같이 적고 있다.

> 9년 전에 나는 800명의 학생이 있는 인문 계열 사립대학교에서 상담자로 일했다. 이전에 나는 4년 동안 지역사회 상담센터에서 일한 경험이 있었으나 대학교에서의 요구와 기대는 새로운 것이었다. 내가 해야 할 일의 70%는 개인 상담과 프로그램을 지도하고 실시하는 것이었고, 30%는 매 학기에 심리학 강좌 하나를 가르치고, 심리학과의 위원으로서 활동하는 것이었다. 그 학교에는 대학교 상담자와 더불어 진로 상담자도 있었다.
>
> 나의 첫해는 혼돈이었다. 지속적으로 가끔씩은 동시에 학생, 교직원, 교수들을 즉각적으로 돌보아야 하는 상황이 발생했다. 예를 들면, 매주 35시간에서 40시간의 심리치료를 해야 했기 때문에 수업준비와 시험 계획과 평가를 늦은 저녁까지 미루게 되었다(3~4명의 학생들이 동시에 응급 상담을 요구하는 때도 있었다). 기숙사의 조교들이 충분히 훈련되지 않아서 문제를 가진 학생들을 초기 발단단계에서 확인하고, 반응하고, 의뢰하는 등의 전문 접수면접을 하는 것이 불가능했기 때문에 나는 주말마다 약 2번씩 한밤중에 비상 전화를 받고 나가야 했다.
>
> 말할 것도 없이 나는 지쳤고, 화가 나기도 했고, 상처받고, 결국 무감각하게 되었다. 나는 열심히 일한 것에 대한 보상과 지나친 부담으로부터 나를 구해 줄 수 있는 대학교 시스템을 원했다. 그러나 그런 일은 결코 일어나지 않았다. 상황은 나빠질 때까지 나빠져서 점심시간에도, 저녁에도, 주말에도 일했다. 그러고 나서 나는 나 자신에게 "내가 할 수 있는 모든 것을 했는데, 그런데도 그것으로도 충분하지 않다"고 기꺼이 말할 수 있었다. 첫해의 마지막에 나는 감정이 복받쳐 오르는 것을 경험했으며, 그것이 내 인생의 전환점이 되었다. 나는 일을 그만둘 것인가 아니면 일을 계속하며 나 자신을 지켜나갈 것인가를 선택해야 한다는 것을 깨달았다. 마침내 후자를 선택했다(p. 105).

어떻게 하면 관심이나 감동은 지닌 채로 "아니요"라고 말하는 것을 배울 수 있을까? 힐이 말한 것처럼 많은 사람에게 있어서 긴장을 적절히 할 수 있는 시점은 과도하게 일하고 나서 녹초가 된 후에 찾아지는 것 같다. 이 전문적인 피로에 주목한 것이 소진에 대한 첫 번째 글에 영감을 주었다(Freudenberger, 1974). 프로이덴버거가 소진(burnout)이라는 용어를 처음 사용한 이후, 많은 책이 이 주제를 다루었다(Baker, 2003; Larson, 1993; van Dernoot Lipsky & Burk, 2009; Mathieu, 2012; Norcross & Guy, 2007; Rothschild, 2006; Wicks, 2008). 우리는 이제 정서 고갈, 2차 외상, 공감 피로, 대리 외상, 외상 노출 반응과 같은 많은 다른 경고하는 단어들을 가지고 있다.

어려움 10 스트레스 정서의 바다에서 살게 됨

> 열정과 공감의 역량이 우리가 일에 의해 상처받게 되는 능력 중 핵심인 것 같다.
>
> –**스탬**(1995, p. ix)

> 교사들에게 스트레스를 주는 문제에 관한 연구에서 밝혀진 것은 아주 극적이었다. 설문조사에 따르면, 모든 교사의 최고 90%가 일과 관련된 스트레스로 고통받고, 모든 교사의 50%는 스트레스가 그들에게 심각한 수준이라고 말했다.
>
> –**셸스케와 로마노**(1994, p. 21)

조력 전문직에서 문제는 신체적 · 학업적 또는 정서적인 것일 것이다. 흔히 그 요인은 내담자의 정서적인 고통이다. 혼란, 좌절, 낙담, 불안, 분노가 공통적으로 나타나는 감정들이다. 그들 자신의 문제를 해결하기 위해 아무것도 하지 못하여 도움을 받고자 하는 사람들은 우리가 절망적인 무력감이라고 부르는 고통을 자주, 강하게 경험한다. 프랭크와 프랭크(Frank & Frank, 1991)는 전문적 조력자가 해야 할 일은 절망감과 일하는 것이라고 했다. 무력감을 호소하는 경우 자살에 대한 생각을 하고 있을 가능성이 높다. 우리는 상담자가 중점적으로 다루게 되는 고통의 수준에 대해 이야기할 때 절망적인 무력감이라는 용어를 자주 사용한다.

내담자의 고통의 강도를 기술하는 것이 중요한 이유는 "미리 알면 미리 잘 준비할 수 있다"는 말처럼 우리가 함께 일하게 될 이들의 고통에 대해 미리 아는 것이 우리의 긴 여정에 걸쳐 해야 할 자기 돌봄을 연습할 수 있도록 하기 때문이다. 우리가 하는 일이 스트레스를 준다는 사실을 알 때 그것에 대비할 수 있다. 상담이라는 직업은 자주 다른 사람에게 애착하고 정서적으로 다른 사람과 연결되도록 한다. 그것은 공감의 본질이며, 마치 다른 차의 배터리에 연결해서 시동을 거는 것처럼 한 사람의 정서가 다른 사람의 정서에 연결되어 있는 것과 같다. 그 사람의 배터리가 부정적인 감정들, 즉 스트레스 감정들로 가득차 있으면 그와 연결된 상담자는 결과적으로 '스트레스 정서의 바다' 속에서 살게 된다. 시간이 지남에 따라 상담자들은 이러한 고통스러운 정서와 연결되고, 또 그것들과 분리하는 방법을 배우게 된다. 이 기술을 배우는 것은 복잡하고 시간이 걸리는 일이다.

이렇게 스트레스를 주는 정서와 연결되어 있는 것은 직업상 유해한 것이며, 상담자들의 감정적인 면역체계를 위협할 수 있다. 알츠하이머병에 걸린 환자들을 돌보는 일을 하는 사람들처럼 만성적으로 스트레스를 겪는 사람들의 면역체계에 관한 연구가 이러한 생각을 뒷받침해 준다(Vitaliano, Zhang, & Scanlan, 2003).

상담자로서 일하는 동안, 내담자의 어떠한 스트레스 정서가 당신이 내담자와 공감적으로 연결되었을 때 내적으로 경험하기에 가장 힘이 드는가?

두려움	슬픔	동기의 부족
혼란	고립	절망
격노	외로움	분노
무기력감	소원	절실함
냉소	아노미 상태	고통

상담자로서 이러한 부정적인 정서들의 유해한 특성을 이해하기 위해서 이러한 부정적인 감정들이 유해한 물질로서 당신의 몸 안으로 들어가려고 시도하는 것을 상상해 보라. 어떤 것이 가장 강력하고 저항하기 어려운 것인가? 이러한 정서의 어떤 부분이 당신을 어렵게 하고, 약하게 하는가?

스트레스 정서의 바다에서 일하는 것은 무거운 부담이기 때문에 상담자들은 때로 그러한 곳에서 떠나 버리고 싶어 한다. 예를 들면, 톰은 한때 사람들이 모든 일이 아주 잘되어 가고 있을 때 찾아오는, 행복만이 가득한 장소, 기쁨 클리닉을 개원할까 생각했다가 곧 그 사업이 잘 안 될 것이라는 걸 알게 되었다. 나중에 그는 꽃집, 아이스크림 가게, 사탕 가게 또는 액자와 트로피, 상을 파는 가게에 대해서도 생각했다. 이러한 종류의 장소에서는 모든 사람이 행복할 것 같았다. 그곳에는 긍정적인 정서들이 많을 것 아닌가.

상담자에게 찾아오는 사람들의 고통이 얼마나 강력하고 다양한지는 충분히 강조되어야 한다. 인간이란 존재는 상당히 지적이고 유능하며 창조적인 종(種)이라서 많은 복잡한 문제들을 해결할 수 있는 능력이 있다. 우리가 이 장의 앞부분에서 이야기했듯이, 사람들은 그들이 스스로 그들의 문제를 해결할 수 없을 때, 즉 그들이 해결해야만 하는데 해결이 불가능한 문제가 있을 때에만 도움을 줄 사람을 찾게 된다. 사람들의 절망적인 무력감은 해결 불가능과 해결해야 함이 연결되어 있을 때 생겨 나는 것이다.

강력하고 생생한 작업 동맹에서 다른 사람의 부정적인 정서에 대해 어떤 것이 너무 많이 관여하는 것이며, 너무 적게 관여하는 것이란 어떤 것인가? 상담에서 다른 사람의 정서에 대해 잘 공감하지 못하는 것은 상담 능력이 부족한 것이라고 생각한다. 어떤 상담자라도 관여하지 않고, 냉담하고, 거리를 두는, '소진되어 버린' 상담자는 되고 싶지 않을 것이다. 그런데 이러한 스트레스 정서의 또 다른 극단에 해당되는 상태, 즉 사람들의 부정적인 정서에 지나치게 관여하는 것은 조력 과정과 우리 자신의 안녕을 위해 더 위태롭고 위험할 수 있다. 그렇다면 우리는 내담자들의 인생살이와 사연들의 흐름에 대한 우리의 정서적인 관여를 어떻게 조절할 것인가? 무엇이 너무 많이 관여하는 것인가? 무엇이 부정적인 정서의 바다에 너무 적게 있는 것인가? 수십 년 전에 커즌스(Cousins, 1979)는 개인의 건강에 대한 긍정적인 정서와 웃음의 영향에 관한 놀랄 만한 사례를 보여 주었다. 그렇다면 이와는 반대로 다른 사람들의 강력한 부정적인 정서는 상담자의 정서적인 면역체계까지 변화시키는 것인가? 여기에 비흡연자의 간접흡연의 영향 또는 내장재로 석면 섬유를 사용한 방에 있는 사람에게 석면 내장재가 미치는 영향과 비슷한 영향이 있을까?

어려움 11 하는 일을 드러낼 수 없음

이전에 이야기했던 어려움은 모호함과 종결의 부족감으로 인해 성공했다는 느낌을 알기 어려울 수 있다는 것이다. 이제 설명하려는 것은 우리가 하는 일에서 만족을 느끼지 못하도록 하는 또 다른 요소이다. 상담자들은 대개 그들이 하는 일에 대해서 말할 수 없다. 예를 들어, 상담자는 내담자의 인생을 변화시키는 것과 같이 믿기 어려운 성취를 이룬다. 그러나 상담자는 그날의 관계집약적 작업의 세세한 부분들과 내담자의 정보를 마음속 금고에 봉인하고 자신의 개인적 삶에 들어가야 한다. 비밀보장은 우리의 일에서 필수적이다.

다른 사람을 도우면서 그날의 성공에 대한 행복감은 어떻게 표현될 수 있을까? 소리없이 개략적으로 표현할 것이다. 한번 상상해 보라! 당신은 하루 동안 있었던 일에 대해서 친구들과 가족에게 말하고 싶다. 모두들 그렇게 하고 싶지 않은가? 그러나 당신은 내담자의 프라이버시[2]를 보호하기 위해 비밀보장을 해야 하기 때문에 그렇게

2) privacy: 개인의 사생활이나 집안의 사사로운 일. 또는 그것이 남에게나 사회에 알려지지 않으며 간섭받지 않는 권리

할 수 없다.

비밀보장은 상담에서 중요하고 가치 있는 측면이며, 내담자가 매우 개인적인 정보를 드러내는 심리치료 영역에서는 변화를 촉발하는 촉매가 된다. 개인 정보 보호와 비밀보장은 상담에서의 탐색을 위해 필요한 내담자의 신뢰와 자기 개방 의지를 증진하는 환경을 제공한다. 비록 이것이 전반적으로 상담 활동에 매우 긍정적인 측면이지만, 그것은 상담자로 하여금 직업적 자아와 개인적 자아 사이에 벽을 두도록 구속한다. 그러므로 상담자는 내적으로 그날의, 그 주의, 그 해의, 십수 년의 관계집약적 작업의 3D 영화를 저장할 수 있는 마음속 금고를 가지고 있어야 한다.

상담자와 정부 스파이는 그들이 드러낼 수 없는 인생의 비밀을 지켜야 한다는 유사한 구속을 공유하고 있다. 비밀을 지켜야 하는 것의 부정적인 측면은 상담자들이 직장 밖에서는 일의 성공, 실패, 좌절, 혼란에 대한 이야기를 나눌 수 없다는 것이다. 그러므로 이러한 분야에서 사회적 지지, 관계, 이해를 얻음으로써 일의 스트레스가 줄지 않는다.

현장의 윤리지침 내에서 이루어지는 전문적인 자문과 슈퍼비전은 비밀유지 조항으로 인해 상담자에게 발생할 수 있는 전문적이고 개인적인 고립을 완화하는 데 매우 도움이 되는 활동임을 기억하자. 우리는 30년 동안 정기적으로 동료 자문을 진행해 온 매우 존경받는 여성 상담자 집단을 알고 있다. 브라보!

어려움 12 지속적인 공감, 대인 관계 민감성, 그리고 일방적인 보살핌

> 우리가 절벽 끝에 다다랐을 때, 내가 처음에 한 생각은 "믿을 수 없을 정도로 아름답구나"였다. 다음에 든 두 번째 생각은 "얼마나 많은 사람들이 이 절벽에서 뛰어내려 자살했을까?" 였다.
>
> —**판 더누트 립스키와 버크**(2009, p. 1)

> 공감은 양날의 칼이다. 그것은 당신의 큰 자산인 동시에 진정한 취약점이다.
>
> —**라슨**(1993, p. 30)

> 동정심을 보이고 공감적이 되는 바로 그 행동은 대부분의 상황에서 비용이 든다.
>
> —피글리(2002, p. 1434)

이 세 개의 인용문은 조력 전문직에서 정서적 고갈은 항상 가까이에 있다는 메시지를 우리에게 전한다. 상담자는 그들이 '하이터치(전문적인 대인기술로 타인과 관계를 맺는 것)'를 할 수 있기 때문에 성공할 수 있다. 그런데 이러한 일들은 노력을 요한다. 상담자는 집중하고, 관여하고, 고갈될 때까지 일해야 한다. 그것이 절대적인 고갈은 아니지만 다른 직종의 종사자들에 비하면 상대적으로 고갈될 때까지 일해야 하는 것이다. 대인관계에서의 민감성은 투사 혹은 전이와 같은 인간관계의 복잡성을 이해할 것을 요구한다. 즉, 내담자가 마치 영화에서처럼 상담자에게 감정을 투영하는 것이다. 예를 들어, 만약에 당신이 형이나 누나가 다녔던 학교에 가게 되었을 때 선생님이 당신을 마치 당신의 형이나 누나를 대하듯 한다면 당신은 투사 또는 전이를 경험한 것이다.

정신분석적-정신역동적 전통은 전이-역전이 개념을 이해하는 데 가장 도움이 되었다(Corsini & Wedding, 2010). 도움을 주고자 하는 사람과 늘 긍정적인 관계를 맺고자 하는 상담자가 전이-역전이 문제를 분명하게 알아차리는 것이 늘 쉬운 것은 아니다. 상담자들은 전이-역전이라고 하는 현상 속에서 표류하면서 전문적인 관계를 맺으며 일하게 되는데, 이는 매우 어렵다. 그리고 물론 훌륭한 인간관계를 맺을 수 있는 능력은 조력 직종을 구분시켜 주는 특징이다. 그러나 그것은 '물의 흐름을 거슬러 거꾸로 수영하는' 것과 같이 어려운 일이다. 전이-역전이라는 우리 자신의 왜곡으로부터 자유로운 상태로 일한다는 것은 어려운 목표이다. 왜냐하면 그것은 비전문가로서의 렌즈를 벗는 것과 같기 때문이다.

'어려움 7'에서 언급했듯이, 미첼과 앤더슨(Mitchell & Anderson, 1983)은 조력 분야와 유사한 성직자들의 삶에서 경험하게 되는 전이 반응에 대한 스트레스를 기술했다. "가장 좋은 때라도 사람들은 신의 판단에 대한 두려움, 분노, 그리고 다른 많은 감정을 성직자들에게 투사한다. 스트레스가 심한 상황이 되면 성직자를 오해하는 경향은 점점 강해진다"(p. 118). 다른 조력자들과 마찬가지로 그들이 돕고 있는 사람들로부터 긍정적으로 보여지기를 원하는 성직자들은 사람들이 그들에게 강한 부정적인 정서로 반응할 때 자주 혼란스럽고 괴로울 수 있다.

역전이는 다른 사람에 대한 우리 자신의 왜곡된 반응으로(Sexton & Whiston, 1994), 우리는 조력 관계에 영향을 미치는 다양한 지각의 필터들(예를 들어, 우리 자신의 삶의 역사, 나이, 인종, 종교, 성, 사회 경제적 지위와 같은 주요한 인구통계학적 변인들, 혈통 가계도와 그것의 편향성, 외상과 고통, 한 지역 및 국가 안에서 지니는 문화적인 독특성)을 이해하기 위해 노력해야 한다. 이러한 지각의 필터와 이러한 필터가 타인에 대한 반응에 어떻게 영향을 미치는지를 이해하는 것은 매우 어려운 일이다.

따라서 전이와 역전이가 상담자들에게 풍부한 자료를 제공하기는 하지만, 이러한 자료를 사용하는 것은 흐름을 거슬러 수영하는 것과 같다. 방향을 바꾸어 그냥 물의 흐름을 따라 보통 사람들이 반응하는 것처럼 비전문적으로 반응하고 싶은 유혹이 언제나 찾아온다. 이것은 일차적인 스트레스이며, 어려운 일이다. 그러나 상담자들은 일방적인 돌보는 관계에서 대인 관계의 민감성을 유지한다.

어려움 13 외부인에 의한 규정 감독과 통제

한 의사가 톰에게 말하기를 한 청소년을 병원에 입원시킨 다음 날 행정 직원에게 잔소리를 들었다고 했다. 의사는 전날 밤 응급실 근무를 하는 동안에 그 소년을 보았다. 그는 20년의 의사 경험에 기초하여 의학적인 결정을 내렸고, 그 소년을 입원 조치했다. 그런데 다음 날 아침, 다른 지역의 이름 모를 행정 사무원은 그에게 입원을 허가할 수 없다고 말했다.

복지 사업, 교육, 그리고 의료 분야에서 실무자와 도움을 필요로 하는 사람 사이에 행정이라는 새로운 층을 둔 것은 과도한 비용을 줄이고 서비스의 질을 높이자는 긍정적인 목표를 지니고 있다. 그러나 상담자의 입장에서 보면 결국 스트레스가 늘었다는 것이다. 스트레스가 늘어나는 것은 통제할 수 있는 것은 적어지고 책임질 것은 많아진 것, 잡다한 서류 작업을 하지만 추가된 업무에 대해서 보수는 없는 것, 또한 동시에 서비스에 대해 상반된 지시를 받는 것 때문이다. 어려운 일들이 많다. 예를 들어, 정신건강 분야의 실무자가 추가적 치료를 허가받기 위해 환자의 문제 영역을 강조해야 하는가? 그렇다고 대답한다면 정서적 질병의 낙인을 증가시킬 수 있고, 아니라고 대답한다면 치료를 받을 기회를 잃게 할지도 모른다.

어려움 14 성공을 측정하는 것의 어려움

> 때로는 이 세상에서 당신이 할 수 있는 최고의 방법은 당신이 빠르게 변할 수 없고, 혹은 심지어 평생 동안 변할 수 없다는 현실에다 씨앗을 심고, 인내심을 가지고 경건하게 임하면서도, 당신이 떨쳐 버릴 수 없는 고통과 함께 존재하는 것이다.
>
> —**티펫**(2007, p. 58)

조력 전문직에서 성공을 측정하는 것은 어렵다. 만일 직업적인 욕구가 상담하고, 가르치고, 치료하는 것이라면 성공은 상담, 교육, 치료를 얼마나 하였는가와 관련이 있어야 한다. 성공은 좋아진 내담자의 수가 얼마나 되는가와 더 관련이 있는가? 혹은 이러한 특성들, 즉 상담자의 노력과 서비스를 받은 사람들의 좋아진 정도의 조합인가? 그러면 그것은 상담자의 노력의 양인가, 아니면 질인가? 서비스를 받은 사람이 좋아진 정도라면 내담자의 이전 상태와 비교해서인가 아니면 일반적인 모집단과 비교해서인가? 만일 도움이 필요한 사람이 심각하게 손상된 상태라면 우리는 변화에 대해 조금만 기대해야 하는가? 만일 기능 수준이 매우 높은 내담자라면 그에게 더 많은 기대를 해야 하는가? 예를 들어, 말기 암 환자를 담당한 의사의 성공 또는 실패 여부를 그 환자가 살아 있는지 아닌지에 의해서 판단해야 하는가? 만약에 이러한 기준이 아니라면 무엇인가?

조력 전문직에서 직업적인 스트레스는 인간 조건의 복잡성, 구체적인 결과의 모호함, 그리고 성공 측정의 어려움과 긴밀하게 연관되어 있다. 상담이라는 애매모호하고 이해하기 어려운 세계에서 성공의 책임은 누구에게 있는가? 다음은 상담 전공의 한 대학원생이 쓴 글이다.

> 상담에서 성공과 실패에 대한 느낌은 책임성과 관련된 문제이다. 나는 내담자를 어려움으로부터 구해 내기 위해 상담을 하고, 상담의 목표와 기대가 어떠해야 한다는 나 자신의 전제에 근거해서 일하는 경향이 있었다. 내가 받았던 슈퍼비전은 내가 내담자에게 접근하는 데 있어서 지니고 있는 경향성을 보는 데 매우 도움이 되었다. 때로 지나친 책임감이 내담자에게 비생산적이고, 효과에 역행할 뿐 아니라, 내담자에 대해 자주 '실패'했다고 느끼는 것이 나에게는 너무나 좌절스러웠다. 나는 성공에 대한 내 생각을 너무 자주 강요했고, 그리고 그것을 이룰 수 없을 때 나 자신을 채찍질했다 (Thorson, 1994, p. 3).

아마도 슈퍼바이저가 우리에게 잘하고 있다고 말하면 우리가 잘하고 있는 것일 수도 있지만, 슈퍼바이저가 잘못 생각하는 것일수도 있다. 아마도 내담자가 우리를 좋아한다면 우리가 잘하고 있는 것일 수도 있지만, 그러나 우리를 좋아하는 것이 그들의 인생에 중요한 영향을 준 것과는 관련이 없을 수도 있다. 시간이 지남에 따라 우리 모두는 고등학교 때 강압적인 선생님이 우리를 지나치게 강요하면 싫어했던 것처럼, 내담자들에게 감사와 이득을 얻으려고 하는 것은 아닌가? 예를 들어, 톰은 과거에 매우 까다로운 축구 코치가 있었는데, 차차 그 코치가 있다는 것에 감사하게 되었다.

아마도 성공은 결과가 아니라 오히려 우리가 기울이는 노력이 얼마나 노련한가에 달려 있을 것이다. 예를 들어, 극단적 행동을 하는 분노에 가득찬 청소년 내담자와 얼마나 성공적으로 일했는가는 그가 얼마나 협동적이고, 사회적이고, 성취하려고 했는지에 달려 있으며, 상담자가 그 내담자와 일하면서 자신의 전문적인 기술을 얼마나 최대의 수준으로 발휘했는가에 달려 있다. 우리는 결과(내담자의 변화)에 초점을 맞추는가? 아니면 과정(우리 자신의 직업적인 노력)에 초점을 맞추는가? 아니면 이 두 가지의 조합에 초점을 맞추는가? 만일 도움을 받아야 하는 수준, 역기능, 질병, 불편함을 느끼는 정도가 지나치게 클 때, 결과에 관한 기대치를 줄여야 하는가? 어떤 경우에 상담자가 기대치를 낮춤으로써 실패를 줄이기보다는 실패를 가속화하는가? 어떤 경우에 상담자가 실패하지 않도록 돕기보다는 예견된 실패의 과정을 그대로 밟아 나가게 되는가?

비록 이상적인 목표보다는 현실적인 목표를 가져야 한다고 결심했다고 해도, 어떻게 우리는 그러한 방향으로 움직일 것인가? 이러한 질문은 상담자들이 직업적인 노력(개인이 느끼는 부적절감과 관련되는 힘–영향–관여–에너지–유능성에 대한)만으로는 불충분하다는 것을 깨닫는 데에서 온다는 오랜 딜레마와 관련이 있다. 이러한 깨달음은 보통 한 사람이 최선의 노력을 기울였음에도 불구하고 오직 실패만을 하였을 때 발생하는 직업적인 '굴욕의 시리즈'를 통해서 일어난다.

완벽주의적 기대는 하지 않는다고 해도 상담자는 기대를 어떻게 바꿀 것인지에 대한 새로운 딜레마에 직면한다. 상담자는 현실적으로 되는 것과 포기하는 것을 어떻게 구별할 것인가? 포기하는 것은 상담자가 실패할 것이 뻔히 예상되는 일을 하고서 그 결과에 대해 "부적절한 내담자였으므로 실패하였다"고 사무적으로 보고하게 되는 그런 과정을 말한다. 이것은 돕는다고 하면서 오히려 해를 주게 되는 경우이고, 희생자가 다시 희생당하는 것이고, 피해자에게 잘못을 전가하는 매우 파괴적인 일이 된다. 구체적인 목표에 얽매이지 않게 된 해방자는 그들이 급여와 퇴직수당, 안전, 지위를 좋아하기 때문에 계속하여 감옥과 같은 직장을 다니지만, 더 이상 다른 사람에게 강력한 도움을 주기 위해 충분한 노력을 기울이지 않는다. 그러므로 다른 사람에게 강력하고 연결된 조력자가 되는 것은 정말로 중요하다.

앵거스 등(Angus et al., 2010, p. 359)에 따르면, 상담의 초기에 강력하고 협력적인 동맹 관계가 형성되었다고 내담자가 보고하는 것은 여러 진단적 소그룹과 치료적 접근법에 걸쳐 전반적으로 긍정적인 성과와 일관되게 상관 관계가 있음을 누적된 연구 증거가 보여 준다. 포기한 상담자는 더 이상 애착되어 있지 않고, 애착이 없으면 인간의 변화와 변형의 도구로서 앞의 인용에서 잘 문서화된 협력적 동맹의 전원은 끊어진다. 무력한 결과가 초래된다. 어떻게 이런 파괴적인 과정이 현실적이 된다는 매우 다른 과정과 구별될 수 있을까? 다시 말해서 어떻게 인간 변화의 어려움에 대해 더 정교하고 복합적인 이해를 하게 되고, 상담자로서 자신에 대한 덜 거창한 기대들로 옮겨 가는 것일까? 현실적이고 가능한 것과 이상적이고 도달할 수 없는 것을 구분하는 것은 확실히 상담의 어려움 중 하나이다!

어려움 15 불가피한 실패

> 교사의 공통적인 경험은 기회를 놓친 것에 대한 고통, 잠재성을 실현하지 못하고, 잠재력을 지닌 학생들에게 손대지 못한 것을 느끼는 것이다.
>
> —**아이어스**(1993, p. 7)

> 때로 교실은 매우 활기가 없거나 힘들어 하거나 혼란스럽다. 그리고 나는 그런 상황에 대해 무언가를 하기에는 너무나 무력하다. "나는 교사이다"라고 말하는 것이 뻔한 거짓말인 것만 같다. 적은 어디에나 있다, 외부 행성으로부터 온 것 같은 학생들 안에, 내가 알고 있다고 생각했던 과목 안에, 그리고 이러한 방식으로 내 생계를 유지하는 내 개인적인 병리 안에. 내가 이러한 비술(秘術)에 통달했다고 생각하다니, 얼마나 어리석은가?
>
> —**파머**(1998, p. 1)

상담자에게 가장 괴로움을 주는 부분 중의 하나는 성공 혹은 실패에 대한 구체적인 기준을 필사적으로 찾아야 한다는 것이다. 때때로 개인적인 위협감은 심각해지고, 직업적인 정체감은 위험에 처한다. "내가 이 일을 잘하고 있나?"라고 자문할 때 모호하면서도 만연한 불안감이 든다. 이러한 불편함의 한 가지 요소는 불가피한 실패와 지나친 실패를 구별할 필요가 있다는 점이다. 이러한 질문에 대한 답을 갖는 것은 초심 상담자에게 매우 중요하며, 전문적인 경험이 쌓여 감에 따라 이 두 종류의 실패에 대한 구분을 보다 명확하게 할 수 있게 된다. 그 결과, 한 사람이 초심자에서 전문적인 수준이 높아짐에 따라 초심자 시절에 팽배해 있던 불안감이 점점 줄어드는 경향이 있다(Rønnestad & Skovholt, 2013; 그리고 이 책의 제11장 참조). 불가피한 실패와 지나친 실패를 정의하는 것을 배운 후에 초심자는 자신이 불가피한 실패를 한 것인지, 지나친 실패를 한 것인지를 명료화하기 시작한다. 불가피한 실패 측면에 자신을 놓을 수 있게 되면 전문적인 기술에 대한 막연한 걱정들을 감소시키게 된다.

이러한 전문적 성과에 초점을 맞추는 중심에는 불가피한 실패라는 용어가 있다. 이것은 놀랄 만한 용어이다. 사람들은 다른 사람의 인생에 중요한 영향을 미치고 싶은 강한 욕구(치유하고, 교육하고, 상처를 감소시키고, 고통을 멈추게 하고, 능력을 향상시키고, 통찰을 제공하는 것)를 가지고 있을 때 상담 분야에 가장 많이 입문한다. 이러한 욕구와 더불어 변화를 일으키는 강력한 방법에 대해서는 부분적인 이해만 있으면서 타인에게 긍정적인 변화가 일어나도록 도울 수 있다는 느낌을 가지고 있다. 그로 인해 이들은 타인을 긴박하게 구해 내고자 시도한다. 그러므로 불가피하게 실패한다는 것은 이들에게 놀랄 만한 충격이 된다.

상담자들은 자신이 돕는 데 실패했다는 사실을 느낄 때 매우 괴로워한다. 린빌(Linville, 1988)은 그러한 경험을 다음과 같이 기술했다.

> 나는 학교 상담자로서 첫 직장을 잡았고, 문제 있는 학생들과 단지 이야기를 나누는 것보다 훨씬 많은 것을 나에게 기대하고 있다는 것을 금세 깨달았다. 나는 학생들을 상담하는 일 외에 학교 관할 지역의 가족 관련 프로그램의 감독자 역할을 해야 한다는 것을 알았다. 나는 열심히 잘하려고 노력했지만, 나의 세계는 학생, 부모, 그리고 교사들과의 면담과 상담으로 온통 뒤범벅이 된 것 같았다. 다시 말해서 교실과 운동장에서 일어나는 비상사태를 처리하려고 노력하고, 잡다한 일들을 해결하기 위해 사방팔방으로 뛰어다녀야 했다. 나는 내가 누구이고, 무엇을 해야만 하는 것인지를 명확히 알지 못했다.
>
> 어느 날 아침, 나는 내 책상 위에 메모 한 장이 놓여 있는 것을 보았다. 팀이라는 백혈병에 걸린 고학년 학생이 지금 가족 프로그램을 필요로 한다는 것이다. 나에게 그는 단지 이름이었고(살아 있는 사람이 아니라), 부가된 책임일 뿐이었다. 나는 머리를 흔들었다. 나는 그 학생을 '문제'와 '의무' 범주 중 하나에 끼워 넣으려고 생각하고, 결국 백혈병에 걸린 소년 팀을 '의무' 범주에 넣었다.
>
> 나는 전화를 걸었다. 나는 가족 관련 프로그램에 참여하는 학생과 활동하는 선생님에게 전화를 했고, 함께 소년을 방문할 수 있는지를 물었다. 그리고 팀의 어머니께 전화하여 방문할 시간을 정했다.
>
> 선생님과 나는 집을 방문했다. 나는 내가 무엇을 할 수 있을지 예상하거나 계획하지도 못한 채였

다. 우리가 도착했을 때 팀은 옷을 갖춰 입고 일어나 집안을 돌아다니고 있었다. 조금 창백한 얼굴에 몸을 따뜻하게 하려고 갈색 스웨터를 입고 있었고, 우리를 보고 기뻐했다.

"금요일에 다시 올게. 그때까지는 숙제를 다 할 수 있을 거야."라고 선생님이 말했다.

팀은 나에게 다가왔다. "상담 선생님은 언제 또 오실 건가요?" 그가 물었다.

"나는 한 달 후에 다시 올게. 다음 달 28일, 화요일이야. 네가 얼마나 잘 지내고 있는지 보러 올게." 나는 명랑하게 말했다.

"몇 시쯤 오실 건가요?" 팀의 어머니가 물었다.

"대략 1시경에 오겠습니다." 나는 말했다.

"꼭 오세요." 팀이 말했다.

그는 책 한 권을 들고 문 안쪽에 서 있었다.

약속은 잘 이루어졌다. 나의 또 하나의 임무는 잘 완수된 것이다. 나는 사무실에 돌아와 다음 달 28일 방문 약속을 표시해 두었다.

나는 부모교육 프로그램, 휴학하려는 몇 명의 소년들과 면담, 팀티칭을 하고 있으면서 서로 말하지 않고 지내는 두 명의 선생님들을 만나 중재하는 일을 해냈다. 한 달이 빠르게 지나갔다. 팀을 방문하기로 했던 날이 돌아왔지만, 학교 교장이 이야기를 나누려고 오는 바람에 스케줄 노트를 점검하는 것을 잊었다. 교장 선생님이 나에게 점심을 먹으러 가자고 해서 점심을 함께 먹고 사무실로 돌아왔을 때는 2시였다.

"팀은 괜찮을 거야." 나는 나 자신에게 말했다. "가까운 시일 내에 언제 한번 방문해야지."

하루가 지나고 또 하루가 지나고, 팀은 스케줄 노트에서 잊혀졌다. 모든 날은 회의, 전화 통화, 상담과 충고하는 것들로 가득찼다. 이 모든 것은 의무 및 기대사항들이었다. 한 달이 지나, 나는 학교에서 집으로 가는 길에 있는 식료품 가게에서 멈추었다. 그때는 초겨울 저녁이었고, 어두운 바깥을 걷다가 밝은 빛의 가게 통로를 기분 좋게 걸었다. 나는 야채 판매대에 잠깐 들러 양상추 한 포기를 골랐다.

나는 식료품 카트를 밀고 있는 팀의 어머니를 보았다. 그녀는 그것을 천천히 밀고 있었고, 그녀의 입술은 마치 그녀가 무엇인가를 기억하려고 하는 것처럼 움직이고 있었다. 그녀의 바구니 한쪽에는 홈런을 친 야구선수의 그림이 그려져 있는 커다란 오렌지색의 시리얼 박스가 놓여 있었다.

나는 "안녕하세요, 저를 기억하시겠어요?"라고 기분 좋게 말했다.

"네." 그녀가 대답했다.

"팀은 어떻습니까?"

내 질문에 그녀는 대답하지 않았다. 그녀는 그저 나를 바라보고만 있었다.

"팀이 잘 지냈으면……." 나는 너무 조용한 것 같아서 말을 시작했다.

"그 아이는 죽었어요." 갑자기 그녀가 거친 목소리로 말했다.

나는 상담 시간에 흔히 사용하는 동정의 단어들을 모아서 부드럽게 내뱉었다. 그녀는 나를 계속 바라보았고, 나는 내 손에 있는 양상추 포기를 들어 올렸다. 나는 조금 뒤로 물러섰다. 팀의 엄마의 눈빛이 나를 미워하는 것 같다는 생각이 들었다.

"그 아이는 선생님이 다시 오실 거라고 생각했어요. 그 아이는 선생님을 기다렸어요. 자기가 완성한 작품을 선생님께 보여 드리겠다고 하면서……."

나는 여전히 그 장면의 모든 세밀한 것들을 정확히 기억하고 있다. 큰 슬픔으로 입술 주변에 딱딱한 선이 그어진 그녀의 얼굴, 가득 쌓인 야채들, 가게의 밝은 불빛. 그녀의 손은 식료품 카트의 둥근 손잡이를 꽉 쥐고 있었다. 그녀는 나를 바라보았고 "선생님이 안 오셔서 그 아이는 많이 서운해 하고 상심했어요"라고 부드럽게 말했다.

그녀는 카트를 힘을 주어 밀면서 가게를 나갔다. 나는 그 자리에 서서 그녀의 뒷모습을 바라보았다. 나는 양상추를 내려놓고 가게를 나왔다. 밖은 어두웠고, 저녁이 익어 가고 있었다. 건너편의 주차장에서 불빛이 창백하게 흔들거리고 있었다. 잠시 후 나는 주차장으로 가서 차 문을 열었다. 마치 내가 다른 사람에게 등을 돌린 것처럼 느껴 졌다.

그 후 나는 스케줄 노트를 복사하여 두곤 하지만, 그보다도 나는 내가 정말로 무엇을 하고 있는가에 대해서 생각하기 시작했다. 나는 다른 사람이 오후 내내 나를 기다리게 해서는 안 된다는 책임이 있음을 깨달았다. 바쁘다는 것(종종 그것은 나태한 바쁨이다)이 핑계가 되지 않는다. 내가 본질적으로 해야 할 일은 그것이다. 나한테서 한마디 말을 듣기 위해 나를 기다리는 사람들을 오래 혼자 버려두어서는 안 된다. 나는 내 일에서 실패하는 것은 구체적인 업무 조항을 지키지 못하는 것 이상일 수 있다는 사실을 깨달았다. 아이들은 '의무'나 '문제'일 수 없다는 것, 인간적인 접촉을 하는 것이 적당히 약속을 하는 것 이상이라는 것, 업무를 수행하는 것을 넘어서 나에게 향하고 있는 인간적인 욕구가 있다는 것(나는 거기에 없었다)을 깨달았다. 갈색 스웨터를 입은 한 작은 소년은 나를 기다렸고, 그 아이가 기다렸던 그 오후는 길었다(p. 101).

말콤 린빌은 그 일이 일어난 지 몇 년 후에 『긴 오후(The Long Afternoon)』라는 제목으로 글을 썼다. 하지만 "나는 여전히 그 장면의 모든 세밀한 것들을 정확히 기억하고 있다"라는 그의 말에서 느낄 수 있듯이, 그 일은 그의 기억 속에 트라우마로 박혀 있다. 우리가 도움을 제공하는 취약한 사람들을 실망시키는 것은 우리를 매우 고통스럽게 만들 수 있다. 조력 전문직의 대다수의 사람들은 말콤 린빌이 표현한 것처럼, 일에 대한 높은 내적 기준을 가지고 있고 매우 성실하다. 하지만 우리의 업무는 요구들과 어려운 문제들로 인해 압도될 수 있다. 린빌 또한 그것을 묘사했다.

우리는 전문의가 담당한 환자도 때로는 죽는다는 것을 한편으로는 알고 있을 것이다. 그러나 직업적인 성공과 실패의 현실에 대한 이러한 심층적인 이해가 우리 자신의 직업적인 자기 개념에 스며 있지는 않다. 어떻게든 우리는 다른 사람에 대한 우리 자신의 작업이 성공할 것이고, 우리의 내담자가 변화하고 좋아질 거라고 믿는다. 보다 많은 경험을 하고 분명한 현실에 부딪히면서 상담자는 환자가 죽어 버린 그 의사와 자신이 같다는 것을 깨달아야만 한다. 때로는 우리의 모든 의지, 온갖 노력, 최선의 능력으로도 충분하지 않다. 이것은 상담자가 시간이 흐르면서 성공의 부족분(불가피한 실패)을 일의 한 부분으로 받아들일 수 있는 능력을 개발해야만 한다는 것을 의미한다. 이러한 인식을 할 수 있고, 받아들일 수 있고, 그것을 직업적인 자기 개념에 포함시킬 수 있는 것은 장기적이고 높은 수준의 전문적인 기능을 위해 중요하다. 우리의 연구에서도 실제로 경험이 많은 상담자들은 보다 현실적인 기대를 하게 되고, 자신들에게 나타나는 변화를 묘사하면서 불가피한 실패를 수용하게 되었다는 것을 이야기하였다(이 책의 제11장을 보라).

어려움 16 인지적인 박탈과 지루함

깊은 바다에서 초심자는 작은 배를 타고 가라앉지 않으려고 열심히 노력한다. 그것은 종종 불안감으로 가득찬 항해로서 빠른 변화, 새로운 도전, 때때로의 평온함, 전문가로서의 얄팍한 자신감으로 이루어져 있다. 파도가 출렁대는 기운찬 바다처럼 다가오는 분, 시간, 그리고 하루 동안 직면해야 하는 직업적인 도전에 대해 초심자는 전혀 자신할 수가 없다. 그것은 종종 긴장되고, 몰두하게 하고, 열중하게 하고, 때로 긍정적인 기분으로 매우 흥분하게도 한다. 그것은 지루한 경험이 아니다.

상담 분야에서 선임 상담자에게 있어서 도전은 초심자와는 180도 다를 수 있다. 오랜 경험을 지닌 원숙한 상담자들에게 바다는 고요하고, 길은 예측 가능하고, 업무는 이제 완전히 파악이 되어 이전과 그 이전, 또 그 이전과 똑같은 것이다. 특히 하는 일의 범위와 작업 환경이 매우 규정된 곳에서 일하는 상담자에게는 이런 경험이 더 잘 일어난다. 확실히 이들에게는 불안이 감소되고 전문적인 자신감이 증가된다. 그것은 매우 중요하다. 문제는 지적인 자극이 줄어들고, 일과는 지루하게 되고, 반복되는 업무는 오래된 상처처럼 신경을 건드린다는 것이다. 달콤하게 껍질 입혀진 새로움이라는 자극은 지나갔다. 그저 물 위에 떠 있으려고 노력하는 초심자 때는 그리 나쁘지 않은 일들이 숙련된 상담자에게는 죽을 것처럼 진저리나고, 불쾌하고, 원하지 않는 일이 된다.

톰은 직업적 활동의 20%는 사랑하고, 60%는 괜찮고, 20%는 싫어하는 것으로 나뉠 수 있다는 생각을 한 것을 기억한다. 조력 전문직에서 일을 시작하면서 한 개인은 열심히 경력을 쌓고 싫어하는 일들을 해낸다. 수십 년이 지난 후에 그 비율은 비슷하게 유지될 수 있지만, 그에 대한 반응은 다르게 나타날 수 있다. 20%의 싫어했던 일은 인지적인 박탈과 지루함의 어려움에서와 같이 '정말로 싫어하는' 것이 될 수 있다.

초심자이든 노련한 상담자이든 내담자들은 당연히 그래야 하는 것처럼 자신들의 필요에 최대한 투자하고 자신을 돕는 상담자들도 최대한 투자하기를 간절히 바란다. 그들이 문서로 혹은 구두로 계약하지는 않았지만 이들이 원하고 있는 계약은 상담자들이 돌봄의 순환 과정(공감적 애착, 적극적 몰입, 분리감 및 재생)에 적극적으로 관여하는 것이다. 예를 들어, 제3장에서 살펴본 바와 같이 교사에 대한 연구에 의하면 사람들은 무엇보다 돌보는 교사를 원한다는 것을 기억해 보라. 그들은 자신이 상담자에게 중요하다고 느껴지길 원한다.

상담자들은 경력이 쌓이면서 지루함을 느끼게 되고 더 이상 새로움에 대한 자극을 받지 못한다. 상담자들에게 있어서 새로움이란 문화인류학자 같은 특성과 관련이 있다. 한 적성검사에서 사람과 사물 중에 무엇에 더 관심이 있는지를 묻는 항목이 있다. 상담자들이 관심 있어 하는 것은 사람들이다. 사람(그들의 삶, 선택, 생각, 느낌, 그리고 세상에 대한 방식)들이 그들의 마음을 빼앗는 것이다. 택시 운전사가 많은 팁을 받으면 신나는 것처럼, 상담자들에게는 사람을 만나면 신난다. 그러므로 상담자들이 사람이라고 불리는 존재에 대해서 계속 배울 수 있기 때문에 사람과 함께 있는 것은 상담자들에게 매우 보람된 일이다. 어떤 사람이 인간 삶의 한 측면에 대해서 충분히 알고 호기심 요인이 충분히 채워졌을 때, 문화인류학자적인 보람은 사라질 것이다. 톰은 플로리다 대학교 상담센터에서 일하면서 18세의 대학 1학년 학생들의 상담자였던 때를 기억한다. 그들의 삶에서 일어나는 온갖 변화와 그들 삶의 각 부분의 연결과 조합을 이해하려고 노력하는 것은 흥미로운 것이었다. 그러나 4년이 지난 후에 톰은 18세 젊은이들에 대해서 충분히 많이 알고 있다고 느꼈다. 그는 똑같은 생각, 고투, 걱정, 그리고 그 나이의 안목에 대해 지루해졌다. 그는 벗어나고 싶었고, 다행히도 더 많은 다양한 사람을 만날 수 있게 내담자 층을 확장할 수 있었다.

사람들에게 관여하면서 사람들에 대해 배우는 것 외에 상담자들은 전문가로서 보다 유능해지기 위해 노력하는 과정에서 자극을 받고 싶어 한다. 좋은 상담자는 그들이 돕고자 하는 사람과 효과적으로 일할 수 있는 방법을 찾기를 항상 원한다. 자기 자신의 마음을 이용하여 향상할 방법을 찾는 것은 지적으로 몹시 자극적일 수 있다.

예를 들어, 중학교 1학년 남학생이 당신 앞에 있다고 상상해 보라. 그는 학교에는 다니지만 공부를 잘하지 못한다. 교사로서 당신은 그를 충전시킬 책임이 있다. 당신은 어떤 방법을 택하겠는가? 또는 물리치료사인 당신이 치료를 위해 집에서 꼭 해야 하는 운동을 하지 못하는 환자를 돌봐야 한다고 상상해 보라. 당신은 무엇을 할 것인가? 아니면 당신은 이혼 가정의 자녀들을 위한 집단상담을 하고 있는 학교 상담자라고 해 보자. 이 아이들은 함께 모여 이렇게 어려운 주제를 가지고 이야기한 적이 한 번도 없었다. 당신은 이 아이들에게 도움이 되도록 하기 위해 어떻게 집단을 이끌 것인가?

이러한 도전은 상담자를 자극한다. 그러나 어떤 면에서, 특히 편협한 범위의 집단이나 문제만을 다루는 상담자는 늘 보던 문제를, 늘 하던 방식으로 하면서 지루해지기 시작한다. 상담자는 비슷한 이야기를 이전에 여러 번 들었고, 교사는 같은 과목을 반복해서 가르치며, 내과의사는 반복해서 의학적인 절차를 수행한다. 내담자들은 에너지가 넘치는 상담자를 필요로 하지만, 그 일을 해야 할 상담자들은 그 일에 대해 지루해 한다는 데에서 문제가 생긴다. 상담자는 새로운 직장에서 일할 수 있지만, 수년 동안 한 위치에서 일한 사람에게 주어지는 재정적 이익이라는 '금으로 만든 수갑'에 묶이게 될 수도 있다. 간단히 말해서 인지적인 박탈과 지루함은 상담 · 치료 · 교육 · 의료 분야에서 중요한 위험 요인이다.

어려움 17 냉소적이고, 비판적이고, 부정적인 동료들과 지도자들

> 중견급 교사들 중에서 학생, 교육, 희망의 조짐에 대해 마치 갑옷을 입은 것처럼 냉소적 태도를 지니고 있는 사람을 흔히 볼 수 있다. 그것은 어떤 사람이 가르침에 대해 한때 지녔던 높은 희망이 꺾이는 경험을 하였거나 혹은 자신의 경험을 정확하게 해석하는 데 실패함으로써 갖게 되는 냉소이다.
>
> —**파머**(1998, p. 48)

일이 어려울 수 있다. 판 더누트 립스키와 버크(van Dernoot Lipsky & Burk, 2009)가

'트라우마 관리'를 개발해야 한다고 선언할 정도로 어려울 수 있다. 마찬가지로 우리의 2001년 초판 이래로 우리는 모두가 '회복탄력적인 상담자'가 될 것을 요구해 왔다. 지지적인 동료와 좋은 상사가 있으면 일은 긍정적이고 성취감이 있을 수 있다. 그런데 동료들이 부정적이거나 지도자가 무능하다면 현실은 훨씬 더 어려워진다. 냉소적인 동료가 미치는 영향은 마치 질병이 전염되는 것과 같다. 냉소라는 병은 처음 걸렸을 때는 기분이 좋아지기 때문에 매우 유혹적인 질병이다. 약간의 환기는 매우 도움이 될 수 있지만, 부정적 수도꼭지가 완전히 열렸을 때 희망은 사라진다. 냉소적인 태도는 관계집약적인 조력 직업군에서는 특히 위험하다. 성직자, 교수, 의사, 상담사와 그 밖의 관계집약적 영역의 직업을 가진 사람들은 긍정적인 동료로부터 스트레스를 완충하는 것이 필요하다. 긍정적인 동료는 스트레스 완충을 전혀 해 주지 못하는 부정적인 동료와 비교할 때 하늘과 땅 차이이다.

두 번째 요인은 우리가 돕는 사람들의 욕구와 관련된 것이다. 내담자들이 바라는 돌봄은 희망에 참이라는 능동적 요소가 포함될 때 가장 강력해진다. 실제로 프랭크와 프랭크(Frank & Frank, 1991)는 사람들은 의기소침해질 때 상담자를 찾게 되며, 이들에게 가장 핵심 치료제는 희망이라고 주장하였다. 그러나 비판적이고, 냉소적인 작업 환경 안에서 어떻게 희망을 제공할 수 있겠는가?

관리자들은 중요한 작업 환경을 만드는 일을 하기 때문에 보다 많은 보수를 받는 것이다. 우리는 내담자가 조력자보다 더 높은 수준의 심리적 기능을 할 수 없다고 주장한 칼커프(Carkhuff, 1969)의 연구 결과가 생각이 난다. 마찬가지로 아랫사람이 지도자보다 더 높은 수준에서 기능하는 것은 어려운 일이다. 훌륭한 지도자와 함께 있으면 모두 한 배를 타고 앞으로 나아갈 수 있다. 그러나 자질이 부족한 지도자와 함께 있으면 배가 전혀 앞으로 나아가지 못하거나 사공이 너무 많아 배가 산으로 갈 수 있는 환경이 되어 버린다. 돌보는 직업에서는 지도자들이 지나치게 불공평하거나 비판적일 때 무능하다고 할 수 있다. 또한 지도자들이 상담자들에게 돌봄의 순환 과정을 원활하게 할 수 있는 이상적인 환경을 제공하지 못하다면 역시 문제가 있는 것이다. 그리고 이 책의 기본 전제를 기억하라! 에너지가 넘치는 사람만이 도움을 필요로 하는 다른 사람을 계속적으로 돌볼 수 있고, 그것을 계속해서 할 수 있다는 사실을. 냉소적이고, 비판적이며, 부정적인 동료와 관리자는 위험하다!

어려움 18 법적이고 윤리적인 것과 관련된 두려움

옛날에 우리는 아이들을 위해 준비하고 있어야 했다. 그러나 지금은 윤리적이고 법적인 위협들에 대해 준비하고 있어야 한다.

–**25년 경력의 학교 상담자**(1996)

법적이고 윤리적인 측면에 있어서의 불평이 상담자들의 불법적이고 비윤리적인 행동으로 인해 키워졌다는 것을 언급하는 것은 중요하다. 자신의 욕구를 충족시키기 위해 권력을 오용하는 것, 전반적인 무능력, 그리고 다른 비윤리적인 행동들이 용납되어서는 안 된다. 그러나 여기서 우리는 상담자가 부당하게 고발당할 수 있는 잠재적인 법적 그리고 윤리적 측면의 문제를 포함하여 보다 넓은 의미의 문제를 제기하고 있다. 때때로 상담자들은 앞의 인용문에서 알 수 있듯이, 윤리적 · 법적 문제에 대한 두려움과 우려로 인해 내담자를 돌보는 중요한 업무에서 멀어졌다고 느낀다.

어려움 19 상담자의 정서적인 외상

수년 동안 학대, 죽음, 비극적인 사고, 불행에 관한 이야기를 들은 후…… 다른 사람들의 트라우마에 노출되면서 나에게는 근본적인 차원에서 변화가 일어났다……. 다시 또 다시 무너지고 있는 마음에 닿아 있기보다는 나는 벽을 쌓기 시작했다.

–**판 더누트 립스키와 버크**(2009, pp. 2–3)

지난 주 어느 날, 나는 하루 동안 8명을 상담하였다. 그들은 모두 실직자들이었다. 그들을 상담한 그날 이후 나는 어디 구멍이라도 있으면 숨고 싶었다. 고통스러운 느낌들을 피하기 위해.

–**존슨, 신규 실직자들을 위한 상담사**(1996년 8월, 개인적 대화)

우리는 거북의 단단한 껍질보다 껍질 안쪽의 부드러운 부분을 사용하여 다른 사람과 접촉할 필요가 있는 상담사의 딜레마를 기술했다. 그런데 불행하게도 이런 방법은 강한 약을 사용하면 부작용이 있는 것과 마찬가지로 상담자의 정서적인 외상이라는 부작용이 생기게 한다. 우리가 이 책에서 상담자에게 미치는 영향을 설명하기 위해 여러 군데에서 인용한 용어들은 소진, 정서 고갈, 대리 외상, 역전이, 공감 피로, 2차 외상, 외상 노출 반응, 모호한 전문적 상실이다.

이러한 구성 개념은 이전에 말하였던 '부정적 정서의 바다'라는 개념과 겹쳐지는 부분이 있지만, 그 이상의 경험으로서 상담사가 내담자 삶의 어려운 사건을 현실로서 경험하는 것을 의미한다. 이것은 성적인 폭행, 만성적인 신체의 고통, 학교에서의 예상치 못한 실패, 우정의 배반, 부모에게 무시당함, 심각한 재정적 손실, 아이의 죽음, 신체적 발작, 갑작스러운 실직, 사기 결혼, 치명적인 교통사고, 심각한 병의 발병, 심각한 존재의 고뇌를 포함한다. 상담사로서 수년을 보내면 이러한 많은 사건과 사람들에 대해 듣고 보게 된다. 종종 병력을 탐색하고 진단하기 위해서 상담자는 이들의 경험을 상세하게 들어야만 한다. 예를 들어, 상담 또는 치료가 진행되면서 내담자의 외상 경험을 둔감화시키기 위해 내담자가 외상적인 경험을 수없이 회상해 내도록 한다. 시간이 흐르면서 내담자를 위한 이러한 치료적 과정은 상담사에게 대리적인 외상 또는 이차적인 외상 경험을 낳을 수 있다. 상담사 서스먼(Sussman, 1995)은 이 경험을 다음과 같이 들려준다.

> 내담자와 지나치게 동일시하는 경향이 있는 나는 그들의 정서적인 고통과 내부적인 고투를 마치 나 자신의 것처럼 경험하는 경향이 있다. 내 자아 경계선의 침투성(permeability)은 공감적인 접촉을 촉진시킬지는 모르지만, 그것은 또한 나로 하여금 정서적으로 지나친 부담을 갖게 할 소지가 많다. 특히 고통이 심한 내담자와 상담해야 할 때, 그들이 과거와 현재에 경험한 학대에 대한 이야기를 듣고 소화하는 것은 나로서는 매우 고통스러운 것 같다(p. 21).

이와 동일한 과정은 질병과 상처에 취약한 신체의 문제에 대해 반복적으로 듣는 의료 전문가들에게도 일어날 수 있다. 질병 또는 상처에 의해 공격당하여 그들 앞에 있는 신체는 그들 자신의 신체와 다르지 않다. 교육자들도 마찬가지이다. 배우는 것이 불가능하고 가족의 지지를 거의 받지 못하는 학생들을 가르치기 위해 애쓸 때 이와 같은 대리 외상 경험을 하게 된다. 대리 외상 또는 이차적인 외상은 "신의 은총이 없었다면 나도 그런 경험을 했을 것이다"라는 것을 알고 깨닫게 되는 과정을 의미한다.

상담자에게 또 다른 종류의 정서적인 외상은 상담자에게 향하는 내담자의 적대감을 '받아들이는' 것이다. 예를 들어, 부모-교사 회의에서 교사에 대한 부모의 분노 반응, 젊은 상담자에 대한 10대 내담자의 강렬한 정서적 불안정성, 또는 간호사에 대한 환자의 적대적인 행동들이 여기에 속한다. 우리가 도우려고 하는 그들로부터 이러한 부정적인 반응들을 받는 것은 우리에게 매우 스트레스를 줄 수 있다. 왜냐하면 그러한 반응은 우리가 애착하고자 하는 '거북의 부드러운 부분'에 상처를 주고, 도움을 주고자 하는 우리의 기본적인 욕구를 부정하는 것이기 때문이다. 정서적 장벽이 아닌 정서적 경계를 가지는 방법을 배우는 것은 회복탄력적인 상담자가 되도록 도와준다. 그건 다음 장들에서 더 자세히 다룰 것이다!

어려움 20 상담자에 대한 물리적인 외상의 위협

때때로 심각한 과잉 업무, 가득한 부정적인 정서, 애매모호한 직업적 상실, 그리고 불가피한 실패보다 더 나쁜 상황이 생길 수도 있다. 그래서 상담자의 부드럽고 무방비한 애착 부분, 거북의 아래쪽 부분이 물리적으로 상처를 입는다.

심리치료자가 당할 수 있는 물리적인 외상에 가장 경악할 형태는 내담자에게 직접 위협을 당하는 것이다. 보스턴 글로브(Boston Globe)의 1999년 8월 21일자의 머리기사는 "사회복지사가 내담자의 집 밖에서 살해됐다"였다. 그 기사의 첫 번째 단락은 "동료들에 의하면 자신의 일에 헌신적이었고, 폭력 상황에 대한 대처 훈련을 받았던 비행청소년 담당 사회복지사가 방문하러 갔던 가족의 한 사람으로 추정되는 사람에게 어제 살해되었다"라고 쓰여 있었다(Milbouer, 1999, p. 81). 이미 결혼하여 아이가 있고, 자기 일을 열심히 하려고 애쓰던 30대의 젊은 사회복지사에게 악몽은 현실이 되고 말았다.

이러한 주제에 대한 연구에서 가이, 브라운과 폴스트러(Guy, Brown, & Poelstra, 1990, 1992)는 대부분이 전일제로 일하는 750명의 상담자들 중 40%는 그들이 일하는 과정에서 내담자에게 물리적으로 공격당한 적이 있고, 49%는 그들의 건강과 안전에 대해 언어적으로 심한 위협을 받은 경험이 있다고 한다. 이런 종류들의 외상 사건들은 안전에 대해 여러 가지 우려를 낳는다. 예를 들어, 28%의 상담자들은 자주 또는 때때로 그들의 신체적인 안전에 대해 언어적인 위협을 걱정했고, 17%는 그들이 사랑하는 사람들이 물리적인 공격을 받을까 염려했고, 7%는 죽임을 당할까 봐 우려하고 있었다. 결과적으로 이러한 염려로 인해 상담자들은 내담자의 위협으로부터 자신을 보호하기 위한 다양한 방법을 취하게 된다. 예를 들어, 앞의 연구 참여자들에 의하면 종종 어떤 내담자들을 치료하기를 거절하고(50%), 친지들과 안전에 관한 문제를 논의하고(30%), 집에 안전 경보 시스템을 설치하고(13%), 현재 또는 이전의 내담자로부터 그들 자신을 보호하기 위해 무기를 소지한다(5%). 이러한 연구 결과는 상담자의 일차적인 외상의 문제에 관하여 있는 그대로의 현실을 보여 준다.

키네츠(Kinnetz, 1988)와 체(Zeh, 1988)는 그들이 상담자로서 근무하는 동안에 경험했던 매우 치명적인 사건을 들려주고 있다. 그들은 내담자에게 물리적으로 공격을 받았고, 이러한 사건으로 외상을 입었다. 키네츠는 안전이 매우 잘 보장되었던 정신병동에서 일하는 동안에 이러한 사건을 당했고, 체는 가출한 청소년들을 위한 쉼터에서 당했다. 키네츠는 그녀의 경험을 다음과 같이 이야기했다.

초심 상담자 시절에 나는 안정성이 최대한 보장된 정신병동에서 법 처분을 받아 심리치료를 받아야 하는 성인 남자들을 위해 예술치료사로 일했습니다. 그 일은 어려웠어요. 왜냐하면 나는 그 이전에는 남자들만 있는 집단, 더구나 지극히 폭력적인 남자들을 상담해 본 적이 없었거든요. 화가 난 환자들이 분노를 터뜨리는 것은 다반사로 있는 일이었습니다. 예를 들어, 한 환자는 난투극을 벌인 끝에 병원 직원의 턱뼈에 금이 가게 했고, 또 다른 환자는 전혀 화낼 일이 아닌데 까닭도 없이 의사를 공격하여 의식을 잃을 때까지 때렸던 일도 있었죠. 나는 처음 며칠 동안 두려움에 거의 얼어붙어서 환자들로부터 떨어져 있는 안전한 간호 부서에 머무르며 상담을 할 때에만 병동으로 갔다가 돌아오곤 했어요. 그런데 조금 시간이 지나면서 병원의 직원들이 매우 빈틈없이 안전을 책임지고 있고, 특히 응급 상황에서 적절히 도와줄 수 있을 거라는 믿음이 들면서 환자에게 내가 해를 입을지도 모른다는 두려움이 많이 줄어들었어요. 그래서 엄격한 안전 규정에 따른 여러 가지 제한점에도 불구하고 나는 병동에 머무르면서 예술치료 프로그램을 도입해야겠다는 용기를 내기 시작했어요.

그러나 불편한 마음이 완전히 사라지지는 않더군요. 나처럼 환자들 또한 긴장하고 있다는 것을 느끼면서 말이에요. 제가 실제로 병원 직원들이 뚜렷하게 학대하고 있는 것을 목격하지는 못했지만 몇몇 직원의 행동이 전문적인 차원의 대응을 넘어선다는 것을 인식하게 되었습니다. 가끔 그 사람들이 환자를 제재하는 방식이 내가 보기에는 너무 거세고 학대에 가까운 것 같이 보였어요. 환자들이 서로에게 뿐만 아니라 직원들에게 언어적으로, 신체적으로 학대적이라는 것은 분명했습니다. 병원 직원들의 개입은 어떠한 경우이든 싸움이 일어나지 않도록 하고 병원의 규칙을 따르겠다는 동의를 다시 확인하는 것이 목적이었습니다. 이러한 상황에서는 다른 환자들을 보호하기 위해서 즉각적인 외부 통제가 불가피하기 때문에 내담자 중심 접근은 우스운 것이었습니다. 병원을 안전하게 유지하기 위해서는 매우 강한 개입 행동들이 필요하다는 것은 분명한 것이었지요. 그러나 그 목적을 위해서 얼마나 강하게, 그리고 어떤 식으로 해야 하는 걸까요?

그때 시작된 나의 딜레마는 이것이었어요. 지나치게 학대적인 제재를 멈추게 하기 위해 내가 미심쩍어하는 학대 여부를 보고하고 그러한 제재가 반드시 필요하다는 말을 들을 것인가? 아니면 강압적인 제재가 일어나는 것을 계속해서 그냥 지켜보기만 하면서 환자를 상담하는 과정에서 직원들의 보호를 보장받을 것인가? 나는 부숴 버리겠다고 협박하는 상황에서 나를 위해 신속하게 도와주는 직원들을 믿고 환자들을 만날 수 있는데, 내가 만약 (환자에 대한 학대 여부에 대해) 보고를 하게 되면 그 직원들이 화가 나서 나를 더 이상 보호해 주지 않을까 봐 걱정이 되었어요. 나의 두려움은 결국 해결이 되었습니다. 나는 다른 자리를 얻어 그 병동을 떠나기까지 어느 누구에게도 학대 여부에 대해 말하지 않았으니까요.

내가 그곳을 떠나도록 결심하는 데 도움을 준 요인들 중 하나는 환자가 나를 강간하려고 했던 일이었습니다. 당시 나는 환자를 데리고 다른 병동으로 걸어가고 있었는데 그가 갑자기 나의 목을 움켜잡고 팔을 등 뒤로 비틀었어요. 그 환자는 몰래 반입한 면도칼을 내 목에 들이대고는 나를 빈 방으로 끌고 갔어요. 그때 다행히 나는 몸을 빼내어 나를 도와줄 사람들이 있는 곳으로 뛰어갔어요. 내가 만약 그 전에 직원들의 학대 여부를 보고했다면 그 직원들이 그때 나를 그렇게 신속히 도와줄 수 있었을지는 알 수 없지요.

그 일 이후 몇 년이 지났지만 여전히 그때 그 병원에서 환자 학대일지도 모르는 상황에 대해 알려야만 했을지 아닌지의 문제에 대한 생각이 정리가 안 되더군요. 이러한 경험이 있고 나서는 내담자의 보호를 희생하지 않고 동시에 어떻게 나 자신을 가장 잘 돌볼 수 있는지에 관한 일반적인 문제에 대해 많은 단상이 자주 마음에 떠올랐습니다. 생각하다 보니 내담자가 지속적으로 정서적인 요구를 할 때 잠시 뒤로 물러날 필요가 있다는 것을 깨닫게 되었습니다. 이것은 나를 정서적으로 보호하고 궁극적으로 소진하지 않도록 하기 위해 필수적인 것이라고 생각합니다. 내담자들의 이러한 정서적 요구는 강간을 시도하려고 하는 것처럼, 목숨을 위협하는 것은 아니지만 상담 과정 중에 잠시 휴식하자는 정도의 반응은 할 만하고 또 도움이 됩니다. 내담자가 감정적인 요구를 할 때마다 내가 확실히 움츠려 든다면 그것은 치료적으로 결정적인 잘못이며, 치료자로서 나의 효율성은 심각하게 손상되겠지요.

자신의 문제로 고투하고 있는 내담자에게 상담자가 충분히 몰입하는 것은 강력한 치료적 요인입니다. 그러나 내가 나 자신이 정서적으로 압도되고 소진되도록 그냥 놓아둔다면 장기적으로 치료 효과는 손상됩니다. 그것은 한 내담자에게만 영향을 미치는 것이 아니라, 나의 모든 내담자와 심지어 가족, 친구들까지 고통받을 수 있습니다. 병동에서 강한 팔로 제재하는 그 방식들이 극단적일지라도, 그것들은 병동의 기능을 유지하고 결국 환자의 이익을 위해서라고 정당화될 수 있겠지요(그렇지 않

> 을 수도 있지만요). 마찬가지로 나 자신을 정서적으로 돌보지 않으면서 내담자가 그들 자신을 돌보는 것을 배우도록 도울 수는 없겠지요.
>
> 이러한 의문은 해결되기 어려운 성격의 것이기 때문에 나는 갈등 사이에서 균형점을 찾으려고 합니다. 치료자의 너무 많은 정서적 철회는 내담자에게 도움이 되지 않지만, 내담자를 지속적으로 정서적으로 대하는 것 또한 지치고 위험한 일입니다. 특히 외부적으로 치료자를 위해 충분한 지지가 없을 때는 더욱 그렇습니다. 내담자의 정서적인 안녕을 돌보는 것뿐만 아니라 나 자신의 내면을 살펴보는 것은 매우 중요합니다. 나는 나의 내면 상태를 수시로 점검해 보는데, 그 기준은 현재 정서적 · 신체적으로 내 속에 남아 있는 정도와 가까운 미래에 내가 사용하게 될 것에 비해 내가 받을 수 있는 지지와 보충할 양 사이에 균형이 맞는지를 따져 보는 것입니다. 이러한 자기 점검은 내담자를 돌보는 것의 확장이라고 생각할 수 있습니다. 자기 점검이 치료자의 소진을 막는 데 있어서 그 자체만으로는 충분하지 않다고 해도, 내가 단기적 · 장기적으로 효과적인 치료자가 되도록 하는 데 지속적인 도움을 주는 방법이라고 생각합니다. 그렇지만 그럼에도 불구하고 이 문제는 계속 생각하게 되는 묘한 딜레마입니다. 나의 욕구와 내가 도와주는 사람의 욕구 사이에 균형이 이루어지는 곳은 어디일까요? (p. 87)

이것은 상담사 키네츠의 주목할 만한 이야기이다. 그녀의 경험과 앞서 언급한 체의 경험 모두 상담자의 신체적 외상의 예가 된다. 이것들은 상담자의 거북 껍질 안쪽의 부드러운 부분에 날카로운 상처를 낸다. 다행히도 신체적인 피해는 상대적으로 드문 일이다. 그러나 불행하게도 그것이 일어났을 때, 그것은 상담자에게 큰 트라우마의 위험이 될 수 있다.

요약

조력 전문직의 일을 하는 것은 마음을 사로잡고, 흥미로우며, 매우 만족스러울 수 있다! 이 점을 독자에게 강조하는 것은 중요하다. 20가지 상담 실무의 어려움에 대해 방금 설명했기 때문이다. 그러나 우리가 그 어려움을 직접 마주한다면, 우리가 그것들을 유의(mindful)한다면 그 어려움으로 인한 고통을 줄일 수 있다는 것에 주목하는 것도 중요하다. '유비무환(forearmed is forewarned)'이라는 유명한 문구가 이 장의 목적이다.

경력이 많은 상담자는 수년의 상담 경험을 통해 순수함을 잃어버리게 될 만큼 매우 어려운 사건을 종종 경험한다. 내담자의 자살과 같은 심각한 외상적인 사건은 스트레스를 주고, 때에 따라서는 다른 직업, 직장을 꿈꾸게 하고(희망하건대 그것이 보다 긍정적인 것이길 바란다), 어떤 경우에는 다른, 더 낫다고 생각되는 직업, 직장으로 옮겨 가게 한다. 이러한 사건들이 우리에게 주는 교훈은 무엇인가? 한 가지는 상담 실무가 상담자들에게 해를 입힐 수 있다는 것이다. 종종 이러한 취약성은 잘 알려져 있지 않다. 다른 사람에게 많은 도움을 주는 매우 가치 있는 일이 도움을 주고자 하는 상담자에게 상처를 줄 수 있다는 사실을 이전에는 알지 못했다. 순진함이란 '거북의 부드러운 부분'이 상담자를 취약하게 할 수 있다는 사실을 알지 못하고 있는 것이다.

이 장에 제시된 상담의 어려움들을 읽으면서 조력 혹은 돌봄 전문 분야에 입문하는 것이 과연 지혜로운 것인가 하는 의문을 갖게 될 수 있다. 이 장을 읽으면서 속이 울렁거리고, 불안감이 증가하는 것을 느끼고, 또는 두통이 시작되는 것과 같은 신체적 경험을 할 수 있다. 상담 실무의 위험에 대해 읽는 것은 어려울 수 있다. 우리는 또한 제2장에서 실무 경험에서 오는 기쁨, 보상, 선물과 같은 정반대의 느낌을 얻을 수 있다는 것도 전달하려고 노력하였다.

이 책 전체를 통하여 이루려고 하는 것은 상담의 근사한 특성들과 더불어 상담에서 스트레스를 주는 특성들을 제시하고, 결과적으로 지속적인 토대 위에 이루어지는 전문적인 자기 돌봄이 얼마나 필요한가를 제안하고자 하는 것이다.

자기 성찰 활동

이 장에서는 상담자의 일에 영향을 미칠 수 있는 많은 어려움에 대해 논의했다. 이 장을 검토한 후 어려움 목록에서 5개를 선택해 보자. 그다음 단계로 다음 사항을 작성해 보라.

1. 어려움 번호: ________________ 이름: ________________

이것이 왜 당신에게 중요한 상담의 어려움이었나?

____

____

당신은 그 영향을 완화하기 위해 어떤 방법을 시도했는가? 그것이 얼마나 성공적이었나?

2. 어려움 번호: ______ 이름: ______

이것이 왜 당신에게 중요한 상담의 어려움이었나?

당신은 그 영향을 완화하기 위해 어떤 방법을 시도했는가? 그것이 얼마나 성공적이었나?

3. 어려움 번호: ______ 이름: ______

이것이 왜 당신에게 중요한 상담의 어려움이었나?

당신은 그 영향을 완화하기 위해 어떤 방법을 시도했는가? 그것이 얼마나 성공적이었나?

4. 어려움 번호: ______________ 이름: ______________

이것이 왜 당신에게 중요한 상담의 어려움이었나?

당신은 그 영향을 완화하기 위해 어떤 방법을 시도했는가? 그것이 얼마나 성공적이었나?

5. 어려움 번호: ______________ 이름: ______________

이것이 왜 당신에게 중요한 상담의 어려움이었나?

당신은 그 영향을 완화하기 위해 어떤 방법을 시도했는가? 그것이 얼마나 성공적이었나?

제 6 장 돌보는 자기의 출혈

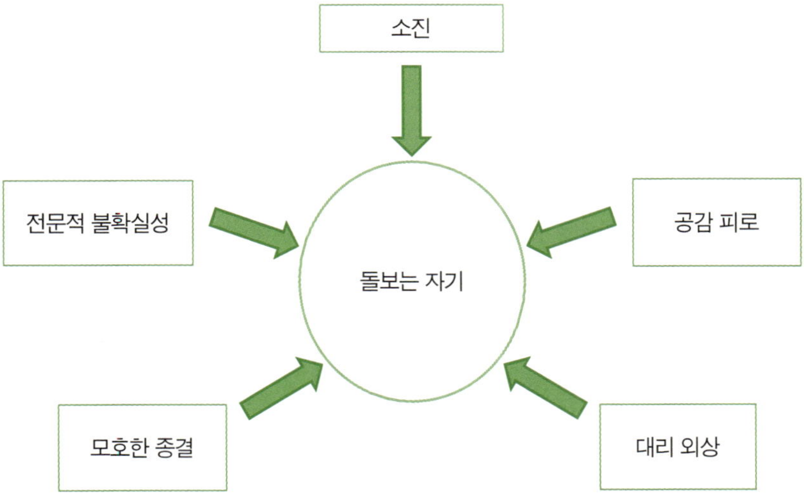

[그림 6-1] 돌보는 자기의 출혈을 가져오는 창들

'돌보는 자기의 출혈'이라는 말은 두려움과 떨림을 가져올 수 있다. 이것은 실존주의 작가인 쇠렌 키르케고르가 『공포와 떨림(Fear and Trembling)』에서 사용한 단어이다(Kierkegaard, Hong, & Hong, 1983).

비록 다섯 개의 창(spear, [그림 6-1]에 묘사된)이 조력 전문가의 돌보는 자기를 찔러댈 수 있지만, 이 장을 읽으면서 부디 제2장의 제목인 '실무 경험에서 오는 기쁨, 보상, 그리고 선물'을 기억하라. 또한 우리는 이후의 장들에서 회복탄력성의 팁을 제공할 예정이다. 지금은 전문적인 스트레스 요인을 더 깊이 파고들고 있다……. 그러니 안전벨트를 잘 매고 함께 달려 보자.

이 다섯 가지 개념은 상담자에게 스트레스를 주는 현실을 비추는 창(window)을 제공한다. 문제에 이름을 붙이는 것은 그 사람에게 그것을 해결하고 부정적인 결과를 제한할 기회를 준다. 이것의 좋은 예는 베티 프리던이 20세기 중반 미국에서 교육을 받은 성인 여성들이 직면하는 한계를 묘사한 방식인 '이름 없는 문제'라는 명명이다. 문제에 대한 그녀의 명명은 여성 운동에 활력을 불어넣었고, 재활력을 불어넣었다. 여기서 우리는 돌보는 자기의 출혈에 기여하는 요인으로 소진, 공감 피로, 대리 외상, 모호한 결말, 직업적 불확실성을 꼽고 있다. 이 다섯 가지 개념은 서로 분리되는 개념이면서 중복되는 개념이기도 하다. 여기서는 개념의 순수성보다는 상담자에게 가치 있는 주제를 제공하는 데 더 관심을 두고 있다. 우리는 가장 오래되고 가장 많이 연구된 용어인 소진에 가장 많은 노력을 할애할 것이다.

소진

> 5년간 지역 정신건강 센터에서 일했다. 다른 사람들을 돕는 데 나 자신을 쏟아 버린 뒤, 그리고 아무도 나의 노력에 대해서 고마워하지 않는 것을 보면서 나는 소진되었다.
>
> —영(1997, p. 45)

여러분은 소진(burnout)이라는 말이 어디에서 유래되었는지 궁금할지도 모르겠다. 1970년대 초 허버트 프로이덴버거(Herbert Freudenberger)는 뉴욕에 있는 약물중독 전문 상담센터에서 일하고 있었다. 그 당시에는 약물중독자를 '번아웃'이라고 불렀다. 이들을 '번아웃'이라고 부른 이유는 이들이 약물이 없으면 살아갈 수가 없기 때문이었다. 약물중독자들은 삶에 대한 의욕을 상실하고 살아갈 수 있는 능력도 조금씩 사라져 가기 때문에 아무것도 할 수 없게 되었고, 결국엔 소진되었다.

1974년에 프로이덴버거는 심리학 저널에 『스태프들의 번아웃(Staff Burnout)』이라는 제목의 논문을 발표했다. 여기서 프로이덴버거는 약물중독자들을 상담하는 전문가에게서 나타나는 무력함을 설명하려고 했다. 그는 처음으로 소진이라는 용어를 사용하였고, 그 결과 소진이라는 말이 탄생된 것이다. 소진에 관한 이 첫 논문은 다음과 같이 시작된다.

몇 년 전에 무료 상담센터에서 매우 열심히 일했던 동료 몇몇이 '소진'의 개념에 대해서 얘기한 적이 있다. 나 자신이 소진이라는 감정 상태를 경험하면서 내게는 여러 가지 의문이 생겨났다. 무엇보다도 '소진은 과연 무엇일까?'(p. 159)

1980년대 들어서 소진이라는 말은 '일로 인해서 지치고 불안한 상태'를 말할 때 흔히 사용하는 용어가 되었다. 소진은 안면 타당도가 있는 측정 가능한 구인이었고, 많은 상담자가 실제 경험하는 개념이었다. 그 후 많은 연구자는 서비스(Cherniss, 1980), 교육(Cedoline, 1982), 간호(McConnell, 1982), 의료(Wessells et al., 1989) 등의 다양한 직종에서 생기는 소진에 관한 책을 저술했다. 1980년에서 1985년 사이에 소진에 관한 300개의 학술 저널이 쏟아져 나왔다(Roberts, 1986). 샤우펠리, 레이터와 마슬락(Schaufeli, Leiter, & Maslach, 2009)은 소진이라는 용어가 학계에 등장한 이후 42년 동안 소진을 주제로 6,000편이 넘는 학술지 논문, 책, 장(chapter), 학위 논문이 발표되었다고 추정했다.

여러 자료를 찾아보면서 20년 전에 그 용어가 처음 사용된 이래로 쇠더펠트, 쇠더펠트와 워그(Söderfeldt, Söderfeldt, & Warg, 1995)는 소진이 매우 다양하게 기술(記述)되고 있음을 발견했다. 이러한 다양한 기술에도 불구하고 공통되는 부분이 있는데, 그 공통점이란 피로, 좌절, 무관심, 스트레스, 소모, 무기력, 절망, 감정의 메마름, 정서적 소진, 냉소적으로 되는 것 등이다. 이 단어들은 극심한 피로와 돌보는 자기의 출혈로 지치게 하는 주요 요소들을 지적한다. 자기의 극심한 피로와 출혈은 상담자들이 이해하는 소진의 개념을 만든다.

명료함의 부족: 무엇이 정말 소진인가

소진의 개념을 누구나 이해하는 것처럼 보이지만, 소진이 구체적으로 무엇을 의미하는지는 분명하지 않은 듯하다. 소진이 실제로 무엇을 의미하는가? 혹은 지금까지 이루어진 소진에 관한 연구 결과는 무엇인가? 불행하게도 이에 대한 대답은 만족스럽지 못하다. 소진에 관한 강력하고, 지속적인 통계적 관련성을 발견하기는 어렵다. 쇠더펠트와 그의 동료들(Söderfeldt et al., 1995)은 "전반적으로 볼 때 소진이 일과 관련되어 있다는 것을 제외하고는 다른 어떤 관련성도 찾기 어렵다"(p. 642)고 하였고, "소진은 여러 차원을 가진 증상으로 보는 것이 옳다"(p. 644)고 결론 내린 바 있다. 연구와 실무에서 소진에 대해 검토하면서 샤우펠리 등(Schaufeli et al., 2009)은 소진의 개념이 여러 나라에서 다른 의미를 지닌다고 보고했다. 예를 들어, 스웨덴과 네덜란드에서 소진은 의학적 진단이다. 최근 몇몇 연구 결과, 소진과 여러 가지 변인이 관련됨을 발견하였다.

쇠더펠트, 쇠더펠트와 워그(Söderfeldt, Söderfeldt, & Warg, 1995)는 사회복지사들의 소진의 원인이 되는 요인을 제시하였다. 관련 연구 결과를 인용하여 그들은 소진의 요인을 업무 관련, 복지 서비스 대상 관련, 근로자 관련의 세 가지 영역으로 나누었다. 그들은 이러한 비극의 3요인이 사회복지사, 그리고 더 일반적으로는 관계집약적 직종에서 일하는 실무자의 황폐화를 초래했다고 기술했다. 업무 관련 요소에는 낮은 업무 자율성, 직무에 대한 노력 목표 부족, 낮은 수준의 지원 및 역할 모호성이 포함된다. 복지 서비스 대상 관련 요소들은 복지 서비스 대상에 대한 부정적인 인상과 공감을 포함한다. 근로자 관련 요인에는 만성적인 낮은 수준의 스트레스 요인들이 포함되었다.

마슬락의 업적

버클리 캘리포니아 대학교의 심리학 교수인 크리스티나 마슬락(Christine Maslach)은 권위 있는 소진 연구자 중 한 사람이다. 많은 연구에 사용되고 있는 도구인 「마슬락의 소진 척도(The Maslach Burnout Inventory)」(Maslach & Jackson, 1981)와 그의 책 『소진에 관한 진실(The Truth About Burnout)』(Maslach & Leiter, 1997), 『소진: 돌봄의 대가(Burnout: The Cost of Caring)』(Maslach, 2003)와 『소진 방지: 일과의 관계를 개선하는 여섯 가지 전략(Banishing Burnot; Six Strategies for Improving Your Relationship With Work)』(Leiter & Maslach, 2005)은 유명하다.

마슬락과 레이터(Maslach & Leiter, 1997)는 소진을 다음과 같이 정의하였다. "소진이란 자신의 존재와 자신이 하는 일 사이의 혼란을 말한다. 즉, 소진이란 가치, 존엄성, 정신, 의지, 다시 말해서 인간의 영혼이 부식됨(erosion)을 의미한다"(p. 17). 덧붙여 인간이 완전히 몰입되거나 소진될 수 있는 세 가지 중요한 차원을 〈표 6-1〉과 같이 설명했다(p. 24).

〈표 6-1〉 완전한 몰입 · 소진의 세 가지 차원

완전히 몰입된	소진된
활력적인	지친
몰두	냉소
효율	비효율

마슬락과 레이터(Maslach & Leiter, 1997, p. 34)는 소진의 원인에 대해서 작업 환경적인 관점을 강하게 취했다. 다시 말해서 그들은 개인을 탓하는 대신, "소진은 사람들 자체의 문제가 아니라, 사람들이 일하고 있는 사회적 환경의 문제이다"(p. 18)라고 말했다. 그들은 소진을 일으키는 여섯 개의 구체적인 작업 환경을 말하고 있는데, 과도한 작업 부담, 자신에 의한 통제 부족, 충분하지 않은 보상, 불공정 혹은 불공평, 공동체 사회의 와해, 가치관의 갈등이 그것이다. 소진에 대한 그들의 관점을 보여 주는 공립 교사 줄리의 사례를 묘사한 마슬락과 레이터(Maslach & Leiter, 1997, p. 34)의 조금 긴 인용을 활용해 보자.

'줄리'는 공립학교에서 8학년 학생들에게 역사와 문학을 가르치는 교사로서 탁월한 교사라는 평판을 얻고 있다. 학생들은 그녀를 좋아했고, 학부모들도 자신의 아이가 이 선생님에게서 배웠으면 하고 원했으며, 교장은 그녀를 가장 훌륭한 교사 중 하나라고 생각했다. 모두들 젊고, 성공한 교사인 줄리가 오래오래 훌륭한 선생님으로서 일해 나갈 것이라고 기대했다. 그러나 올해 줄리는 사직서를 제출했다. 그녀의 결정은 모든 사람에게 충격이었고, 동료 중 몇몇은 그 소식을 듣고 울기까지 했다.

한때 줄리는 자신의 일이 가치 있다고 생각해서 일에 완전히 몰입했다. 그녀가 그녀의 일을 가치 있다고 생각하게 된 이유는 그 일을 함으로써 세상을 다르게 만들 수 있고, 다른 사람의 삶에 긍정적인 영향을 줄 수 있다고 믿었기 때문이다. 그런데 이제 그녀는 자신의 일이 그런 가치가 있다고 느끼지 않게 되었다. 한때 그녀는 자신의 일에 많은 에너지를 바쳐 헌신했고, 규정 근무시간보다 더 많은 시간을 바쳐 일했으며, 그녀가 해야 할 일 이외에도 여러 가지 일을 기꺼이 더 했다. 지금 그녀는 움직이는 것조차 귀찮을 정도로 지쳤으며, 간신히 버티고 있다. 한때 그녀는 학생들을 깊이 사랑했고, 학생들의 배움에 있어서의 진전과 성취에 관심을 가지고 학생 개개인의 욕구에 민감했다. 이제 그녀는 교육에 대한 자신의 동기와 기술(技術)에 대해서 부정적이고 냉소적인 입장이 되었다. 한때 그녀는 자신의 노력이 대가를 받을 것이고, 아이들이 자신과 다른 교사로 인해 더 나은 교육을 받고, 더 나은 인생을 시작할 수 있다고 확신했다. 이제 그녀는 학생들이 필요로 하는 것을 정말로 얻고 있는지 회의를 느끼고 있다. 그녀는 심지어 아이들이 자신과 같이 과도하게 일하는 교사로 인해 해를 입지나 않을지 걱정하고 있다. 줄리에게 있어서 일을 잘하려는 노력은 너무나 큰 대가를 치르게 하는 것이 되어 버렸다.

줄리의 사례에서 주목해야 할 것은 소진이 약점을 가진 사람에게 오는 것이 아니라 강점을 갖고 성공한 사람에게서 시작된다는 것이다. 줄리는 능력이 없고, 어떻게 가르치는지를 모르는 게으른 사람이 아니었다. 그녀는 일에 충분한 자격을 갖추고 있었고, 개인적인 노력을 기울였으며, 최고의 교육을 위해 이러한 능력을 사용할 줄 알았다. 기술과 동기 측면에서 보아도 그녀는 교사 중 최고였고, 아무도 그녀에게 무언가 더 이상 요구할 필요가 없었다. 그녀의 동료 중 한 사람이 말한 것처럼 "줄리는 처음부터 열성이 대단했어요. 부임 초기에 열정적이지 않았던 그런 교사들과는 달랐어요. 그녀는 가르치는 것에 열정을 가지고 있었고, 그녀에게서 열정이 사라져 가는 것을 보는 것은 너무 우울한 일이었죠." 정말로 최고이며 가장 뛰어난 줄리와 같은 사람을 잃는 것은 소진의 가장 파괴적인 대가이다.

소진의 일곱 가지 원인

무엇 때문에 줄리는 가르치는 일에 몰입할 수 없게 되었을까? 그녀의 사례를 잘 들여다보면 제1장에서 설명한 일과 사람 간의 불균형이 드러난다. 마슬락과 레이터(Maslach & Leiter, 2008)는 업무량, 통제, 보상, 공동체, 공정, 가치 및 직무-개인 간의 불일치라는 7개의 업무 환경 영역을 제시했다.

과도한 업무량은 소진을 야기하는 중요한 요인이었다. 줄리는 교실에서 하루에 8시간을 집중적으로 일하고, 방과 후, 저녁 때, 그리고 주말에도 강의, 숙제 채점, 회의 참가 등의 사유로 추가로 일했다. 그녀는 아이들을 가르치는 방법을 잘 알고 있었지만(내가 교실 문을 닫으면 교실은 나와 아이들만의 공간이 되었다), 그럼에도 불구하고 지역 정책으로 인해서 학급 수는 증가되었고, 교육용 자원은 줄어들었는데, 그녀는 "어쩔 도리가 없었다."(통제력 상실) 또한 다른 교사들과 마찬가지로 그녀는 급여가 적어서 충분한 보상을 받지 못했다. 그녀는 젊고, 미혼이며, 전문적인 일을 이제 막 시작했기 때문에 이 문제에 대해서 그리 신경 쓰지는 않았지만 점차로 이러한 조건은 그녀에게 심각한 경제적 부담을 주었다. 더욱이 급여가 낮다는 사실은 가르치는 일에 대한 낮은 존중을 보여 주는 가장 명백한 상징이다. 줄리의 봉급은 체제에 대한 부당함을 느끼게 했다(내가 이렇게 열심히, 그렇게 많이 일하는데 나에게 돌아오는 것은 왜 그렇게 적을까?). 또한 교사들 간의 내분과 경쟁심으로 인해 줄리는 교사들을 멀리했고, 그 결과 공동체의 붕괴마저 있었다. 줄리가 교실에서 이루려고 하는 것과 학교에서 그녀에게 요구하는 '업무 외의 일' 사이에 가치 갈등마저 점차로 커져 갔다. 이 상황에 대해서 그녀는 "제일 힘들었던 것은 선생님들이 나에게 '좋은 학교상'을 타기 위한 지원서를 준비하는 데 많은 시간을 할애하도록 했던 것이에요. 그들은 실제로 좋은 학교를 만들기 위해서 해야 할 것보다는 상을 타는 데 더 관심이 있었죠"라고 말했다(Maslach & Leiter, 1997, pp. 25−26). 마지막으로 줄리는 이러한 환경에서 좋은 일을 하기 위해 노력하는 것은 개인적인 희생과 확실한 보상의 부족 측면에서 너무 많은 대가가 든다고 판단하였고, 직무와 개인 간 불일치를 경험했다. 다시 말해 그 업무 환경은 더 이상 줄리에게 적합하지 않았다.

마슬락과 레이터의 연구(Maslach & Leiter, 2008, pp. 500−501)에서는 줄리의 사례에 설명된 일곱 가지의 문제 영역 각각이 소진과 몰입에 상관 관계가 있음을 다루었다. 〈표 6−2〉는 일곱 가지 영역을 수록하고 소진 발생 및 소진 방지로 구분한 것이다.

〈표 6−2〉 소진 발생과 소진 방지의 일곱 가지 영역

소진 발생		소진 방지
과도한 업무량	vs.	알맞은 업무량
통제력 상실	vs.	선택 가능, 통제 가능하다는 느낌
불충분한 보상	vs.	인정과 보상
공동체 붕괴	vs.	공동체감
불공정	vs.	공정함, 존중, 정의
중요한 가치 갈등	vs.	의미 있고, 가치 있는 업무
직무−개인 간 불일치	vs.	높은 직무−개인 간 일치

소진의 원인은 개인이 아니라, 조직에 있다는 마슬락과 레이터(Maslach & Leiter, 1997)의 신념을 지지하는 강력한 연구 결과가 있다. 따라서 그들의 개입은 조직을 변화시키는 것이다. 내 생각에 이러한 접근은 중요한 장점이 있지만 또한 상담자들에게는 근시안적이고 위험하기도 하다. 실제로 그들은 현재의 업무 환경에 대해서 기술할 때 이러한 지적을 지지한 바 있다.

> 오늘날의 직장은 경제적으로나 심리적으로 냉정하고, 적의에 차 있으며, 요구가 지나친 환경이라고 할 수 있다. 사람들은 정서적으로, 신체적으로, 정신적으로 지쳐 있다. …… 직장을 성능 좋은 기계로 생각하는 것은 사람들이 직장을 공정한 보상을 받는 보람 있는 업무를 통해서 자신의 잠재 능력을 완전히 펼칠 수 있는 안전하고 건강한 곳이라고 생각하는 이상(ideal)을 손상시키는 결과를 가져온다(Maslach & Leiter, 1997, pp. 1-2).

어떤 사람의 작업 환경이 일하는 사람의 심리사회적 스트레스를 감소시켜 주지 못한다면 어떻게 하는 것이 좋을까? 〈고도를 기다리며(Waiting for Godot)〉(Beckett, 1997)라는 연극이 생각난다. 〈고도를 기다리며〉 연극에서 두 주인공은 '고도'라는 이가 나타나서 그들의 생활을 계속해 나갈 수 있기를 기다리지만, 결국 그는 끝까지 나타나지 않고 연극은 끝난다. 이 연극이 상담자에게 주는 메시지는 당신을 돌봐 줄 다른 누군가를 기다리지 말라는 점이다.

뼈 이식을 하는 간호사에 관한 연구에 등장하는 두 개의 작업 상황을 예로 들어 보자(Molassiotis & Haberman, 1996). 이 상황은 스트레스와 소진을 야기하는 조력 직종에 관한 것이다. 이들 간호사는 죽어 가는 환자와 가족들이 보여 주는 일련의 애도 과정을 함께 경험한다. 첫 번째 상황에서는 간호사의 심리사회적 욕구를 표현할 수 있는 지지적 환경이 있었다. 그러나 두 번째 상황은 지지가 없는 환경이었고, 두 번째 상황에서 스트레스와 소진 수준이 더 높았다. 다행스럽게도 두 번째 상황에서는 몇 명의 간호사가 스스로 자신을 돌보았고, 결코 '고도'를 기다리지 않았다.

나는 내가 일해 왔던 여러 직장을 회상해 보았다. 몇 곳은 소진을 만들어 내는 곳이었고, 다른 몇 곳은 소진을 방지하는 곳이었다. 전자의 경우에는 아무도 나를 구해 주지 않았다. 좋은 환경을 만들어 내는 것은 전적으로 나 자신에게 달려 있었다. 심리사회적 지원이 없다면 상담자들은 스스로를 위해 그것을 만들어야 하고, 전문적인 자기를 유지하는 장에서 확인하는 개념인 '직장에서 전문적인 온실'을 만들어야 한다.

이런 원칙에 있어서 몇 가지 예외가 있다. 성공적이고, 체계적이고, 조직적인 개입으로 소진을 막아 낸 가이스버스와 헨더슨(Gysbers & Henderson, 2005)의 연구가 있다. 다른 사람이 긍정적인 작업 환경을 만들어 주기를 기대하는 대신에 그들은 학교 상담자가 어떻게 하면 스스로 그것을 만들어 낼 수 있는지 가르쳐 주고 있다.

의미의 소진, 돌봄의 소진

소진이라는 말은 우리로 하여금 그늘에서 나오도록 돕고, 전문가들의 세상을 유리창을 통해서 보다 명확히 볼 수 있도록 했다. 소진이라는 말에 포함된 상징은 "사그라든 불꽃"이라는 말과 관련되는데, 그 불꽃은 조력 직종의 전문가를 움직이는 동기를 의미한다.

소진을 두 가지 유형으로 구분하는 것은 도움이 된다. 하나는 의미의 소진(meaning burnout)이고, 다른 하나는 돌봄의 소진(caring burnout)이다(Skovholt, 2008). 의미의 소진은 정서적 발달, 지적인 성장, 신체적인 안녕과 같은 분야에서 다른 사람을 돌보는 일이 더 이상 자신의 삶에 충분한 의미와 목적을 주지 못할 때 생긴다. 상담자들은 다른 사람을 도움으로써 많은 '심리적 이득'을 얻는다. 종교적인 용어로 말하면, 그러한 직업은 어떤 위대한 가치에 대한 소명이라고 부를 수 있다. 직업에 대한 의미가 사라질 때 존재의 위기가 생길 수 있고, 의미를 찾지 못해서 생기는 소진은 그 결과물이 될 수 있다. 다시 말해서 의미의 소진은 일의 의미가 사라지고, 그 일의 존재가치가 사라졌을 때 생긴다.

의미의 소진은 아주 다양한 이유로 생길 수 있다. 청소년 상담, 아이들의 독서지도, 혹은 노인들을 돌보는 것과 같은 활동은 반복적이고, 지루하며, 의미가 없어 보인다. 상담자가 자신의 개인적인 욕구를 만족시키기 위해서 이 직업에 들어올 수도 있다. 직업을 선택할 때 이러한 이유는 그 자체로 부정적인 요소는 아니다. 그런데 이것이 지배적인 요인이 되어서 이 욕구가 채워지면 그 일 자체의 의미는 줄어들 수 있다. 여기에 몇 가지 예가 있다. 상담자로서의 훈련과 상담 일을 하면서 치유받은 느낌을 가지게 된 '상처받은 치유자(wounded healer)'가 있다. 한 교사는 고등학생 때 자신이 바보 같다는 느낌을 받곤 하였는데, 자신이 바보가 아님을 입증하기 위해 교사가 되었다. 교사가 되어 몇 년이 지난 후에 그는 지적으로 유능함을 느꼈고, 더 이상 자신을 증명할 필요가 없었다. 또 성장기에 자신의 신체 이미지 때문에 괴로움을 겪었던 한 여성은 간호사가 되어 상담에 관심을 갖게 되었다. 이제 그녀는 자신에 대해서 훨씬 좋은 느낌을 가지고 있다. 이들 각각은 직업에 입문한 초기에 지녔던 의미와 자신이 직업을 선택한 목적 중 몇 가지를 잃었다. 하지만 직업에서의 새로운 의미가 생겨났다. 만약 그것이 없었다면 의미의 소진이 생겼을지도 모른다.

의미의 소진의 또 다른 종류는 상담자가 자신의 일이 내담자에게 도움이 안 된다고 느낄 때 생긴다. 이것은 '의미상의 위기'인데, 왜냐하면 만약 일이 유용하지 않다면 계속할 이유가 없기 때문이다. 이러한 예는 ① 너무 많은 사례와 너무 많은 서류 작업으로 인해서 일을 잘하지 못하도록 만드는 직장, ② 학생의 성공보다는 실패를 조장하는 것 같은 학교, ③ 경제력이 없어서 상담자가 유능한 방법으로 활동하지 못하게 하는 상담센터 등을 들 수 있다. 약물중독자를 상담하는 동료 상담자는 의미의 소진을 가져오는 내담자들의 재발 문제에 대해서 얘기했다. 그는 회복보다 재발이 더욱 현실적으로 보일 때, 그 일이 어떻게 의미가 있을 수 있는지 회의를 느꼈다.

두 번째 유형인 돌봄의 소진은 가장 일반적인 소진 현상이다. 이러한 유형은 모든 상담자가 내담자와 반복적으로 만나는 전문적인 애착-몰입-분리-재생의 과정에 초점을 맞추고 있다. 앞 장에서 서술한 바와 같이, 애착을 필요로 하는 사람에 대한 애착의 질은 내담자의 회복에 중요하다. (예를 들어, 당신이 가장 좋아하는 선생님을 생각해 보라. 한 인간으로서 당신에 대해 갖는 그분의 관심이 당신이 그 선생님을 소중하게 여기는 핵심적 이유였는가?) 이러한 생각은 제3장에서 기술한 상담자에 관한 연구 결과와 일맥상통한다. "실제로 상담 성과를 설명하는 수많은 요소 중 서로 다른 이론적 지향을 가진 상담자들이 이 점에 동의한다. 즉, 치료적 관계가 토대라는 것이다"(Norcross, 2010, p. 114).

만약 내담자와 피할 수 없는 분리가 상담자를 심각하게 고갈시키지만 않는다면 그는 다시 애착할 수 있다. 그러나 만약 이러한 과정이 사람을 너무 메마르게 했다면 매 순간 조금씩 조금씩 지쳐 갈 것이다. 이것이 격려받지 못하면 소진되어 버린다. 어떤 사람은 이를 배터리에 비유하기도 한다. 배터리는 에너지를 유지하거나 에너지를 쓴다. 에너지를 완전히 다 쓰게 되면 거기에는 어떤 전류도, 어떤 생명도 없다.

상담자를 고갈시키는 전문적인 애착과 분리, 너무나도 흔히 겪게 되는 전문가로서의 상실 경험은 향후 다른 사람과 애착을 형성할 수 없게 만들 수도 있다. 마슬락의 소진 척도(Maslach & Jackson, 1981)의 3개의 하위 척도(정서적 고갈, 비인간화, 그리고 개인적인 성취의 손실)는 이러한 측면을 잘 포착하고 있다. 오쿤과 칸트로위츠(Okun & Kantrowitz, 2008)는 이러한 소진에 대한 의미와 일치하는 설명을 제공했다.

> 당신이 지치고 누군가의 말에 집중할 수 없을 때, 아마 소진으로 고통받고 있는 것일 수 있다. 당신은 이전보다 더 조급하고 참을 수 없게 반응하는 자신을 발견할 것이다. 수면과 식습관이 바뀌거나 새로운 신체적인 증상을 경험할 수도 있다. 혹은 업무의 시작을 두려워하고 열정, 동기 부여, 관심이

부족한 자신을 발견할 것이다(p. 302).

더 이전의 문헌도 소진이 오랫동안 문제가 되어 왔다는 것을 보여 준다(Corey & Corey, 1989).

상담자에게 감사하지 않고, 화가 나 있으며, 우울한 내담자와 지속적으로 만나는 것은 상담자로 하여금 상담 관계에서 일어나는 모든 내담자와의 관계를 부정적으로 만들곤 한다. 이렇게 되면 상담자는 내담자를 잘 돌보지 않고, 내담자에 대해서 비하하는 식의 반응을 하고, 그를 무시하며, 내담자로부터 떠나고자 한다. 인간성을 존중하지 않는 식의 반응은 소진의 핵심 요소이다(p. 167).

우리가 여기서 강조하고 싶은 가장 중요한 것은 공감적 애착 → 적극적 몰입 → 분리감 → 재생이라는 돌봄의 순환 과정에서 상실감을 느낄 뿐 얻는 것이 없을 때 소진이 생긴다는 점이다. 의미의 소진과는 별도로 돌봄의 소진에 대한 정의는 사람들과 깊숙이 만나야 하는 고도의 전문직인 상담에서 가장 중요한 부분이라고 할 수 있다. 돌봄의 소진은 내담자와의 작업에서 축적된 정서적 고갈과 부정적 에너지로 인해 이후의 내담자에게 전문적으로 애착할 수 있는 능력이 줄어듦으로써 나타난다. 우리는 돌봄의 소진을 공감적 애착 → 적극적 몰입 → 분리감 → 재생이라는 돌봄의 순환 과정에 자신을 몰입시키지 못함으로써 생긴다고 정의한다. 바람직한 것은 상담자들이 상담을 통해 풍부한 기쁨과 보상, 그리고 상담자로서의 향상이라는 선물을 받게 되는 것이다. 일 자체, 타인에 대한 적극적인 몰입이 상담자들에게 고갈이 아닌 에너지를 줄 때가 가장 좋은 것이다. 고갈되는 부분이 긍정적인 효과보다 더 클 때 배터리의 에너지가 떨어지는 것이다. 에너지가 없을 때 소진이 일어난다.

의미의 소진과 돌봄의 소진 모두 상담자의 성장과 발전에 장애가 되는 파괴적인 실체인데, 그 이유는 상담자가 적극적으로 일할수록 결국엔 상담에서 유능할 수 없다는 것을 의미하기 때문이다. 그냥 그럭저럭 일할 수도 있지만, 이 분야의 전문가는 보다 자기 자신에게 적극적으로 몰입하기를 원한다. 이제 당신은 이렇게 물을 수 있다. "소진이 일어났을 때 무엇을 해야 하는가?" 이 질문에 대해 대답하려는 우리의 노력은 소진에 대한 해답과 전략 모두를 제시한 이 책을 통해 발견할 수 있을 것이다.

공감 피로

상담자들은 계속해서 내담자들이 그들의 삶에서의 고통과 트라우마에 대해 이야기하는 것을 경청함으로 인해서 어려움을 겪을 수 있다. 피글리는 어떤 면에서 소진과 유사한 용어이면서도 뚜렷한 차이가 있는 공감 피로(compassion fatigue)의 개념을 다음과 같이 정의했다. "유의미한 타자가 경험한 외상 사건을 알게 되면서 자연스럽게 뒤따르는 극도의 스트레스나 고통을 겪는 사람을 돕거나 돕고 싶어 하는 행동과 감정이다"(Figley, 1995, p. 7). 피글리는 후에 "외상 환자의 외상 사건을 재경험함으로써 갖게 되는 긴장과 몰두 상태, 그리고 타인의 고통에 대한 목격자가 되는 것에 대한 회피·무감각 상태"를 포함시켜 초기의 정의를 확장하였다(Figley, 2002, p. 1435). 피글리는 공감 피로가 더 높은 수준의 무력감과 지원 체계로부터 고립된 느낌을 초래한다고 주장했다. 공감 피로는 내담자와의 몰입 후 상담자가 재생 및 갱신에서의 어려움과 함께 돌봄의 순환 과정에서 재생 단계에 성공적으로 참여할 수 없는 어려움을 나타낸다. 재생 없이는 돌봄의 순환 과정을 통과하는 데 문제가 발생한다.

공감 피로는 외상 사건이나 사건들로부터 고통받은 내담자의 이야기를 듣거나 그들을 지지하는 과정에서 발생한다. 몇몇 연구자들(Jenkins & Baird, 2002)은 앞에서 정의한 것과 같은 개념을 언급하면서 2차 외상 스트레스와 공감 피로라는 용어를 번갈아 사용했다. 그들은 계속해서 용어들 사이에 유사점을 끌어냈다. "2차 외상, 대리 외상, 그리고 소진은 대인 관계적 요구가 많은 일을 통해서 정서적으로 연결된 내담자들에게 노출된 결과로 나타난다는 점에서 유사하며, 서비스 제공자들의 도움을 방해할 수 있는 쇠약함을 나타낸다"(p. 425). 대리 외상의 개념은 다음에서 알아볼 것이다. 일부 저자들이 공감 피로가 외상적 내용에 노출되지 않고도 타인의 고통에 대한 만성적 노출에 의해서 발생할 수 있다는 것을 지적한 것은 중요하다. 뉴웰과 맥닐(Newell & MacNeil, 2010)은 "공감 피로의 경험은 시간이 지남에 따라 누적적으로 발생하는 경향이 있는 반면, 대리 외상과 2차 외상 스트레스는 더 즉각적으로 나타나는 것으로 보인다"(p. 61)고 주장했다. 문헌에서는 우리가 이 장에서 탐구하는 용어들의 정의와 사용에 대해 종종 의견의 불일치가 있지만, 이러한 용어를 구분하는 정확한 정의는 연구자들에게 더욱 중요하다. 우리는 조력 전문가들이 돌봄의 대가(cost of caring)를 관리할 수 있도록 돕는 데 초점을 맞추고 있다.

관계집약적인 전문직에 종사하는 상담자들은 타인의 이야기에 노출된다. 우리는 준비하고 기다리며, 내담자의 이야기를 듣고 담을 수 있는 용기를 만든다. 때때로 이런 이야기들은 마음이 아프고 듣기 힘들다. 공감 피로는 내담자의 이야기를 외상적으로 듣거나 시간이 흐르면서 내담자 고통의 만성적인 점과 그 심각도가 클 때 찾아온다.

때때로 우리가 이야기들에 특별히 영향을 받는다고 느끼게 만드는 요인들이 있다. 가령, 우리의 사적인 일이나 우리가 소중히 여기는 사람들의 이야기와 어느 정도 유사한 경우를 들 수 있다. 예를 들어, 우리가 아는 사회복지사는 어린아이의 엄마로서 아이들에게 일어나는 충격적인 사건들에 대해 듣는 것을 힘들어 한다. 비록 그 사건이 내담자의 한참 과거에 일어난 일이라고 할지라도. 보호 본능과 함께 아이들이 얼마나 취약한지, 그리고 종종 어린 시절의 치료 결과가 어린 시절을 훨씬 넘어 사람들 안에 어떻게 살아 있는지 알기 때문에 특히 이 사회복지사의 삶의 단계에서 가슴을 아프게 한다. 상담자의 삶의 단계나 이야기와 장기적으로 듣는 외상 사건이 교차할 때, 공감 피로를 일으킬 가능성이 있다. 추가적으로 상담자 자신의 외상 병력이나 경력 초기에 높은 수준의 외상 작업을 하면서 자기 돌봄을 불충분하게 받은 것과 같은 변수들도 공감 피로와 대리 외상을 일으킬 수 있다.

어떤 경우에는 상담자의 삶 내에서의 개인적인 변인들과 외상 사건들의 목격자가 되는 것 간에 교집합도, 상관도 없다. 가끔은 그저 다른 사람의 고통을 받아들이는 것이 너무 괴로운 것이다.

대리 외상

극도의 스트레스 이야기에 반복적으로 노출되는 것은 상담자의 세계관을 바꾸기 시작할 수 있다. 우리가 이 장에서 논의하는 다른 관련 용어와는 달리, 대리 외상(vicarious trauma)은 세상에 대한 상담자의 내적 인식을 바꾸는 경향이 있다. 포괄적이고 명확한 정의는 에르난데스, 앵스트롱과 강세이(Hernández, Engstrom, & Gangsei, 2010)의 연구에서 나왔는데, 그들은 "대리 외상은 심적 외상을 입은 내담자들과 일하면서 오는 누적된 영향을 말한다. 즉, 상담자의 감정, 인지 도식, 기억, 자존감, 그리고/또는 안전감에 간섭한다"고 명시했다(p. 69). 대리 외상은 전형적으로 빠르게 나타나며, 상담자를 압도할 수 있다. 맥칸과 펄먼(McCann & Pearlman, 1990)은 "그것은 심오한 심리적 영향으로, 그 영향은 조력자에게 파괴적이고 고통스러울 수 있으며, 심적 외상을 입은 내담자와 작업 후 몇 달 또는 몇 년 동안 지속될 수 있다"고 지적했다. 앞의 인용에서 알 수 있듯이, 대리 외상의 영향은 상담자에게 흔한 일일 수 있다.

상담자는 공감적으로 내담자와 관계를 맺으면서 돌봄의 순환 과정에서 공감적 애착과 적극적 몰입의 과업을 가지며 내담자의 주관적 경험을 이해하려고 노력한다. 내담자의 주관적인 경험을 이해하려는 시도 중에, 특히 외상이 존재하는 경우에 상담자는 내담자의 고통스러운 감정과 때로는 끔찍한 경험의 목격자가 된다. 심각한 외상을 경험한 내담자와의 작업으로 이루어지는 상담에서 대리 외상의 가능성이 커진다. 조던(Jordan, 2010)의 연구에 상담자들이 전투 참전용사들과 함께 작업하면서 생긴 대리 외상의 가슴 아픈 예가 있다.

> 대리 외상은 상담자가 전투 참전용사의 충격적인 경험(예를 들어, 시체나 유해를 본 것, 자신과 다른 사람의 안전과 생명에 대한 공포, 공격받거나 매복당하는 것에 대한 두려움, 죽거나 다친 미국인, 다친 여성 · 아이들을 본 것 그리고 도울 수 없는 것)에 반복적으로 노출되는 것이다 (p. 226).

다른 예로는 난민들과 함께 일하는 상담자가 가족, 나라, 집을 잃은 이야기를 계속해서 반복하여 듣는 것이 있다. 이유도 경고도 없이 찾아오는 총기 난사 사건과 같이 무분별한 폭력 행위로 사랑하는 사람을 잃은 가족의 고통에 많은 상담자들은 목격자가 되어 준다. 이와 같은 심각한 스트레스 사건은 어떤 누구도 견디기 어려우며, 심지어 반복해서 듣기는 더욱 힘들다. 상담자들은 어떻게 내담자의 계속되는 비통함으로부터 자신을 보호하면서 각 내담자와 함께 돌봄의 순환 과정에서의 작업을 다시 또다시 계속하고, 다른 내담자의 이야기를 들을 때마다 공감적인 몰입을 유지할 수 있을까? 진정한 연민은 자기와 분리감을 유지할 수 있으면서 타인을 진정으로 돌보는 특정한 취약성을 수반한다. 이것은 많은 내담자에 걸쳐서 극심한 스트레스 이야기에 상담자가 노출되어야 할 때 특히 어려운 과제이다.

모호한 종결

> 사랑하는 친구여, 당신의 마음속에 해결되지 않은 모든 것에 인내심을 가져주십시오. 그리고 물음 그 자체를 닫혀 있는 방처럼, 아주 낯선 말로 쓰인 책처럼

사랑해 주십시오. 지금 당장 해답을 찾아서는 안 됩니다. 지금은 물음으로 살아 가십시오.

—**릴케**(2000, p. 35)

『젊은 시인에게 보내는 편지(Letters to a Young Poet)』 중에서

두 명의 유명한 시인 릴케(Rilke, 2000)와 앨리스 워커(Alice Walker; White, 2004에서 인용)는 필사적으로 답을 찾기보다는 질문을 받아들이는 것에 대하여 썼다. 그들의 정신으로 우리는 일의 모호성에 부딪힌 상담자들에게 질문과 함께 머무르며, 질문에 휩싸이는 동안에 인내심을 가지라고 말할 수 있다. 질문에 머무르는 것은 상담자들이 모호함으로 인한 스트레스를 줄이는 방법이다.

릴케와 워커의 명언이지만, 어떻게 상담자들은 정답 없이 살 수 있을까? 마치 주택 도장업자가 눈이 멀고 자신의 작업에 대해 아무런 피드백도 받지 못한 것처럼! 이러한 곤경은 내담자와 나—너(I—Thou)의 도움 관계를 시작한 상담자가 종결 없이 관계를 끝냄으로 상담자의 활력을 침해하는 것일 수 있다.

톰이 2014년에 노르웨이에서 실무자의 회복탄력성 워크숍을 열었을 때, 참가자 중 한 명인 병원 간호사는 환자와 연결되는 것, 다음날 병원에서 환자의 이름이 문에 더 이상 없는 것을 보는 것이 어렵다고 말했다. 그 환자는 밤중에 퇴원하였고, 다시는 볼 수 없다. 만약 일이 인간 관계에 대한 감정을 거의 필요로 하지 않는다면 "사람들은 오고 사람들은 가고, 어떤 사람들은 그렇다고 하고, 어떤 사람들은 아니라고 말한다"라고 할 수 있을 것이다. 하지만 회복탄력적인 상담자는 내담자와 정서적이고 돌보는 유대감을 만들기 위해 인간적인 연결을 사용한다. 그리고 우리가 정서적 유대감을 가질 때, 갑작스럽고 예상치 못한 혹은 해결되지 않은 종결은 괴로울 수 있고 다른 유대감을 위한 활력을 해칠 수 있다. 상담자에게 끊어진 연결의 대가는 보통 나중에 나—너(I—Thou) 관계에서 새로운 '너'와 관계를 맺는 상담자의 활력 수준에서 나타난다.

이러한 결말 없는 종결을 설명하기 위해 우리는 모호한 종결이라는 용어를 사용하고 있다. 이것은 돌보는 자기를 찌르는 다섯 개의 창 중 하나이다(이 책의 1판에서 우리는 도움을 주는 전문가의 상처를 애매한 직업적 손실-종결 이전의 끝으로 묘사했다.—이번 3판에

서는 모호한 종결이라는 좀 더 설명적인 용어를 사용한다).

이 책에서 자주 언급했듯이, 상담자는 내담자의 삶을 개선하는 것에 레이저 초점을 맞추고 있다. 레이저가 내담자의 복지에 초점을 맞추지 않을 때 윤리적 위반이 발생한다. 내담자를 보호하기 위해 사용되는 중요한 윤리적 원칙 중 하나는 비밀과 사생활 보장이다. 예를 들어, 상담 관계에서 내담자가 상담 관계 안으로 들어오거나 나가는 것을 결정한다. 내담자는 약속된 상담에 오다가 갑자기 오지 않을 수도 있다. 제3장에서 논의한 돌봄의 순환 과정에서 이 상황을 고려해 보자. 상담자와 내담자는 1단계인 공감적 애착으로 시작하여 다음 2단계인 적극적 몰입 시기로 들어간다. 하지만 3단계인 분리감이 결코 일어나지 않는다. 작별 인사는 불분명하고, 막연하며, 빠져있다. 그러면 상담자는 어떻게 재생 단계로 진입할 수 있을까? 재생은 상담자가 순환 과정이 계속됨에 따라 다음 사람과 함께하는 돌봄의 순환을 위한 활력을 가지는 단계로 매우 중요하다. 분리감이 일어나지 않으면 작별도 없다. 그 결과는 모호한 종결이다. 예를 들어, 내담자가 두 번째 상담 약속에 오지 않을 때 전문 상담자는 자신에게 이렇게 말할 수 있다. "내담자가 좋아졌을까? 무엇이라도 배웠을까? 고통을 덜 느끼나? 내가 형편없는 상담자였다고 생각할까? 나에게 하고 싶은 말이 있을까?"

폴린 보스의 작품에서는 이렇게 깨어진 전문적 관계로부터 오는 곤경을 명확한 언어로 표현했다. 상실이 모호할 때 사람들이 느끼는 고통을 묘사하기 위해 그녀는 보스와 그린버그(Boss & Greenberg, 1984)에서 처음으로 모호한 상실(ambiguous loss)이라는 용어를 사용했다. 베트남전에서 실종된 미군 병사들은 그녀가 묘사한 첫 번째 사례 중 하나였다. "아빠는 영원히 가신 건가요, 아니면 언젠가 집에 돌아오실 건가요?" 치매에 걸린 배우자는 또 다른 예가 될 수 있는데, 존재와 부재가 모호하다. 『상실, 트라우마와 회복력: 치료적 작업에서 모호한 상실(Loss, Trauma, and Resilience: Therapeutic Work With Ambiguous Loss)』(2006)이라는 책에서 보스는 모호한 상실의 두 가지 종류에 대해서 설명했다. ① 한 사람이 신체적으로 부재하지만, 심리적으로 존재하는 경우(예를 들어, 부모가 없는 경우), ② 한 사람이 신체적으로 존재하지만, 심리적으로 부재한 경우(예를 들어, 중독된 배우자)이다. 이런 모호한 상실은 두 가지 모두 극심한 스트레스를 줄 수 있다. 왜? 결말이 부족하기 때문이다. 폴린 보스는 자연스러운 애도의 과정이 강화되거나 얼어붙거나 둘 다 되는 방법을 설명했다.

일생 동안 사람들은 너무나 많은 애착과 애착의 상실을 경험한다(애착은 너무 많은 것과 연결된다. 고등학교, 첫 번째 집, 중요한 초기의 연애 관계, 더 이상 믿어지지 않는 믿음,

부모, 어른이 되어 버린 아기, 더 이상 사용되지 않는 첫 번째 언어, 그리고 목록은 계속된다). 한 친구가 이야기했던 것처럼, "모든 인사에는 작별이 있다". 아주 간단한 말이지만, 아주 심오하다.

보스의 용어 모호한 상실부터 우리의 용어 모호한 종결까지 상담, 치료, 교직, 의료 종사자들에게는 구체적인 결과와 종결이 부족하다는 공통점이 있다. 우리 둘(톰과 미셸) 다 상담자로서 이것을 여러 번 경험했다. 우리는 다른 상담자들에게서 모호한 종결에 대한 이야기를 많이 들었다. 다음은 돌봄 전문직에 종사하는 사람들이 우리에게 이야기한 실제 이야기이다.

- 한 거주 치료 센터의 상담자가 10대 가출 여성과 열심히 작업을 했는데, 그와 그의 아내는 어리고 문제 많은 이 10대 소녀에게 매우 헌신하게 되었다. 그들은 애착이 생겼다. 그러던 어느 날 그 10대 소녀는 갑자기 센터를 떠났고, 그들은 다시는 그녀의 소식을 듣지 못했다.
- 수련을 받고 있던 한 상담자는 그녀의 슈퍼바이저에게 다른 슈퍼바이저를 원한다고 말하면서 그 이유는 말하지 않았다. 그 슈퍼바이저는 이러한 거절(애착과 분리)을 영문도 모른 채 대처해야 했다.
- 한 교사는 위험에 처한 4학년 남학생과 함께 한 해를 보냈는데, 31명의 반 아이들 중에서도 그 학생의 부족한 학업 성적을 향상시키기 위해 충분한 관심을 주려고 노력했다. 그녀는 그 학생의 발전에 많은 투자를 했다. 선생님의 수개월 간 노력 끝에 그 학년의 4월에 드디어 그 학생이 괄목할 만한 진보를 보이기 시작했을 때, 그는 갑자기 집에서 쫓겨나 다른 마을의 위탁 가정에 보내졌다. 그녀는 그 학생을 다시는 보지 못했다.
- 몇 년 전, 한 상담자가 그녀의 내담자 중 한 명을 한 사교 행사에서 보았다. 내담자는 불편해 하더니 나중에 상담하러 오지 않았다. 왜 그랬을까? 사회적 상황이 변화를 일으켰을까? 그 상담자는 전혀 알 수가 없었다.

한 초등학교 교사가 스트레스를 주는 모호한 종결에 대한 이야기를 다음과 같이 전했다.

크리스티나를 개별 지도하면서 나는 매일 그녀의 행동을 기록했다. 그 학생은 내가 지도하기에 힘들었고, 나는 하루 일과가 끝날 때쯤 지쳐 버렸다. 하지만 시간이 지나면서 그녀는 행복하고, 건강하고, 청결해졌다. 그녀는 학업과 사회생활 영역에서 나아졌다. 나는 그녀의 변화에 흥분되고 기뻤다! 그러던 어느 날 그녀의 부모님이 전화를 해서 그들이 이 도시를 떠날 것이고, 그녀는 학교로 돌아가지 않을 것이라고 말했다.

나는 매우 기분이 좋지 않았고, 슬프고, 화가 났던 것을 기억한다. 우리가 함께 막 변화를 만들어 내기 시작했을 때 나는 크리스티나를 '잃었다'. 그녀는 함께 일하기 힘든 학생이었지만 갑작스런 상실은 나를 정말 괴롭혔다. 작별 인사를 할 기회도 없었고, 잘 지내라고 말해 줄 기회도 없었다. 나는 '그녀와 끝을 내지 못한' 것 같았고, 우리는 아직 할 일이 더 많았다. 나는 아직도 가끔 그녀에 대해 생각하고 어떻게 지내는지 궁금하다. 또한 나의 교사 경력 동안에 이러한 결말의 부족과 관련된 비슷한 일이 있을 것을 아는 것이 현실적이라고 믿는다[스미스(1996년, 개인적 대화)].

캠퍼스 사역 상담자인 헤이지(1994년 2월, 개인적 대화)는 업무의 애매한 성격을 성찰하며 이렇게 말했다.

아마도 상담자가 되는 것은 가장 어려운 개인적인 도전 중 하나일 것이다. 우리는 십중팔구 우리 일의 결실을 결코 알 수 없을 것이다. 우리는 매번 결코 볼 수 없는 수확을 위해 흙에 씨를 뿌리거나 물을 주는 사람들이다.

조력 전문가들이 계속해서 애착하고, 몰입하고, 분리해야 한다는 지속적인 요구는 이 과정이 개개인에게 활력을 주는 방식으로 이뤄져야 한다는 것을 의미한다. 모호한 종결은 반대의 결과를 낳는다. 그것은 상담자를 고갈시킨다. 돌보는 자기를 찌르는 다섯 개의 창 중 하나인 것이다.

전문적 불확실성

설명할 수 없는 것, 특히 설명할 수 없는 무서운 것은 오랫동안 견뎌지지 않는다. 혼란스럽고 제멋대로인 세력에 이름을 붙이는 것은 우리에게 지배감이나 통제감을 준다.

—**얄롬**(1995, p. 84)

…… 의학에서 …… 단계들은 종종 불확실하다. 숙달해야 할 지식은 방대하고 불완전하다. 그러나 우리는 신속하고 일관되게 행동할 것이라는 기대를 받는다.

—**거완디**(2007, p. 4)

조력 전문직에 종사하는 이들에게는 애매모호함의 늪으로 흐르는 강물처럼 전문적 불확실성의 원천은 다양하다(Skovholt & Starkey, 2012). 전문적 불확실성은 돌보는 자기의 출혈을 일으키는 다섯 가지 중심 창 중 하나로 작용한다. 인간으로서 이러한 불확실성을 느낄 때, 우리는 명확하고 간단한 대답에 이끌린다. 수년 전, 톰은 청소년들을 위한 '신념 체계의 총 패키지'라는 제목의 짧은 글을 썼는데, 이것은 어른들의 세계에서의 혼란, 역설, 그리고 삐걱거리는 단절을 감지하고 있는 청소년들을 위한 간단하고 명확한 해답의 힘과 매력을 묘사하기 위한 시도였다. 정치 세계에 초점을 맞추면서 에릭 호퍼는 그의 책 『진정한 신념가(The True Believer)』(Hoffer, 1951)에서 확실함에 대한 열망을 포착했다. 호퍼는 낮에는 샌프란시스코의 부두에서 항만노동자 일을 하고, 밤에는 철학자를 하는 꽤 독특한 인물이었다.

상담자는 내담자의 독특한 삶에 직면했을 때 불확실성이 드러난다. 상담 중 일반적인 질문은 다음과 같다. "무엇을 해야 하나?" "무엇이 맞을까?" "어떻게 진행할까?" "어떤 이론 · 기술 · 전략을 사용해야 하나?" 그리고 질문들은 내담자가 기대와 희망을 가지고 앉아 도움을 기다리는 동안에도 계속된다. 이것은 특히 초심 상담자에게 스트레스를 줄 수 있다. 그렇다면 치료 계획서라고 불리는 책의 자석 형태의 힘을 상상해 보라. 그것은 상담자가 주의해야 할 사항의 목록을 제공한다. 목록을 읽으면 바로 사용할 수 있다. 마치 숫자를 따라 그림을 그리거나 무언가를 요리하려고 6단계를 따르는 것과 같다. 그러한 구조는 초심자들에게 중요하고 긍정적이지만, 위대한 시인, 훌륭한 선생님, 그리고 대가 상담자들은 그러한 단순함을 오랫동안 흘려 버렸다. 초심자의 초기의 고투에 대해 쓴 로네스태드(Rønnestad, 1985)의 조언을 주목해 보자. 진행 방법에 대한 구조와 팁은 소중하지만 너무 이른 결론은 피해야 한다.

다음은 애매모호함의 늪으로 흘러드는 전문적 불확실성의 세 가지 원천이다.

전문적 불확실성의 첫 번째 원인 인간의 복잡성

인간은 모든 종(種) 중에서 가장 복잡한 종이다. 그리고 이 책을 읽는 당신은 이 가장 복잡한 종을 능숙하게 돕는 일을 하기로 선택했다! 풀이나 달팽이, 나무나 백조와 같이 충분히 복잡한 어떤 것에 대해서 모든 것을 아는 것에 당신의 직업 에너지를 쓰는 것은 어떨까? 당신은 가장 복잡한 존재를 선택하는 것의 함의를 깨달았는가? 그게 바로 종의 변화를 의미하는지도 깨달았는가? 가장 큰 골칫거리는 우리가 정말 알고 있는 것처럼 결코 알 수 없다는 것이다. 다른 사람을 도울 때 가장 중요한 것은 무엇인가? 어려움의 근원이 본성의 일부인가? 양육의 일부인가? 그것들이 섞인 것인가, 그렇다면 어떤 비율로?

복잡함을 설명하기 위해 톰은 때때로 복잡한 모호성이라는 용어를 사용했지만, 그것은 지나친 표현 같다. 복잡성을 단어로 표현하기는 어렵다. 그러나 복잡한 모호성(complex ambiguity)이란 용어는 초심 상담자에게 정확해 보일 수 있다. 예를 들어, 끊임없이 이야기하는 고통을 받는 새로운 내담자를 마주한 초심 상담자와 같이, 내담자는 많은 정보를 제공하지만 초심자는 정보 속에서 헤엄치며 어떻게 진행해야 할지 확신하지 못한다.

스탠퍼드 대학교의 의과대학 교수인 얄롬은 이렇게 말했다.

> 불확실성을 견딜 수 있는 능력은 전문성의 필수 조건이다. 비록 대중들은 상담자들이 체계적이고 확실한 치료의 예측 가능한 단계를 통해 내담자를 예견된 목표까지 인도한다고 믿을 수 있지만, 그런 경우는 희박하다. 대신에 상담자들은 자주 비틀거리고, 급조하며, 방향을 찾아 더듬거린다(Yalom, 1989, p. 13).

전문적 불확실성의 두 번째 원인 앎에 이르는 경쟁적인 다양한 방법

노인학, 지리학, 유전학 또는 지질학이 가장 명확한 인간의 진실을 드러내는 것일까? 어쩌면 그것은 학문의 분야가 아니라 앎의 방법(way of knowing)일 수 있다. 과학적 방법은 어떠한가? 자기 자신의 꿈은? 성경에 나오는 신성한 성구들은? 다른 위대한 종교들에서 사용되는 문어나 구어들은? 이 21세기의 시대에 어쩌면 가장 외딴 곳의 인간 부족들은 디지털 세대에 의해 사라진 진실을 간직하고 있을 수도 있다. 다음은 우리가 다양한 수단을 이용하여 이해할 수 방법의 한 작은 예이다. 우리는 인간의 정서를 ① 혈압 수치를 읽기, ② 초기의 엘비스나 바흐의 음악 듣기, ③ 노르웨이의 피오르드나 그랜드 캐니언의 웅장함을 보는 것을 통해서 가장 많이 아는가?

앎의 방법과 관련하여 상담자로서 우리는 다섯 가지 다른 앎의 방법을 생각한다. ① 경험적인 과학적 연구 방법, ② 질적 방법, 특히 주제에 따라 데이터가 분석되는 인터뷰 방법, ③ 종종 상담자들이 가장 위대한 교사로 묘사하는 수백 명의 내담자와의 전문적인 경험의 힘, ④ 무엇이 중요하고 중요하지 않은지에 대한 조언으로 우리를 안내하는 현명한 선배들(멘토, 교사, 슈퍼바이저), ⑤ 인간 심리에 대한 내적 인지 도식을 우리에게 줄 수 있는 강력한 실험실의 역할을 하는 우리 개인의 삶이 그것이다.

전문적 불확실성의 세 번째 원인 상담자를 위한 매우 다양한 데이터

이런 다양한 앎의 방법과 마지막 원인은 겹치는 부분이 있다. 상담 및 치료 분야의 초심자들과의 연구 인터뷰에서 우리는 그들이 전문적인 역량을 구하는 데 여섯 가지 다른 영향력의 원천을 가지고 있는 것을 발견했다(Skovholt & Rønnestad, 1992a).

초심 상담자는 아주 많은 질문을 가지고 있고, 그저 명확한 답을 원한다. 하지만 마치 목마른 영혼을 위해 물의 공급원으로 잘 알려진 소화전에서 나오듯, 정답과 근접한 답들이 여기저기서 나온다. 물이 쏟아져 나오듯 답이 쏟아져 나온다. 정말 많은 곳에서 많은 답이 나온다. 그 원천들은 다음과 같다.

이론들	자신의 상담자들
연구	자신의 개인 생활
내담자들	자신의 동기들
교수들	자신의 동료들
슈퍼바이저들	사회적·문화적 환경
멘토들	

마지막 범주인 사회·문화적 환경과 관련하여 명확한 방향은 문화, 전통 및 시간에 내재된 상대적 진실이다. 예를 들어, 코틀러와 칼슨(Kottler & Carlson, 2014)은 잠비아 시골에서 완전히 다른 치유 방법을 가지고 있는 존경받는 조력자를 만났다는 이야기를 했다.

이 모든 것에 반응하며, 우리의 초심 상담자 연구의 참여자 중 한 명이 말했다. "무언가가 당신을 붙잡고, 당신은 한동안 그것을 가지고 뛰어다닌다"(p. 24). 그러고 나면 다른 영향원이 초심자들을 또 다른 방향으로 끌어당긴다. 모호성의 늪을 경험하고 있는 초심자들에게는 빠르게 이해되고 포괄적인 이론들을 받아들인다. 만약 이 이론들이 말을 할 수 있다면, 그들은 이렇게 말할 것이다. "더 큰 그림을 이해하려고 노력하는 동안에 당신이 듣고 있는 정교한 인간 이야기의 중요한 한 부분에 집중하라." 이 구명조끼에 대한 초심자의 반응은 "좋아요, 그렇게 할게요!"일 것이다. 다음은 집중해야 할 것들의 다양한 예이다.

인지가 중심이다.
원가족 및 애착 패턴에 대해 질문하라.
개방형 질문을 하라.
감정에 귀를 기울이라.
작업 동맹이 열쇠이다.
안구운동 기술을 시도하라.
다문화적으로 예민해지라.
면담의 마지막 몇 분이 가장 중요하다.
면담의 처음 몇 분이 가장 중요하다.
모든 것은 의미가 있다.
마음을 편안히 가지라.
상담은 시간이 걸리고 내담자는 중요한 부분으로 돌아온다.
핵심 갈등을 목표로 삼으라.

그리고 이 목록은 계속되며 새로운 아이디어가 떠오르면 변화한다. 혹은 선배 상담자들이 말하듯이, "오래된 아이디어가 새로운 종이에 포장된다".

요약

불확실성의 늪이 앞에 어렴풋이 보이기 시작하면서 확실성과 견고한 기반을 찾고, 찾고, 또 찾는 상담자를 전문적 불확실성은 앞으로 뒤흔든다. 상담자가 확실하고 정확하며 진실된 답을 구할 때 심장은 더 빨리 뛴다.

단순하고 포괄적인 답을 찾는 것은 종종 실패한다. 하지만 추구는 계속된다. 그렇다. 상대적인 의미에서는 많은 답이 있다. 그리고 어떤 답은 다른 것보다 더 낫다. 하지만 조력 전문직, 돌봄 전문직, 관계집약적 직업에서 인간 본성의 복잡성은 완전한 확실성에 대한 갈증을 압도한다.

인간의 복잡성에 대한 주제는 관계집약적 분야의 종사자들, 특히 초심자들 사이에서 많은 관심을 끌지 못한다. 그들은 이해하기 쉬운 방법을 통해 복잡성을 관리 가능한 차원으로 축소하는 방법을 매우 좋아한다. 우리, 톰과 미셸 또한 시작할 때 똑같이 했다.

조력직종에서 전문적 훈련의 가장 큰 역설 중 하나는 초심 단계를 졸업하면 답을 알 것이라고 가정하고 현장에 진출한다는 것이다. 초심자는 선행하는 올바른 방법, 사용해야 할 올바른 수단, 윤리적 상황에 대한 정확한 답과 오답 또한 알게 될 것이다. 그러나 (현장은) 그렇게 되지 않는다! 속담에 있듯, 아는 것의 원이 커질수록 모르는 것의 원도 커진다. 전문적 불확실성은 돌보는 자기의 출혈을 일으키는 중심 창으로 작용한다. 회복탄력적인 상담자는 상대적 진실과 효과적인 도움의 방법을 향해 나아가는 동안에도 불확실성의 파도를 타는 법을 배워야 한다. 이것들이 만족스러운 일의 열쇠이다.

자기 성찰 활동

먼저, 이 장에서 논의한 소진의 다양한 의미를 모두 고려해 보라.

1. 소진의 여러 의미 중 어떤 정의가 당신에게 가장 직접적으로 말을 거는가?

2. 소진에 대한 이해를 바탕으로 그 정의는 현재의 당신을 얼마나 잘 정의하는가? 해당하는 수치에 표시하라.

1 2 3 4 5

전혀–약간–어느 정도–많이–완전히

이러한 평정의 주요 요인들을 설명해 보라.

제2부

제7장 회복탄력성이란 무엇인가

심리학에서 회복탄력성이라는 용어 사용의 급격한 증가

[그림 7-1]에서 볼 수 있듯이, 회복탄력성이라는 용어의 사용이 늘어나고 있다. 이는 '무엇이 잘못되었는가?'에서 '무엇이 옳은가?'로 초점을 바꾸는 것으로 심리학의 관점이 이동하고 있음을 보여 준다. 이러한 변화의 예를 살펴보자. 50년 전 미네소타 대학교는 모든 학생에게 MMPI 검사를 실시했다. 이는 정신병리의 다양한 차원을 측정하는 척도로서 '무엇이 잘못되었는가?'를 측정하는 도구이다.

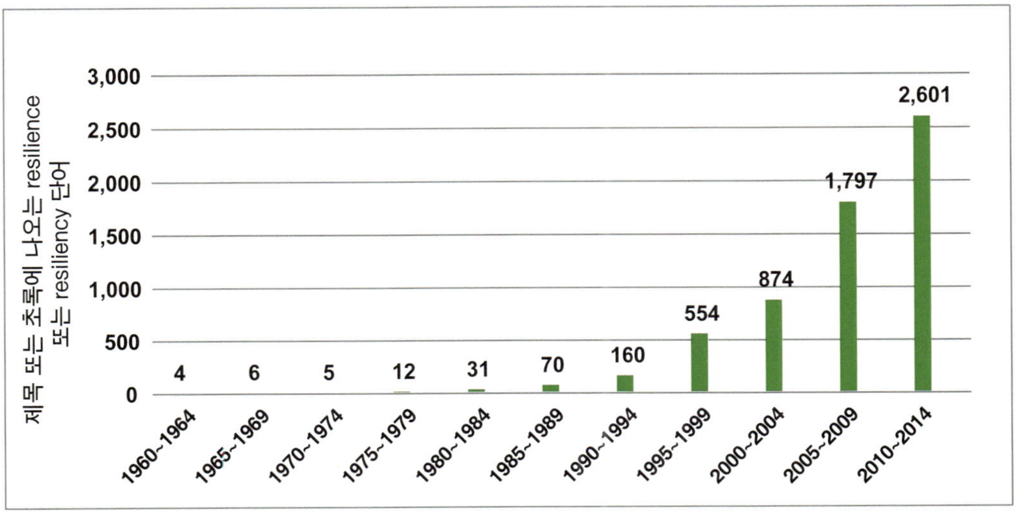

[그림 7-1] *resilience* 또는 *resiliency*라는 심리학 용어의 사용 증가

출처: Psychinfo

원래 MMPI 임상 척도는 문제가 있는지 없는지를 나타냈다. 그러나 이제 대학생들의 긍정적인 특성을 측정하는 도구를 사용한다. 학생들은 그들의 가장 큰 강점들을 알려 주는 결과를 받게 된다. 이 도구는 모두 긍정적인 선택지로 구성되어 있으며, 역기능을 나타내는 용어는 없다. 이는 심리학적 관점이 정신병리학에서 긍정 심리학으로 바뀌고 있음을 보여 준다(Lopez & Edwards, 2008).

회복탄력성 연구의 조부모 베르너와 가메지, 그리고 마스의 업적

회복탄력성 연구에서도 같은 변화가 일어났다. 이는 회복탄력성 연구의 개척자인 에미 베르너(Emmy Werner)와 노먼 가메지(Norman Garmazey)의 연구에서 가장 분명하게 드러난다. 이 주제에 대해 광범위한 초점을 맞추고 있다는 점에서 이들을 회복탄력성 연구의 조부모라고 부를 수 있다.

하지만 가장 먼저는 이 용어들을 사용한 최초의 인용문에서 그 업적을 찾을 수 있다. 1963년에 브리티시 컬럼비아 대학교의 사회사업학과 교수인 헨리 마스(Henry Maas)는 resilient와 resiliency라는 용어(1960년에서 1964년 사이에 우리가 발견한 4개 중 1개)를 사용하였다. 그는 제2차 세계 대전 동안에 그들의 부모와 이별했던 성인들을 연구했다. 다음은 연구 초록의 일부이다.

> 제2차 세계 대전 동안, 취학 전 아동기에 부모와 이별하고 보육원에 보내졌던 20명의 초기 성인들을 인터뷰하고 심리검사를 실시했다. …… 연구 결과, 인간의 성격은 어린 시절 부모와 분리되었던 고통으로부터 오는 장기적인 영향력에 저항할 수 있을 만큼 충분히 가소성이 있고, 탄력적이라는 것이다(Maas, 1963, p. 34).

회복탄력성의 조부모라고 할 수 있는 베르너는 하와이에서, 가메지는 미네소타에서 연구를 진행했다. 초기에는 두 연구자 모두 정신병리학적 입장을 지향했다. 가난, 인종차별, 불안정한 가정, 그리고 이와 유사한 요인들이 어떻게 아동들에게 주요한 심리적 문제를 일으키는가? 두 연구자는 이러한 환경에도 불구하고 몇몇 아동들이 성공적으로 성장했다는 것을 알고 놀랐다. 결국 그들은 구부러지지만 부러지지는 않는 목재를 묘사하기 위해 1818년에 트레드골드(Tredgold)가 쓰던 용어를 사용했다

(McAslan, 2010). 그 용어가 바로 resilient이다.

베르너와 그의 동료들은 1954년에 하와이에서 그들의 연구를 시작했다(Werner et al., 1971). 그들은 연구를 위해 698명의 아이들과 그 가족들을 코호트 집단으로 정했다. 불안정하고, 스트레스가 많은 생활 때문에 아이들이 취약성을 보일 것이며, 10세쯤에는 건강하게 지내지 못할 것이라고 가정하였다. 그러나 이들 중 몇몇 아이들은 실제 건강하게 잘 지내고 있다는 것을 발견했다! 이들의 연구에서 처음 사용된 단어는 resiliency이다. “출생 전후기 때 심각한 스트레스를 경험한 아이들은 삶의 첫 10년을 놀라운 회복력으로 살아남았고, 적절한 교육적 자극과 정서적 지지를 받으며 가정에서 잘 성장하였다”(Werner et al., 1971, p. 74).

그들의 연구는 수년 동안 계속 진행되었다. 201명의 고위험군 참여자들 중 72명은 32세가 되었을 때에도 여전히 건강하게 잘 지내고 있다는 것이 확인되었다(Werner & Smith, 1992). 여기에 베르너의 영감 어린 인용문이 있는데, 이는 돌봄직의 힘과 중요성을 보여 준다.

> 지금은 자라서 성인이 된 카우아이섬 아이들의 삶의 이야기는 우리에게 말해 준다. 만일 이 아이들이 신뢰, 자율성, 진취성을 발전시킬 수 있도록 안전 기반을 제공해 주는 사람들을 만났다면 심지어 역경의 상황 속에서도 역량, 자신감, 그리고 돌봄이 번성할 수 있을 것이다. 성공적으로 극복한 역경으로부터 희망이 샘솟는다……(Werner, 1992, p. 267).

노먼 가메지는 회복탄력성의 조부로서 또 다른 개척자이다. 그는 미네소타 대학교에서 일하면서 정서적으로 불안한 부모의 자녀들을 연구하기 위한 프로젝트를 시작했다. 처음에 그는 자신의 연구를 아이들을 정신질환에 취약하게 만드는 것이 무엇인지 조사하는 위험요인 연구 프로젝트(risk research project)라고 설명했다. 그러나 점차 비취약성의 표식을 찾고자 하는 쪽으로 그의 생각이 바뀌었다.

1971년 「취약성 연구와 주요 예방에서의 쟁점(Vulnerability Research and the Issue of Primary Prevention)」이라는 논문에서 그는 심리적 취약성과 비취약성(psychological vulnerability and invulnerability)이라는 주제를 탐구하면서 어려운 환경에서 자란 몇몇 아이들이 성인이 되었을 때, 적응적인 성격적 특성을 가진다는 사실을 발견한 헤스턴(Heston)과 데니(Denny)의 1968년의 연구 결과를 논의했다. 논문에 그는 다음과 같이 적었다. “취약하지 않은 아이들은 꿈 지킴이로 남는다. 그 아이들을 생존하고 적응하도록 이끈 힘을 연구한다면 우리 사회에 미치는 장기적인 이익은 더욱 유의미할 것이다"(Garmazey, 1971, p. 114).

그는 관련 연구를 지속적으로 진행했다. 이후 그의 위험요인 연구 프로젝트는 「역량 프로젝트: 정신병리에 취약한 아동들에 관한 미네소타 연구(Project Competence:The Minnesota Studies of Children Vulnerable to Psychopathology)」로 바뀌었다(Garmazey & Devine, 1984). 가메지의 대학원 학생 중 한 명이자 오늘날 유명한 회복탄력성 연구자인 앤 매스턴(Ann Masten)은 2014년에 출판한 그녀의 책 『평범한 마법: 발달에서의 회복탄력성(*Ordinary Magic: Resience in Development*)』에서 회복탄력성의 역사와 현재 상황을 잘 설명하였다.

회복탄력성: 다시 튀어 오르는 능력

이 절에서는 이 장의 제목인 '회복탄력성이란 무엇인가'에 대한 답을 제시한다. 간단히 말해 회복탄력성은 다시 튀어 오를 수 있는 능력이다. 이 단어는 '다시 튀어 오르다'라는 라틴어 *resilire*에서 유래했다. 매스턴이 말한 것처럼, "회복탄력성의 개념은 일반적으로 위험과 역경의 상황에 긍정적으로 적응하는 것을 의미한다"(p. 9). 영국의 정신과 의사인 러터(Rutter,1985)는 회복탄력성 연구 분야에서 가장 중요한 학자 중 한 명으로 여겨진다. 플레처와 사카르(Fletcher & Sarkar, 2013)는 유럽의 심리학 저널 『*European Psychologist*』에 실린 리뷰 논문에서 회복탄력성을 정의하는 두 가지 핵심 부분이 ① 역경과 ② 긍정적 적응이라고 말했다. ①와 ②를 함께 가지면 회복탄력적인 상담자와 완벽하게 맞아떨어진다. 조력 전문직에 있는 사람들은 일상 업무의 일부로 내담자의 역경(예를 들어, 갑작스런 관계에서의 상실, 경력 단절, 중독의 재발, 육아 스트레스, 무리한 노인 돌봄, 파산, 성적 학대, 학업 실패의 문제를 가지고 오는 내담자)에 직면한다. 플레처와 사카르(Fletcher & Sarkar, 2013)는 회복탄력성이란 정적인 특성이 아니며 개발될 수 있는 과정이라고 말했다. "회복탄력성은 개인과 환경의 상호작용 맥락에서 시간이 지남에 따라 발전하는 능력이다"(p. 15). 회복탄력적인 상담자에 대한 우리의 접근과 같은 맥락에서 그들은 또한 다음과 같이 말했다. "어려운 수행 환경에서 활동하지만, 스트레스 요인을 발전의 기회로 여기고, 결국 자신의 일에 대해 동료들의 인정을 받는다면 그러한 개인들은 회복탄력성을 보인다고 간주할 수 있다"(p. 16). 플레처와 사카르(Fletcher & Sarkar, 2013)는 회복탄력성을 신장시킬 수 있는 목록에 다음과 같은 것들을 포함했다. 부정적인 생각과 믿음을 줄이기, (우리가 활력이라고 부르는) 에너지를 관리하기, 문제해결 기술을 배우기, 감사하기, 든든한 관계를 맺기가 그것이다.

우리는 이 장의 마지막 부분에서 회복탄력성을 신장시킬 수 있는 우리 자신만의 목록을 만들어 보고자 한다.

타인 돌봄과 자기 돌봄의 균형 잡기

> 삶에서 자신을 잘 돌보는 일은 중요합니다. 그렇지 않으면 당신은 다른 사람을 잘 돌볼 수 없습니다.
>
> –**나의 어머니, 엘베라 마이어 스코브홀트**(1994년 8월, 85세)

> 여전히 그렇다!
>
> –**나의 어머니, 엘베라 마이어 스코브홀트**(2002년 9월, 93세)

> 만약 내가 나 자신이 아니라면 누가 내가 될 것인가? 만약 나만이 나 자신이라면 나는 무엇이며, 지금 내 자신이 아니라면 언제 나 자신이 될 것인가?
>
> –**힐렐**(Neusner, 1984, p. 32에서 인용)

> 내담자에게 그렇게 하도록 하는 것과 마찬가지로, 상담자는 자신을 돌보고 세우는 일을 해야 합니다. 우리가 자신의 욕구를 더 잘 알아차리고 우리의 욕구를 우리의 몸과 감정과 연결시킬 수 있는 만큼 다른 사람들도 우리에게 힘을 줄 것이며, 우리는 이 중요한 일을 계속해 나갈 수 있을 것입니다.
>
> –**펄먼**(1995, p. 62)

자기 돌봄 욕구에 대해 무심해지지 않기

다음은 군 정신건강 담당 상담자가 하는 일을 묘사한 것이다.

> 하루 종일 만나게 되는 내담자들은 상실감에 빠져 있고, 화가 나 있으며, 상처받은 사람들이다. 그들의 경험은 끔찍하고, 그 고통은 지속적이며, 회복의 과정은 힘겹다. 전쟁과 상실이라는 반복되는 이야기는 숙련된 상담자들조차도 무감각하고 화나게 만들 수 있다(Carey, Cave, and Alvares, 2009, p. 1).

군 상담자들의 상담 업무에 관한 이 글은 자기 돌봄이 중요하다는 것을 말해 준다. 자기 돌봄의 목적은 다양한 조력 활동을 통해 매우 의미 있고 가치 있는 일을 제공하는 동안에도 상담자로서 번성하는 것이다.

이 책의 앞부분에서는 '초심자에게 밀려드는 스트레스' '상담 실무의 어려움' '돌보는 자기의 출혈'이라는 제목으로 여러분에게 경각심을 주려고 했다. 그랬기를 바란다. 우리는 자기를 돌보는 일의 중요성에 대해 더 이상 무관심해서는 안 된다. 선견지명이 있다면 우리는 경각심을 가질 수 있다. 조력 직종에서는 너무 자주 눈앞에 당면한 과제, 우리 앞에 놓인 강렬한 인간의 욕구에 초점을 맞춘다. 만일 상담자로서 우리의 일을 수십 년 동안 성공적으로 해내고자 한다면 우리 자신을 어떻게 돌봐야 하는지 생각해 보아야 한다.

상담 일은 어렵기도 하지만, 매우 보람이 있다. 조력 직종에 있는 실무자들, 선생님들, 치유자들도 일상적인 삶의 스트레스와 부담을 가지고 21세기 초반을 살아가는 사람들이라는 것을 기억하자. 돈과 시간에 대한 압박, 여러 가지 역할을 동시에 수행하는 것, 업무 수행에 대한 높은 기대를 의미한다. 이러한 어려움들은 여러 가지 스트레스를 가져온다. 돌봄직 종사자들에게 여러 가지 개인적 문제들에 대해 질문한 연구 결과(〈표 7-1〉; Mahoney, 1997, p. 15)는 이러한 사실을 보여 준다.

〈표 7-1〉은 상담자들이 일이나 개인적인 삶에서 여러 가지 스트레스를 경험하고 있음을 보여 준다. 이러한 스트레스 상황들을 제5장에서 이야기한 개인적 삶의 스트레스와 함께 생각해 보면 상담자에게 왜 그토록 자기 돌봄에 대한 욕구가 있는지가 명백해진다.

〈표 7-1〉 정신건강 전문가들이 경험한 개인적 문제들(86명)

문 제	백분율(%)
상담 사례가 너무 많거나 사례의 내용이 몹시 심각한 문제	48.2
정서적으로 고갈되거나 몹시 화가 치밀어 오르는 경우	46.5
친밀한 사람들과 관련된 개인적 갈등, 문제	41.2
자신의 치료 능력에 대한 자신감 부족과 의심	40.7
수면 부족	39.5
만성 피로	37.2
고립되거나 외로운 느낌	33.7
불안했던 경험	31.8
자신의 일에서의 비전이 불투명하다는 느낌	27.1
우울했던 경험	25.3
잦은 두통	20.9

균형의 요소들

① 이타적인 이기주의

셀리에(Selye, 1974)는 다른 사람들을 조력하는 직업을 가진 이들이 가지고 있는 자신의 복지와 관련된 고민을 '이타적인 이기주의'라고 기술하였다. 그가 스트레스와 스트레스의 해로운 영향에 대한 개념을 제시한 탁월한 선구자라는 점에서 그의 아이디어는 주목할 만하다. 뷰채넌(1992년, 1995년, 개인적 대화)과 나이팅게일(1995년, 개인적 대화) 역시 '신성한 이기심'(holy selfishness), 또는 '자기에게 주의 기울이기'(self-attentiveness)라는 유사한 개념을 제안하였다. 뷰채넌에 의하면, 신성한 이기심은 개인이 신성한 혹은 희생적인 의무로서 자기 자신의 복지를 유지해야 한다는 의미이다. 나이팅게일의 '자기에게 주의 기울이기'란 다른 사람을 위해서 자신의 욕구(needs)와 고민에 주의를 기울이는 현상을 말한다. 즉, 다른 사람들을 더 유능하게 돌보기 위해 필요한 조건으로서 우리 자신의 안녕(well-being)에 계속 주의를 기울이는 태도를 의미한다.

② 타인 돌봄과 자기 돌봄 사이의 균형을 유지하도록 계속 모니터하기

뷰채넌이 제시한 '자신에 대한 신성한 의무'는 자신을 계속 돌보고 감독하는 일을 포함한다. 로빈슨(Robinson, 1992)은 다른 사람들을 돕는 일을 하는 사람들이 자신에게 관심을 기울이지 않아서 자신에게 나타난 고갈의 징후들을 초기에 제대로 관리하지 못해 일어나는 일들을 '정전'(brownouts)이라고 표현했다. 숙련된 상담자들은 자신을 돌보지 않을 때 나타나는 위험을 초기에 알아차릴 수 있는 자기 나름의 신호들을 잘 알고 활용하고 있다. 상담자는 마치 당뇨병 환자가 자신의 인슐린 수준을 항상 지켜보고 관리해야 하듯이, 자신이 극도로 스트레스를 받는 환경에 처하게 될 때 자신을 보살피고 관리해야 한다. 상담자는 자신의 신체, 정서, 사회, 영혼, 지적인 자기가 심각하게 고갈되는 징후를 점검, 관리하는 구체적인 행동을 해야 한다. 예를 들면, 스테바노비치와 루퍼트(Stevanovic & Rupert, 2004)는 심리학자들이 자신들의 경력을 유지할 수 있도록 돕는 행동을 연구했는데, 두 번째로 가장 많이 하는 행동이 전문적인 삶과 개인적인 삶 사이의 균형을 유지하는 것이었다.

헤이지(Hage, 2010)는 상담자가 자신을 돌보는 것과 내담자를 돌보는 일 사이의 균형을 유지하는 것이 중요하다고 말했다.

> 피터가 어떤 고통과 상처를 공유하든지 내가 그에게 무조건적이고 지속적인 돌봄의 현존을 제공하는 것이 얼마나 중요한지 알게 되었다. 또한 시간이 지나면서 상담자로서 나의 일을 효과적으로 해내기 위해 성찰과 자기 돌봄을 위한 분리된 공간을 유지할 수 있는 일정 수준의 정서적 거리를 유지할 필요가 있다는 것을 알게 되었다.
>
> …… 피터와의 경험을 통해 배운 '교훈'과 도전은 선생님, 멘토, 연구자, 임상 슈퍼바이저로서 나의 일을 계속해야 한다는 것이다. 어떻게 하면 적절한 경계를 설정하고, 나를 고갈시키지 않으면서 역량 있는 전문가로서 학생, 멘티, 슈퍼바이지들을 진실하고 충실하게 돌볼 수 있을까? 전문 조력자로서 내담자를 돌보는 동시에 놓을 수 있는 역설의 긴장을 가지고 살 필요가 있다. 위험한 것은 이러한 역설적인 상황에서 오는 긴장과 모호성을 피하기 위해 자기를 보호하게 되거나 내담자와 학생들에게 단단한 보호막을 치게 될 수도 있다는 점이다(p. 183).

개인적 위기 혹은 과도한 스트레스 때는 자신을 더 많이 돌보아야 한다

자신을 돌보는 것은 항상 중요하다. 개인적 위기나 과도한 스트레스가 있으면 때때로 정상적으로 기능할 수가 없기 때문에 이럴 때 자신을 돌보는 일은 더더욱 중요해진다. 아이가 심하게 다쳤다든지, 가정의 수입이 상당 부분 줄어들게 되었다든지, 멀리 이사를 가게 되었다든지, 부모가 돌아가셨다든지, 병에 걸렸다든지, 친밀한 사람을 잃게 되었다든지, 자연재해로 재산이 파괴되었다든지 등등 큰 스트레스를 받았거나 개인적으로 큰 위기가 닥치는 예는 얼마든지 있다. 터너 등(Turner et al., 2005)의 연구에서 볼 수 있듯이, 이러한 경우에 자기 돌봄 전략은 도움이 될 수 있다. 다음의 두 가지 예는 가족의 심각한 질병이 상담자에게 큰 영향을 준 경우이다. 쇼르(Schorr, 1997)는 자신의 가정 문제로 인해 상담실에서 내담자의 이야기를 경청하기 어려웠던 경험을 털어놓았다.

> 상담 시간에 우리 가족에게 드리워진 먹구름이 자꾸만 머릿속에 떠올랐습니다. 아내가 백혈병이라는 진단을 받았거든요. 한 내담자는 자신이 알던 여자가 암으로 죽은 이야기를 했습니다. 다른 내담자는 백혈병으로 진단받고 나서 자살한 아들 이야기를 했지요. 또 한 내담자는 배우자가 최근 암으로 사망한 후 상실감으로 삶의 의욕을 잃은 상태였지요. 내담자가 와서 병에 대해 이야기를 할 때마다 나는 아내의 병에 대해 내담자들에게 정보를 얻고 싶은 마음이 생겼지만 이를 억누르려고 애를 써야만 했습니다. 물어보지는 않았지만 그런 이야기를 들을 때마다 아내의 병을 더 걱정하게 되었죠(p. 57).

폴락(Pollack, 1988)은 그녀가 개인적으로 겪었던 극심한 스트레스와 이와 관련된 경험을 다음과 같이 이야기했다.

> 대학원에 들어갔을 때였어요. 내 나이가 37세, 세 아이들 중 막내아이가 막 10세가 되었을 때였죠. 남편의 직장도 안정적이었고, 나 자신도 이제 막 인생에서 새로운 도전이 시작되려는 좋은 순간이었지요. 성인 상담에 관심이 있었던 저는 특히 노인상담 경험을 많이 하려고 생각하고 있었어요. 대학원에 들어가서 2년이 지나고 겨울방학이 시작되었어요. 저는 제 일생에서 가장 심각한 위기에 직면하게 되었어요. 남편이랑 가족끼리 휴가를 받아 스키를 타러 갔는데 남편이 갑자기 많이 아팠어요. 가까운 병원에 갔더니 남편이 결장암에 걸렸다는 거예요. 우리 가족은 완전히 쇼크 상태에 빠졌어요.
>
> 근처 종합병원에서 급히 수술을 받아서 일단 큰 고비는 넘겼어요. 가족이나 친구들도 멀리 있었고, 우리 가족만 병원에 있었어요. 참 외롭고 끔찍하더군요. 집으로 돌아오고 나서도 재수술을 받아야 되는 그런 결과가 생기지 않을까 불안한 마음에 괴로웠어요. 의사가 암은 통계 수치로 나온 것보다 더 많은 사람에게 닥치고, 수술 후의 예후도 나쁜 편이라고 하던 말이 잠시도 머리에서 떠나질 않는

거에요.

그 후 1년 가까이 살얼음판이었어요. 제 마음은 청룡열차를 탄 것 같이 천국과 지옥을 오갔고요. 왜 하필 내 남편에게? 왜 내게 이런 일이 생기는 건가? 너무 충격적이었고, 너무 슬펐고, 모든 믿음이 완전히 흔들렸어요. 재수술을 받게 되면서 의사도 믿기 어려웠고, 의사들에게까지 화가 났어요. 재수술을 받고 나서 남편이 회복되기까지 기쁨이란 전혀 없었어요. 다만 가족끼리 서로 위로하고 희망을 북돋우는 그런 작은 순간들이 위안이었죠.

남편 병세가 다시 나빠지면서 나는 아이들이 아빠의 죽음을 받아들이도록 준비를 시키려고 했어요. 아이들에게 죽음에 대한 책을 읽도록 하고, 아빠의 죽음에 대해 이야기를 나누었어요. …… 남편이 죽기 전부터 이미 저는 남편을 잃은 슬픔을 감당하기 시작한 셈이죠. 그 일을 겪기 전까지 내가 그렇게 강인한 사람인지 몰랐어요. 이런 큰 시련을 겪기 전에는 말이에요.

지금 와서 그때 일을 다시 생각해 보면 나는 정말 나 혼자 나 자신을 지탱해야 했어요. 내담자들이 큰 위기를 맞고 스스로 자신을 돌볼 수 있도록 내가 돕는 과정 같은 그런 과정을 겪었던 것 같아요. 전환모델(transition model; Schlossberg, 1984)에 따르면, 모든 변화를 성공적으로 겪어 내는 데에는 3요소가 있다고 해요. 상황, 환경, 그리고 자기 자신이요. 상황으로 말하자면 저는 갑자기 자식 딸린 젊은 과부가 되었지요. 내가 도움을 받을 만한 지침이나 역할 모델 같은 것은 어디에도 없더라고요. 결국 나는 나 혼자 나 자신에 의지하는 독립적인 사람이 되어 갔고, 혼자서 모든 의사결정을 내릴 수 있는 사람이 되었어요.

갑작스런 변화뿐만이 아니라 그전에는 전혀 상상도 못했던 스스로 통제할 수 없는 많은 스트레스가 있었어요. 가족과 친구들, 대학원 사람들이 위로하고 격려하고 도와주지 않았다면 결코 이겨낼 수 없었을 거예요. 그리고 내가 남편이 없는 여성들을 모아 자조 집단을 만들었던 일은 내가 생각해도 놀라운 일이었어요.

지금 생각해 보면 나는 내 속에 있던 많은 대처 전략을 사용했던 것 같아요. 슬픈 감정을 수용한 것이 그 슬픔을 극복하는 데 도움이 되었어요. 나는 매일 달리기를 했는데, 그게 스트레스를 많이 줄여 준 것 같아요. 나 혼자 나 자신에게 말을 걸고, 나 자신과 이야기를 나누고, 점점 모든 것이 나아질 거라고 스스로에게 격려하고, 나는 잘 해낼 수 있을 거라고 용기를 주고 …… 기댈 만한 사람에게 내 이야기도 많이 했는데 그것도 도움이 되었어요. 마음이 너무나 괴로워서 온통 세상이 어두웠지요. 하지만 그런 괴로움도 차츰 회복이 되더군요. 그런 고통을 겪으면서 저는 오히려 유머 감각이 더 많이 생기더라고요. 변한 것은 아무것도 없지만 차츰 마음이 회복되었어요. 시간이 약이라고 하더니 그렇더군요. 나아지면서 한 번씩 다시 괴로워지기도 했지만 말이에요. 누구에게나 효과가 있는 만병통치약은 없지만 그렇다고 어떤 약도 효과가 없는 그런 문제도 없더라고요.

> 이번 일을 겪으면서 상담자로서 다른 사람들을 더 잘 도와주게 되었어요. 특히 내가 관심이 있었던 노인상담 분야에서요. 그분들은 대부분 배우자를 잃는 경험을 하잖아요. 사랑하는 남편을 잃은 경험은 나에게 슬픔도 주었지만 여러 가지 배움, 성장의 기회였어요, 더 좋은 상담자가 되도록 해 주었고요(p. 117).

어느 정도의 시간 동안 사람들은 위기 속에서 견뎌 보려고 애를 쓰고, 그러다가 어떻게든 그것을 극복하게 된다. 예를 들어, 한 인턴 상담자는 지방에서 출퇴근하며 인턴 일을 하는 것을 힘겨워하며 석 달 이상을 견뎠는데, 결국은 고향으로 돌아갔다. 그녀는 적은 급여를 받아 힘겨운 생활을 해야만 했으며, 장시간 길에서 시간을 보내야 하는 어려운 상황이었다. 게다가 오빠가 교통사고로 갑자기 사망하는 일을 겪게 되었는데, 그런 와중에 그녀의 슈퍼바이저는 그녀가 감당하기 어려운 높은 수준의 실무를 해내도록 기대함으로써 그녀의 스트레스를 가중시키고 있었다.

극단적인 스트레스 상황에서 다른 사람을 돌보는 것과 나를 돌보는 것 사이의 적절한 균형을 유지하는 것은 분명히 매우 어려운 일이다. 모든 기운을 다 잃어버릴 정도로 소진되고, 고통스럽고, 절망스럽고, 불안하고, 걱정스러운 위기 상황에서 우리는 과연 어떻게 우리 자신을 잘 돌볼 수 있을 것인가? 대답하기 어려운 문제이지만 간단히 답한다면 언제나 지속적으로 자신을 돌보는 일을 해야 하고, 더구나 그런 상황에서는 자신을 돌보는 일을 평상시보다 훨씬 더 재빠르게 많이 해야 한다는 것이다. 반더누트 립스키와 버크(Van Dernoot Lipsky & Burk, 2009)는 『외상 관리: 타인을 돌보면서 자신을 돌보는 일상의 지침(Trauma Stewardship: An Everyday Guide to Caring for Self While Caring for Others)』이라는 책에서 이러한 딜레마를 다루었다.

동반의존성과 자기 돌봄

상담자가 어떻게 자기 돌봄과 타인 돌봄을 균형 있게 할 수 있을지 생각해 볼 때, 동반의존성(codependency)이라는 용어가 도움이 될 수 있는데, 이는 상담이 과도한 자기 희생적인 요소들을 요구하는 관계집약적인 직업이기 때문이다. 상당한 자기 희생과 배려가 돌봄직의 중심이며, 이것이 타인에게는 도움이 되고, 자신에게는 의미 있는 일이기 때문에 동반의존성이라는 개념은 조심스럽게 사용될 필요가 있다.

과도한 동반의존형 행동으로 위험에 처한 전문가를 돕는 것은 과도한 타인–돌봄 지향이 갖는 단기적인 유혹과 장기적인 파멸을 막는 데 도움이 될 것이다. 동반의존성이라는 용어의 핵심 측면이 자신을 포기한다는 것이기 때문에 궁극적으로 심각한 의미를 지닌다. 하지만 다른 강렬한 유혹들처럼, 자신을 포기한다는 것 또한 큰 매력을 가질 수 있다. 그 매력이란 종종 자신과 자신의 성장을 회피하는 것이다. 자기를 포기함으로써 해결되지 않은 슬픔, 강한 양가 감정, 혹은 더 큰 위험들을 피할 수 있기 때문이다. 이러한 점 때문에 자기 포기는 강한 자석처럼 당신을 끌어당길 수 있다.

자기 포기와 같은 심각한 동반의존성은 하이터치 직군에 종사하는 사람들에게 경고되어야 할 행동이다. 수년 전, 톰은 한 여성 내담자와 작업을 하고 있었다. 그녀는 남편이 죽은 후, 자기 자신을 자녀에게 전부 쏟아부었다. 오랜 기간이 지난 후, 이러한 자신의 행동을 멈추고, 슬픔의 현실을 직시하면서 치유와 변화의 과정을 시작했다. 현실을 부정하면서 일시적으로 단기적인 문제를 해결할 수 있다는 점에서 볼 때, 현실로부터 도망치고자 하는 것은 돌봄직에 있는 우리에게도 일종의 유혹이 될 수 있다. 헬도퍼(Helldorfer; Robinson, 1992에서 인용)는 성직이라는 돌봄직은 '중독적인 돌봄' 상태에 빠진 사람들로 구성되어 있다고 말했다. 여성의 삶에 대해 글을 쓰는 여성들은 여성의 사회화를 설명할 때, 타인에 대한 관심에 강한 가치를 두는 '돌봄의 윤리'와 양육하는 인간의 삶에 초점을 둔다. 이는 길리건(Gilligan, 1982)의 『또 다른 목소리로(In a Different Voice)』, 러딕(Ruddick, 1989)의 『모성적 사유(Maternal Thinking)』, 그리고 쵸도로우(Chodorow, 1978)의 『모성의 재생산(The Reproduction of Mothering)』의 주요 주제이다. 몬터규(Montagu, 1974)도 『여성의 자연적 우월성(The Natural Superiority of Women)』에서 같은 주제를 말했다. 돌봄의 윤리는 매우 긍정적인 특성일 수 있다. 어떻게 돌봄직 전문가들이 이를 부정할 수 있을까? 그러나 성격, 성별, 조력 직종의 구성원이라는 세 가지 요인은 타인을 돌보지만 자신은 돌보지 않는 조력자들에게 추가적인 위험을 가져올 수 있다(예를 들어, 초등 또는 중등 교사, 사회복지사, 간호사, 재활 상담사, 심리치료사 또는 물리치료사 등의 직업을 가진 여성들).

타인보다 자신을 더 돌보고자 하는 반대되는 행동 또한 불균형을 가져올 수 있다. 이해는 가지만, 과도한 수준으로 자기에게 몰입될 때 돌봄의 균형이 깨질 수 있다. 내담자를 버려 두는 것, 상담자의 욕구만 충족시키는 것, 과도하게 자기를 보호하는 것, 내담자가 경험한 어려움과 해결책에 대해 듣고 상담자 자신에게 적용하는 것, 내담자에게 몰입하는 것을 피하기 위해 '거북의 딱딱한 등껍질'을 사용하는 것 등이 과도한 자기 돌봄이다. 우리는 내담자, 학생 또는 환자의 문제들—그들의 어려움과 해결 전략—을 듣고 우리의 삶으로 다시 돌아오기 위해 이를 과도하게 이용할 수 있다. 예를 들어, 한 내담자가 일자리를 잃었을 때 상담자는 불신과 무행동(inaction)으로 반응할 수 있다. 만일 자신에게 이런 일이 일어나면 자신은 그 상황을 더 잘 다룰 수 있다고 말하면서 상담자 자신의 안녕을 향상시키는 데 내담자의 행동을 이용할 수 있다. 만일 내담자의 이야기를 몰랐다면 상담자 자신의 상황만을 고려할 것이다.

한 사람에서 다른 사람에게로 돌봄의 초점을 자연스럽게 이동할 수 있는 능력은 상담자가 돌봐야 하는 내담자들을 위해 필요한 아주 훌륭한 특성일 수 있다. 그러나 상담자가 내담자를 온전히 돌보지 않고 자기 돌봄 욕구만을 채운다면, 상담은 취약한 내담자들의 안녕에 도움이 되기보다는 비윤리적이고 파괴적일 수 있다. 비윤리적이고 착취적인 돌봄은 자신의 욕구에 초점을 맞추는 것이다. 수십 년 전 인카운터 그룹의 카리스마 있는 자기중심적인 리더가 종종 집단원에게 해를 미쳤던 일들이 그러한 예라고 할 수 있다(Lieberman, Yalom, & Miles, 1973). 또 다른 예는 개인적인 욕구를 채우기 위해 전문적인 경계를 침범하는 비윤리적이고 착취적인 상담자이다(Pope & Vasquez, 1991).

윤리적 책무로서의 심리적 안녕감

바넷, 베이커, 엘먼과 쇠너(Barnett, Baker, Elman, & Schoener, 2007)는 심리적 안녕감을 증진시키기 위해 지속적으로 자기를 돌보는 것은 심리학자의 윤리적 책무라고 말했다. 그들은 상담자 개인의 삶을 위해서 뿐만 아니라 돌봄직 실무자가 업무를 수행하는 데 있어 필수적인 요소로서 자기 돌봄의 중요성을 강조했다. 상담자가 자신을 돌보고자 하는 욕구를 무시한다면 타인을 돌보는 데 어려움을 겪을 수 있다. 바넷, 존스톤과 힐라드(Barnett, Johnston, & Hillard, 2006)는 "상담자의 자기 돌봄은 사치가 아니라 스트레스, 소진, 그리고 손상을 예방하는 필수 요소이다. 자기 돌봄은 시간이 되면 할 수 있는 추가적이거나 괜찮은 어떤 것이 아니라, 직업적 정체성의 필수적인 부분으로 여겨져야 한다"고 말했다(p. 263).

자기 성찰 활동

이 장과 이 책 전체의 주제 중 하나는 돌봄직의 어려움을 인식하고 회복탄력성을 적극적으로 신장시킬 필요성이 있다는 것이다. 적극적인 예방적 노력 없이도 소진을 피할 수 있다는 상담자의 믿음을 설명하기 위해 무심(innocence)이라는 단어를 사용하고자 한다. 당신에게 질문해 보자. 당신의 상담자 무심 지수(Practitioner Innocence Quotient: PIQ)는 얼마인가? 회복탄력성을 적극적으로 개발해야 하는 것이 중요하다는 생각에 대해 어떻게 생각하는가?

제 8 장 전문적 자기 유지하기

저는 내담자의 이야기를 듣고 그들로부터 배울 수 있는 기회를 갖게 된 점에 대해 매우 감사하게 생각합니다. 미소 짓게 하고, 걱정하게 하고, 궁금하게 하는 내담자들을 더 많이 만나길 기대합니다.

–**챔버스**(2009년 개인적 대화)

전문적 자기를 유지하는 방법

1) 의미 있는 일 유지하기
2) 전문적 성공 경험을 극대화하기
3) 크게 이루려고 욕심내는 대신에 작은 성공의 성취를 즐기기
4) 길게 내다보기
5) 개별적·적극적으로 설계된 발달 방법을 창조하고 유지해 나가기
6) 전문적인 자기 이해
7) 일하는 곳에 전문가 온실 만들기
   ① 전문가로서 성장할 수 있는 배움의 환경
   ② 타인과 자신을 돌보는 일 사이에 균형을 맞출 수 있도록 해 주는 리더십
   ③ 동료들로부터의 지지
   ④ 멘토, 슈퍼바이저 또는 상사로부터 타인 돌봄을 받기

⑤ 멘토, 슈퍼바이저, 상사로서 일하며 성장하기

⑥ 전문가가 되어 가면서 일을 즐길 줄 알고, 재미를 갖고, 농담을 하며 웃을 수 있는 방법 배우기

8) 고통스러운 감정을 벗어 버리기 위한 전문적인 환기와 표현적 글쓰기

9) '충분히 좋은' 조력가 되기

10) 초심자 시절에 흔히 겪게 되는 불안을 이해하기

11) 자신을 쇄신해 지적인 자극을 증진하고 권태와 지루함을 줄이기

12) 모호한 종결을 최소화하기

13) 경계와 한계의 설정, 부적절한 요청을 거절할 줄 알기

의미 있는 일 유지하기

일은 반드시 필요하다.

—**버지니아 울프**(1990, p. 503)

봉사하고자 하고, 봉사하는 법을 아는 사람만이 진정으로 행복해질 것이다.

—**슈바이처**(1975, p. 87)

당신이 할 수 있는 모든 착한 일을 하세요.
당신이 할 수 있는 모든 수단을 동원해서
당신이 할 수 있는 모든 방법으로
당신이 할 수 있는 모든 곳에서
당신이 낼 수 있는 모든 시간을 들여서
당신이 도움을 줄 수 있는 가능한 모든 사람에게
당신이 할 수 있는 한 영원히…….

—**존 웨슬리가 말했지만, 저자는 알려지지 않았다[웨슬리 센터의 웨슬리 전문가 톰슨 디렉터**(2015년 7월 21일, 개인적 대화)].

상담자는 대개 상담이란 일이 매우 가치 있는 일이라고 여기기 때문에 상담을 직업으로 선택한다. 인간이라는 종(種)을 위해 유익한 일을 하는 것은 대단한 의미와 목적을 부여해 준다. 이 책의 앞부분에 인용된 버나드 쇼의 이야기를 기억하는가? "인생에서 진정한 기쁨은 자신이 가장 중요하다고 생각하는 목적을 위해 공헌하는 것이다. 세상이 자신을 행복하게 해 주지 않음을 불평하고, 배 아파하며, 열병을 앓고 있는 이기적인 고깃덩어리는 진정한 기쁨을 얻을 수 없다"(Larson, 1993, p. 2에서 재인용).

나는 자신의 일에 큰 의미를 두고 살아가는 훌륭한 교사를 만난 적이 있다. 그녀는 어린 시절 불우한 가정에서 모든 것이 흔들리는 가운데 살아왔지만, 학교에서 좋은 선생님들로부터 많은 애정과 관심, 가르침을 받으며 성장했다. 성인이 되어 교사가 된 그녀는 역시 엄청난 열정과 에너지를 아이들과의 만남에 쏟아붓고 있었다. 그녀가 어린 시절에 선생님들로부터 받았던 그런 사랑과 가르침을 자신이 가르치는 아이들에게 주었다. 그의 직업—성심성의를 다해 사람들을 돕는 일—은 그녀에게 삶의 의미이자 목적으로 충분한 것이었다. 그녀에게 중요한 의미이자 목적이 되는 일이기에 그녀는 쉽게 소진되지 않았다. 항상 보람되고 행복했다.

하지만 의미와 목적의식이 있는 일이라는 것이 어떤 때는 몹시 위험하기도 하다. 한 사회복지사는 자신의 일에서 별로 성취하는 바가 없다고 스스로 생각하고 있을 무렵, 재활 상담 중이던 그의 내담자가 다시 범행을 저질러 경찰에 붙잡혔다. 상담이 별로 효과가 나타나지 않아서 실망하고 있었다. 남을 돕는 직업을 선택한 주된 동기인 '인간의 삶을 변화시킨다'는 상담의 의미와 목적, 즉 상담자로서 존재의 이유(raison d'etre)가 흔들리게 된 것이다. 우리는 이를 소진이라고 말한다.

다른 일도 마찬가지이지만 문제는 그 일을 선택했다는 데 있는 것이 아니다. 세상의 많은 직업이 사람들을 성장시키고 발전시키는 것과는 관련이 없고, 오히려 어떤 직업은 인간의 삶을 파괴적으로 만들기도 하지만 우리가 선택한 일은 그렇지 않다. 최소한 이 일을 하는 우리의 의도는 그렇지 않다. 우리는 우리의 작은 노력으로 세상을 더 살기 좋은 곳으로 만들려고 노력한다. 이러한 노력에는 수술 후 환자의 신체적 고통을 감소시켜 주려는 일, 고향을 처음으로 떠나온 대학교 신입생들의 불안을 덜어 주고자 하는 일, 갑작스런 실직의 충격을 당한 이들을 돕는 일 등이 있다. 삶의 목적과 의미를 추구하는 일, 즉 많은 사람이 때때로 겪게 되는 위기에서 그 위험과 어려움을 감소시켜 주는 일은 우리에게 내재적인 가치를 지니는 일이다. 그러므로 우리 자신이 삶의 위기에 처해 있을 때조차도 다른 사람들을 위해 일을 하는 것이 우리 자신의 위기를 감소시켜 주는 일이 될 수 있다.

일부 상담자들에게 종교는 피할 수 없는 인간의 죽음을 직면하도록 도움과 안심을 주며, 삶의 의미와 목적을 제공하는 신념의 탄탄한 구조가 된다. 그렇지만 더 많은 이에게 공식적인 종교가 여러 삶의 다양한 딜레마에 대해 답을 주거나 위안을 제공하지는 못하는 것 같다. 앞의 두 경우 모두 우리의 일은 뭔가를 지금과 다르게 변화하도록 추구한다는 점에 의미를 둔다고 하겠다. 빅토르 프랭클(Victor Frankl)은 그의 책 『의미의 추구(Man's Search for Meaning, 1946/1959)』에서 롤로 메이, 폴 틸리히, 쇠렌 키에르케고르, 어빈 얄롬, 알베르 카뮈, 장 폴 사르트르와 같은 많은 유력한 실존주의 작가들이 이야기한 것과 마찬가지로 이러한 의미에 대해 이야기했다.

어니스트 베커(Ernest Becker)는 금세기 가장 영향력 있는 그의 책에서 현대의 삶에서 의미 있음과 의미 없음의 문제에 초점을 맞춘 바 있다. 그의 책 『죽음의 부인(The Denial of Death)』(1973)에서 "우리는 많은 시간과 에너지를 피할 수 없는 죽음을 거부하는 데 쏟고 있다"고 이야기했다. 많은 상담자에게 있어 (우리보다 더 젊은 사람들의 삶을 촉진하는) 후진 양성의 일은 의미 있는 일이며, 인생이란 춤은 계속 진행되지만 곧 떠나야 한다는 사실과 관련된 내적 두려움을 다룰 수 있도록 도와준다.

우리는 인생의 후반부에서 다른 사람들의 삶을 돌보는 자원봉사자 혹은 전문가로 일하게 된 많은 사람의 이야기를 들어 왔다. 이러한 추구는 종종 더 많은 의미 또는 목적을 위한 것이며, 자신을 종과 종의 생존에 보다 더 직접적으로 연결하려는 시도이다. 이는 일종의 불멸, 즉 인간의 역사 또는 미래와 동일시하는 것이며, 손주들의 삶을 통해 조부모들이 미래의 삶에 참여하게 되는 방식과 유사한 것이다.

사람들의 삶을 돕는 우리는 우리 자신이 별로 효과적으로 일하지 못한다는 생각을 하게 되면 쉽게 삶의 의미를 잃어버리고 지칠 수 있다. 반면에 우리가 효과적으로 일을 잘하고 있다고 느끼면 자신을 지탱해 주는 삶의 의미를 얻게 된다. 따라서 전문적 자기를 유지하기 위해 상담자는 비록 작은 일들일지라도 자신이 잘 해나가고 있다는 느낌을 주는 일들을 찾아야만 한다.

전문적 성공 경험을 극대화하기

> 한 세대는 나무를 심고, 다른 세대는 나무 그늘을 얻는다.
>
> —**워너**(1992, p. 301)

> 영향력을 미친다는 것은 상담 관련 상담자들의 직업상 만족을 위해 필수적이다. 능동적이고 유능하게 일함으로써 실질적인 성과를 얻는 것은 그 자체로 우리를 유지시켜 주고 보상을 준다. 성공적으로 해냈다는 피드백이나 보상 없이 일방적으로 계속 주기만 하는 관계는 누구에게나 견디기 힘들다. …… 비현실적인 기대는 특히 내담자의 성장을 기대하는 데에서 나타난다. 전문적으로 치료하고 싶다는 욕구는 종종 우리가 내담자들의 삶을 전체적으로, 완전히 변화시켜야 한다는 비현실적인 욕심을 갖게 만든다.
>
> —**그로쉬와 올슨**(1994, pp. 8, 15, 16)

상담자에게 있어 성공이란 무엇인가? 우리는 무엇을 가지고 우리가 성공했다는 판단을 내릴 수 있는가? 성공적인 조력의 네 가지 차원을 살펴본다면([그림 8-1] 참조), 상담자가 각 차원의 성과를 통제할 수 있는 정도가 매우 다양하다는 것을 알 수 있다.

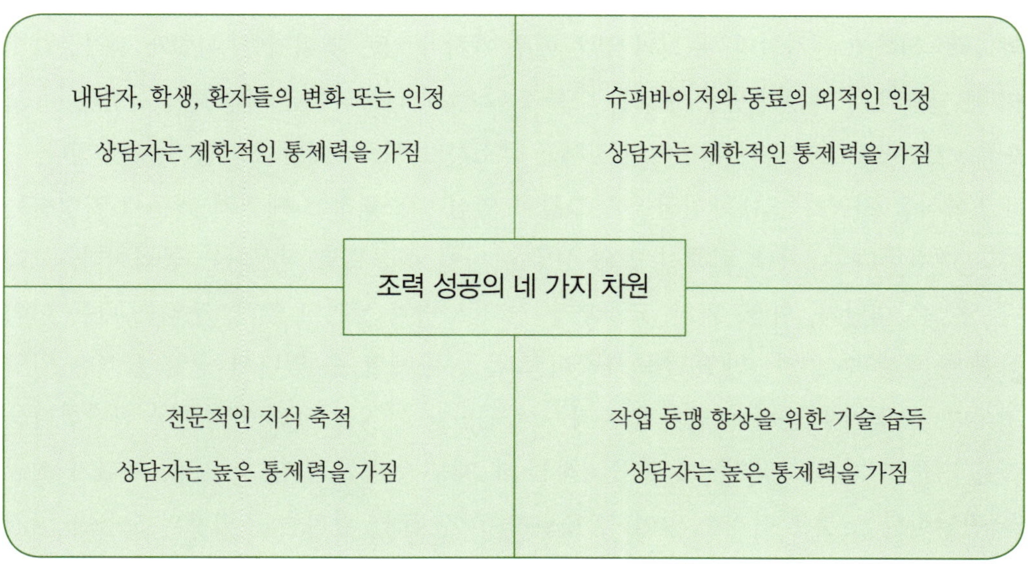

[그림 8-1] 조력 성공의 네 가지 차원

우리는 [그림 8-1]의 왼쪽 윗부분, 즉 우리가 돌보는 사람이 나아졌는가에 초점을 맞추는 경향이 있다(예를 들면, 더 많이 알게 되고, 더 잘 행동하고, 덜 부끄러워하는). 우리가 전문가로서 유능하다고 인정받고 자신이 전문가로서의 가치감을 갖도록 하는 근거는 바로 이 차원에 있다. 우리가 전문가로서의 역할을 잘한다고 생각할 수 있다면 우리 노력의 유익함은 자연히 타당성을 갖게 되는 것 같다. 우리의 도움을 받는 내담자, 학생, 환자들과 우리는 밀접한 관계를 맺고 있기 때문에 그들도 우리 일의 성과에 대해 판단할 수 있다. 의사를 만나 치료를 받고 있는 환자가, 의사가 전문적으로 자신을 치료하고 있는지 그 노력에 대해 판단하지 않겠는가? 내담자가 우리를 판단한다는 것은 이미 우리가 통제권을 덜 갖게 된다는 것을 의미한다. 이는 매우 중요한 부분이다. 예를 들면, 어느 학기에 톰은 박사과정 세미나 수업과 대학교 신입생 보충수업 과정을 가르쳤던 적이 있다. 두 수업의 분위기는 매우 달랐다. 박사과정 세미나 수업의 학생들은 배우는 것을 좋아했으며, 자기효능감이 높았고, 선생님들과 긍정적인 관계를 맺어 왔다. 그들은 톰의 강의평가에 높은 점수를 주었다. 그러나 대학교 신입생 수업은 그 반대였다. 그들은 배우는 것을 싫어했고, 스스로를 멍청하다고 생각했으며, 이전 선생님들과도 갈등이 많았다. 이들을 가르치는 일은 매우 어려웠고, 더 소진되었다. 그들의 강의평가는 매우 비판적이었다. 교사, 상담자, 의료서비스 제공자들이 나와 너(I-Thou)의 관계에서 더 적극적인 대상들에게 끌리는 것은 당연한 것이다.

2015년 기준 교사와 상담자들은 학생의 성취와 내담자 증상의 완화가 자신들의 노력과 관련 된다고 생각한다. 우리의 일은 매우 가치가 있는 것이지만, 이렇게 생각한다면 더 큰 맥락에서 인간의 발달 문제를 다루지 않은 채 선생님들은 학생들이 시험을 잘 보도록 가르치고, 상담자는 부정적인 정서를 감소시키려는 데에만 초점을 맞추게 된다.

조력직을 전공하는 대학원생들은 그들이 열심히 노력하고 애썼기 때문에 인정받는다고 생각한다. 내가 노력해서 얻은 성공은 나를 성공으로 이끈다는 공식이다. 그러나 성공은 내담자, 학생, 환자, 교구민 자신의 노력과 상관이 있다. 우리는 다른 이의 삶을 통제할 수 없다. 만일 조력자들이 그들을 통제할 수 있다면 정말 끔찍한 일일 것이다. 그렇기 때문에 내담자 결과라는 차원만을 가지고 우리의 성공을 판단한다는 것은 전문적 자기를 장기적으로 유지하는 데 매우 위험한 일일 수 있다. 게다가 성공을 판단한다는 것은 어려운 일이다. 내담자, 학생 또는 환자는 조력자의 도움을 받지만 물위의 메마른 스펀지의 내부처럼, 흡수된 도움이 감지되지 않거나, 표현되지 않거나, 인식되지 않을 수 있기 때문이다.

[그림 8-1]의 오른쪽 위의 차원에서도 우리는 제한된 통제권을 갖는다. 우리가 운이 좋아서 슈퍼바이저를 잘 만나면 다행이지만 그렇지 않을 수도 있다. 동료 역시 마찬가지이다. 운이 좋아서 좋은 사람을 만나면 좋은 친구가 되어 많은 것을 나눌 수 있다. 그렇지만 동료 간의 경쟁심과 질투로 인해 얻는 것보다 잃는 것이 더 많은 관계가 될 수도 있다. 또 우리가 전문가로서의 성공을 외부의 잣대로 평가하고, 이에 대해 인정받으려는 경향이 지나치면 우리는 통제할 수 없는 큰 직무 스트레스를 받는다.

반대로 우리는 다른 차원들을 통제할 수 있다. 그것은 바로 전문 지식을 축적하고 전문적인 관계, 즉 작업 동맹의 질을 향상시키는 것 등이다. 전문성은 이 분야에 대한 지식과 이론, 기법, 연구, 방법, 전략 등에 대한 최신 정보와 지식을 갖는 것을 의미한다. 상담 분야에서는 계속적으로 지식이 생산되고 있다. 쉽지 않은 일이지만 계속적으로 이러한 지식을 키워 나가야 하고 더 습득해 나가야 한다.

전문적인 관계를 형성하고 유지하는 것 또한 마찬가지로 중요하다. 상담, 교육, 그리고 치유의 과정에 온전히 현존하는 것은 매우 중요한 일이다(Castonguay et al., 2006; Strauss et al., 2006). 우리가 내담자와의 관계를 잘 이해하고 여기에 충분히 몰입하고 있는가 하는 것은 전문가로서의 기능에 있어 매우 중요한 측면이다.

앞에서 제시한 조력의 성공과 관련된 네 가지 차원 중 두 개의 차원, '전문적인 지식 축적'과 '작업 동맹 향상을 위한 기술 습득'은 우리의 노력 여하에 따라 성취 가능한 것이다. 우리는 일에서 이 부분을 통제할 수 있고, 그 성취로부터 만족감을 얻을 수 있다. 나는 교도소의 재소자들에게 심리학 강의를 한 적이 있는데, 강의하는 동안에 나의 가르치는 방식, 나의 관계 기술을 사용하여 나에게 관심 있는 주제에 대해 강의를 할 수 있었다. 내가 만약 재소자들에게 대학생 수준의 보고서를 작성하고 시험을 잘 치르기를 기대하거나, 교수로서 나를 존중하기를 기대한다면 나는 많이 실망했을 것이다. 나는 그들에게 작은 부분만을 기대했고, 긍정적인 피드백도 크게 기대하지 않았다. 이렇게 해서 그 강좌는 잘되어 나갔고, 나는 이 강의 경험을 재미있고 즐거운 것으로 간직할 수 있었다.

학생이 잘 배우지 못하고, 환자가 사망하고, 내담자가 약물남용을 중단하지 못할 수도 있다. 우리는 이러한 결과로 말미암아 스트레스를 받을 수도 있다. 그러나 그렇다고 하더라도 우리는 우리가 통제할 수 있는 두 차원에 대한 노력은 계속할 수 있다. "나는 관계 형성을 잘했는가?" "나는 전문가답게 애착을 형성하고 몰입했는가?" "나의 전문적인 지식은 충분한가?"하는 질문을 던지고 답을 추구해 가는 것 말이다.

때로 우리는 외부의 좋은 평가와 인정을 받는다. 그리고 때로는 그러한 인정의 맛을 즐기는 것이 우리가 오랫동안 전문가로서 생기를 유지하는 데 중요하다. 그러한 인정의 '맛을 즐긴다'는 것은 무엇을 의미하며, 왜 중요한가? 우리는 흔히 맛을 즐긴다는 말을 '음식의 맛'을 즐긴다고 말할 때 사용한다. 그것은 음식에 대해 그 음식이 없어지기 전에 그 맛을 즐기는 것, 즉 맛을 느끼고 냄새를 맡고 그 감촉을 즐기고 하는 것을 뜻한다. 맛을 즐기는 것과 반대되는 것은 단지 배를 채우기 위해 그 음식을 허겁지겁 먹어치우는 경우가 될 것이다. 맛을 즐긴다는 것은 허기를 달래기 위해 그저 배를 채우려는 목적으로 음식을 향해 돌진할 때는 결코 경험할 수 없는 일이다. 마찬가지로 우리도 때때로 직업상의 책임 때문에 하나하나 성공의 맛을 즐기는 과정 없이 한 가지 일에서 다음 일로 돌진하곤 한다.

미셸과 톰은 상담에서 오는 기쁨의 순간이 얼마나 일시적인가를 알게 되었다. 이는 상담이 공감적 애착, 적극적 몰입, 분리라는 돌봄의 순환 과정을 반복해야 하기 때문이다. 예를 들어, 6학년 영어 수업이 매우 잘 진행되었더라도 수업을 종강하게 되면 더 이상 같은 학생들과 선생님이 다시 모이는 일은 없을 것이다. 심장발작 환자를 내가 성공적으로 치료했다면 그는 집으로 돌아가 다시 병원에 오지 않을 것이다. 취업상담을 무척 성공적으로 해냈다면 내담자는 만족스러운 일자리를 얻어서 갈 것이며, 나와의 상담 과정에서 얻은 정서적인 지지와 또 다른 취업 안내를 내게 더 이상 원하지 않을 것이다.

조력 직종의 다른 종사자들과 마찬가지로 나 역시 오랫동안 좋은 상담자가 되려고 힘써 노력해 왔다. 내가 교수로서 보낸 세월은 여러 가지 스트레스가 가득한 시간들이었다. 나는 「가르치는 것을 배움(Learning to Teach)」이라는 논문에서 이런 경험을 이야기한 적이 있다.

> 나는 아내와 어린 딸과 함께 미주리에서 플로리다를 향해 운전을 하고 있었다. 플로리다 대학교의 심리학 교수직을 얻어 온 가족이 함께 이사를 하고 있는 중이었다. 운전을 하면서 불현듯 한 가지 생각이 떠올랐다. 내가 잘 가르칠 수 있을까? 나는 가르치는 기술과 기예를 한 번도 배운 적이 없는데…… 교수 일을 잘할 수 있도록 가르치는 곳은 어디 없는 걸까? 미네소타에서 초등학교 교사로 있는 내 누이 생각이 났다. 누이는 교사가 되기 전에 많은 것을 배웠다. 다른 직업에 종사하는 사람들은 어떨까? 미용사, 비행기 조종사, 외과의사들은? 모두 졸업하기 전에 나중에 어떻게 일하면 되는지를 배우지 않는가? 어떻게 해서 나는 가르치는 일을 한 번도 체계적으로 배운 적이 없는 것일까?

> 나는 며칠 동안 운전하는 틈틈이 이렇게 백일몽에 잠기곤 했다. 플로리다에서 나는 교수로서의 첫 해를 시작하였다. 첫해에는 '스스로 알아서 하라'는 식의 훈련을 받느라 많은 시간을 보내야 했다. 나 스스로 알아서 하는 훈련 프로그램은 결점 투성이었다. 어떤 체계도, 구조도 없는데다가 선배 교수들이나 전문가로부터의 어떤 조언이나 충고도 없었으니까 말이다. 첫해에 나는 마음의 상처를 받았고, 그간 지녀 왔던 꿈들이 깨지는 것을 경험하면서 아주 작은 성공만을 거둘 수 있었다(Skovholt, 1986, p. 8).

상담자들의 노력에 대해 내담자가 반응하는 데에는 많은 요소가 영향을 미친다. 일전에 나는 경영학 강의를 들은 적이 있다. 당시는 내 개인적인 여러 가지 문제로 어려움을 겪고 있던 시기라서 강의자의 노고에 대한 진정한 평가가 어려웠다. 시간이 절대적으로 부족했고, 할 일이 너무 많았으며, 나의 주변 여건이나 환경 역시 조정할 방법이 없었다. 그때는 그 경영학 강의만이 내가 어떻게 조절해 볼 수 있는 유일한 것이었다. 그때 나는 경영학 강의에 충실할 수 없었고, 경영학 강의를 맡은 교수도 나에게 '강의를 성공적으로 잘 이수했다'는 좋은 피드백을 주기가 어려운 형편이었다. 만약 그 강사가 나와 같은 학습자들에 의해서만 자신의 강의를 평가하는 외적 평가기준을 갖고 있었다면 실망했을 것이다. 또 다른 예도 있다. 내가 명상을 배우고 있었을 때 함께 참여했던 한 사람은 강좌 내내 많은 갈등을 일으키고 불만을 토로하면서 지냈다. 명상 지도자가 내 동료의 평가에 의존했다면 그는 많이 실망하고 좌절해야 했다. 수술 후 회복실에 있는 환자가 마취에서 깨어나 자신이 받았던 도움에 대해 진심 어린 감사를 표현하는가? 아닐 것이다. 그들은 자신들의 혼란함과 불편함을 걱정할 뿐이다. 만일 회복실의 간호사가 환자들의 평가와 인정에 근거해 자신의 일에서의 성공과 실패를 판단한다면 그녀는 많은 좌절을 겪어야 할 것이다. 이런 방식으로 자존감을 유지하고 세우려 한다면 그녀의 삶은 어떻게 되겠는가? 고등학교 교사가 학생들의 인정과 평가에 근거해 자신의 자존감을 세운다면 어떻게 되겠는가?

앞서 말한 바와 같이, 책임, 표준 성과, 관리 의료제도의 시대에서 결과는 중요할 수 있다. 그리고 그것은 언제나 중요시되어 왔다. 여기서 강조하고자 하려는 것은 상담자가 장기적으로 활력을 유지하며 일할 수 있도록 상담자들의 통제와 자기효능감을 더욱 강화시키는 것에 관한 것이다. 내담자, 학생 혹은 환자에게 효과를 일으키기 위해 노력할 때, 긍정적인 변화의 가능성에 대한 우리의 기대를 적절히 조절하는 것이 중요하다.

크게 이루려고 욕심내는 대신에 작은 성공의 성취를 즐기기

결과에 대해 생각할 때는 그 결과에 대해 우리가 기대하는 바를 함께 고려해야 한다. 상담의 결과에 대해 생각할 때 내담자가 얻을 것에 대한 우리의 기대를 조금 더 낮춘다면 훨씬 만족스러울 수 있다. 이것은 게을러지거나 평범함을 수용하라는 의미는 아니다. 이 제안은 매우 역설적인 이야기일 수 있다. 조력 직종의 종사자들은 흔히 돕고 싶은 마음이 너무 커서 많은 사람에게 큰 변화를 일으키고 싶은 마음에 빠져 있는 경우가 많다. 큰 변화를 추구하는 것은 때때로 변화에 대한 내담자의 양가적인 마음과 저항을 강화시키고, 개선 가능성을 낮춘다. 이 분야의 전문가들은 자신의 기대수준을 낮추고 작은 변화에 초점을 맞춤으로써 내담자들에게 더 힘을 북돋우고 우리 자신도 더 잘 돌볼 수 있을 것이다.

길게 내다보기

전문가로서의 발달은 오랜 과정이다(제11장 참고). 치, 글레이저와 파(Chi, Glaser, & Farr, 1988), 에릭슨 등(Ericsson et al., 2006), 그리고 에릭슨, 프리에툴라와 코클리(Ericsson, Prietula, & Cokely, 2007)의 연구에 따르면, 상담이나 고등교육 교사, 그리고 간호사와 같이 인간을 대하는 전문직에서 고도의 발달을 하려면 오랜 시간이 필요하다. 이 과정에서 어떤 사람은 빨리 발달하고, 빨리 진행되고, 어떤 사람은 천천히 발달한다. 작은 목표들을 위해 노력할 때 좀 더 장기적인 청사진을 가지는 것은 매우 좋다. 물론 인생에서의 큰 과업, 즉 진로라든가 교육문제를 생각할 때 작은 단위로 끊어서 생각하는 것이 많이 사용되는 방법이기도 하고 동기를 부여하는 전략이기도 하다. 미네소타 북부의 야생에서 카누 선수들은 훈련 첫날의 첫 시간에 매우 열심히 노를 젓기 시작한다. 다음 5시간은 어때요? 다음날 6시간은 어때요? 다음날은? 다음날은? 상담자들은 대개 조력 전문가로서 30년 혹은 40년을 일한다. 장기적인 안목에서 상담자로서 성장하는 것, 그리고 자신을 돌보고 각별히 여기는 것은 우리의 방향이나 접근 방식을 변화시킬 수 있다. 아기가 걸음마를 시작하는 것을 생각해 보면 그것은 시도하고, 피드백을 받고, 그리고 또다시 시도하는 것을 반복하는 하나의 긴 과정이다. 그리고 시간이 지나고 경험이 쌓이면 아장아장 걷던 아기가 뛸 수 있게 된다. 회복탄력적인 상담자 또한 그러하다.

개별적·적극적으로 설계된 발달 방법을 창조하고 유지해 나가기

살아 나가기 위해서는 먹어야 한다. 살아가고 전문적인 성장을 위해 전문성이라는 영양분을 섭취하지 않거나 아주 근근이 굶지 않을 정도로만 먹는 것은 일에 대한 피드백을 거부하거나 파괴하는 것으로서 발달지체와 가짜발달을 이룰 수밖에 없다(Rønnestad & Skovholt, 2003, 2013). 이에 대해서는 제11장에서 다룰 것이다.

대학 훈련 과정에서는 수업을 통해 어떻게 발전하는지 배우게 되지만, 학교를 졸업한 이후부터는 스스로의 발전을 책임져야 한다. 많은 분야에서 평생교육을 통해 전문성 발달을 보장하려고 하지만, 이는 덜 발달된 접근일 수 있다. 우수하게 활동하는 선배 상담자들은 배움의 과정을 지속하며, 그들의 발달 방식 또한 다양하다(Rønnestad & Skovholt, 2003, 2013).

발달의 핵심 요소 중 하나는 새로운 정보와 피드백에 대한 개방성이다. 이것은 로저스(Rogers, 1961)가 '온전히 기능하는 사람(fully functioning person)', 매슬로(Maslow, 1968)가 '자아실현인'으로 묘사한 것과 같은 방어적이지 않은 열린 자세를 말한다. 이들에 따르면, 개방성과 지각의 정확성이 발달의 열쇠가 된다. 한 개인이 정보를 왜곡하거나 새로운 정보에 대해 자신을 차단하게 되면 발달은 억제된다. 경험 자체는 전문성을 발전시키지 못한다. 우리는 종종 초심자들보다 더 기술이 부족한 경력자들을 본다. 그렇게 되는 한 가지 이유는 상담 경험은 많지만 그것으로부터 배우는 바가 적기 때문이다.

둘째는 더 넓은 세상의 아이디어와 이론, 상담 경험에서 얻은 정보를 통해 자신을 새롭게 살찌우는 것이다. 상담자 100명을 대상으로 한 인터뷰 연구(Skovholt & Rønnestad, 1992a)에서 우수하게 활동하는 상담자들은 5권의 책을 동시에 읽으며, 꾸준히 자신을 개발하기 위해 4명의 다른 상담자와 함께 협력적으로 다양한 프로젝트를 수행하였다. 이들 상담자들은 왕성한 의욕으로 다양한 새로운 내용, 아이디어, 대안을 접하고, 자신의 것에 더하고, 자신의 것을 수정하고 보완하여 자신의 분야를 넓혀 나가는 사람들이다. 이들은 각자 전문가로서 서로를 존중하고, 서로 도우면서 전문가로서의 발달 과정을 밟아 나가고 있다.

마지막으로는 전문가로서의 자기 성찰을 꼽을 수 있다. 자기 성찰은 전문가로서 발달하는 데 중요한 역할을 한다. 스완슨(Swanson, 2010)은 교사들의 자기 성찰에 대해, 두베와 듀차메(Dubé & Ducharme, 2015)는 간호 분야에서의 자기 성찰에 대해, 만, 고든과 매클라우드(Mann, Gordon, & MacLeod, 2009)는 건강 관련 전문직 교육과 관련한 자기 성찰 활동에 대해 문헌을 검토한 바 있다. 뉴펠트 등(Neufeldt et al., 1996)은 개인적인 문제의 핵심적인 시발점이나 전환점은 분명히 확인하기 어렵다고 보았다. 한 개인의 인지적인 유연성에 지지적인 환경이 더해지면 자신의 문제를 이해하고자 하는 자기 성찰 과정이 촉진된다고 하였다. 그들은 다음과 같이 말했다.

> 무엇이 일어났는지 이해하려면 자기를 보호하기 위해 급급하기보다는 적극적인 물음을 던지고, 위험을 감수하며, 여러 가지 취약성과 이해에 대해 개방적인 자세가 있어야 한다. 한걸음 더 발전하기 위해서는 성찰이 가장 필요하다(p. 8).

결국 자기 자신의 경험과 이론을 통해 전문가로서 발전하게 된다. 베너와 루벨(Benner & Wrubel, 1982)은 이 과정을 다음과 같이 이야기했다.

> 경험은 한 수준에서 더 높은 다음 수준으로 발전하기 위해 반드시 필요하다. 그러나 경험은 경력, 연륜, 그저 시간을 보내는 것으로 얻어지는 것이 아니다. 경험은 그 경험의 결과로 얻어진 것들에 대한 상담자의 능동적인 지각과 이해로 통할 때 비로소 살아 있는 경험이 된다(p. 28).

이러한 관점은 전문가로서의 발달을 위한 핵심적인 과정에 대한 우리의 견해, 즉 전문가로서 그리고 개인으로서의 경험, 개방적이고 지지적인 업무 환경, 자기 성찰적인 자세와 유사하다. 자신이 이뤄 낸 결과에 대한 피드백과 여러 아이디어를 비난 없이 받아들이는 것, 그 피드백들에 대해 열린 마음을 갖는 것이 자기 성찰을 통해 발전할 수 있는 필수적인 요소이다. 반대로 피드백을 차단하거나 왜곡하는 것, 그러한 피드백을 받아들이는 데 별로 시간을 투입하지 않는 것, 그러한 피드백을 받아들여 자기 성찰을 하지 않는 것은 제11장에서 설명하고 있듯이 전문가로서 정체되는 이유가 된다.

한때 자기 성찰 과정에 대해 생각하면서 나는 미국의 넓은 대학교 캠퍼스와 벤치, 풀밭이 진지하고 지성적인 자기 성찰을 도와주는 것 같다는 생각을 하게 되었다. 강의가 끝난 후에 머무르는 이러한 환경은 학생들로 하여금 이전에 받은 강의에 대해 사색하고, 질문을 떠올리고, 토론하고, 더 발전시키는 일을 할 수 있도록 해 준다. 반면에 성찰이 없는 경험이라는 반대의 경우에는 그만큼의 전문적 성장을 가져오지 못하기 때문에 매우 중요하다. 따라서 상담을 전공하는 박사과정 인턴들이 50%에서 75%가 아닌 최소 25% 정도의 시간을 실제 임상 업무에 사용해야 한다는 요건은 이러한 입장을 대변한다. 전문성 발달은 직접적인 경험 그 이상을 통해 이루어진다(Kaslow, Keilin, & Hsu, 2010).

조력 전문가의 일이 성과물의 분량으로만 평가되고 일이 너무나 바빠서 반복적인 형태로 진행될 때, 자기 성찰 과정은 멈추게 된다. 반복적인 실무는 같은 행동, 생각, 반응을 만들어 내는 경향이 있어 창조적인 전문가적 성장과 향상된 실무 능력을 발전시키지 못한다. 경험만 가지고 전문가로 성장할 수 있다는 증거는 찾아보기 어렵다.

전문적인 자기 이해

> 우리의 일에서 성취할 수 있는 가장 실제적인 일은 우리가 하는 것과 마찬가지로 우리의 내부에서 어떤 일이 일어나고 있는지를 아는 것이다. 우리가 우리 내면과 보다 더 친숙하면 할수록 우리 일에서, 그리고 우리의 삶에서 더 확실히 발을 딛고 서 있을 수 있다.
>
> −**파머**(1998, p. 5)

> 자아에 대해 굳건한 의식을 가질 수 있다면 전문적인 조력자로서 더 효과적으로 기능할 수 있게 된다.
>
> −**그로쉬와 올슨**(1994, p. 31)

자기 자각(self−awareness)은 조력 전문가들에게 특별히 강조되는 가치이다. 특별히 심리치료 전문가들은 보다 성공적으로 일하기 위해서 자기를 인식하는 능력을 기르고, 또한 개인적으로 성숙하기 위해 자기 자신에 대한 상담과 치료를 해 왔다. 마찬가지로 다른 조력 전문직의 종사자들은 조력 전문가가 되기 위한 교육의 한 부분으로 자기 발전 훈련 경험을 포함시키고 있다. 그로쉬와 올슨(Grosch & Olsen, 1994)은 조력 전문가들의 개인적 배경에 대한 논의를 전개했다. 그들에 의하면,

> 상담자들의 소진(burnout)은 매우 역설적이다. 다른 사람을 조력하는 것이 상담자가 자신을 초월해야 하는 것임에도 불구하고, 많은 사람이 다른 사람들에 대한 진실한 관심과 걱정 때문에 일하는 것이 아니라, 상담자가 돕는 이들로부터 인정받고자 하는 욕구에서 상담직에 종사하기 때문이다(p. 170).

자기심리학자인 코헛(Kohut)과 가족이론가인 보웬(Bowen)의 이론에 근거하여 그로쉬와 올슨(Grosch & Olsen, 1994)은 상담자가 자신의 가족과 관련하여 해결하지 못했던 문제로 인해 상담하는 데 어려움을 겪고 있는 것 같다고 지적했다.

> 역기능적인 가족은 경계가 없거나 파괴되어 있다. 부모-자녀 역할은 종종 뒤바뀌어 있다. 건강하고 응집력 있는 자아를 형성하려는 아이의 노력을 부모가 반영하고 수용하기보다는 그것이 타당한가를 증명해 보라고 오히려 부모가 자녀에게 요구하곤 한다(p. 93).

그로쉬와 올슨은 조력 전문가로서 일하는 데 매력을 느끼는 사람들의 경우에 어린 시절부터 그들의 조력 노력에 대해 인정받고 칭찬받아 왔다는 점을 지적하였다. 이러한 일은 코헛의 자기심리학에서 설명했듯이, 건강한 아동 및 청소년이 정상적인 반영과 칭찬을 받는 환경이 아니라 스트레스가 심각한 가족에게서 일어나는데, 아이의 조력자는 어른의 역할을 맡고 그것이 당연하다는 타당화를 받는다. 이렇게 성장한 아이는 성인이 된 다음에 조력 전문가의 길을 선택하게 되고, 어린 시절부터 해 온 방식대로 돕는 행동을 하게 된다.

다른 사람을 돌보는 직업에 종사하는 사람에게는 그 역할이 가장 주된 역할이 된다. 그들은 이미 다른 사람들을 돌보는 방법, 즉 경청하기, 다른 사람의 욕구를 무엇보다 우선시하기, 다른 사람들을 적절히 돌보기 등을 잘 알고 있다. 그러나 이러한 방식으로 사회화되지 않은 사람들은 이러한 기술들을 구사하기 어려워서 돌보는 직업을 장기적으로 견뎌 내기가 어렵다. 만약 돌보는 역할에 익숙한 사람이 다른 사람을 돌보면서 자신의 삶을 돌볼 수 있고, 더 균형 잡힌 대인 관계를 유지할 수 있다면 주는 사람인 동시에 받는 사람이 될 수 있기 때문에 돌보는 활동이 자신을 유지하는 자원이 될 수 있을 것이다. 그러나 자신을 돌보지 않고 자신의 욕구를 채워 주지 못한다면 타인을 돌봄으로써 얻을 수 있는 자원은 매우 제한적일 수 있다. 사실 상담자 자신의 욕구가 관계에서 우선될 때 상담자로서의 윤리에서 벗어나는 일이 일어나지만, 상담자가 너무 힘들 경우에도 내담자를 도울 수 없게 된다.

여기서 말하고자 하는 요지는 "아이가 의미 있는 어른으로부터 충분한 인정을 못 받거나 자신의 존재 가치를 확인받지 못하면 다른 사람을 기쁘게 해 주고, 지지해 주고, 이해하는 것을 통해 자기가치감을 추구하는 왜곡된 형식으로 자아를 발달시키게 된다"는 것이다. 칭찬받고 싶은 열망으로 인해 성인이 된 다음에도 다른 사람을 돕기 위해 필요 이상으로 과도하게 노력하곤 한다. 내담자가 기본적으로 이 뿌리 깊은 인정 욕구를 충족시킬 수는 없기 때문에 이러한 욕구는 만족되기 어렵다. 내담자로부터 인정, 확인, 칭찬을 받고 싶은 욕구를 지닌 사람들은 자신의 일에서 과도한 노력을 기울일 수밖에 없다. 결국 "우리가 우리 자신의 인정받고 싶은 욕구를 이해하지 못하고 인정과 칭찬에 대한 갈망을 조절하지 못하면 우리는 분하고 억울한 마음을 가지게 마련이다"(Grosch & Olsen, 1994, p. 119). 그로쉬와 올슨은 내담자와 전문적인 애착 관계를 형성할 때 상담자의 자기감과 기본 욕구를 어떻게 분리할 수 있는지와 관련해 보웬(Bowen)의 자기 분화 개념이 매우 유용하다고 제안했다. 가족의 근본적인 역동을 이해하는 것은 우리 일에 대한 비현실적인 기대를 찾아내고, 정서적인 소모를 예방하는 데 큰 도움이 된다.

베리(Berry, 1988)는 방어적인 대인 관계 방식으로 다른 사람을 지나치게 도우려고 하는 것을 '구원자'와 '구원자의 함정'이란 개념으로 설명하였다. 단순한 개념이지만 구세주란 개념은 가족 역동의 기원, 가르치고 상담하고 돌보는 행동 스타일을 잘 설명해 준다. 그녀는 다음과 같이 말했다. "나는 사람들을 도우면서 옳은 일을 하는 것이라고 생각했다. 그러나 다른 사람들을 도우면서 그 사람들과 친밀해지는 것을 피했다. 우리 조력직 사람들은 도움을 요청하는 것보다 도와주는 것을 훨씬 더 편안하게 생각했다"(p. x; [그림 8-2] 참조).

전문적인 자기 이해는 애착과 관련된다. 발달심리학에서 애착이론은 성공적인 친밀 관계 형성 등을 설명해 주는 것으로 잘 알려진 이론이다. 애착이론은 부모-자녀 관계에서 형성되는 친밀한 관계에 관해서는 물론이고, 일에서의 동료 관계와 같은 인간관계를 설명하고, 이해하고, 예언하는 데 광범위하게 적용된다. 이에 따르면, 과거의 대인 관계 패턴은 현재의 대인 관계에까지 영향을 준다. 예를 들어, 배첼러와 호바스(Bachelor & Horvath, 1999)는 상담자의 애착에 대한 연구를 통해 "상담자는 자신의 초기 대인 관계를 상담 관계에서 다시 반복하는 경향이 있어서 내담자를 그런 방식으로 대한다"고 결론 지었다.

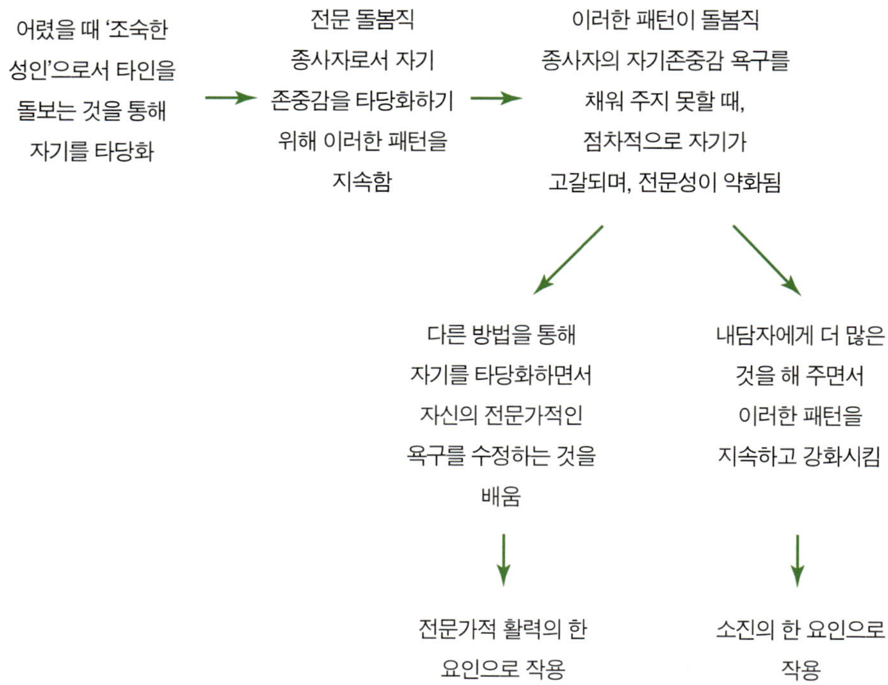

[그림 8-2] 과도한 돌봄 활동이 가져올 수 있는 결과들

내가 보기에 이 연구는 굉장히 중요해 보인다. 다른 사람들을 돌보는 직업 영역에서 나타나는 중요한 공통 요인이 '공감적 애착 → 적극적 몰입 → 분리감'이라는 돌봄 순환 과정이기 때문이다. 상담자에게 초기 애착 관계 형성의 경험이 부족하다면 상담에서 좋은 관계를 맺기는 어렵다. 이것이 상담자가 자신을 잘 이해해야 하는 또 다른 중요한 이유이다.

일하는 곳에 전문가 온실 만들기

어떤 사람도 섬이 아니다.

–**존 던**(1975, p. 87)

장애 아이들을 치료하는 언어병리학자인 캐롤 셀라스(Carole Sellars)는 다음과 같이 말했다.

> 이곳은 일하기에 완벽하게 좋은 곳이다. 영적인 · 정신적인 보상이 주어진다. 나는 다른 어떤 곳에서보다 직장에서 더 많이 웃는다. 내가 치료하는 아이들과 부모들은 나의 둥지에서 내 마음을 빼앗아간다. 나는 결코 한 번도 일을 하며 내 자신이 텅 빈 것처럼 느낀 적이 없다. 당신이 여기에 와 본다면 당신은 여기에 당신 자신을 빼앗기게 될 것이다(Majeski, 1996, p. 5A, Pioneer Press 출판사의 허락으로 재인용됨).

일은 어렵다. 우리는 계속해서 대인 관계 기술 증진, 학습, 건강 등의 영역에서 사람들을 더 유능하고 건강하게 만들어야 한다는 요청을 받고 있다. 스트레스로 가득한 환경은 그 일을 더 어렵게 만들 수 있다. 제6장에서 언급했듯이, 마슬락과 레이터(Maslach & Leiter, 1997)는 소진의 핵심 원인으로 조직 요소를 들었다. 상담자로서 당신 자신의 욕구를 돌보기 위해서는 조직을 위해 봉사하는 것만 하지 않기를 바란다. 보다 적극적으로 일에서 자신의 온실을 만들어 나가기를 바란다. 온실이란 성장을 위해 필요한 이상적인 조건들, 즉 온도, 토양, 수분 등을 갖춘 환경이다. 자신의 일에서 온실을 만들기 위해서는 다음의 요소들을 포함해야 한다.

> 전문가로서 성장할 수 있는 배움의 환경, 타인과 자신을 돌보는 일 사이에 균형을 맞출 수 있도록 해 주는 리더십, 동료들로부터의 지지, 멘토, 슈퍼바이저 얻는 상사로부터 타인 돌봄을 받기, 다른 사람들을 멘토링하기, 존중, 즐거움, 유머, 그리고 기쁨을 가져오는 정서적 환경이 그것이다.

전문가로서 성장할 수 있는 배움의 환경

계속해서 성장할 수 있도록 격려받고, 지지받고, 도전받고 있다고 느끼는 것은 중요하다. 상담 대가 연구(Skovholt & Jennings, 2004)에 따르면, 성장할 수 있는 배움의 환경에서 일할 때, 상담자들에게 에너지와 활력이 생긴다.

타인과 자신을 돌보는 일 사이에 균형을 맞출 수 있도록 해 주는 리더십

지도자급의 직원들은 조직 내에서 방향과 전망, 직장 분위기를 만들어 내는 힘을 가지기 때문에 더 많은 급여를 받는다. 지도자들은 '상담자들이 내담자를 돌보지만, 우리도 우리의 위치에서 내담자를 돌본다'고 말할 만한 일들을 한다. 이러한 리더십을 발휘한다면 그 직장은 다른 곳과는 다를 것이다.

동료들로부터의 지지

상담자들은 근본적으로 사회적 존재이기 때문에 다른 사람을 찾기 마련이다. 토이츠(Thoits, 2011)는 사회적 지지가 스트레스를 감소시킨다고 말했다. 동료로부터의 지지는 불안이나 우울 같은 정서의 감소에 상당히 큰 역할을 한다. 조력 전문 직종의 종사자들에게도 이 원리는 적용된다. 우리가 우리의 동료들과 터놓고 솔직한 대화를 나눌 때 집단상담에서 치료적 요인으로 주목받는(Yalom & Leszcz, 2005) '보편성'을 경험하게 되며, 이는 상담자들의 전문가적 활력을 유지하는 데 큰 힘이 된다.

자신을 돌볼 수 있는 한 가지 방법은 직장의 분위기와 관련된다. 상담 전공 대학원생인 존슨(1994년, 개인적 대화)의 이야기를 들어 보자.

> 실습하던 곳에서 직원들이 위로와 격려를 주고받는 것을 많이 봤어요. 저도 경험했고요. 그런 격려나 위로를 받으면 제가 참 중요한 일을 하고 있구나 하는 생각이 들더군요. 다른 상담자들이 내게 얼마나 큰 힘이 되는 존재들인지 실감하게 되더라고요. 상담자들 간에 이렇게 서로 격려하고, 위로하고, 이해해 주는 것이 내가 상담자로서 좌절하지 않고 힘을 얻어서 살아가는 데 얼마나 중요한 것인지 실제로 경험해 보니 확실히 알게 되었어요. 내가 혼자서 외롭게 이 일을 하는 것이 아니라는 것, 함께하고 있다는 이런 느낌이 참 좋았어요(p. 8).

상담자로서 활력을 유지할 수 있는 또 다른 원천은 동료와의 우정이다. 이러한 우정 관계에서 가장 중요한 측면은 조력직에서 경험하는 자신의 진정한 감정을 나눌 수 있다는 것이다. 책이나 논문은 상담 방법과 같은 확실한 어떤 것을 전달해 주지만, 동료 친구들과는 자신의 불확실성과 불안정감에 대해 진지하게 나눌 수 있다. 이처럼 동료와 주고받을 수 있는 경험은 매우 가치 있는 것이다. 미셸은 내담자와 깊이 있는 작업을 하고, 회복탄력성을 격려할 때 동료와의 친밀한 우정이 얼마나 힘이 되었는지를 경험한 적이 있다. 직장에서 동료와 친밀한 우정을 유지한다는 것은 상담에서 기꺼이 취약해지고 위험을 무릅쓸 수 있도록 도울 뿐 아니라, 이 과정에서 경험하게 되는 어려움을 잘 처리할 수 있는 공간을 갖게 해 준다.

멘토, 슈퍼바이저 또는 상사로부터 타인 돌봄을 받기

멘토 연구는 이 관계가 갖는 힘 때문에 발전했다. 레빈슨 등(Levinson et al., 1978)은 그의 책에서 남자들의 삶에서 정신적 멘토(mentor)의 역할이 얼마나 중요한지를 잘 보여 주었으며, 크램(Kram, 1985)은 여성들의 삶에서 정신적 맨토의 조언이 중요한 역할을 한다는 점을 보여 주었다.

멘토, 슈퍼바이저, 상사로서 일하며 성장하기

멘토, 슈퍼비전, 아래 직급의 상담자들 관리하기 등과 같은 일은 자신을 돌보는 측면과 전문가로서 발달해 나가는 측면 모두에 있어 매우 도움이 된다. 70명의 인턴들을 지도 감독하는 한 심리학자는 "인턴들은 정말 우수하답니다. 나는 그 사람들을 지도하면서 정말 많이 배우고 있어요. 인턴들이 내 선생님이 되는 셈이죠"라고 말했다(Skovholt & Rønnestad, 1992a, p. 92).

전문가가 되어 가면서 일을 즐길 줄 알고, 재미를 갖고, 농담을 하며 웃을 수 있는 방법 배우기

내담자가 상담 장면에 가지고 오는 우울, 배신, 두려움, 분노 등과 같은 부정적인 정서로 인해 상담자가 스트레스를 경험할 수 있기 때문에 자신의 일에 긍정적인 정서를 불어넣어야 한다. 어떤 사람은 다음과 같은 식으로 이런 일을 해냈다.

> 나는 많이 웃으려고 노력해요. 긴장을 풀고 활력을 더 많이 느끼기 위해 작지만 즐거운 일을 찾아서 하려고 하지요. 웃는 건 심리적 효과가 있는 것 같아요. 나는 슬픔을 느낄 수도 있고, 그다음에 웃기 시작할 수도 있어요. 웃으면 긴장이 사라지는 것 같아요. 나는 사람들의 삶 속에서 유머러스한 이야기를 듣는 것을 좋아해요. 내가 사람들을 놀리기도 하고, 내가 놀림을 받기도 하고요. 나는 사무실에 내가 좋아하는 장난감을 두고 있어요. 친구가 내게 선물한 무지개색 옷을 입은 인형이 춤추는 뮤직박스가 있어요. 그것을 책상 위에 올려놓았죠. 색깔도 예쁘고, 음악이 차분해서 편안히 쉬고 싶을 때 틀어놓곤 하죠. 내 책상 서랍 안에는 고무 인형이 들어 있어요. 그 고무 인형은 수업 시간에 창의성 훈련을 할 때 사용하기도 하고, 기분이 좋지 않을 때 만지며 놀기도 해요. 그걸 만지고 있으면 마

음이 편안해지곤 한답니다[레닝거(1995년, 개인적 대화)].

또 다른 사람은 이런 방법을 이야기해 주었다.

어떤 사람은 주머니에 소리가 나는 양철 깡통 장난감을 넣고 다녀요. 하루에 몇 번씩 상담이 없는 시간에 그것을 꺼내서 소리를 내고 놀더라고요. 하도 궁금해서 그 사람에게 물어보았죠. 그랬더니 그 사람이 답하기를 “내 문제 중에 하나가 지나치게 심각하다는 점이거든요. 그래서 나는 세상에는 재미있는 일도 있다는 것을 상기할 필요가 있지요. 그래서 나는 이 장난감을 꺼내서 몇 번 소리나게 주물러 본답니다. 그 소리를 들으면 웃음이 나오거든요”(조력 전문가를 위한 조언, 1989, p. 147).

고통스러운 감정을 벗어 버리기 위한 전문적인 환기와 표현적 글쓰기

환기(venting)란 정신역동에서 유래된 말로서 카타르시스를 말한다. 환기는 사람의 정서, 감정에 대해 이야기할 때 유용하다. 조력 전문가는 인간의 감정이 몹시 강력한 작용을 한다는 것을 알고 있다. 정서적으로 큰 영향을 준 일에 대해 적어 보는 일이 그 사람의 정신적 · 신체적 건강에 긍정적인 영향을 준다는 사실을 밝혀 냈다(Frattaroli, 2006). 또한 사람들은 이러한 사실을 이미 알고 있으며, 활용하고 있다는 사실도 밝혀 냈다. 이것이 바로 소위 ‘환기’라고 하는 것이다. 고통스러운 감정을 해소하기 위해 그것을 표현하는 것이다. 환기란 환기구를 통해 좋지 않은 공기를 내보내듯이, 고통스러운 감정의 공기를 특정한 배출 통로를 통해 내보내는 것을 의미한다.

전문적인 환기와 표현적 글쓰기는 조력 전문직의 사람들에게 특히 중요하다. 조력 전문직 종사자는 많은 사람들의 괴로움을 듣는다. 변화를 위한 내적 동기가 부족한 사람들에게 동기를 부여해 줄 필요가 있다. 때론 상실, 불안, 고통으로 가득한 환경에서 작업해야 한다. 조력 전문직 종사자들은 괴로운 정서의 바다 가운데에 있는 셈이다. 이러한 환경 속에서 기꺼이 일하려는 동기가 있을 때, 이들은 이 일로부터 큰 보상을 받게 된다.

예를 하나 들어 보자. 어떤 사람이 나에게 자신은 실직자들을 취업하도록 돕는 일을 한다고 하였다. 그녀는 정부 기관에서 취업 알선 하는 일을 하고 있었다. 그녀는 내담자들이 상담에 대한 동기가 낮아서 이 일을 하기가 어렵다고 하였다. 내담자들과의 상담 과정에서 크고 작은 좌절을 겪는 동료 상담자들의 정서를 환기시켜 주는 일을 자신이 할 수 있어서 그나마 보람을 느끼며, 일을 계속할 수 있다고 하였다.

환기와 표현적 글쓰기는 상담자가 자신의 일을 계속 해 나가며, 돌봄의 순환 과정에 적극적인 몰입을 할 수 있도록 돕는 매우 긍정적이고 전문적인 전략이다. 나는 사람들이 일을 더 잘할 수 있도록 돕는 방법으로서 전문적인 환기를 제안한다. 이 일은 끝없는 불평이나 불만 토로와는 정반대의 것이다. 불평이나 불만을 계속해서 늘어놓는 부정적인 태도는 상담자나 그 동료들, 그리고 직장 분위기에 장기적으로 보아 부정적인 결과를 가져온다. 전문적인 환기는 직무 기능을 향상시키지만, 지속적인 불평이나 불만은 반대의 결과를 가져온다. 예를 들어, 희망을 불러일으키는 것은 전문가의 일에서 중요한 한 부분인데, 부정적 태도는 내담자들을 희망적으로 만드는 능력을 약화시킨다.

충분히 좋은 조력 전문가

이 책의 새로운 판이 나온 이후 워크숍, 발표, 수업에서 '충분히 좋은 조력 전문가'라는 아이디어가 조력직 종사자 사이에서 상당한 논쟁을 불러일으켰다. 어떤 사람들은 이 아이디어를 정말 좋아했지만, 다른 사람들은 싫어했다. 이 개념을 지지하는 사람들은 종종 자신의 신체적 · 정서적 · 영적 고갈에 대해 말한다. 이 개념을 좋아하지 않는 사람들은 도움을 받아야만 하는 사람들에게 해로운 일을 한 것에 대한 변명이라고 생각한다. '충분히 좋은 조력 전문가'에 대한 이 부분을 읽을 때 당신의 반응은 어떠할까?

상담자는 때로 일을 제대로 못할까 봐 걱정하며, 모든 시간과 전력을 다해서 100% 수준으로 일하려고 한다. 그런데 이것은 가능하지 않을 수도 있고, 좋지 않은 파국을 가져올 수도 있다. 초등학교 교장 선생님 한 분이 내게 "나는 주고, 또 주고, 주기만 했기 때문에 10년을 일하고는 일을 그만두어야 했습니다"라고 말했던 것을 기억한다. 그 선생님은 5년간의 유예와 회복 기간을 거쳐서 다시 일하려고 하고 있는데, 여전히 일을 제대로 하지 못할까 봐 걱정하는 것과 지나치게 일에 매달릴 것에 대한 걱정 사이에서 오락가락하고 있었다.

신임 교수를 위한 조력 프로그램의 멘토였던 나는 교육자로서 가질 수 있는 부적응적인 완벽주의를 피해야 한다는 것에 대해 이야기했다. 음악, 화학, 통계학, 경영학, 역사 등 전공은 달랐지만 모두 재능 있고, 열정적이었으며, 자의식이 강하다는 공통점을 지니고 있는 신임 교수들은 불가능한 일을 목표로 하고 있었다. 대학교 교수로서의 삶에는 한계선이 없다. 강의, 연구, 학위 수여, 그 밖의 대학교에서 요구하는 서비스와 업무들, 자신의 전문성 유지 및 강화, 심지어 지역사회에 대한 봉사까지 그들은 다양한 영역에서 다양한 일을 해야만 한다. 게다가 종신제 교수 심사의 시계는 6년 후로 고정되어 돌아가고 있고, 6년 후에는 그동안의 실적에 따라 정식 교수가 되거나 해임되거나 둘 중 하나가 될 것이다.

멘토로서의 나의 역할은 교수 업무를 시작하는 신임 교수들을 돕기 위해 조언 및 자문을 하는 것이었다. 그들이 자신의 시간을 모두 가르치는 일, 즉 관련 자료들을 읽고, 강의를 준비하고, 강의하고, 점수 매기는 일 등에 쏟아붓는다면 그들은 아마 거의 완벽하게 일할 수 있을 것이다. 그렇게 할 경우에 그들은 100% 모든 시간을 들여, 100% 전력투구하여 자신의 목표에 도달할 수 있을지도 모른다. 그러나 그들의 직위상 해야 할 다른 영역의 역할을 버리고 한 영역에만 전력투구한다면 그들은 아마 조만간 해임될 것이다. 나는 젊은 신임 교수들이 이러한 길을 가는 것을 보았는데, 좋은 선택으로 보이지만 이는 결국 그들을 막다른 골목에 이르게 한다. 재능 있는 신임 교수들이 전문적 자기에게 독이 되는 것들에 휘둘리는 모습을 보는 일은 매우 안타까운 일이다. 100% 모든 시간을 들이고, 100% 전력투구할 수 있다는 유혹이 환상이라는 것을 알기 때문에 나는 신임 교수들에게 전력으로 달릴 때와 천천히 달릴 때를 구분할 줄 아는 노련하고 유능한 운동선수처럼 일할 것을 권한다.

100% 수행과 100%의 시간 투입이 가지는 문제점은 상담자나 교사, 건강 조력 전문가들이 늘 이렇게 하기가 너무나 힘들다는 것이다. 예를 들어, 약사는 약을 지어야 할 그 순간에는 전력을 다해 일하지만 항상 그렇게 하지는 않을 것이다. 아동발달에 관한 문헌에서 이와 관련되는 개념으로 '충분히 좋은 엄마'(good enough mother; Winnicott, 1965)라는 것이 있다. 이 개념은 아이의 최적의 발달을 위해 아이에게 충분히 좋은 부모가 필요한 것이지 모든 면에서 완벽한 부모를 필요로 하는 것은 아니라는 점을 설명한 것이다. 아마도 우리 내담자들 역시 우리에게 충분히 좋기를 기대하지만 그 이상의 수준을 필요로 하는 것은 아닐 것이다. 100% 시간 투입과 100% 전력투구는 멋진 환상이다. 장기적으로 볼 때, 이것은 온 힘이 다 빠져 더 이상 성장하거나 창의성을 실현하지 못하게 하고, 쉽게 소진되어 버려 이 직업 세계를 떠나게 만든

다. 이것에 대해 쿠슈너(Kushner, 1996)는 이렇게 표현했다. "만약 우리가 완벽하기를 바라기 때문에 실수를 두려워한다면 우리는 결코 새로운 어떤 것에 대해 도전할 수 없을 것이다. 결국 우리는 아무것도 배우지 못할 것이며, 더 이상 자라지 못할 것이다"(p. 85).

초심자 시절에 흔히 겪게 되는 불안을 이해하기

실패에 대한 두려움은 다른 사람을 돕지 못하게 한다.

–**체니스**(1995, p. 7)

100명의 상담자를 대상으로 한 우리의 연구(Skovholt & Rønnestad, 1992a; Rønnestad & Skovholt, 2013)에서 발견된 가장 중요한 것 중 하나는 초심자 시절에는 대부분 불안을 겪게 되지만, 숙련된 상담자가 되면 이 불안이 상당히 감소한다는 것이다. 불안은 개인이 위협받거나 자신의 통제권을 벗어난 중요한 상황이나 일에 대해 갖게 되는 자연스러운 정서이다. 초심 상담자와 숙련된 상담자의 수행 불안의 차이는 매우 크며, 상담의 여러 측면에 영향을 미친다. 초심자들의 불안 수준이 높고, 높은 수준의 스트레스를 갖는다는 것은 다른 연구에서도 많이 지적된 점이다. 체니스(Cherniss, 1995)는 입문 1년차인 정신건강 조력자들의 스트레스 수준이 매우 높다는 점을 발견했고, 다른 연구들에서도 초심 상담자들의 스트레스 수준이 아주 높다는 점을 확인하였다(Ackerley et al., 1988; Pearlman & Maclan, 1995).

상담자들은 경력이 많으면 많을수록 더 자기 속에 내면화되어 있는 경험에 의존하여 전문가로서 활동하게 되므로 상담 경력은 이들의 불안을 감소시켜 주는 데 중요한 역할을 한다. 그런데 초심자들은 자신의 수행을 위해 다른 전문가나 교재, 이론, 학술지의 연구물 등 전문적인 자원, 그리고 선배들의 지도 감독에 의존한다. 이러한 외적인 자원들은 그 값어치를 제대로 못하는 경우가 많다. 훌륭한 이론들이 많고, 수년간 훌륭한 분들에게 슈퍼비전을 받아 왔지만 그러한 배움은 어떤 상황에는 딱 들어맞지 않는 경우도 많다. 나는 외국에서 외국 사람들에게 영어로 강의를 하면서 이런 점을 실감한 적이 있다. 터키(현 튀르키예)에서 터키 학생들에게 영어로 강의를 하면서 "미국 사람들은 그런 식으로 이야기하지 않습니다"라고 피드백해 주는 식으로 그들의 영어를 교정해 주는데, 그럴 때마다 이들은 좌절감을 경험하는 것 같았다. 상담 경험이 쌓이면서 이러한 외적인 전문성이 내적인 전문성으로 변화하게 되면 그들을 괴롭히는 불안은 감소하기 시작한다. 한 교사는 초임 시절 1년 동안에 고참 선배 교사에게 매일 같이 "저 오늘 뭐해야 돼요?"라고 물어보면서 교사 일을 해냈다고 했다. 5년이 지난 지금 그녀는 그런 질문을 전혀 하지 않게 되었다고 한다.

초심자와 숙련된 상담자 간의 차이에 대한 적절하고, 유익하고, 시사점을 주는 많은 연구가 나와 있다(Ericsson et al., 2006, 2007). 에트링거 등(Etringer et al., 1995)은 초심자와 경력 있는 전문가의 인지적 정보처리 과정의 차이를 다음과 같이 정리하였다. 그것은 기억의 유목과 지식 구조, 명제적인 지식과 절차적인 지식, 패턴의 인식, 추론 과정과 목표 및 문제의 구조에서의 차이였다. 다시 말해 전문가는 상황이 애매하거나 독특할 때 초심자에 비해 상황의 복잡성을 더 잘 이해한다. 전문가는 더 정확한 판단을 더 효율적으로 내릴 수 있는 방법을 안다. 또한 그들이 가지고 있는 지식은 잘 구별되어 있으면서도 한편 매우 잘 통합되어 있다. 그들은 명확히 정의되어 있지 않은 문제의 가장 핵심적인 특징을 쉽게 파악하여 복잡한 문제를 패턴으로 이해할 수 있다. 숙련된 교사의 경우를 예로 들자면, 그들은 교실에서 학생들의 분위기가 어떤지 빠르고 정확하게 진단하고 필요한 교육적 조치를 취한다. 또 간호사의 경우에는 환자가 자신의 증상에 대해 자기 나름대로 독특하게 표현하는 것을 재빨리 이해하고 능숙한 기술로 다룬다.

사람을 다루는 일이란 대체로 명확하게 정의되어 있지 않고, 복잡하며, 어려운 문제에 봉착하는 경우(예를 들면, 음주운전으로 체포된 방어적인 사람에게 법원 치료 명령에 관해 설명하는 방법, 물리치료를 받아야 하는 환자가 치료를 위해 병원 예약을 취소하지 않고 참을 수 있는 고통의 최대 수준을 평가하는 것, 능력 수준이 다양한 수학 수업을 위해 중간 수준의 강의방식을 찾는 것)가 많다. 그렇기 때문에 상담 영역에 있어서 초심자와 숙련된 상담자의 인지적 차이에 대한 연구는 초심 상담자들에게 만연한 불안을 이해하고, 이를 어떻게 감소시킬 것인지에 대해서도 시사하는 바가 크다. 호모 사피엔스란 종은 모든 생명체 중에서 가장 복잡한 존재이기 때문에 사람들과 일한다는 것은 아주 어렵다. 특히 상담자들은 모호하고 복잡한 문제와 상황 속에서 일한다. 숙련된 상담자는 수백, 수천 시간의 경험을 거쳐서 초심자가 가지는 불안에서 벗어날 수 있게 되는 것이다.

자신을 쇄신해 지적인 자극을 증진하고 권태와 지루함을 줄이기

제5장에서 나는 상담자의 생활에서 부정적인 영향을 발휘할 수 있는 위험한 요소로 인지적인 박탈과 지루함에 대해 이야기했다. 이제 지루함과 권태의 해독제에 대해 이야기해 보자.

상담자는 내담자들로부터 그들의 삶에 대한 이야기를 직접 듣는다. 상담자는 흥미로운 인간의 이야기를 들을 수도 있다. 이러한 현실 속에서 헤엄쳐 나가는 것은 상담자들에게 무척 도전적인 일이다. 예를 들면, 방어적인 10대 내담자와 신뢰 관계를 구축하는 것은 매우 어려운 과제이다. 상담자는 이러한 상황에서 어떻게 할 것인지 미리 상상하고 계획을 세워 보기도 한다. 그런 상황은 상담자에게 흥미와 도전, 그리고 때로는 보상을 주는 상황이다. 하지만 상담자가 반복적으로 이러한 10대와 상담을 하게 되면 점점 지적인 도전이 줄어들면서 지루해질 수 있다. 이런 점은 숙련된 상담자들에게도 마찬가지이다. 상담자가 제한된 범위의 비슷한 내담자층만을 계속 상담한다면 충분히 벌어질 수 있는 상황이다.

그러나 어떤 숙련된 상담자들은 이러한 상황에서도 권태로워 하거나 지치지 않는다. 68세의 한 숙련된 상담자에게 이 문제에 대해 물었을 때, 그는 "내가 만나는 모든 사람과 상황이 독특하기 때문에 지루했던 적은 없어요. 복잡한 퍼즐을 함께 맞추는 것처럼 매번 상담 과정은 뭔가 다르기 마련이지요. 이런 독특하고 고유한 점들이 상담이 지루해지거나 권태로워지는 것을 막아 준답니다"[로엘크(2000년 2월 23일, 개인적 대화)].

쇄신(renewal)이란 원기를 다시 회복하는 과정을 말한다. 상담자가 기운을 얻기 위해 에너지 주사를 맞는 것으로 비유할 수 있다. 여기서 나는 '쇄신'의 영어 글자인 renewal에서 new에 초점을 맞추고 싶다. 새롭고 의미 있는 일은 상담자에게 자극을 제공하고, 나아가 그 자극은 상담자에게 에너지를 제공해 주며 전문가적 활력을 불어넣는다. 새로운 일이 어떻게 상담자들에게 쇄신을 공급해 줄 수 있을까? 아마도 상담자들이 자신의 일에서 새로운 경험을 하는 것과 관련될 것이다. 새로운 경험은 상담자들을 활기차게 만드는 것 같다.

초심자들은 너무 많은 경험으로 지루할 틈이 없다. 사실 초심자에게는 충분한 자극이 있을 수밖에 없다. 초심자들은 불안에 대해 더 많은 걱정을 하고, 자신의 일을 제대로 수행하는 문제에 주로 관심을 갖는다. 비교적 좁은 문제 영역을 다루는 일을 하는 경력이 있는 상담자들에게는 지루함이나 권태가 새로운 경험보다 더 큰 위협이다.

이들에게는 새로운 경험이 너무 부족하게 되기 쉽다.

일에 만족을 가져다주는 요소 중 하나는 인지적 도전이다. 사람들은 복잡하고 미묘하며 여러 가지가 함께 얽혀 있는 문제를 가지고 온다. 그들의 문제는 복잡하고 모호하다. 이러한 경우에 얻게 되는 새로운 경험, 복잡성, 모호함은 상담자들에게 커다란 인지적 자극을 준다. 이것이 이 분야의 큰 매력 중 한 가지일 것이다. 예를 들어, 상담자는 내담자의 이야기를 듣고 이 문제에 어떻게 개입할 것인지 이야기를 나누게 되는데, 이러한 일은 다른 사람의 세계를 그대로 이해하려고 노력해야만 가능한 일들이다.

내담자의 동기를 불러일으키는 경우를 예로 들어 보자. 상담 과정에서 내담자의 동기를 불러일으키는 것은 상담자가 해야 할 가장 중요한 일 중 한 가지이다. 상담자들이 어떻게 다른 사람들에게 스스로 '변화해야겠다', 혹은 '변화하고 싶다'는 동기를 불러일으킬 수 있을까? 어떻게 하면 상담자가 다른 사람들로 하여금 자신의 분노를 감소시키고, 더 열심히 공부하고, 고통을 줄이기 위해 치료를 받고자 하는 동기를 갖도록 할 수 있을까? 자신의 일에 대한 동기를 가지고 다른 사람의 동기를 불러일으키는 일은 종종 매우 도전적이고 지적인 딜레마가 되기도 한다.

이것은 새로움이 쇄신을 불러오는 과정이다. 경력이 쌓인 상담자들은 그들 자신을 계속해서 새롭게 만들어 가야만 한다. 이 일은 여러 가지 방법에 의해 이루어질 수 있다. 〈표 8-1〉은 이러한 방법들을 보여 준다.

〈표 8-1〉 경력이 쌓인 상담자들이 자신을 쇄신하는 다양한 방법

새로움, 도전과 에너지를 창조하는 방법	예
업무를 바꾸기	상담 대신 슈퍼비전하기
사용하는 방법 바꾸기	개인 상담을 집단 상담으로 바꿔 보기
상담 대상을 바꾸기	성인 대신 청소년 상담하기
시간 배분을 바꾸기	100% 상담 대신 행정이나 연구하기

상담의 모호성과 모호한 종결을 최소화하기

나는 한 노인에 대한 다큐멘터리를 본 적이 있는데, 그는 어렸을 때 작은 기계로 벽돌 만드는 일을 했었다. 수십 년이 지난 후, 그는 손자와 함께 마을을 걸으며 자부심을 가지고 자신이 만든 벽돌을 보여 주었다. 마을 곳곳에 있는 건물에는 그가 만든

벽돌이 사용되었으며, 사람들 눈에도 잘 띄었다. 나는 이 다큐멘터리를 보면서 나를 포함한 조력 직종에 있는 사람들에 대한 안타까운 마음이 들었다. 벽돌을 만드는 그의 일은 구체적으로 보여질 수 있는 일이기 때문이다. 여러분의 벽돌은 어디에 있는가? 여러분이 활동한 일의 구체적이고 분명한 증거가 어디에 있는가?

자신의 일에서 성공에 대한 구체적인 증거나 결말이 부족한 것이 상담자에게는 스트레스의 원천이 된다. 이런 스트레스의 원천을 줄이는 한 가지 방법은 성공에 대한 구체적인 증거가 부족하다는 것과 모호한 종결을 인정하는 것이다. 제6장에서 우리는 상담자가 자신을 돌보고 유지하는 데 도전이 될 수 있는 다섯 가지 어려움 중 하나가 모호한 종결이라고 말했다. 이러한 어려움에 대한 해결책을 살펴보자. 우리는 모호한 종결이란 표현을 상담자들이 내담자들과 종결하지 않고 계속해서 만나고 또 만나고 하는 과정을 설명할 때 사용한다. 이러한 스트레스의 원천을 인식하게 되면 이제 그것을 인정할 수 있으며, 이 문제를 동료들과 나누고 그들로부터 지지를 받을 수 있다. 우리는 우리 자신의 상담 작업을 가능한 한 구체적으로 완결 지으려고 노력한다. 애착 관계를 공식적으로 종결하는 것은 그 관계의 기간이 길든 짧든 간에 상담자로서의 생명을 지속해 나가기 위해서는 무척 중요하다.

플로리다 대학교 상담센터에는 박사과정 인턴들과 직원들의 사진이 걸려 있다. 인턴들의 사진은 그 해 상담센터에서 훈련받는 사람들의 얼굴이다. 해마다 상담센터의 벽에는 상담에 대한 열정과 불안을 함께 가진 사람들의 얼굴이 새로 걸린다. 인턴들은 한 해의 훈련이 끝나면 상담센터를 떠나고 벽에는 열정과 불안을 함께 가진 또 다른 사람들의 사진이 걸린다. 상담센터에서 교육받은 인턴들은 미국 각지에서 상담자로 활동하고 있다. 하지만 그들 활동의 구체적인 증거가 어디에 있는가? 열정과 약간의 흥분과 자부심이 표정에 나타나 있는 벽에 걸린 인턴들의 사진이 바로 그 증거이다. 정말 훌륭한 아이디어라고 생각한다. 이는 특히 조력 관계의 결말같은 임상 슈퍼비전 관계를 포함하는 상담의 모호성을 극복할 수 있는 방법이다.

우리 모두는 모호함을 구체적인 것으로 만들 수 있는 크고 작은 방법을 많이 갖추고 있어야 한다. 승급이나 자격증 취득같은 구체적인 성취도 좋고, 전문가로서의 집필 활동도 좋다. 어떤 방법이든 그것은 구체적인 것이어야 하며, 지속적인 효과를 발휘하는 것이어야 한다.

상담자는 애착, 몰입, 분리를 반복할 수 있어야 하는데, 이를 위해 상담자는 전문적인 활력을 유지해야 한다. 그러나 모호한 종결은 상담자를 고갈시키기 때문에 그 반대 결과를 가져온다. 모호한 상실과 그로 인한 혼란과 결말의 부재는 가족 내에서도 일어날 수 있다.

> 가족 체계 안팎에 심리적으로 존재하고 있는 사람은 만성 스트레스로 인한 가족 재구성과 적응을 막을 수 있다. …… 돌봄 제공자는 사랑하는 사람의 상실을 받아들이기 힘들고(왜냐하면 상실은 단지 부분적인 것이기 때문이다), 애도를 할 수도 없고, 가족을 재구성하는 단계로 나갈 수도 없다. 만약 그 사람이 물리적으로 더 이상 존재하지 않았다면 할 수도 있었겠지만 말이다. 돌봄 제공자가 경계의 모호성과 우월감을 얼마나 잘 견딜 수 있는가는 우울증 발병과 깊이 관련된다(Boss, Caron, Horbal, & Mortimer, 1990, pp. 246-247, 253, Wiley의 허락으로 인용됨).

결말의 부재는 상담자에게 매우 스트레스가 될 수 있다. 그러한 경험들에 영향을 받을 만큼 민감해진다는 것은 '거북의 부드러운 안쪽 껍질'을 통해 내담자와 접촉할 때 발생할 수 있는 문제들 중 하나이다. 뛰어난 애착 능력은 정서적인 민감성과 모호한 종결에 대한 취약성을 가져올 수 있다. 모호한 상실에 대해 많은 연구를 진행 해온 폴린 보스(Pauline Boss)는 모호성을 다룰 수 있는 방법을 제안하였는데, 이는 내담자가 떠날 때 적용할 수 있는 방법이다. 『종결의 신화(The Myth of Closure)』라는 책에서 보스와 카네스(Boss & Carnes, 2012)는 인간의 상실에는 결말이 없다고 종종 말했다. 카네스는 바다에서 항해하다가 사라진 그녀의 남편에 대한 예를 통해 다음과 같이 말했다.

> 결말이 없는 모호한 상실을 이겨 내고 슬퍼하기 위해서는 엄청난 능력을 필요로 한다. …… 모호성과 답이 없는 질문에 대한 인내력이 점차 증가할 때 상실의 문을 닫아야 한다는 부담으로부터 해방된다(Boss & Carnes, 2012, pp. 457-458) .

상담자의 활력이 고갈되는 것을 막는 방법은 모호성과 답이 없는 질문에 대한 인내라고 할 수 있다.

경계와 한계의 설정, 부적절한 요청을 거절할 줄 알기

상담자로서 우리가 배워야 할 교훈들을 경력 초기에 경험했다는 것이 기쁘다.

그것은 성공과 실패는 상대적인 것이며, 전문가로서 발달해 가는 과정은 비선형적이고, 상담자로서 제공해 줄 수 있는 것에는 한계가 있다는 것이다.

—**생어**(2010, p. 74)

앞에서 이야기했듯이, 자신이 완전히 소진되지 않도록 경계를 설정하는 것을 배우는 것은 상담자들의 경력이 어느 정도 쌓이고 나서야 가능한 일이다. 스톤(Stone, 1988)은 이러한 배움의 과정을 '영웅 신드롬'이라고 불렀다. 숙련된 상담자들은 숙련된 운동선수처럼 자신에게 적합한 속도를 배워서 결정적인 순간에 대비할 준비가 항상 되어 있고, 그렇지 않은 순간에는 한 걸음 물러설 준비가 되어 있다. 어떤 상담자들은 그러한 적절한 수준을 발견하는 것이 상당히 어렵다.

요약

이 장에서 나는 당신이 전문적 자기를 유지하는 것에 중점을 두도록 하기 위한 여러 가지 아이디어를 소개하였다. 〈표 8-2〉에 이 장에서 이야기한 여러 가지 아이디어를 요약하여 제시하였다.

〈표 8-2〉 전문적 자기를 유지하고 고갈시키는 요인들

전문적 자기를 유지하는 요인들	전문적 자기를 고갈시키는 요인들
• 타인의 성장에 참여한다는 기쁨 • 타인을 조력하는 일에 대한 성공감 • 인간의 삶(창조성, 용기, 진실함, 고통에 대한 인내)의 깊이 있는 관찰과 타인과 의미 있는 관계를 맺음 • 전문적 경계의 적절한 조율 • 슈퍼바이저의 지지 • 조직 및 기관 차원의 갈등이 별로 없음 • 유머 감각을 즐김 • 전문가로서의 지속적인 발달과 정체 및 가짜 발달의 예방 • 모호한 종결과 어쩔 수 없는 실패의 수용	• 타인을 성공적으로 돕는 일에 실패하고 있다는 느낌 • 지나친 타인 돌봄과 부족한 자기 돌봄을 가져오는 전문적 경계 • 동료의 지지 부족 • 슈퍼바이저의 지지 부족 • 조직 및 기관 차원에서의 높은 수준의 갈등 • 목표 설정과 방식에 있어서 지나치게 진지하고 심각함 • 전문가로서 장기적인 발달에 관심을 두지 않음 • 모호한 종결과 어쩔 수 없는 실패를 수용하지 못함 • 전문적인 관계에서 발생하는 긍정적인 이별과 종

• 상담자와 내담자 모두에게 유익한 종결 경험을 위한 노력 • 충분한 급여와 보상 제공 혹은 교육 중이라면 교육 비용 제공	결이 주는 중요성 무시 • 훈련 중인 상담자에게 부족한 급여와 불충분한 교육 경험 제공 • 이상과 현실을 동일시

자기 성찰 활동

이 장에서는 전문적 자기를 유지할 수 있는 다양한 방법을 다루고 있다. 이 방법들은 숙련된 상담자들의 경험과 상담자가 더 잘 기능하도록 돕는 연구에서 나온 것들이다.

1. 앞에서 언급한 방법들 중 당신이 이미 사용하고 있는 방법이 있는가? 아마 당신에게 더 잘 맞는 수정된 버전을 가지고 있을 수도 있다. 당신이 사용하고 있는 방법을 적어 보라.

2. 좀 더 새로운 방법이 있는가? 만일 있다면 상담자로서 자신에게 권할 만한 방법 한두 가지를 적어 보라. 이 방법이 당신에게 어떤 식으로 도움이 될 것이라고 생각하는가?

제9장 개인적 자기 유지하기

개인적 자기를 유지하는 것은 자기를 타인에게 제공하는 일에서 반드시 필요한 것이므로 개인적 자기를 지킬 수 없다면 자기를 타인에게 제공하는 일도 불가능해진다. 상담자들은 일을 하면서 그들 자신의 욕구를 충족시켜야 할 경우에 자신이 이기적이라는 느낌과 마주하게 된다. 이기적이라는 느낌과 자신에 초점을 두어야 할 필요성 간의 갈등은 상당히 심각할 수도 있다. 이 책을 읽는 당신도 이러한 갈등을 하는 사람들 중 한 사람일지도 모르겠다.

이 장에서 나의 목표는 사람들로 하여금 자기중심적일 수 있는 역량을 강화하고자 하는 것이 아니라, 상담자가 타인을 돌보는 일을 성공적으로 수행하고 그 결과 상담, 치료, 교육 등 자기 전문 분야에서 전문성을 느낄 수 있도록 도우려는 것이다. 개인적 자기를 유지하는 것은 전문가 역할을 보다 성공적으로 해내기 위해서 반드시 필요하다. 이러한 생각을 갖는 것만으로도 상담자는 자기 자신의 욕구를 충족시킬 때 자신이 이기적이라는 느낌을 덜 가지게 되어 훨씬 편안해질 수 있을 것이다.

개인적인 쇄신의 방법은 여러 가지가 있다. 이 장에서는 그중 일부를 제시하려고 한다.

개인적인 쇄신 과정에 지속적으로 투신하기

계속적인 쇄신(renewal)은 자기라는 '연못'이 고여 있지 않도록 하기 위해 반드시 필요한 과정이다. 자기라는 연못에 샘물, 흐르는 냇물을 공급하는 것은 타인들의 정서적 · 교육적 · 신체적 요구를 해결하도록 돕는 상담자로서 우리가 소진되지 않고 계속 그들과 전문적으로 애착을 형성하고 유지하는 데 매우 중요하다. 자신을 돌본다는 것은 우리 자신이 고갈되지 않도록 우리에게 필요한 자원을 공급해 주는 것이다. 결과가 그 방법보다 훨씬 중요하다. 중요한 것은 계속해서 자신을 새롭게 할 수 있는 방법을 찾는 것이다.

전문적 자기를 돌보는 것의 가장 중요한 목적은 아드레날린 수치를 높이고, 스트레스 호르몬을 감소시키는 활동을 개발하는 것이다. 이러한 개인적 자기 돌봄을 통해 흥미, 평화, 행복, 신바람, 즐거움 등을 맛볼 수 있으면 좋겠다. 이 책 초반에 소개했던 상담자 회복탄력성 척도에서 가장 중요한 단어는 활력이다. 자기를 돌보는 활동을 통해 얻게 되는 활력의 감정들은 엔도르핀을 촉진하는 역할을 한다.

일방적으로 돌보는 관계의 위험을 인지하기

상담자들은 일방적인 돌봄의 전문가들이다. 다른 사람들은 그들의 전문성과 일방적으로 돌보는 특성 때문에 그들에게 다가온다. 이것은 한 의사가 아주 즐거운 파티에서 잘 모르는 이상한 질병에 대해 진단을 내려 달라고 누군가가 부탁하는 상황에서 나타난다. 이럴 때 그 의사는 어떻게 해야 할까? 어떤 상담자는 자신에게 일방향적인 돌봄 관계를 원하는 두 친구와 우정을 단절하기로 결심했다. 한 교사는 우정 관계에 있어 돌봄이란 양방향적인 것으로서 한 사람이 자신의 문제를 이야기할 때 다른 한 사람은 지지적인 좋은 경청자가 되어 주는 것이라고 말했다. 상담자는 자신의 삶에서 일방향적인 돌봄을 제공해야 하는 관계가 얼마나 되는지 주의 깊게 살펴볼 필요가 있다. 돌봄직에 종사하는 상담자는 개인적 관계와 전문적 상담 관계를 구별할 수 있어야 한다. 상담자의 개인적인 삶에서 돌봄이란 다른 사람이 상담자를 돌보고자 할 때 상담자도 그들을 돕고 싶은 것과 같이 서로 주고받는 것이다. 다른 사람이 그들의 문제를 이야기할 때, 상담자도 자신의 문제를 이야기하는 것이다.

자기 자신 양육하기

한 사람의 자기는 여러 가지 부분으로 구성된다. 각 부분은 돌봐 주어야 할 필요가 있다. 여기서는 자기를 정서적 자기, 경제적 자기, 유머러스한 자기, 사랑하는 자기, 영양가가 높은 자기, 신체적 자기, 유희의 자기, 우선순위 부여 자기, 재충전 자기, 이완 · 스트레스 감소 자기, 고독한 자기, 영적 · 종교적 자기 등으로 나누고 자기의 각 부분에 대해 이야기해 보려고 한다. 자기의 이러한 부분들이 지속적으로 유지되기 위해서는 돌봄이 필요하다.

정서적 자기(emotional self) 돌보기

> 문제는 없어지지 않는다. 문제는 훈습되어야 하며, 그렇지 않을 경우에는 계속 우리 곁에 머물러 영원토록 우리 영혼의 성장과 발달에 장애물로 남아 있을 것이다.
>
> –**펙**(1978, p. 30)

> 나 자신을 모를 때 나는 나의 학생들을 알지 못한다. 나 자신을 모른다면 나는 나의 학생들에 대해 불투명한 유리잔을 보듯이, 나의 검증되지 않은 삶의 그림자로서 그들을 보게 될 것이다. 이렇게 되면 나는 그들을 분명히 이해할 수 없고, 따라서 잘 가르칠 수도 없을 것이다. …… '너 자신을 알 것'을 요구하는 일은 이기적인 것도 자기도취적인 것도 아니다. 교사로서 나 자신에 대해 알고 있는 것들은 나의 학생들과 다른 교사들을 위해 도움이 될 것이다. 잘 가르치려면 자신에 대한 지식과 이해가 있어야 한다. 그것은 평범한 눈으로 쉽게 볼 수 있는 것이 아니라 숨겨져 있는 비밀스러운 부분이다.
>
> –**파머**(1998, p. 23)

우리는 다른 사람들에게 유익한 것은 나 자신에게도 그렇다는 것을 인정할 필요가 있다. 상담자들은 '상담자를 위한 치료'라는 개념에 의거해 자기 자신의 정서를 돌보아 왔다. 겔러, 노르크로스와 오를린스키(Geller, Norcross, & Orlinsky, 2005)는 『상담자 자신의 심리치료: 내담자와 상담자의 관점(The Psychotherapist's Own Psychotherapy:

Patient and Clinician Perspectives)』이라는 저서에서 이 주제에 대해 다루었다. 포프와 타바치닉(Pope & Tabachonick, 1994)의 연구에 의하면, 476명의 상담자들이 자기 자신의 치료 경험을 보고했다. 이들 중 대다수인 85.7%가 이 경험을 상당히 혹은 매우 유익한 것이었다고 보고했다. 많은 이가 알아차림, 이해, 자기존중감, 자신감 등 긍정적인 변화를 경험하였다고 보고하였다. 상담자들은 자기 자신을 일의 도구로 사용하기 때문에 이 긍정적인 변화들은 주목할 만한 가치가 있다. 치료와 슈퍼비전 등을 통해 자기 자신을 돌보는 경험은 다른 조력 직종의 종사자들에게도 좋은 본보기가 될 수 있을 것 같다. 하지만 선배들에게서 상담이나 슈퍼비전을 받는 것이 쉽지는 않은 것 같다. 나이팅게일(1995년, 개인적 대화)은 "너무나 많은 상담자들이 자신이 내담자들에게 처방한 것을 스스로 복용하지 못한다"고 말한 바 있다. 구두장이에게 정작 자신의 신발이 없다는 유명한 속담이 그 예일 것이다.

정서적 자기를 돌보는 데 도움이 되는 또 다른 개념은 자기 자비이다. 자기 자비는 고통이나 실패의 상황에서 자신을 엄격하게 비판하기보다는 자신에게 친절하며, 자신의 경험을 고유하는 것이 아니라 인간의 보편적인 경험의 일부로서 이해하고, 그 고통과 자신을 동일시하지 않고, 마음챙김의 태도로 바라보는 것을 의미한다(Neff, 2003, p. 1). 자기 자비의 실천은 자신을 용서하고 불완전성을 인간 경험의 일부로서 이해하는 능력을 촉진시킨다. 네프, 커크패트릭과 루드(Neff, Kirkpatrick, & Rude, 2007), 그리고 홀, 로우, 분쉬와 가들리(Hall, Row, Wuensch, & Godley, 2013)의 연구에 따르면, 자기 자비는 심리적인 안녕과 관련이 있다. 자기 자비를 증진시키는 것은 상담에서 오는 어려움에 좀 더 생산적으로 반응할 수 있도록 돕는다.

경제적 자기(financial self) 돌보기

> 문화는 사람들이 추구하는 목표뿐만 아니라 그 목표에 도달하기 위해 이용 가능한 자원들에 영향을 미침으로써 사람들의 행복에 깊이 영향을 준다. …… 자신에게 적합한 목표를 선정하는 것이 개인의 행복과 안녕에 결정적인 요인이 될 수 있다.
>
> —**디너, 수, 루카스와 스미스**(1999, p. 285)

소비로 가득찬 세상에 살면서 적은 수준의 급여 때문에 오는 스트레스를 어떻게 관리하고 있는가? 이것은 이 장의 질문이다.

미국에서 사는 대부분의 사람들에게 미국은 부유한 곳이다. 부유한 나라는 모든 차에 한 사람만 타고 있는 곳이라고도 할 수 있다. 부유한 나라는 미국처럼 인구수에 비해 소비의 양이 많은 그런 곳이라고도 할 수 있다. 그렇지만 미국에서의 삶은 "더 많이 소비하라"는 끊임없는 메시지를 받으면서도 대부분의 사람들이 결코 부유하다는 느낌을 갖지 못하는 그런 거품 속에 있다. 더 사라고 부추기는 광고는 상당히 성공적이다. 쇼어(Schor, 1998)가 쓴 『과소비하는 미국(The Overspent Ameraican)』에서는 이러한 현실을 잘 묘사하고 있다.

미국에서 사람들은 미국이 만든 것을 전부 소비하고 있다. 신기하게도 부유한 이 나라에서 사람들의 저축률은 제로이다. 전체적인 통계 수치로 볼 때, 미국인은 자신들이 벌어들인 달러를 전부 다 써 버리고 있는 것이다(Cassidy, 1999). 학생들은 이렇게 생각한다. 학교에 들어가면 "졸업하고 나면 돈을 벌 것이고, 그러면 저축도 해야지" 하고 생각한다. 그러나 그들이 돈을 벌기 시작하면 그들은 벌어들인 돈의 전부를 혹은 그 이상을 써 버리는 경향이 있다.

미국에서 소비는 많은 결정을 이끄는 주요한 가치이다. 2007~2009년에 있었던 대공황은 많은 사람에게 어려움을 가져다주었고, 이러한 행동을 일부분 변화시켰다. 그러나 좋고 새로운 물건을 많이 소유한다는 것은 많은 이에게 기본적인 가치이다.

왜 필자가 이 책에서 이러한 주제에 대해 소리 높여 이야기하고 있는 것일까? 당신은 이런 의문을 가질 수 있다. 내가 이러한 문제에 대해 강도 높게 이야기하는 이유는 상담자들은 자신의 일에 대해 보상을 잘 받지만 그 보상이 돈이 아니라는 점 때문이다. 그들이 일의 대가로 받는 것은 인간 존재의 보다 깊은 수준에서 오는 만족과 즐거움이다. 이러한 일에 대한 보상은 다른 많은 사람이 일의 대가로 받는 것과는 전혀 다른 데에서 온다. 그것은 제2장에서 다루었던 것처럼 기쁨, 보상, 자신의 일의 효과라는 선물 등이다.

상담자들의 큰 스트레스 요인 중 하나는 소비 지향의 사회에서 그들이 받는 수입이 그다지 높지 않다는 점이다. 따라서 소비 지향적인 문화의 목소리를 적절히 통제하는 것은 경제적 자기를 유지하는 중요한 열쇠가 된다. 대부분의 상담자들은 그들의 일에 비해 받는 수입이 높지 않은 편이다. 초봉을 얼마나 받는가 하는 것은 직업 입문자들의 대부분의 관심사이다. 초봉은 연봉 범위 전체를 놓고 볼 때 적은 액수에 해당한다. 고액 연봉직의 경우에는 초봉은 적으나 큰 상승폭을 가진다. 그러나 낮은 연봉직 종사자들의 경우에는 낮은 초임에서 시작해서 연봉 상승폭 자체도 적다. 중요한 것은 초임이 아니라 전체적인 상승 범위이다. 상담자들에게 적은 상승폭은 중요한 의미를 지닌다. 상승폭이 좁다는 것은 그들이 아무리 오래 일해도 절대로 많이 받을 수 없다는 이야기가 되기 때문이다. 물론 예외는 있다. 부유한 상담자, 대기업의 기업 상담자들, 고액의 자문 프로젝트를 가지고 있는 대학 교수들, 여러 전공 분야의 의사 등은 많은 수입을 받기도 한다. 그러나 이것은 어디까지나 예외에 해당한다. 대부분의 상담자들은 낮은 초임에서 시작하며, 수입의 상승폭 역시 적다.

상담 실무를 담당한 이들에게 있어서 경제적 자기를 발달시키는 열쇠는 적게 쓰고 자신에게 많이 투자하는 것이다. 만약 소비 지향의 문화가 쏟아붓는 광고에 민감한 사람이라면 이렇게 하는 것이 더욱 중요하다. 많은 물품과 서비스의 구매와 소비가 지배적인 문화에서 살아가는 상담자라면, 이러한 광고와 분위기에 더 강하게 영향을 받을 수밖에 없기 때문이다.

세 가지 요인이 이러한 영향을 약화시킬 수 있다. 첫 번째, 개발도상국에서의 생활은 부유한 나라에서의 삶을 더 정확히 볼 수 있고, 소비 문화의 거품들로부터 자유로울 수 있다. 미국 사람들은 대부분 사치스럽게 산다고 생각할 수도 있다. 사치스럽게 산다는 것이 어떤 것인지 정확히 안다면 사치스럽게 살고자 하는 동기는 적어질 수도 있다. 더 높은 수준의 소비를 원하는 사람, 이미 그러한 문화의 거품 속에 있는 사람은 더 사치스럽게 사는 것이 중요한 목표가 되고, 그래서 그것이 얼마나 잘못된 것인지를 정확히 보기 힘들다. 하지만 그 거품 바깥에 있는 사람이라면 그러한 삶의 목표가 잘못되었다는 것을 더 쉽게 알 수 있을 것이다.

두 번째 요인은 연구 문헌이다. 연구 문헌은 개인의 경제적 안녕이란 고소득의 수입과 관련된다기보다는 적절한 정도의 소비, 그리고 투자와 더 관련 있다는 것을 보여 준다. 보통 한 개인의 수입은 그 사람의 경제적인 부의 정도를 보여 주는 결정적인 지표라고 볼 수 있다. 그러나 이런 생각은 잘못된 것이다. 이 주제에 관한 탁월한 연구 중 하나가 『이웃에 있는 백만장자(The Millionaire Next door)』(Stanley & Danko, 1996)라는 제목의 책이다. 이 연구는 우리가 흔히 생각하는 통념 두 가지를 깨뜨린다. 우리가 쉽게 가지는 부자에 대한 두 가지 기본적인 통념은 첫째, 백만장자는 우리와는 다르다는 것이며, 둘째, 보통 그들은 물건을 구매할 때 신용카드를 사용하여 많은 구매를 한다는 것이다. 그러나 연구에 의하면, 백만장자들은 우리가 이웃에서 흔히 볼 수 있는 그런 사람들이며, 수입에 비해 적게 소비하며, 우리와는 다른 방식으로 투자한다는 것이다.

이러한 주장은 단순함을 추구하는 운동에서 시작된 것이다. 도밍게스와 로빈(Dominguez & Robin, 1992)은 『돈이냐 삶이냐(Your Money or Your Life)』에서 과소비를 위해 정신없이 사는 것이 미국인들의 기본적인 경향인데, 이는 '인간에게 있어서 가장 귀중한 자원인 시간을 어리석게 사용하는 것'이라는 문제를 제기한다. 그들의 책 제목은 이 문제에 대한 대안을 말해 주는 것 같다. 그들이 생각하는 대안은 '삶을 위하여 자신의 시간을 사용할 수 있도록 꼭 필요한 만큼의 돈만을 추구하라'는 것이다. 그들은 적게 사용하고 많이 저축하는 것이 중년기 이후 자신의 삶을 위해 투자할 수 있도록 해 준다는 점을 설득력 있게 보여 준다. 그들은 더 많은 돈을 벌기 위해 시간의 대부분을 일을 위해 사용하는 것을 현저하게 줄이라고 제안한다. 그렇게 하는 대신에 자신의 삶에서 의미 있다고 생각되는 활동을 하는 데 그 시간을 쓰라고 그들은 주장하고 있다.

세 번째 요인은 상담자들의 경제적 자기와 특별히 깊은 관련이 있다. 상담직에서의 수입은 보통 평범한 정도이다. 그러나 이들은 보통 돈에 관한 한 자기 주장 기술이 별로 없어서 때로는 필요한 정도보다도 더 낮게 받는 경우가 많다. 내 친구 중 한 사람은 대학교에서 9개월 계약직으로 일했다. 그 친구는 보통 여름에 일을 하곤 했다. 어느 해의 여름은 그에게 특별히 중요했다. 당시 그는 두 명의 어른과 네 명의 아이들을 부양할 만큼의 돈을 벌어야 했다. 그 친구에게 일 하나가 들어왔는데, 그 일을 맡을지 말지 생각하며 그 일을 맡는 것에 대해 소극적인 태도를 보이다가 결국 그 일을 놓쳤다. 그러고 나서 그 해 여름을 지낼 돈이 없다는 소식을 가족으로부터 듣게 되었다. 그는 이때 큰 교훈을 얻었다고 했다. 그 친구는 자기 자신에게 다시는 이런 일이 생기지 않아야겠구나 하고 다짐했고, 경제적인 부분에서 훨씬 더 주장적인 사람이 되었다. 이 이야기의 요지는 낮은 임금을 받는, 경제적으로 자기 주장력이 약한 상담자들의 경우에는 경제적인 문제로 인한 스트레스를 많이 받을 수밖에 없다는 것이다. 경제적인 면에서 적극적으로 자기를 돌볼 수 있어야 한다.

만약 돈을 관리할 수 있는 기술이 부족하거나, 단호하지 못하고, 경제적으로 소비 지향적인 문화에 영향을 받는다면 경제적인 문제로 크게 스트레스를 받게 될 수 있다. 때로 이러한 결과는 상담자들이 내담자들과 필요한 만큼의 정서적 교류를 방해할 수도 있다. 이러한 일이 일어난다면 자기 일에서 유능함을 발휘하는 것은 불가능해질 것이다.

유머러스한 자기(humorous self) 돌보기

연구: 웃을 때 뇌는 유사 명상 상태가 된다.

—**힐리**(2014, p. 12A)

전문 심리학자들의 스트레스 대처 전략에 관한 연구에 따르면, 파트너 · 가족과 함께 시간 보내기와 일과 개인 생활의 균형을 유지하는 것 다음으로 많이 추구하는 활동이 유머 감각을 유지하는 것이다(Stevanovic & Rupert, 2004). 적극적으로 웃는 것, 유희적인 사람이 되는 것, 농담을 하는 것, 유머러스한 사람이 되는 것은 특히 일의 환경이 주로 심각한 문제로 둘러싸여 있는 사람에게 매우 긍정적이다. 심각한 환경에서 어떻게 웃을 수 있는가? 일에서 웃음의 과학과 기예를 익히는 것은 시간이 걸리는 일이다. 수련 중에 있는 학생들은 종종 그들이 비전문적으로 보일까 하는 걱정 때문에 그들의 유머 감각을 잃게 되기도 한다. 유머 감각은 숨겨져 있다가 가끔 나타나기도 하고, 좋은 상황이 되면 다시 나타나기도 한다. 웃음은 상담자들의 생활을 유지하는 데 도움이 된다. 진지하고 심각하면서도 어떻게 웃고 즐길 수 있는지를 배우는 것은 전문가로서 자기를 유지시켜 주는 데 도움이 된다.

사랑하는 자기(loving self) 돌보기

이 부분에서는 돌보는 이가 돌봄을 받지 못한다는 역설적인 문제를 다루고자 한다. 사랑은 전문가로서의 생명력을 유지하고, 심각한 스트레스로부터 자신을 보호할 수 있게 해 주는 가장 강력한 자원이 될 수 있다. 사랑하는 자기란 매우 친밀한 어떤 사람, 즉 사랑하고, 애착을 느끼고, 돌보고, 같이 있으면 즐거운 그런 사람과의 관계를 의미한다. 아이를 갖고 기르는 그런 관계를 포함하기도 한다. 대부분의 상담자들에게 가족은 자기 돌보기의 가장 중요한 자원이다. 물론 조금 다른 형태의 가족 관계 속에 있는 사람들도 있다. 그러나 사랑하는 사람과의 사적인 생활로부터 오는 '안녕'(well-being)은 대부분의 상담자들에게 많은 영향을 준다.

상담자들은 타인의 욕구를 보살피는 데 전문가들이다. 종종 그들은 다른 사람의 마음, 영혼, 몸, 감정 등을 아주 잘 돌보았거나, 혹은 그런 일을 하면서 자라 온 긴 역사를 가지고 있다. 다른 사람들을 잘 돌보고자 하는 염원은 종종 다른 사람들에게 같은 돌봄을 받을 것이라는 기대 혹은 상상을 갖게 한다. 예를 들면, "다른 사람들도 내가 원하는 것이 무엇인지 잘 알 거야. 그래서 내가 정말로 도움을 필요로 할 때, 내가 원하는 방법으로 나를 돌보아 줄 거야"와 같은 꿈을 갖는다. 이러한 꿈은 정말로 야무진 꿈에 불과하며, 실제로는 아무도 욕구를 알아 주는 사람이 없어서 화가 나거나 좌절하게 된다. 상담자를 그렇게 전문적으로 돌보아 줄 사람이 세상 어디에 있겠는가? 이런 희망은 결국 실망이나 좌절로 끝나게 마련이다.

양육을 받지 못하는 양육자는 자기 신발은 없는 구두장이와 같다. 다른 사람들을 위해서 구두를 많이 만들지만 자기 자신을 위해 만들기는 쉽지 않다. 때로 자신을 돌아보는 순간에 그들은 자기 자신이 맨발임을 발견하게 된다. 일부 상담자들은 타인의 욕구와 자신의 욕구 사이에 균형을 잡는 것에 대해 이야기하는 것에 양가적인 감정을 느낄 수도 있다. 하지만 앞에서 이야기한 바와 같이, 상담자들이 성공적으로 일하기 위한 핵심적 요소인 '애착-분리 과정'을 고려하면 자기를 돌보는 것이 전문가에게 주어진 신성한 책임임을 알 수 있다. 다른 사람들에게 사랑받는 것은 이 분야의 일을 하는 사람들이 자신을 돌보는 중요한 방법이다. 상담자들은 자신의 개인적 삶을 돌보는 것에 가치를 부여하고 지속적으로 관심을 기울여야 할 것이다.

성공적인 상담자에 대한 최근 두 연구에 따르면, 이들은 풍성하고 긍정적이고 사랑이 넘치는 개인적인 삶을 살고 있다. 휴(Hou, 2015)에 의하면, 회복탄력적인 상담자들의 중심적 특성은 관계성을 잘 유지한다는 것이다. 니센-라이 등(Nissen-Lie et al., 2015)에 의하면, 가장 성공적인 상담자들은 자신에 대한 긍정적 애착과 사랑을 가진 개인적인 삶을 산다. 가장 중요한 것은 사랑을 주기 위해서는 사랑을 받아야 한다는 것이다.

영양가가 높은 자기(nutritious self) 돌보기

심리학자이자 퍼포먼스 전문가인 헤이즈(Hays, 1999)는 '여러분 자신을 돌보세요!'라는 제목의 심포지엄에 상담자들을 초대했다. 심포지엄에서 그녀는 수준 높은 상담을 수행하기 위해 필요한 영양면에서의 돌봄에 대해 여덟 가지 조언을 하였다. 우리는 각 조언에 대한 추가 설명을 적어 보았다. 비록 15년 전이지만, 그녀의 조언은 여전히 중요하다.

• 혈당을 일정하게 유지하라

이는 끼니를 거른다든가 혈당을 갑작스럽게 올리는 것 같은 폭식을 해서는 안 되며, 규칙적으로 먹어야 한다는 것이다. 소식(小食)을 하면서 중간중간에 간식을 먹는 것이(Schafer, 1996) 혈당을 일정하게 유지하는 방법이다. 일정한 포도당 공급을 위해 어떤 음식이 당신에게 맞을지 영양사와 상의해 보는 것도 좋은 방법이 될 수 있다.

• 규칙적으로 먹으라

규칙적 · 정기적이라는 것은 구조와 안정감, 계획성을 준다. 규칙적으로 먹는 것은 "좋은 의도로 포장되어 있지만" 사실은 지옥으로 가는 지름길인 충동적 섭식을 방지해 준다.

• 아침은 하루 세 끼 중 절대로 걸러서는 안 되는 끼니이다

섭식에 대한 조언들 중 서로 상반되는 것들도 상당 부분 있지만 아침에 대한 강조는 대부분 공통적으로 충고하는 내용이다. 왜 그럴까? 아침을 먹는 것은 신체가 움직이기 위한 기름을 채우는 것과 같기 때문이다. 아침을 먹지 않으면 조만간 몸은 기름이 떨어져서 기름을 넣어 달라고 아우성을 치게 되어 있다. 늦게 먹는 음식은 축적되는 쪽으로 가 버리고, 대부분의 경우는 영원히 축적되기 때문에 적절한 시간에 먹어 주는 것이 가장 중요하다.

• 당신의 몸은 물을 원한다

기본으로 돌아가서 보면 물은 일급 영양 비법 중 하나이다. 우리 몸의 70%는 물로 구성되어 있으므로 우리는 우리 몸에 호스를 대고 계속 물을 공급해 주어야 한다. 볼치와 볼치(Balch & Balch, 1997)는 "우리 몸의 건강을 유지하기 위해서 우리는 최소한 하루에 8잔 이상의 물을 먹어야 한다"(p. 30)고 충고했다. 콜라나 커피에도 수분은 있지만, 카페인이 이뇨제 역할을 해서 우리 몸으로부터 수분을 앗아가므로 수분 섭취에 도움이 되지 않는다.

• 음식과 친구가 되고, 유연하게 음식을 대하라

음식은 우리 몸에 좋은 기능을 하지만 음식을 남용하거나 제대로 섭취하지 않는다면 음식과의 전쟁을 벌이는 격이 된다. 음식과 우정을 나누며 그것을 남용하지 않고 즐길 필요가 있다. 음식을 절제하도록 안내하는 엄격한 다이어트에서는 유연성이란 말이 절식하지 못해 다이어트에 실패했다는 것을 의미할 때도 있다. 하지만 유연성이란 장기적으로 적절한 섭식을 할 수 있도록 음식에 지나치게 탐닉하지 않으면서 즐길 수 있는 것을 의미하기도 한다.

• 정말로 배가 고픈 것과 정서적 혹은 다른 신체상의 허기를 구별하라

불안이나 외로움, 화, 공포, 혼란스러움, 상처받은 느낌, 슬픔 등의 부정적인 감정들은 사람으로 하여금 짧은 시간에 많은 음식물을 퍼먹게 한다. 문제는 이들이 정말로 배가 고파서 이렇게 먹어 대는 것이 아니라는 점이다. 이들이 찾는 음식은 영양가가 전혀 없는 것이어서 결국 많은 칼로리를 섭취하게 된다.

• 당신의 몸이 먹고 마시고 싶어 하는 것이 무엇인지를 정확히 알라

자기알아차림(self-awareness)은 사람들이 꼭 갖추어야 할 가치 있는 기술이다. 당신 자신에게 가만히 귀 기울이면 당신 자신에게 공급해야 할 것들에 대한 많은 중요한 정보를 얻을 수 있다. 배고픔과 목마름의 언어를 알게 되면 불필요한 음식을 먹으라고 말해 주는 다른 언어(예를 들면, 정서적 허기)보다 몸이 원하는 메시지에 효과적으로 반응할 수 있다.

• 식습관에 대한 장기적 관점을 개발하라

먹는 일은 죽을 때까지 해야 할 일이다. 이것은 여러 종류의 단기적인 관점(예를 들면, 동창회에 가기 전에 20파운드 빼기)을 청산하고 장기적인 관점을 가지는 것이다. 음식과 좋지 않은 관계를 청산하고 좋은 관계를 맺어야 한다. 이는 변화를 위한 중요한 작업이다. 이를 통해 지속 가능하고 건강한 식습관을 가질 수 있다.

비만 치료를 위해 칼로리 제한 식이요법을 시행한 연구 결과들을 검토한 만 등(Mann et al., 2007)은 이러한 방식의 다이어트가 지속적인 체중 감소로 이어지지는 않는다고 결론 내렸다. 스미스와 호크스(Smith & Hawks, 2006)는 체중 관리를 위한 효과적인 도구로서 직관적인 식사(안티 다이어트로서 배고픔에 기반한 접근; p. 130)를 제안했다.

앞서 언급한 영양 권장 사항은 상담자에게 “개인적 자기를 유지”하는 퀼트를 만들기 위해 또 다른 매력적인 천 조각을 제공해 주는 것이다.

신체적 자기(physical self) 돌보기

운동이 건강과 기분에 어떤 역할을 하는지에 대한 연구에 따르면, 운동은 건강을 증진시키며, 우울, 스트레스, 불안, 긴장, 피로 등의 기분을 감소시킨다.

–**플랜트**(1993, p. 362)

운동은 우울증을 예방하고, 뇌 화학물질을 개선한다. 다음의 조언은 사실이지만, 진부하게 들릴 수 있다. 당신에게 맞는 격렬한 신체 활동이 무엇인지 찾아보고, 이를 일주일에 3~5회, 20~40분 정도 실천해 보면 당신의 기분이 나아지는 것을 알 수 있을 것이다.

–**헨리 에먼스**(Emmons & Kranz, 2006, p. 93)

갈수록 우리는 운동을 하라는 권고를 많이 받는다. 이것은 신체 건강을 증진시키라는 이야기이다. 그러나 나는 여기서 다른 이유로 신체적인 운동을 권하고자 한다. 앞서 에먼스가 말했듯이, 격렬한 신체 운동은 기분을 조절하는 데 이롭다는 강력한 증거가 있다(Penedo & Dahn, 2005). 운동을 꾸준히 열심히 하는 것이 우리 상담자들이 일에서 얻게 되는 정서적 독소의 해독제가 될 수 있다. 만약에 운동의 효과가 알약으로 만들어질 수 있다면 그 약은 세상에서 가장 잘 팔리는 인기 있는 약이 될 것이 틀림없다.

조력 직종에서 일하는 사람들은 정서적인 요구를 많이 받으며, 따라서 정서적으로 고갈되기 쉽다. 소진이란 말이 이들 직종에서 유래된 말이라는 것을 기억해 보라. 이 직종이 스트레스가 많다는 점을 고려하여 이전 장에서 나온 돌봄의 순환 과정, 초심자는 갈수록 스트레스가 많아진다는 점, 상담 실무가 지니고 있는 어려움 등을 기억해 보라. 이전 장들은 돌보는 직업이 상당히 어려운 일이라는 것을 보여 준다. 예를 들어, 스트레스가 되는 정서로 가득찬 세상에서 일하는 사람의 위험을 생각해 보자. 상담자는 괴로움 속에 있는 내담자들의 속 이야기를 나눌 때 우울, 불안, 고통 등의 감정과 싸우는 방법을 알아야 한다. 따라서 상담자는 '개인적인 자기를 유지'하기 위한 자기 돌봄 방법 중 하나로 신체 활동을 고려해야 한다.

열심히 운동을 하는 것이 우리에게 유익하다는 것을 아는 것 이외에도 운동을 하면서 적극적으로 건강을 유지하는 삶이 얼마나 어려운지 아는 것도 필요하다. 이러한 삶이 상담자들에게 어째서 쉽지 않은 것일까? 유능한 상담자들은 자신의 욕구보다 타인의 욕구를 중심에 두는 경향이 있다. 이러한 경향은 직업상의 특징이기도 하지만, 상담자가 부모일 때 그 사람의 개인적 삶에서 일어나는 일을 보면 쉽게 이해할 수 있다. 물론 좋은 부모란 자신의 욕구보다 아이들의 욕구에 초점을 맞추는 사람들이긴 하다. 그러나 그 결과 상담자들의 욕구가 전혀 고려되지 않는 것이 현실이다. 운동 부족도 반드시 현대 생활의 문제 혹은 시간이 부족하기 때문에 생기는 문제라고만 볼 수 있겠는가? 오히려 현대인이 사는 삶의 환경이 운동 부족으로 만드는 구조이고(엘리베이터는 가까이 이용할 수 있지만 계단은 멀리 있다든가), 운동 부족을 가져오는 우리의 태도(운동은 헬스클럽에서 하는 것, 주차는 가능한 한 출입구 가까이에 한다든지) 때문이기도 하다.

많은 상담자에게 있어 자기 돌봄이 어려운 이유 중 하나는 운동을 시작하고 유지하는 것이 어렵기 때문이다. 연구에 따르면, 신체 운동은 일에서 오는 정서적 스트레스를 다루는 데 매우 효과적일 수 있다. 불행히도 이것은 알약 형태로 나오지 않는다.

운동 이외에도 수면은 건강의 필수 요소이다. 국립 수면 재단(National Sleep Foundation, 2006)이 진행한 연구에 따르면, 수면의 부족은 인지 수행의 저하와 분노, 불안, 슬픔과 같은 정서적 어려움과 관련이 있다. 비록 연구자들이 성인의 경우에 하루 7~9시간 정도의 수면이 필요하다는 데 동의하지만, 사실 개인마다 필요로 하는 수면의 양은 다양하다. 보통 돌보는 직업에 종사하는 사람들이라면 '수면 위생'이라고 불리는 건강한 수면을 촉진하는 전략을 알고 있을 것이다. 만약 그렇지 않다면 보다 규칙적인 수면 일정을 위해 다음과 같은 간단한 방법을 시도해 보자. ① 당신의 몸이 규칙적인 수면 일과를 학습할 수 있도록 매일 밤 같은 시간에 자고 매일 아침 같은 시간에 일어나라. ② 당신의 몸이 긴장을 풀고 잠들 준비를 하도록 도울 수 있는 저녁 일과를 만들라. ③ 침실은 일과 같은 다른 활동이 아닌 수면을 위해서만 사용하도록 하라.

벡(Beck, 2009)은 뉴욕타임즈(The New York Times)에서의 수면과학에 대한 지식이 전미농구협회(NBA)에 소속된 몇몇 선수들의 연습 시간을 결정하는 데에도 영향을 준다고 말했다. 하버드 대학교 의과대학의 수면 전문가인 찰스 체이슬러(Charles Czeisler)는 선수들의 (모닝 슛어라운드라고 불리는) 아침 연습 시간을 줄이고 수면을 더 취할 수 있도록 안내했다. 체이슬러는 새로운 정보를 배울 수 있는 선수들의 능력을 증진시키고 최고의 수행을 할 수 있도록 하루 8.2~8.4시간의 수면을 권장했다. 이처럼 수면이 농구선수들의 수행과 학습에 중요하다면 상담자에게도 마찬가지로 중요하다.

유희의 자기(playful self) 돌보기

상담자들은 스트레스로 가득한 조건에서 유익한 일을 만들어 내려고 노력하는 진지한 사람들이다. 장기적으로 이 분야에서 행복할 수 있는 진로를 세우고 진행시켜 나가기 위해 이들에게 줄 처방은 매우 역설적인 것이라고 할 수 있다. 그것은 다름 아닌 놀이이다. 애커먼(Ackerman, 1999, p. 6)은 놀이에 대해 이렇게 이야기한 바 있다. "놀이의 세상은 풍부함, 자유, 포기와 단념을 좋아한다. 장난이 허용되고, 여러 가지 작전이 시도되고, 자기가 초대된다. 자기가 개방된 놀이의 세상에서 배고픔이라는 것은 없다. 그저 충분히 만족한 상태에 이르는 것이 그 세계의 목표일 뿐이다." 상담자들의 정서적인 세계는 진실함, 고난, 스트레스, 도전, 진지함 등의 말로 가득차 있으며, 슬픔, 불안함, 두려움, 분노 등의 더 심각한 말들도 가득하다. 그러나 놀이의 세계는 전혀 다르다. 놀이의 세상은 재미, 열정, 신남, 즐김, 기쁨, 좋음, 마음껏 누림, 푹 빠짐, 풍부함 등의 말로 가득하다. 이런 놀이의 세상은 일의 세계가 유지될 수 있도록 도와준다.

교류분석에서 어린이 자아 상태는 놀이를 하는 자기이다. 우리는 어떻게 자기의 이러한 부분을 돌볼 것인가? 일반적인 말로 자신을 아이처럼 대한다는 것이다. 자기를 어린아이처럼 굴도록 해 준다는 것이 무슨 뜻인가? 주목해 주고, 집중해 주고, 하고 싶은 대로 하도록 응석을 받아 주고, 부드럽게 대해 주는 것이다. 이것이 어째서 중요한가? 그것은 상담자로서의 자기가 너무나 열심히 일하기 때문이다. 전문가가 어떻게 자기를 아이처럼 다루어 줄 수 있을 것인가? 많은 방법이 있다. 어떤 사람은 거품 목욕을 하는 방법을, 또 다른 사람은 초콜릿 사 먹기, 골프치기, 또 어떤 이들은 야구경기를 관람하는 방법을 사용한다. 방법은 끝없이 많이 있다. 무엇이든 자신의 어린이 자기가 만족해 하고 재미있어 할 방법을 발견하고 그것을 하는 것이 반드시 필요하다.

애커먼은 『심층놀이(Deep Play)』라는 책에서 완전히 마음이 팔리는 놀이에 대해 이야기했다. 놀이에는 세상과 일치되는 무아지경, 무의식적인 몰입, 초월이라는 숭고한 경지가 있다. 책 속에서 그녀는 몇 가지 그러한 세계를 보여 주었다. 스킨스쿠버 다이빙, 등산, 가면 놀이, 야생동물 공부하기, 재미있는 곳 방문하기 등이 그것이다. 그녀는 자신의 경험을 이렇게 이야기했다. "자전거를 타는 동안에 나는 파란 하늘, 푸른 나무들, 사과 열매들, 눈부신 햇살, 따뜻한 공기 등의 자연과 대화하고, 삶의 요소들을 느끼고, 나 자신이 독자적으로 존재함을 느끼게 해 주는 만트라를 읊조리곤 하였다"(p. 33).

그녀의 책에서 그랜드 캐니언을 여행한 이야기를 읽으면서 나는 9일간 그랜드 캐니언을 통과하는 콜로라도강을 여행한 기억을 떠올렸다. 그 당시 나는 수개월 동안 극심한 업무로 매우 피곤해 있었다. 여행하면서 매일 뗏목에 앉아 사방에 펼쳐진 아름다운 것들을 보았다. 너무나 즐거웠다. 여러 가지 색채, 모양이 나에게 즐거움과 평화를 안겨 주었다. 나는 그랜드캐니언을 통과하는 강을 따라 내려가는 큰 뗏목에 앉아 있었다. 아무것도 하지 않고 앉아서 직장 생활의 현실을 초월하며 새로워지고 있었다. 며칠 후 단체 여행객 중 한 명이 내가 심리학자라는 것을 알았고, 단체 여행객의 집단 과정을 관찰하고 있는 것이냐고 물었다. 나는 대답했다. "농담이시지요? 어떤 집단 과정이요? 저는 물과 바위를 보며 휴가를 보내고 있습니다."

이 글을 읽고 있는 당신도 이러한 당신만의 즐거움의 목록 속에 뛰어들라고 초대하고 싶다.

우선순위 부여 자기(priority-setting self) 돌보기

다음의 전제로 시작해 보자. "해야 할 일이 항상 너무 많이 있다." 왜 그럴까? 현대의 삶은 동서남북 사방 모든 곳에서 오는 정보로 가득하다. 경계가 사라지고 휴대폰과 이메일로 어디에서든 연락이 가능한 우리의 삶이 우리를 그렇게 만든다. 우리 삶 속의 베를린 장벽은 사라져 버렸다. 이것은 축복이면서 동시에 저주이다.

우리는 우리의 생활과 일에서 경계를 세워야 한다. 경계를 세우는 일을 방해하는 요소들은 어떤 것일까? 바로 우리 자신의 가치, 일과 상사의 요구, 우리의 개인 생활 등이 이를 방해한다. 우리가 사용할 수 있는 시간에 우선순위를 잡아 보자. 지금 반드시 해야 할 일을 중심으로 정확히 얼마나 걸리는 일인지를 계산해서 말이다. 이렇게 하면 반드시 해야 할 일을 할 수 있는 시간이 생기고, 사소하고 중요하지 않은 일에 당신의 귀중한 시간을 뺏기는 일은 일어나지 않을 것이다. 이렇게 하면 당신에게 유익한 점이 아주 많다.

우선순위를 정하고 시간을 잘 관리하기 위해서는 첫째, "할 일이 언제나 너무 많다"는 것을 인정하는 것이다. 둘째, 나의 통재소재(locus of control)가 나의 외부에 있는지 내부에 있는지를 깨닫는 것이다. 예를 들어, 단주모임(익명의 알코올 중독자들, Alcoholics Anonymous)에서는 "누가 당신의 차를 운전할 예정입니까?"라는 질문을 한다. 다른 사람을 돕는 직종의 사람들에게는 자신의 차를 자신이 스스로 운전하는 것이 더욱 쉽지 않다. 다른 사람을 위해 봉사하는 직종의 사람이 그 일에서 자기 자신을 곧추세우고 자신의 뜻을 존중하는 일은 미끄러운 마루에 서 있는 것처럼 쉽지 않다. 오늘 해야 할 일 중에서 가장 먼저 해야 할 중요한 일이 무엇인지를 정하고, 언제 그 일을 시작하고 언제까지 할 것인지를 알려 주는 시간 관리의 벨과 호각을 갖는 것은 우리의 삶에서 '우선순위 설정'이라는 가장 중대한 주제를 직면하고 통제할 수 있을 때 비로소 가능해진다.

재충전 자기(recreational self) 돌보기

취미는 재충전과 자기 쇄신의 여러 가지 요소를 가지고 있기 때문에 자기를 돌보는 데 있어 아주 유익하다. 위기에 처한 학생들을 돕는 대학 교수인 웜백(1989년, 개인적 대화)은 이 요소를 "긍정적이고 의미 있는 일탈"이라고 불렀다. 우리는 일탈적인 활동에 참여하고 성과를 얻는다. 우리는 그것을 통제할 수 있고, 그 과제들은 신나고 재미있어서 우리를 몰두시킨다.

수집을 취미로 갖게 되면 무엇을 수집하든지 간에 이러한 긍정적인 요소들을 많이 얻게 된다. 수집한 것을 볼 수 있고, 수집한 결과를 직접 느낄 수 있으니까 그 결과 또한 구체적이다. 구체적이라는 것은 상담의 세계와 거리가 멀다. 상담자는 복잡한 현실문제를 다루고 모호한 결과를 견뎌야 한다. 다른 사람을 돌보는 스트레스 가득한 세계에서 수집하는 것이 인기 있는 취미 생활이란 것은 전혀 놀라운 일이 아니다. 나이팅게일(1995년, 개인적 대화)은 재향군인회 병원의 임상심리 파트 책임을 지고 있는 심리학자인데, 나와의 개인적인 대화에서 취미 생활의 효과에 대해 이렇게 이야기하였다. "취미의 가치는 구체적인 결과를 가져다준다는 점과 함께 시작하기가 쉽고 결과물이 분명히 있다는 점입니다. 이런 점들이 상담자들에게는 아주 중요합니다. 완성과 진보, 성공의 욕구가 이런 취미 생활을 통해 발견되거나 충족될 수 있으니까요." 나와 마찬가지로, 상담자인 내 친구 중 한 사람은 취미가 수석 수집이다. 이 취미는 지속적으로 열심히 해야 할 필요가 전혀 없는 것이지만, 분명히 그녀에게 즐거움을 준다. 그녀는 눈이 많이 오고 겨울이 긴 미네소타에 사는데, 수집한 돌을 바깥에 둔다. 긴 겨울이 지나고 눈이 녹기 시작하면 그녀는 눈 사이로 드러나는 돌을 보고, 만지고, 옮기고, 다른 돌을 더 수집한다. 돌은 돌봐 줄 필요가 거의 없다! 상담자들에게 좋은 취미란 직업과 관련된 것에 집중하는 것으로부터 그들을 떼어 놓을 수 있는 것이라야 한다는 점이다. 그러한 취미라면 취미 생활을 통해 일, 세상, 자신에 대해 더 건강한 시각을 가지게 하는 결과를 가져올 수 있다. 정원 가꾸기, 사진 찍기, 영화, 음악 연주, 새집 짓기 등 가능한 취미와 재밌는 활동들이 많이 있다.

이완·스트레스 감소 자기(relaxation·stress-reduction self) 돌보기

상담자들은 자신의 전문 분야에서 개발된 기법을 사용하여 스트레스를 관리하고 있을까? 그렇지 않은 경우도 있다. 이 분야에서 일하는 우리 중 대부분은 긴장 이완 훈련, 명상, 바이오피드백, 요가, 자기 최면 등의 스트레스 관리 방법을 잘 알고 있다. 그러나 우리 자신을 위해 이러한 방법을 별로 사용하지 않는 것 같다. 과도한 각성이 여러 가지 전형적인 신체 장애나 질병을 일으키는 주요한 원인이 된다는 것을 잘 알고 있지만 과도한 각성에 대한 우리의 신체 반응을 감소시키기 위해 이러한 방법들을 개인적으로 활용하지는 않는다.

과도한 각성을 가져오는 다양한 스트레스 원이 존재한다. 상담자들은 다른 사람의 욕구와 극심한 고통에 초점을 맞출 필요가 있다. 주요 결정 사항에 발언권이 없는 개인 상담자들에게 영향을 줄 수 있는 조직의 정책이나 방침 등 다른 여러 스트레스 원인들도 있다. 거대한 관료 체계 밑에서는 상담자들이 자신의 개인적인 삶을 통제당하고 있다고 느낄 수 있기 때문에 힘들 수 있다. 전자 기술과 과학 기술은 매우 위대하지만 동시에 좌절감을 줄 수도 있다. 예를 들면, 2016년에 많은 의사들은 환자와 상호작용하는 동안에 전자 기록을 해야 한다는 상황에 큰 좌절감을 보고했다. 어떤 의사들은 타이핑 작업을 대신 해 줄 사람을 고용함으로써 이 문제를 해결했다.

스트레스의 또 다른 원천은 다양한 맥락에서 일어나는 상담자의 생각과 자신에 대한 평가와 같이 심리 내적인 것이다. 상담자의 이러한 인지적 왜곡에 대해서 티터와 루드게이트(Teater & Ludgate, 2014)는 『공감 피로 극복하기(Overcoming Compassion Fatigue)』라는 책에서 CBT 접근의 해결책을 제시했다. CBT가 내담자를 도와줄 수 있다면, 우리 상담자들에게도 도움이 될 것이다. 이것은 타인을 돌보고 자신을 돌볼 수 있는 방법을 제공해 준다.

100년 전, 하버드 대학교 교수인 캐넌은 과도한 각성을 '투쟁 혹은 도피 반응'이라고 하였다. 인간의 신체는 위협을 주는 대상에 대해 공격할 것인가 도망갈 것인가 중의 한 가지 양식으로 반응하게 된다고 캐넌은 주장하였다. 그리고 어떤 방식으로 반응하는가에 따라 공격하거나 도피하는 데 도움이 되는 방향으로 우리의 신체를 변화시킨다. 현대의 생활은 과거와는 다른 맥락이지만 동일한 신체 변화를 일으킨다. 이런 맥락에서 오래 생활하다 보면 스트레스와 관련된 다른 질병을 얻게 된다. 이러한 스트레스 관련 질병들로는 심장병, 우울증, 암, 관절염, 위장 계통의 질병 등이 있다.

캐넌이 이러한 주장을 한 지 약 100년이 지난 후 역시 하버드 대학교 교수인 벤슨(Benson, 1975)은 과도한 각성의 가장 좋은 해독제는 '이완 반응'이라는 주장을 내놓았다. 벤슨(Benson, 1999)에 따르면, 현대인들에게 흔한 만성적인 과도한 각성에 대한 해독제인 이완은 다음의 2단계로 이루어진다. 조용하고 편안한 환경에서 20분 정도 시행할 수 있다.

a. 특정한 낱말이나 소리, 기도, 생각, 구절 또는 근육의 움직임을 반복한다.
b. 다른 생각이나 움직임이 침범해 들어올 때마다 다시 a로 돌아간다.

천천히 심호흡을 하면서 이 2단계의 노력을 계속하면 이완이 일어난다. 벤슨(Benson, 1999)은 산소를 더 많이 호흡하는 것이 단순하긴 하지만 스트레스 감소에 강력한 효과를 준다고 하였다. 그는 오랜 세월 동안 발전하고 지속되어 온 종교 활동에서 일반적으로 행하는 기도와 의식들이 이완 훈련의 요소들을 포함하고 있다고 주장하였다.

과도한 각성으로 인해 일어나는 스트레스를 줄여 주는 이러한 이완 방법을 익히는 것은 상담자들에게 개인적으로 그리고 업무상으로 큰 도움이 된다. 데이비스 등(Davis et al., 2008)이 쓴 『이완과 스트레스 감소 워크북(The Relaxation and Stress Reduction Workbook)』은 스트레스를 줄여 주기 위한 이완의 방법들을 다양하게 소개하고 있는 책 중의 하나이다. 그들이 강조하는 이완 및 스트레스 감소 방법으로는 신체 자각, 호흡법, 점진적 이완, 심상화 방법이 있다. 신체 자각은 스트레스 관리를 위해 자신을 평가하는 첫 단계이며, 호흡법은 스트레스 감소를 위해 반드시 필요한 핵심 요소이다. 그들은 "적절한 호흡은 불안, 공황 장애, 우울, 근육의 긴장, 두통, 피로의 개선에 큰 효과가 있다. 호흡을 인식하고 좋은 호흡을 유지하는 습관을 가지면 다른 이완의 방법을 병행하여 사용하든 아니든 관계없이 신체적 · 심리적으로 더 건강해질 수 있다"(p. 23)고 주장하였다. 그들은 얕은 폐호흡이 아니라 깊은 복식 호흡을 하는 것이 중요하다는 점도 강조하였다.

제이콥슨(Jacobson)에 의해 1929년에 처음으로 개발된 점진적 이완은 신체를 이완시키는 방법으로 오랫동안 전해져 왔다. 점진적 이완의 방법은 각 근육 부위를 탄탄하게 긴장시켰다가 이완시키는 방식으로 진행된다. 점진적 이완 방법의 바탕에 있는 이론은 사람은 동시에 긴장과 이완을 다할 수는 없다는 것이다. 과도하게 각성되었을 때 자신의 몸에게 이완하라고 지시하는 셈이다.

심상화(visualization)는 마음의 눈으로 무엇인가를 보는 활동이다. 심상화는 자신의 삶을 강화하기 위해 상상력과 창의성을 이용하는 방법이다. 비슷한 용어는 상상하기(imagery)와 안내된 환상(guided fantasy)이다. 다른 책에서 나는 이 심상화를 활용하여 진로 및 인생을 설계하는 방법을 설명한 바 있다(Skovholt, Morgan, & Cunningham, 1989). 데이비스 등(Davis et al., 2008)의 설명에 따르면, 스트레스 관리 방법으로서의 심상화란 상담자의 안내와 지시에 따라 내담자가 매우 편안하게 이완될 수 있는 장소를 상상하도록 하는 것이다. 많은 사람들은 자신에게 매우 편안한 이완을 주는 장소로서 해변가나 호숫가, 풀밭 등을 떠올리곤 한다. 사람들은 자신에게 심한 스트레스가 생길 때 이렇게 자신에게 편안한 느낌을 주는 장소를 마음속에 떠올림으로써 도움을 받을 수 있다.

마음챙김

> 처음부터 우리는 마음챙김이 우리를 다른 곳으로 데려다 준다거나 어떤 것을 고치도록 돕는 것이 아니라는 것을 기억해야 합니다. 오히려 자신이 이미 있는 그 곳에 현존하게 하고, 매 순간 우리의 경험에 직접 머물며 마음의 풍경과 마음 밖의 풍경을 볼 수 있도록 해줍니다.
>
> — **존 카밧 진**(2003, p. 148)

마음챙김은 "의도적으로 집중하기, 현재의 순간에 머물기, 매 순간의 경험에 대해 비판단적으로 열려 있기"(Kabat-Zinn, 2003, p. 145)로 정의된다. 마음챙김은 다양한 치료이론에서 제안된다. 즉, 변증법적 행동치료, 마음챙김 기반 스트레스 감소(MBSR), 수용전념치료 등과 같은 프로그램에서 치료의 핵심 요소로 마음챙김을 가르친다. 마음챙김은 만성통증(Kabat-Zinn, Lipworth, & Burney, 1985), 우울과 불안(Reibel, Greeson, Brainard, & Rosenzweig, 2001), 그리고 만성 스트레스(Chang et al.,

2004)와 같은 문제에 매우 효과적인 것으로 나타났다.

이러한 임상적인 효과 이외에도 마음챙김은 상담자의 자기 돌봄에 매우 유용한 도구이다. 마음챙김 명상 훈련은 현재 순간의 경험에 주의를 둔다는 전략에 기초한다. 마음챙김 명상 훈련은 호흡에 초점을 맞추는 것으로 시작한다.

다음은 마음챙김 명상을 위한 안내이다. 자연스러운 호흡을 허락하며, 척추를 곧게 펴고, 긴장을 풀 수 있는 편안한 자세로 앉으라. 코로 숨을 깊이 들이마시고, 입으로 숨을 깊이 내쉬라. 사람들은 종종 위쪽 폐를 통해 얕은 호흡을 하는 경향이 있기 때문에 숨을 쉴 때 가슴만 오르내린다. 잠자고 있는 아기를 생각해 보면 숨을 쉴 때 배가 오르락내리락하는 것을 볼 수 있다. 배로 숨을 쉬려면 아기가 숨을 쉬는 모습을 기억하자. 호흡하는 법을 처음 배운다면 당신의 배 위에 손을 올려놓고 숨을 쉴 때마다 손이 움직이는 것을 보며 당신의 배에 주의를 둘 수도 있다. 마음이 다른 여러 생각들로 인해 방황할 수 있다. 이때 주의를 당신의 호흡으로 다시 옮기면 된다. 마음이 방황할 때마다 다시 호흡에 집중하면 된다.

도움이 될 수 있는 또 다른 마음챙김 훈련은 MBSR 프로그램에서 가르치는 보디스캔이다. 프로그램 과정에서 참여자에게 자신의 몸에 주의를 두고 몸의 긴장, 통증, 무감각, 이완 등을 알아차리도록 한다. 보디스캔은 일반적으로 조용한 공간에서 누워서 한다. 업무로 바쁜 상담자가 자신의 몸이 어떻게 느끼는지 알아차림하는 연습을 해 본다면 보디스캔의 진정한 본질을 이해할 수 있을 것이다. 예를 들면, 내담자와 학생들을 만나는 일정 사이사이에 머리부터 발끝까지 자신의 몸을 스캔하고, 몸에 긴장감이 드는 곳을 알아차려서 그 부분의 긴장을 충분히 풀도록 하라.

MBSR 프로그램의 공식 훈련은 마음챙김 명상, (보디스캔을 통한) 신체 알아차림, 소프트 하타요가이다. 프로그램 훈련은 상담자가 자신을 돌볼 수 있도록 돕는다. 미셸은 학생이자 촉진자로서 MBSR에 참여한 적이 있다. 그녀는 이 경험이 자신의 개인적이고 직업적인 삶에 강력한 영향을 미쳤다고 말했다. 또한 미셸은 학위 논문으로 MBSR 12주 프로그램이 대학생의 심리적 안녕, 심리적 스트레스, 자기 자비와 건강 상태에 미치는 영향에 대해 연구했다(Trotter, 2009).

크리스토퍼(Christopher, 2010)는 마음챙김 훈련이 자기를 더 잘 돌볼 수 있도록 돕는다고 말했다.

> 마음챙김 훈련은 나 자신을 돌보고 소진을 예방할 수 있게 해 주었습니다. 명상을 통해 나의 경험

들을 흘러가게 할 수 있었습니다. '흘러가게 한다'는 말은 그 경험을 없앤다는 의미가 아닙니다. 오히려 부정적인 경험이나 정서에 저항하거나 이를 외면하는 것이 아니라 신비주의 시인인 루미의 〈여인숙〉이라는 시에 나오는 은유처럼 좋은 주인이 될 수 있도록 공간을 제공해 주는 것입니다(Barks, 2005). 몹시 지치고 힘들었던 하루 또는 상담이 끝난 후, 내 몸에 갇혀 있던 경험의 잔재들이 스스로를 드러내고, 나의 의식에 접근할 수 있는 시간을 허락합니다. 때론 눈물이 동반되기도 하지만 묵직한 것을 드러내고 씻어 내는 과정입니다. 요가를 하면서 언제 무언가를 이루려고 '애쓰며' 불필요한 에너지를 사용하는지 알게 되었습니다. 내담자와 함께 작업할 때 내 몸의 상태를 알아차리면서 내가 언제 긴장하고, 애를 쓰며, 특정한 결과에 집착하게 되는지를 알게 되었습니다(p. 39).

요가

안나 로스(Anna Roth)는 학위 논문을 위해 2014년에 질적 연구를 실시했다. 연구 참여자는 요가 강사 자격증을 지닌 14명의 박사급 심리학자였다. 이는 돌봄직 분야에서 심리학과 요가라는 이중 훈련을 받은 전문가들에 대한 첫 번째 연구였다. 연구 샘플의 독특성 때문에 이 연구는 매우 의미 있다. 연구 참여자들에게 요가의 심리적 이점을 적어 달라고 요청했다.

상담자의 심리적 건강이 매우 중요하기 때문에 이는 매우 좋은 주제이다. 우리 상담자들은 내담자들이 영혼의 슬픔과 싸우는 것을 돕는 일을 맡았다. 연구 참여자들은 사람들이 요가에 대한 마음만 열려 있다면 요가가 심리적 성장을 도울 수 있다고 말했다. 자기를 돌볼 수 있는 활동에 대해 개방적인 마음을 가지는 것이 중요하지만, 특히 동양에 뿌리를 둔 요가가 서양 사람들에게 낯설게 느껴질 수도 있기 때문에 요가에 대한 열린 마음이 필요하다. 로스의 연구 결과를 요약해 보면 다음과 같다.

혜택 #1: 호흡

상담 업무와 개인의 삶에서 경험되는 스트레스를 고려할 때, 깊게 그리고 천천히 하는 호흡의 이점은 상담자에게 매우 도움이 될 수 있다. 명상과 바이오피드백 등과 같은 활동에서도 호흡의 중요성을 강조하지만, 여기서는 요가가 주는 이점 중 호흡이 얼마나 중요한 역할을 하는지 설명하고자 한다.

요가는 모든 것을 호흡으로 시작합니다. 음식 없이 2주를 지낼 수 있고, 물 없이 2주를 견딜 수 있지만, 호흡 없이는 2분도 버티지 못합니다(Roth, 2014, p. 48, 저자에 의해 허락받음).

> 요가는 우리에게 쉬는 법을 가르쳐 줍니다. 실제로 멈추는 법을 사람들에게 가르치기 위해 우리 자신이 긴장을 풀고 고요해질 때 진정한 치유가 일어납니다. 우리의 생활 속에서는 이런 경험을 할 기회가 별로 없습니다. 고요함 속에서 쉴 수 있는 것은 사람들에게 매우 치료적입니다. 이 순간 사람들은 쉼을 허락받고 있는 것입니다(Roth, 2014, p. 48, 저자에 의해 허락받음).

혜택 #2: 자신에 대한 주의 깊은 관찰

참여자들이 두 번째로 중요하다고 생각하는 요소는 마음챙김 · 명상을 통해 자신을 관찰하는 것이다.

> 알아차림은 지금 일어나고 있는 사건에 주의를 두면서 경험과의 전쟁을 멈추고, 친절한 마음을 가지고…… 자신을 관찰하는 것입니다(Roth, 2014, p. 49).

친절한 마음을 갖는다는 것은 자신의 경험에 주의를 두고 이를 수용한다는 것이다. 이는 '구두장이에게 정작 자신의 신발이 없다'는 속담처럼 되지 않도록 해 주는 훌륭한 방법이다. 로저스(Rogers, 1961) 또한 『진정한 사람되기(On Becoming a Person)』라는 저서에서 자기 수용이라는 개념을 통해 같은 메시지를 전달했다.

혜택 #3: 훈련을 통해 인내력을 키울 수 있음

요가 훈련은 스트레칭을 포함하며, 특정한 자세를 유지하는 동안에 신체적 · 정서적 · 정신적으로 불편한 다양한 감정을 견디고 다루는 연습을 할 수 있다. 인간의 고통을 목격해야 하는 돌봄직 종사자들에게 이는 매우 효과적일 수 있다. 예를 들어, 절망에 빠진 내담자들은 때로 상담자에게 자살을 이야기하는데, 내담자의 말에 압도되지 않고 깊이 있게 경청하기 위해서 상담자에게는 버텨 낼 수 있는 인내력이 필요하다.

혜택 #4: 자신과의 관계를 적극적으로 치유해 줌

안나 로스는 다음과 같이 말했다. "참여자들은 요가가 더 큰 자기 수용, 자기 연민을 갖는 데에 도움이 되기 때문에 매우 치료적이며, 보다 부드럽고, 주의 깊은 방식으로 자신과 관계할 수 있도록 돕는다고 말했다"(2014, p. 50). 상담 일을 하기 위해 상담자의 정서적 안녕은 매우 중요하다. 상담자로서 우리는 나와너(I-Thou)의 관계 안에서, 다른 사람들을 돕는 돌봄의 순환에 지속적으로 임하기 위해 상당한 활력이 필요하다. 요가를 통해 자기 수용과 자기 자비를 배우는 것은 그렇게 할 수 있는데 매우 긍정적인 방법이다.

혜택 #5: 매트 위에서 시간 보내기

자기 계발 활동은 많은 시간과 노력을 요구한다. 톰은 고등학교 때 3개의 운동을, 대학교 때는 1개의 운동을 했다. 하루에 2시간, 일주일에 5일, 일 년에 300일, 12년 동안 시간을 들여야 했다. 미셸은 고등학교 시절에 연극과 웅변대회를 준비한 적이 있다. 대회에 나갈 대본을 그녀의 남동생과 부모님도 외울 정도로 많이 연습했다. AA 단체에서는 깊은 다짐을 하며 새로 들어온 사람에게 해 주는 말이 있다. "욕구가 계속 생길 것이다." 열심히 자신을 계발하고 증진시키는 일은 재미있거나 로맨틱하게 들리지도 않고, 사실 그렇지도 않다. 시간을 투자한다는 것과 관련해 로스(Roth, 2014)는 다음과 같이 말했다.

> 요가 매트 위에 있을 때 신체에서 일어나는 것은 그 사람이 인지적 · 심리적으로 경험하는 것에 대한 은유가 된다. 요가 지도자가 내담자에게 이러한 신체 경험을 분명히 인식할 수 있도록 도울 때 내담자는 자신의 경험을 매트 위에 온전히 가지고 올 수 있으며, 그 경험들을 매트 밖에서 일어나는 개인적인 경험들로 바꿀 수 있다. 마치 상담 회기 내에서 전이 · 역전이가 모든 관계의 은유가 되는 것과 같이, 모든 것은 하나의 은유가 된다. 요가 매트 위에서 그 사람이 경험한 것은 그들의 삶에서 경험한 것에 대한 은유이다(p. 51, 저자에 의해 허락받음).

상담과 요가라는 이중 훈련을 받은 전문 상담자이자 전문 요가 지도자가 생각하는 요가의 다섯 가지 혜택을 간략히 살펴보았다. 논문에는 훨씬 더 많은 내용이 탐색되었다. 신체적인 스트레스를 감소시켜 주는 요가의 효과와 관련한 문헌을 연구한 결과 안나 로스는 다음과 같이 말했다.

> 요가가 매우 효과적이라는 가장 강력한 증거는 특히 코르티솔을 낮추는 것과 같은 **내분비 계**와 관련된다. 코르티솔을 낮추는 것은 인지된 스트레스, 불안을 낮추고, 안녕을 증가시킨다. 세라토닌 생성의 증가, 옥시토신 방출, 멜라토닌의 증가는 요가의 또 다른 잠재적 효과로 주목된다. 또 다른 증거는 자율신

경계의 교감 및 부교감 활동에 직접적인 영향을 줌으로써 요가가 **신경계**에 미치는 영향과 관련된다. 연구를 검토한 결과, 요가는 교감신경계 활동을 감소시키고, GABA 수준을 높이며, 또한 정서장애, 불안, 스트레스, 안녕을 향상시키는 HPA 축 조절의 향상을 가져왔다(Roth, 2014, pp. 9-10).

고독한 자기(solitary self) 돌보기

> 현대 사회에 사는 우리가 친구들과 가족을 떠나 홀로됨의 예술을 연습하고 익히는 것은 어려운 일이다. …… 홀로된다는 것에서 나는 사지가 잘려 나가는 듯한 느낌을 갖는다. 친구들과 가족이 없다면 나는 무엇도 제대로 할 수 없을 것만 같다. 그러나 일단 고독해 보면 나는 고독함이 믿을 수 없을 만큼 값지다는 것을 실감한다. 인생의 복잡함이 비워지고, 그 전과는 비교도 안 될 만큼 더 풍요롭고 더 생생해진다. 그 경험은 팔이 없어지는 것과 비슷하다. 일단 팔이 없어지고 나면 마치 불가사리처럼 팔이 잘려 나간 그 자리에 새로운 팔이 생기고 나는 다시 완전하고 둥글어진다. 다른 사람들이 나의 팔다리 역할을 해 왔던 그 이전에 비해 나는 보다 더 완전해진다.
>
> –**린드버그**(1975, p. 42)

고독이란 많은 사람들로 둘러싸여 있을 때 상담자에게 자기를 찾아 주는 해독제이다. 고독은 심오한 방식으로 상담자를 돌봐 준다. 고독을 즐기는 법을 배우는 것은 상담자에게 어려운 과정이 될 수 있다. 고독을 찾고 즐기는 것은 점점 더 어려워진다. 우리의 일상생활에는 너무나 많은 미디어가 있고, 점점 더 세계의 많은 사람이 인구 밀집 도시에 모여 산다. 텔레비전 시청은 많은 사람의 삶의 중심이 되었다. 텔레비전의 첨단 기술에 사람들은 매료되고 있다. 텔레비전은 지나치게 자극적이어서 고독은 이질적이고 불편한 것이 되어 가고 있다.

고독은 기존 생활의 채널(필요에 의해 다른 사람들과 밀접하게 교류하는 방식)을 끊어내고 알려지지 않은 채널(침묵, 적막함, 홀로 있음)로 이동하는 것을 의미한다. 상담자는 외로움, 자신에게 초점 맞추기, 소외감과 같이 고독해지는 것을 어렵게 하는 불안의 요소와 싸워야 한다. 우리는 외로움을 고독으로 승화시킬 줄 알아야 한다. 때론 자연과 야생의 소리들이 우리를 신선함으로 다시 채워 준다. 이 주제와 관련한 훌륭한 저서인 『노래하는 광야(The Singing Wilderness)』(Olson, 1997)를 읽어 봐도 좋을 것이다.

과학 기술의 부정적인 부산물은 소음 공해이다. 소음은 도처에 넘쳐난다. 휴대폰은 문자 메시지, 스카이프, 페이스북 등 다른 사람들과 연결될 수 있다는 점에서 매우 훌륭하다. 전화벨이 울리고 자동차 소리도 곳곳에서 들려온다. 사람들 역시 곳곳에서 크고 작은 목소리로 이야기를 주고받는다. 시끄러운 잔디 깎는 기계와 같이 우리 주변에 있는 생활 전자 기기들 또한 소음을 만들어 내며, 이는 점차 새로운 일상이 된다. 고독에서 침묵은 금이다. 영적 혹은 종교적인 수행은 고독을 위한 공간을 제공해 준다. 자신과 외부 세계와의 관계를 유지하면서 홀로 명상하고 기도할 수 있다.

교사들은 월요일부터 금요일까지 도움이 필요한 많은 학생을 만나게 된다. 나는 교사들이 1년에 9개월만 학생들을 가르치고 3개월의 방학 기간을 갖도록 만든 천재가 누구일까 감탄하곤 한다. 3개월의 방학이 있기에 교사들은 주변에 언제나 가득한 학생들로부터 떨어져 회복 기간을 가질 수 있다. 9개월 가르치고 3개월 쉬는 이 순환 과정은 초기 미국 농경 생활의 패턴을 따랐다기보다는 매우 현명한 전문성 발달 학자에 의해 만들어진 것이다. 돌봄의 순환 과정에도 켜고 끄는 것이 필요하다는 것을 안 누군가에 의해 만들어진 것이라고 생각한다. 가을에 새로운 학생들과 공감적 애착 단계, 학기 중 적극적 몰입 단계, 5월과 6월에 학년을 마치게 되는 분리 단계 후에 여름 방학이라는 쉼의 시간이 오게 된다. 이 시간은 회복을 위한 고독의 시간이며, 가을학기에 다시 학생들을 만나기 위해 꼭 필수적인 시간이다. 이 시간을 보낸 교사들은 다시 힘차게 새로운 공감적 애착의 단계로 들어갈 수 있다.

물론 교사들이 방학이라고 해서 학생들을 완전히 안 만나게 되는 것은 아니다. 방학 동안에 보충수업도 있을 수 있다. 그렇지만 최소한 방학 기간에는 학기 중처럼 많은 아이들로 둘러싸여 지내지는 않는다. 9개월과 3개월의 리듬은 매우 가치 있다. 3개월의 방학 동안에 교사는 구조적인 일과를 보내야 하는 9개월 동안의 돌봄 순환 과정에서 벗어날 수 있다. 이 시간은 애착의 분리 단계가 잘 진행되도록 돕는다. 초등학교 교사들이 자신의 일에 대해 하는 이야기를 잘 들어 보자. 그들은 종종 자신들의 학생을 '우리 아이들'이라고 말한다. 학년 말이 되어 아이들이 다음 학년으로 떠나가도록 도와주는 것을 연말 의식에 비유하여 설명하기도 한다. 우리는 이 의식이 아이들을 떠나보내고 돌봄의 애착을 잃는 데에서 오는 상실감을 애도할 수 있도록 교사 자신에게도 도움이 되길 바란다. 긍정적인 상실 경험은 새 학년이 되었을 때 교사들이 새로운 아이들과 새로운 애착을 맺을 수 있도록 도와줄 것이다.

이러한 상실감이 해결되지 않고 계속 슬픔을 남기게 된다면 우리는 우리 삶에서의 애착을 다시 맺기가 어렵다. 일에서 너무 많은 상실감과 슬픔이 해소되지 않은 채로 남으면 전문가로서 삶과의 애착을 건강하게 맺어 나가기가 어렵게 된다. 교사와 달리 돌봄직 종사자에게는 몰입했다가 회복을 위해 잠시 떨어져 있을 수 있는 직장 내 제도가 없다.

과학 기술의 발달로 인한 생활 소음과 몰입으로부터 잠시 떠나 있을 수 있는 고독의 시간은 매우 중요하다. 상담 업무로부터 잠시 떨어져 고독의 시간을 가질 때 상담자는 활력을 가지고 상담의 핵심인 돌봄의 관계로 다시 돌아올 수 있다.

영적·종교적 자기(spiritual or religious self) 돌보기

> 인생의 미스터리는 밤이고 낮이고 간에 그렇게 정직하게 가리어져 있는 신을 탐구하며 인간으로서의 삶을 견디어 나간다는 것이다. 신에 대해서 우리는 아는 것이 별로 없다. 대신 우리는 많은 것을 느낀다. 우리에게는 그저 삶의 외양만이 있을 뿐이지만, 빛과 어둠이 교차되는 것을 경험하면서 삶의 의미를 향해 이끌린다.
>
> —**함플**(1995, p. xxvi)

내 친구들 중 몇몇은 그들이 읽은 책 중에서 베커(Becker, 1973)의 『죽음에 대한 부인(The Denial of Death)』이란 책이 가장 심오하고 깊이가 있었다고 말했다. 이 책에서 베커는 인간은 다른 그 무엇보다도 죽음을 더 두려워한다고 말했다. 그에 의하면, 사람들은 죽음에 대한 공포가 너무나 커서 죽음이 주는 공포의 강도를 통제할 수 있기를 원한다. 베커는 죽음이라는 현실을 부인하는 것은 죽음에 대한 강렬한 공포에 대처하는 가장 주된 전략이라고 보았다.

죽음이란 현실은 인간이 영적 혹은 종교적 생활을 추구하도록 만드는 가장 주요한 동기가 되는 것 같다. 종교적인 추구는 동서고금을 막론하고 존재해 왔다. 톰은 신성한 존재와 하나님의 현존을 찬양했는데, 이는 터키의 이슬람교도, 태국의 불교인, 어렸을 때 미네소타에서의 루터교인, 바티칸의 가톨릭교도, 아버지가 유대인 양로원에 계실 당시의 유대인, 싱가포르의 중국 침례교도와 함께 했다. 최근에는 노르웨이에서 워크숍을 진행할 때 사촌이 설교하는 오슬로 교회에 참석해 설교를 들었다. 그는 또한 미네소타 카누 지역의 아름다운 야생에서 기독교인들이 믿는 하나님의 힘을 경험하기도 하였다.

나는 이런 경험을 통해 영적 혹은 종교적인 삶은 우리 인간이 자기를 잃지 않고 살아가는 데 매우 중요하다는 믿음을 갖게 되었다. 내가 능동적으로 영적 혹은 종교적인 생활을 할 필요가 있다고 생각하는 이유는 두 가지이다. 첫 번째로, 베커가 앞에서 이야기한 바와 같이, 종교는 죽음과 같이 어쩔 수 없는 현실을 인정하게 해준다. 죽음은 끔찍한 것이지만, 영적 혹은 종교적 삶을 통해 인간이 죽는다는 현실을 직면하는 것은 부정하는 것보다 더 깊은 반응이 된다. 영적이고 종교적인 탐구는 삶의 풀리지 않는 의문들에 대해 설명해 준다. 삶의 의미는 무엇인가? 정말로 신은 존재하는가? 내 인생에 대한 신의 계획은 무엇인가? 사람들은 근본적으로 선한가, 악한가? 어떻게 누군가를 용서하고 누군가에게 잘못을 되갚을 수 있으며 평화를 얻을 수 있는가? 내 생활을 지배하는 도덕률은 무엇인가? 사후의 세계 혹은 영생은 있는 것인가?

두 번째로, 다른 사람을 돌보는 상담자들은 사람들이 겪는 슬픔과 좌절과 고통의 비극적인 드라마 속에 함께 있는 셈이다. 다른 사람으로부터 버림받은 한 내담자의 이야기를 듣는 상담자, 열심히 노력했지만 실패한 학생을 지켜보고 있는 교사, 심각한 상처를 입은 환자가 자신의 고통과 싸우는 것을 지켜보는 간호사를 예로 들어 보자. 능동적인 영적 혹은 종교적 생활을 하는 삶이라면 이들이 매일 맞닥뜨리는 이러한 고통 가운데에 있는 사람들을 이해하고, 이 고통의 의미를 이해하도록 도울 수 있을 것이다. 예를 들면, 이들은 이런 질문을 던질 수 있다. 왜 신은 사람들로 하여금 이러한 극한 고통에 시달리도록 방임하시는 걸까? 영적 혹은 종교적 삶은 많은 상담자로 하여금 개인적 삶을 유지해 나갈 수 있도록 중요한 역할을 해 줄 것이다.

요약: 신체적 · 영적 · 정서적 · 사회적 안녕 간의 균형을 유지하기 위해 자기 자신의 욕구에 초점 맞추기

상담자들은 그들 자신의 안녕에 대해 보다 주장적일 필요가 있다. 이를 개념화하는 한 가지 방법은 건강의 네 차원과 그것들 간의 균형을 그림으로 보여 주는 것이다([그림 9-1] 참조). 다이아몬드와 주변의 네 차원은 그 차원 간의 역동적인 상호작용에 초점을 맞출 필요가 있다는 것을 보여 준다. 다이아몬드는 전체란 각 부분의 합보다 크다는 것을 보여 주기 위해 상징적으로 사용한 것이다. 전체는 각 차원에 주목함으로써 더 강력해진다.

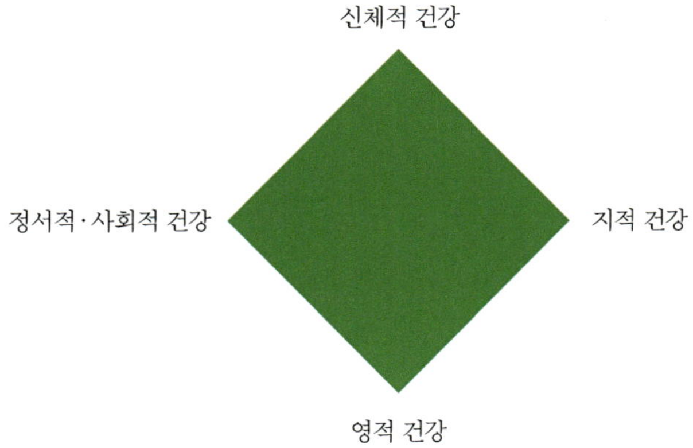

[그림 9-1] 건강의 네 가지 차원

자기 성찰 활동

지금까지 개인적 자기를 유지하고 돌보는 일을 다양한 측면에서 논의하였다. 자기 돌봄 활동을 계획하기 위해 개인적인 삶의 어떤 부분들을 잘 돌보고 있었는지, 어떤 부분들에서 조율이 필요한지, 그리고 어떤 부분들에 대해서 전반적인 점검이 필요한지 알아볼 필요가 있다.

1. 잘 돌보고 있었던 부분들

---

2. 조율이 필요한 부분들

---

3. 전반적인 점검이 필요한 부분들

제10장 상담자 회복탄력성 폭풍의 눈 모델

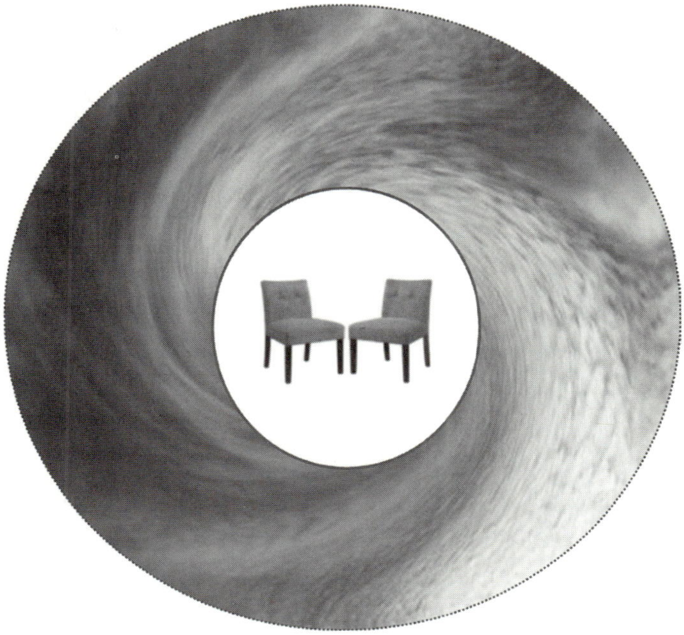

[그림 10-1] 폭풍의 눈 안에서의 돌봄 관계

무엇이 상담자를 회복탄력적인 상담자로 만드는가? 회복탄력성에 대한 다양한 정의 중에서 단순하지만 가장 정확한 정의는 라틴어 'resilire'에서 유래한 것으로, 다시 튀어 오를 수 있는 능력으로 요약될 수 있다. 제7장에서 우리는 선구자 워너(Werner et al., 1971)와 가메지(Garmazey, 1971)의 연구에 등장하는 회복탄력성이라는 단어의 역사를 살펴보았다. 우리는 또한 영국의 정신과 의사인 러터(Rutter, 1985)의 회복탄력성 연구에 대해 살펴보았다. 이 장에서는 상담자 회복탄력성에 대한 몇 가지 의미 있는 연구와 이론에 대해 좀 더 살펴본 다음, 상담자 회복탄력성의 3중 모델에 대해 설명하고자 한다.

플레처와 사카르(Fletcher & Sarkar, 2013)는 회복탄력성에 대한 다양한 정의를 살펴본 결과 역경과 긍정적인 극복이라는 두 가지 필수 요소를 발견하였다. 데이비드(David, 2012)의 연구에서는 회복탄력성이 트라우마 내담자와 작업하는 상담자들을 어떻게 도울 수 있는지를 찾아냈다. 또한 해리슨과 웨스트우드(Harrison & Westwood, 2009)는 정신건강 분야 종사자들에게 보호 요인이 될 수 있는 활동을 설명하는 논문을 통해 회복탄력성 연구에 기여했다. 코스터와 슈웨벨(Coster & Schwebel, 1997)은 회복탄력성의 긍정적 측면(회복탄력성과 소진 예방)과 부정적 측면(소진과 대리 외상)에 대해 연구한 바 있다. 이들의 연구는 심리학자들의 안녕감, 즉 잘 기능한다는 것이 무엇인지를 설명해 주었다[이 책의 제12장에서 뮬렌바흐(Mullenbach)가 설명하는 돌봄직 종사자들의 소진 예방과 상담자의 자기 돌봄 실천 활동 참고]. 휴(Hou, 2015)는 회복탄력적인 상담자라는 주제로 박사 논문을 썼다. 이후에 더 설명하겠지만, 그는 회복탄력적인 상담자 샘플을 모집하고 인터뷰하는 질적 연구를 통해 회복탄력적인 상담자의 특성을 밝혔다.

폭풍의 눈 모델

폭풍의 눈 안에서 상담자는 높은 활력 지수, 돌봄의 순환에 대한 전문성, 배우고 성장하려는 강한 의지라는 삼각의자에 앉았다. 회복탄력적인 상담자는 내담자와 함께 고요한 폭풍의 눈 안에 머문다. 코리올리 효과(전향력)는 폭풍의 눈 밖에서 생명을 위협하는 매우 강력하고도 위험한 바람을 막아 준다. 내담자의 고통은 태풍의 강한 바람과 함께 회복탄력적인 상담자 주변을 맴돈다.

다양한 분야에 회복탄력적인 실무자와 조력 대상이 있다. 조력 대상은 회복탄력적인 실무자와 같은 또 다른 한 사람이다. 그들은 내담자, 환자, 학생, 슈퍼바이지, 멘티, 교구민, 도움을 구하는 사람이라고 할 수 있다. 회복탄력적인 실무자는 상담사, 심리치료사, 선생님, 의사, 간호사, 물리치료사, 치과의사, 가정법률 변호사, 성직자, 임상 슈퍼바이저, 교수, 랍비, 목사, 이맘(imam, 이슬람 성직자) 등이라고 할 수 있다. 이 책 여러 곳에서 언급되는 회복탄력적인 실무자는 조력직, 휴먼 서비스 전문직, 또는 돌봄직에 속해 있는 사람을 말한다. 더 광범위한 의미로는 관계집약적 전문직으로서 강력한 관계를 바탕으로 하는 일의 본질을 나타내는 새로운 용어이다.

그들은 부버(Buber, 1970)가 말하는 나와 너의 관계로 고요함 속에 함께 앉아 있다. 폭풍의 눈 속에 있는 고요한 안전 공간에서 상담자는 타인을 돕는 돌봄직이 요구하는 전문가적 윤리, 타인에게 해를 끼지지 않는 무해성, 타인의 가치를 소중히 여기는 존중의 원칙을 따른다.

첫 번째 다리 회복탄력적인 상담자의 높은 활력 지수

상담자와 내담자를 둘러싼 폭풍의 눈 밖에는 내담자가 경험하는 인간의 고통이라는 폭풍이 분다. 이 고통은 우울, 불안 또는 분노 등과 같이 날카롭고 고통스러운 정서의 형태를 띤다. 이러한 고통스러운 정서 이면에는 승리감과 절망감을 동시에 안고 사는 인간의 삶에 대한 더 깊은 이야기가 있을 수 있다. 내담자는 '해결될 필요가 있지만 해결할 수 없을 것 같아 보이는 문제', 성장에 도움이 되는 가치 있는 피드백을 받아들일 수 없는 무능감, 종종 '사랑은 지옥 같은 일'이라는 것을 깨닫지 못했던 일, 갑작스런 또는 만성적인 애착 상실, 다양한 형태의 실망, 딜레마, 방향 상실과 같은 문제, 사랑에 대한 욕구 등의 문제를 가지고 상담실에 온다.

프랭크와 프랭크(Frank & Frank, 1991)는 이러한 문제를 가지고 온 내담자들은 사기가 저하되어 있으며, 종종 만성적으로 낙담이 된 상태라고 설명했다. 폭풍의 눈 속에서 사기가 저하된 내담자는 활력 있는 상담자를 만나게 된다. 내담자를 돌보는 데 있어 가장 중요한 부분은 부정적인 내담자의 정서에 상담자의 긍정적인 정서로, 내담자의 절망에 상담자의 희망으로, 내담자의 비관론에 상담자의 낙관론으로 저항하는 것이다.

이것이 삼각의자 다리 중 하나이다. 활력(vitality)이라는 것은 넘쳐 흐르는 풍부함을 의미한다. 이것은 깊은 목적을 가지고 있다는 것을 의미한다. 또한 이는 살아가고 성장할 수 있는 힘을 가지고 있다는 것을 의미한다. 이 책의 맨 앞에 소개한 회복탄력성 척도를 참고하라(이 척도는 상담자의 성찰을 위한 척도이며, 심리평가와 예측을 위한 도구로 타당화된 것은 아니다).

이 척도에는 활력과 관련해 전문가적 활력에 해당하는 8개의 문항(예: '나는 상담자로서 또는 학생으로서 나의 일이 의미 있다고 생각한다')과 개인적 활력에 해당하는 11개의 문항(예: '나는 친밀한 사람들로부터 사랑받고 있다고 느낀다')이 있다. 당신에게 활력의 원천은 무엇인가? 이것은 매우 중요한 질문이다. 앞서 언급했듯이, 휴(Hou, 2015)는 회복탄력적인 상담자들을 대상으로 수행한 질적 연구를 통해 그들의 특성을 밝혔다. 회복탄력적 특성의 중심에 있는 역동적인 연결감이 네 가지 특성을 연결하고 있다. 네 가지 특성의 범주는 핵심가치와 신념, 핵심 자기에 적극적으로 관여하기, 배우고 성장하고자 하는 열망, 든든한 대인 관계(p. 139)이다. 우리는 이를 상담자의 활력 '수(water)'를 위한 네 가지 우물이라고 부른다.

폭풍의 눈 속에서 사기가 저하된 내담자는 상담자의 활력을 만나게 된다. 회복탄력적인 상담자가 내담자에게 활력의 원천이 될 수 있을 뿐 아니라 스트레스의 원천을 적극적으로 줄일 수도 있다. 물론 말은 쉽지만, 이처럼 하기는 어렵다. 또한 척도에는 스트레스와 관련해 전문가적 스트레스에 해당하는 아홉 가지 문항(예: '나는 일에 있어 높은 기준을 가지고 있지만 도달할 수 없는 완벽주의에 빠지지는 않는다.')과 개인적인 스트레스에 해당하는 열 가지 문항(예: '나는 스트레스에서 벗어나 휴식을 취할 수 있는 다양한 방법을 알고 있다.')이 있다. 높은 활력 지수를 유지하며 고요한 폭풍의 눈 속에서 내담자의 절망과 맞서기 위해 우리는 에너지, 낙관주의, 희망, 기쁨을 발견하며 스트레스를 계속해서 날려 버려야 한다.

개인적 활력과 전문가적 활력이 개인적 스트레스와 전문가적 스트레스를 크게 넘어설 때 매우 높은 회복탄력성 지수가 나온다.

두 번째 다리 상담의 핵심인 돌봄의 순환 과정

돌봄의 순환에 대해서는 제3장에서 자세히 논의되었다. 여기서는 삼각의자의 두 번째 다리를 간단히 살펴보려고 한다.

내담자의 고통이 위험하게 소용돌이치는 바람처럼 상담자와 내담자 주변에서 몰아치고 있는 동안에도 그들은 어떻게 폭풍의 눈 속에 고요히 앉아 있을 수 있을까? 상담자는 내담자의 고통이라는 위험한 소용돌이에도 불구하고, 어떻게 이에 휩쓸리지 않을 수 있는 것일까? 위험한 소용돌이에 휩쓸린다는 것은 소진, 공감 피로, 대리 외상으로 정의될 수 있는 상황이다. 돌봄의 순환이라는 개념은 중요한 열쇠를 제공해 준다(Skovholt, 2005, 2012a). 상담자는 상담이라는 방정식에서 오직 자신의 부분에만 책임이 있다. 공식의 양쪽 부분 모두에게 책임이 있는 것이 아니다. 물론 우리가 집중적으로 돕고자 하는 내담자들에게 긍정적인 결과가 있기를 원하며, 이는 종종 우리 자신의 성과에 대한 평가와 직결되기도 한다. 상담자는 내담자가 나아지는 모습을 보며 기쁨을 느낀다. 뉴욕 공립학교에서 수년간 교편을 잡았던 맥코트(McCourt, 2005)는 그의 저서 『선생님(Teacher Man)』에서 학생들의 성취 결과와 관련해 경험했던 기쁨과 좌절에 대해 말했다.

> 때때로 학생들은 당신의 수업이 정말 훌륭하다고 말할 것이고, 당신은 하늘을 나는 듯한 기분이 들 것이다. 이것은 당신에게 에너지를 주며, 집에 돌아갈 때 노래를 부르고 싶게 만든다. …… 그러나 맨해튼의 페리호를 타고 떠나서 절대 되돌아가고 싶지 않은 수업이 있을 수도 있다(p. 77).

이는 내담자들에게 일어나는 일들이 상담자에게 직접적으로 어떤 영향을 미치는지 보여 주는 예이다.

돌봄의 순환은 다른 관점을 제공해 준다. 적절한 경계가 있는 관대함(boundaried generosity)이라는 역설적인 개념을 통해 이러한 관점을 이해할 수 있다. 상담자의 자기를 장기적으로 보호하기 위해서는 관대함과 상담자의 자기 돌봄 모두가 필요하다. 이는 지속적으로 상담자 자신을 치료적 도구로 사용하기 위해 필요한 것이다. 내어 줄 자기가 없을 때 상담자는 소진, 공감 피로, 대리 외상을 경험하게 된다.

이 책의 [그림 14-1]에서 상담 업무 스트레스를 통제와 요구라는 두 가지 차원으로 설명하고 있다. 통제가 낮고 요구가 높을 때 업무 스트레스가 매우 높다. 반면, 통제가 높고 요구가 낮을 때 업무 스트레스가 가장 적다. 여기서 우리는 요구가 아닌 통제의 차원에 초점을 맞추고자 한다.

돌봄의 순환은 상담자가 실제로 제어할 수 있는 상담 업무에 대해 높은 통제력을 제공한다. 이는 상담 업무의 스트레스를 낮추고, 폭풍의 눈 속에서 안전한 공간을 만들도록 돕는다. 이러한 개념은 신학자인 라인홀드 니부어(Reinhold Niebuhr)가 쓴 〈평온의 기도(Serenity prayer)〉라는 시에 잘 표현되어 있다. 이 시는 익명의 알코올 중독자들(AA)에서 기도문으로 채택되어 사용되기도 한다. “제게 바꿀 수 없는 것들을 받아들일 수 있는 평온을 주시옵고, 제가 바꿔야 하는 것들을 변화시킬 수 있는 용기를 주시옵소서. 그리고 제게 그 둘을 구별할 수 있는 지혜를 주시옵소서”(Brown, 1986,

p. 251).

상담자들은 방법, 절차, 기법적으로 내담자에게 해 주는 것(DO)에 집중한다. 워크숍과 훈련에서 이러한 것을 가르치기도 한다. 예를 들면, 상담에서 한다는 것(DO)은 CBT, DBT, 마음챙김 훈련, EMDR, 두 의자 대화 등과 같이 기법적인 것일 수 있다. 돌봄직의 전문성이 계속 발달할수록 다양한 개입 방법이 생겨 난다. 예를 들면, 가족 법률 변호사는 중요하고 구체적인 자문을 해 줄 수 있어야 한다. 그러나 여기서 우리는 과정이 성공적이어야 한다는 것에 초점을 두고 있다. 성공은 돌봄의 순환 과정에 능숙하게 관여할 수 있어야 한다는 것이다.

초심 상담자는 종종 내담자의 증상 호전이나 감사의 말에 감동한다. 초심 상담자는 내담자가 나아졌다=**나는 좋은 상담자이다. 그리고 내담자가 나아지지 않았다=나는 좋은 상담자가 아니다**라는 방정식으로 이해한다. 상담자의 이러한 생각은 내담자가 더 나아질 수 있도록 무엇인가를 해야 한다는 욕구를 증가시키며, 내담자의 증상이 비교적 빨리 호전되지 않을 때 스트레스를 받게 된다. 돌봄의 순환에서 성공이란 내담자의 결과에 달려 있는 것이 아니라, 4단계로 이루어진 돌봄의 순환에 상담자가 어떻게 참여하는지에 따라 결정된다. 효과적인 상담은 부분적으로 내담자의 자기치유적 특성에 달려 있다.

돌봄의 순환 1단계에서 상담자는 공감적으로 애착할 수 있어야 한다. 이 단계에서 상담자는 내담자와 긍정적인 작업 동맹을 형성해야 한다. 두 번째 단계인 적극적 몰입은 돌봄의 순환 과정에서 가장 긴 기간에 해당한다. 이때 내담자가 소망하는 성장과 발전이 일어난다. 고통스러운 정서가 줄어들고 대처 능력이 증가한다. 이 단계에서는 기법, 방법, 제안, 아이디어와 같은 상담자의 지식이 사용된다. 3단계인 분리감 느끼기는 상담자와 내담자라는 관계가 끝나는 시기이다. 재생의 기간인 4단계에서는 상담자 자신의 자기를 회복하고 새로운 내담자와 새로운 돌봄의 순환을 준비하는 과정이다. 가을에 새로운 학생들을 만나고, 학기 중에 학생들을 열심히 가르치며, 봄에 작별 인사를 하고, 여름 동안 쉬면서 회복하는 과정을 지나는 초등학교 교사의 삶이 그 예라고 할 수 있다. 그러나 위기 상담자나 응급실에 있는 의사의 경우에는 처음 3단계는 똑같이 지나지만, 새로운 내담자와 환자를 맞이하기 위해 자신을 회복할 수 있는 4번째 단계를 보낼 수 있는 시간은 너무 짧다. 돌봄의 순환을 위한 상담자의 전문성이란 이러한 4가지 단계를 모두 잘 해내야 한다는 것을 의미하며, 높은 기능 수준에서 새로운 내담자와 이를 반복할 수 있어야 한다.

상담자는 고요한 태풍의 눈 속에서 이 네 가지 단계를 수행한다. 상담자는 내담자의 변화와 증상의 호전을 기대한다. 하지만 이러한 일이 내담자에게 일어나도록 상담자가 통제할 수 있는 것은 아니다. 칙센트미하이(Csikszentmihalyi, 2008)가 설명하는 몰입(flow)으로 경험될 수 있는 일의 만족 개념은 돌봄의 순환 과정에서 오는 만족 경험에 해당한다고 할 수 있다. 올린스키와 로네스태드(Orlinsky & Rønnestad, 2013)의 치유적 관여(healing involvement) 또한 상담자의 안녕을 설명할 수 있는 개념이다. 그들은 "우리가 연구한 약 5,000명의 상담자들 중 약 50%가 상당한 치유적 관여와 적은 스트레스적 관여를 경험했다. 이는 우리가 효과적인 상담이라고 부르는 패턴이다" (p. 268)라고 말했다. 비록 이러한 개념들이 다양한 학자들에게서 나왔지만, 몰입과 치유적 관여는 상담자가 관계집약적인 인간관계 방정식에서 자신의 부분만을 책임질 때 나타날 수 있는 개념이다.

세 번째 다리 배우고 성장하고자 하는 강한 의지

스코브홀트와 로네스태드(Skovholt & Rønnestad, 1992a)의 상담자 전문성 발달 연구에서부터 이 책의 제11장과 로네스태드와 스코브홀트(Rønnestad & Skovholt, 2013)에서 소개된 연구들, 그리고 상담 대가들에 대한 가장 최근의 연구(Jennings et al., 2016)에 이르기까지 배우고 성장하고자 하는 강한 의지는 중요한 특성으로 나타난다.

배우고 성장하려는 강한 의지가 왜 중요한가? 그리고 어떻게 폭풍의 눈 모델의 요소가 되었는가? 이러한 질문에 대해 살펴보자.

역설적이게도 돌봄의 일이라는 것은 습득하기 아주 쉬우면서도 아주 어려운 일이기도 하다. 오늘날 전 세계 각지에 있는 사람들이 비공식적인 돌봄 관계의 형태로 서로의 이야기를 나눈다는 점에서 매우 쉬운 일이라고 할 수 있다. 그 대표적인 예가 서로 이야기하고, 들어주고, 지지하고, 조언해 주는 가장 친한 친구 관계이다. 그러나 우리가 다른 사람을 이해하기 위해 우리 삶의 인식론을 사용하는 것을 멈추고, 그들의 '뜨거운 중심(hot center)'에 정서적으로 다가가려고 노력하며, 그들의 복잡성을 받아들이려고 할 때 우리에게는 너무 많은 자료가 넘쳐날 수 있다. 시인, 극작가, 신학자들은 인간의 본성을 이해하려고 애쓴다. 돌봄직에서 내담자를 이해하기 위해 관계집약적 방법을 사용하는 것이 더 쉬운 이유는 무엇일까?

우리의 연구에 따르면, 학생 수련생들은 자료가 넘쳐난다. "이론 · 연구, 내담자, 선배 전문가들(교수 · 슈퍼바이저 · 멘토 · 상담자), 자신의 개인적인 삶, 동료들, 그리고 사회 문화적 배경 같은 여섯 가지 데이터베이스들은 이들에게 중요한 영향을 미치는 원천이다"(Skovholt & Rønnestad, 1992a, p. 24). 이 여섯 가지 자료 중 한 가지만 해도 풍성한 정원과 같아서 아주 많은 정보를 제공해 준다. 예를 들면, 『심리치료 연구에 활기를 불어넣기(Bringing Psychotherapy Research to Life)』라는 책의 마지막 장에 요약된 28명의 이야기를 생각해 보라(Angus et al., 2010).

절제된 표현으로 "처음 생각했던 것보다 상담자가 된다는 것이 어려운 것 같다"(p. 25)라고 말한다. 헬지 로네스태드(Helge Rønnestad)의 임상 슈퍼비전 연구, 우리와 함께한 연구, 그리고 데이비드 올린스키(David Orlinsky)와 함께한 연구를 통해 헬지 로네스태드가 주로 저술한 제11장에 나오는 상담자 발달 모델을 참고한다면 전문 상담자의 세계로 들어가는 길에는 많은 어려움과 도전이 가득하다는 것을 알게 될 것이다. 이러한 어려움은 성찰, 질문, 질문, 질문으로 이어진다(회기 중에 나는 왜 길을 잃었다고 느끼는가? 내담자가 더 나아졌는가? 어쩌면 내가 상담 일에 소질이 없는 것일까? 이론이 너무 광범위해서 이해하기 어려운가?).

상담의 모호성과 불확실성은 이를 바로잡고자 하는 초심 상담자에게 어려운 일일 수 있다. 제11장에서 이에 맞는 전문성 발달의 세 가지 주제에 관해 설명한다. 즉, 상담자 발달 과정을 추진시킬 수 있는 배움에 대한 강한 헌신, 전문성 발달은 평생의 과정이라는 것, 영웅으로서의 자기에서 영웅으로서의 내담자로의 재편성이 그것이다. 위험을 무릅쓰고 윤리적 테두리 안에서 자신을 확장하고 새로운 학습에 개방적인 자세를 유지함으로써 상담자의 전문성 수준을 높일 수 있다. 슈퍼비전은 상담자 발달에 매우 긍정적으로 작용한다. 슈퍼비전을 통해 피드백에 개방적일 수 있도록 격려할 수 있다. 상담자로서의 성장은 선형적이지 않다. 발달은 주기적일 수 있고, 모라토리엄(moratorium)의 기간은 긍정적일 수 있으며, 중요한 사건과 결정적 순간은 갑작스런 성장을 향한 촉매제가 될 수 있다. 정규 교육과정을 마치면 상담자로서 자신의 발전은 스스로가 책임져야 한다. 최적의 발달을 위해 노력할 수 있는 시간은 많이 있다. 이 기간 동안, 역설적이게도 내담자에게서 많은 것을 배우며 성장한다는 것을 알게 된다. 이를 통해 상담에서의 영웅이 상담자 자신이 아닌 내담자라는 것을 깨닫게 된다.

배우고 성장하고자 하는 강한 의지는 숙달하고자 하는 열정, 수년간의 의도적 연습, 피드백에 대한 개방적인 자세, 겸손, 깊은 사제 관계, 적절한 경계가 있는 관대함이라는 여섯 가지 특성과 관련이 있다(Skovholt, Vaughan, & Jennings, 2012, p. 231–239). 각각의 이러한 특성들은 전문성 발달 과정을 촉진한다. 예를 들면, 겸손은 상담자 자신의 수행에 대한 타인의 의견을 받아들일 수 있는 개방성을 증가시킨다. 전문가의 겸손에 대한 예는 베인(Bain, 2004)의 연구에서도 찾아볼 수 있다. 베인(Bain, 2004)이 수십 명의 명문 대학교 교수들에 관한 연구 결과, 겸손이 그들의 핵심 특성임을 발견했다. 베인(Bain, 2004)의 연구에서 수상 경력이 있는 노스웨스턴 대학교의 한 교수는 "내가 교수로서 성공한 이유는 정말 더딘 사람이었기 때문이다. …… 이러한 겸손은 다른 교수들에게 나타나는 특징이기도 하다"고 기술했다(pp. 142–143).

오랜 시간에 걸쳐 배우고 성장하려는 강한 의지의 결과, 상담자는 높은 수준의 능력에 닿게 되는데, 대가 상담자들에 대한 제닝스(Jennings)의 CER(Cognitive, Enotional, and Relational) 모델(Jennings & Skovholt, 1999)에서 설명하고 있는 것처럼 높은 인지적 · 정서적 · 관계적 특성을 가진 전문가로 거듭나게 된다. 제닝스 등(Jennings et al., 2016)은 전 세계 72명의 상담자를 대상으로 대가 상담자들의 특성에 대해 연구한 바 있다.

배우고 성장하고자 하는 강한 의지와 노력에서 가장 중요한 요소는 그 결과로 얻게 되는 전문적 능력이다. 일반적으로 우리의 삶에서 새로운 성취감은 더 많은 자신감으로 이어지고, 그것은 다시 일에 대한 더 많은 에너지로 이어질 수 있다. 우리는 이것을 상담 대가 연구에서 발견했다. 향상된 전문적 능력은 활력의 원천이 되며, 활력은 폭풍의 눈 모델에서 첫 번째 다리가 된다. 활력은 여러 원천에서 나올 수 있다. 여기서는 배우고 성장하려는 강한 의지를 지닌 자기주도적 발달 과정이 어떻게 의자의 한쪽 다리로 작용할 수 있는지를 논의했다.

상담자 회복탄력성 폭풍의 눈 모델 요약

내담자의 욕구, 고통, 불행, 절망이라는 폭풍은 상담자에게 소진, 공감 피로, 대리외상과 같은 어려움을 가져온다. 돌봄에는 상당한 희생이 요구될 수 있다. 백신처럼, 이에 대한 대응책으로 활력의 삼각의자, 돌봄의 순환, 배우고 성장하고자 하는 의지는 폭풍의 눈 안에서 내담자와 함께 앉아 있는 상담자를 도울 수 있다. 폭풍의 눈 밖에서 폭풍이 몰아치는 동안, 고요한 폭풍의 눈 안에서 상담자와 내담자는 협력적인 관계로서 함께 작업한다. 코리올리 효과로 고요한 폭풍의 눈이라는 공간이 만들어진다. 고요한 폭풍의 눈이 희망과 회복을 위한 멋진 공간이 되길 바란다!

제11장 불안한 초심 상담자에서 전문성을 갖춘 상담자로 성장하는 과정*

–Thomas M. Skovholt and Michael H. Rønnestad

이 장은 상담자의 전문성 발달에 관한 것이다. 상담자의 전문성 발달에 대해 연구하고 알리는 일은 보람된 일이다. 우리는 1985년에 이 주제에 관해 연구하기 시작했다. 이 책의 세 번째 개정판을 쓰고 있는 지금은 2016년이고, 31년이 흘렀지만, 우리는 여전히 이 주제에 관한 글을 쓰고, 생각하고, 연구하고, 가르치고 있다. 수십 년 동안 경험했던 일 중 가장 감사한 일은 현재 심리치료연구학회(Society for Psychotherapy Research)의 회장인 하다스 와이즈만(Hadas Wiseman)이 우리를 '상담자의 전문성 발달 연구의 창안자'라고 말해 준 일이다.

1971년 미주리 대학교에서 우리는 박사과정 학생으로 처음 만났는데, 그곳에서 우리는 상담자, 연구자, 가르치는 사람으로서 훈련을 받았다. 헬지(Helge)의 지도교수는 노만 기스버스(Norm Gysbers)였으며, 톰의 지도교수는 조 존스턴(Joe Johnston)이었다. 정말 축복인 것은 우리의 두 지도교수 모두가 진로발달과 진로심리학의 전문가라는 것이다. 그들은 우리가 상담자의 전문성 발달에 관한 연구에 관심을 갖는 데 중요한 역할을 했다.

미주리 대학교를 졸업한 후 헬지는 고국 노르웨이로 돌아가 오슬로 대학교에서 자리를 잡았고, 톰은 처음 4년 동안은 플로리다 대학교에서 일하다가 이후에 고향인 미네소타로 돌아가서 미네소타 대학교에서 자리를 잡았다. 초반에는 우리 두 명 모두 가족과 새로운 일자리 때문에 바빴다. 우리는 새로운 과목을 가르쳤고, 상담자로서 일했으며, 논문을 썼고, 학회에서 임상 최면, 상담자, 임상 슈퍼비전, 심상치료, 다문

---

* 이 장의 나머지 부분에 나오는 모든 인용문은 별도의 인용이 없는 한 스코브홀트와 로네스태드(Skovholt & Rønnestad, 1992a)에서 인용한 것이다.

화적 상담 등 다양한 주제에 대해 발표했다.

우리가 상담자의 전문성 발달에 대한 연구를 시작했을 때, 헬지는 당시 유럽에서 확고한 위치를 차지하고 있던 질적 연구방법론을 잘 알고 있었고, 이것이 연구에 많은 도움이 되었다. 질적 연구방법론은 1970년대와 1980년대에 미국 심리학에서는 거의 사용되지 않았다. 우리는 대학원 공부를 막 시작한 학생들부터 박사후 과정을 마친 경력 25년 차 상담자에 이르기까지 100명의 미국 상담자와 심리치료자들을 인터뷰하기 시작했다. 우리는 미네소타 대학원생들과 함께 이 샘플 집단을 대상으로 160건의 인터뷰를 실시했다. 인터뷰하고 결과를 작성하는 데 몇 년이 걸렸다. 이와 동시에 우리는 자녀들이 생기고 아버지가 되는 것과 같이 개인적으로 매우 보람 있는 시간을 보내기도 했다. 1992년에는 우리의 연구 결과를 『진화하는 전문적 자기(The Evolving Professional Self)』라는 책으로 출판했다. 때로는 우리 둘이 함께 때로는 다른 연구자들과 함께, 이 주제에 대해 지속적으로 연구했다.

헬지는 데이비드 올린스키와 국제적인 네트워크로 구성된 연구진들과 함께 공동연구를 진행하기도 했다. 연구진은 설문지를 이용해 대규모 국제 샘플에서 자료를 얻었다. 이 결과는 『심리치료사는 어떻게 발달하는가: 치료작업과 전문적 성장에 관한 연구(How Psychotherapists Develop: A Study of Therapeutic Work and Professional Growth)』(Orlinsky & Rønnestad, 2005)라는 책으로 출판되었다. 헬지는 심리치료자이자 교수들이 참여하는 노르웨이 심리치료 과정-결과 연구의 선구자이기도 하다(Rønnestad, 2008; Rønnestad et al., 2014). 헬지는 훈련자 발달 연구를 위한 심리치료연구회(Society for Psychotherapy Research Interest Section for the Study of Training and Development: SPRISTAD)의 회장이며, 전 세계 40개 이상의 훈련 기관과 협력하며 연구를 진행해 왔다.

헬게가 데이비드 올린스키와 함께 연구하는 동안, 톰은 상담 대가에 대해 연구 중인 박사생들과 연구를 진행했다. 이 연구에 대한 결과는 『대가 상담자(Master Therapists)』(Skovholt & Jennings, 2004)라는 책으로 출판되었다. 톰은 이 책의 이전 개정판 『회복탄력적 상담자(The Resilient Practitioner)』(Skovholt, 2001; Skovholt & Trotter-Mathison, 2011)**를 출간하면서 상담자의 회복탄력성에 대한 주제로 연구를 확장했다. 톰은 ABPP 자격증 구술시험의 심사위원으로서 50회 이상 참석한 적이 있다.

** 한국어 번역판의 제목은 『건강한 상담자만이 남을 도울 수 있다』이었음.

이 경험을 통해 톰은 재능이 많은 상담자들이 내담자와 면담하는 것을 볼 수 있었다. 이러한 맥락에서 높은 수준의 작업 동맹, 사례 개념화 스타일, 인지적 복잡성, 정서적 관여 등이 조력 직종에 종사하는 대가들의 핵심적 특징이라는 것을 알 수 있었다.

앞에서 언급한 연구뿐 아니라 북유럽 국가들의 슈퍼비전 워크숍에서 발표된 헬게의 연구 결과들을 이 책의 최신판에 포함했다. 또한 『성장하는 상담자: 심리치료자와 상담자의 성장과 정체(The Developing Practitioner: Growth and Stagnation of Therapists and Counselors)』(Rønnestad & Skovholt, 2013)에는 대규모 국제 샘플을 대상으로 설문한 추가 연구, 대가 상담자들의 인터뷰 연구, 100명을 대상으로 진행되었던 상담자 회복탄력성에 대한 질적 연구들이 실려 있다.

우리는 이 장에서는 연구 결과의 재분석 및 수정에 중점을 두고자 한다[참고: 이 책의 다른 장들과 마찬가지로 비록 우리가 상담자와 심리치료자를 대상으로 연구를 진행했지만, 이 연구 결과를 하이터치 직업 분야 대 하이테크 직업 분야, 돌봄직, 보다 최근에는 관계집약적 전문직(relationship-intense professions)과 같은 용어를 사용하면서 더 광범위한 그룹에 적용해 보고자 한다)]. 이러한 분야의 공통요소는 대인 관계적인 방식으로 타인을 돕는 데 중점을 둔다.

상담자의 전문성 발달을 위해 우리가 사용하는 은유는 '여정의 길'이다. 이 은유는 완전하지 않을 수 있다. 전문성 발달이 ① 제자리를 맴도는 시기, ② 모라토리엄 기간, ③ 중요한 사건이나 결정적인 순간에 일어나는 갑작스러운 성장을 지나게 되는 것처럼 다양한 방식으로 설명될 수 있기 때문이다. 이 은유를 사용하는 이유는 상담자의 전문성 발달이 굴곡이 있는 긴 여정과 같은 현실을 잘 포착해 주기 때문이다.

이 책의 다른 장에서도 설명했던 것처럼, 초심자들은 통합적 영역에 도달하는 데 큰 노력과 시간이 걸리지 않기를 희망하고 기도하고 바란다. 우리도 그랬으면 하고 바란다. 톰은 초심 상담자들에게 초기의 혼란과 고통을 없애 주기 위해 10년의 경험이라는 주사를 놔 주면 좋겠다고 말했다. 그러나 상담자의 발달과 정체라는 흐름을 보여 주는 [그림 11-1]에서 볼 수 있는 것처럼, 역설적이게도 관계집약적 전문직에서 배우고 성장하기 위해 어려움과 도전은 매우 중요하다.

인간의 가장 큰 욕구 중 하나는 젊을 때 노인들의 지혜를 갖고 싶은 것이다. 하지만 우리는 인생을 통해 배운 것이 있다. 노르웨이 국가 알파인 스키팀에 있었던 헬지와 미국 대학 농구선수였던 톰에 따르면, 복잡한 기술을 발전시키기 위해 상당한 시간이 걸리며 이를 위한 간단한 공식은 없다. 그래서 우리가 여기서 약속할 수 있는 것은 이것이다. 간단하고 빠른 방법은 없지만, 전문성 발달의 지도는 있다. (스마트폰이든 다른 방법이든 간에) 당신이 찾고 있는 곳에 대한 지도를 가지고 있다는 것은 매우 대단한 일이라고 생각한다.

미국 역사를 가지고 이 은유를 설명해 보고자 한다. 엘리스 아일랜드는 미국 역사에서 매우 중요한 곳이다. 자유의 여신상 가까이에 위치한 이곳에 이민자들이 정착했다. 이민자들은 처음으로 고향을 떠나야 했고, 이것은 고통스러운 결정이었다. 그들은 엘리스 아일랜드를 발견하고 다다른 후에 살기에 적합한 곳을 찾기 위해 섬의 구석구석을 탐험하며 다녔다. 몇몇 사람에게 있어서 이것은 이후에 집이라고 불려질 정착지에 이르기 위해 미국의 전체 풍경을 가로지르는 긴 여정과도 같은 것이었다.

도움을 주고, 가르치고, 치료하는 직업에 입문한다는 것은 이민자들의 이 같은 경험과 같다. 나는 누구인가? 어떤 일에 적합한가? 나는 무엇을 원하는가? 나는 무엇을 잘할 수 있는가? 어떻게 기회를 얻을 수 있는가? 이민자들의 이러한 질문들은 돌보는 전문직에 종사하려고 생각하는 사람들이 떠올리는 질문들이기도 하다. 이민자들처럼 어떤 영역에 입문하고자 하는 사람들은 전체 그림을 이해할 수도 없고, 그려 볼 수도 없다. 인생 혹은 직업을 통해 주어진 여정을 따라간다는 것은 험난한 길을 따라 긴 하이킹을 하는 것과 같다. 그것은 한 걸음 한 걸음씩 이루어진다.

이 장에서는 전문성 발달 주제와 상담자의 발달 시기에 관해 설명하고, 헬게의 업적을 그래프로 표현하였다. 이 장의 이전 버전은 1판과 2판에 나와 있다.

전문성 발달의 주제들

이후에 설명하겠지만 시기에 따라 내용을 조직하는 것에는 장점과 단점이 있다. 단점은 비록 단계 개념만큼은 아니더라도 시기(phase) 개념이 각각의 시기 간에 뚜렷한 틈이 있는 것처럼 가정한다는 것이다. 그러나 실제 삶에서 변화란 계절의 변화처럼 점진적으로 일어난다. 시기 개념이 지니는 이 같은 단점을 보안하기 위해 우리는 발달 과정에서 나타나는 주제에 따라 내용을 조직하였다.

주제 1 전문성 발달은 전문적 자기와 개인적 자기의 고차원적인 통합을 수반하다

어떻게 하면 상담을 더 잘할 수 있을까? 첫째, 상담의 전문성을 어떻게 발전시킬 수 있는지 물을 수 있다. 여러 가지 방법이 있는데, 상담자들이 발전하는 것을 지켜보는 것, 연구 문헌을 읽어 보는 것, 상담자로서 업무를 경험하는 것, 초심 상담자를 가르치고 슈퍼비전하는 것 등이 그것이다. 다른 유익한 활동을 포함해 이러한 활동들은 상담자의 역량과 전문성을 발전시킬 수 있는 느린 성장 과정의 일부라고 할 수 있다.

길고 험난한 전문성 발달의 길을 하이킹하다 보면 자신만의 하이킹 방식을 가진 숙련된 하이커들을 만나게 될 것이다. 보폭, 걷는 속도, 몸을 굽히는 정도, 지팡이 사용 유무 등 매우 다양할 수 있다. 시간이 흐르고 경험이 쌓으면서 하이커들은 개별화된 방식을 발전시킨다. 상담자도 마찬가지이다. 사실 상담자들의 정체성에 있어서 개별화된 방식을 발전시키는 과정은 매우 중요하다. 우리는 독특하고 개별화된 방식이 직업적 활력을 지속하는 데 있어서 중요한 요인이라는 것을 알고 있다. 조지아 오키프(Georgia O'Keeffe)라는 위대한 화가가 지나온 화가로서의 긴 여정을 생각해 보자. 그녀의 작품은 그녀가 변화함에 따라 변화하였고, 변화에 따라 그녀만의 독창성이 나타났다(Lisle, 1987). 가장 적절한 표현으로 통합이란 로저스(Rogers, 1957)의 일치성 개념과 유사한 과정을 포함하는데, 이는 전문가적인 자기 개념과 일치하는 것이다.

언뜻 보기에는 그것이 간단하고 고통이 없는 것처럼 보일지라도, 전문적 자기를 잘 드러내는 것은 어려운 일일 것이다. 이 과정에는 자신의 가치, 이론적인 신념, 기법을 일관성 있게 통합하는 것이 필요하다. 더 이상 어울리지 않는 가치, 신념, 기법들은 떨쳐 버리고 새로운 가치, 신념, 기법들을 받아들여야 한다. 하이킹처럼 이 개별화 과정은 지속적인 노력을 요구한다. 이 과정은 홀로 있음과 관계라는 양면의 과정을 통해 이루어지며, 그로테반트와 쿠퍼(Grotevant & Cooper, 1986)가 말하는 개별화 과정과 같다. 이들이 말하는 개별화의 정의는 "개별성(individuality)과 관계성이라는 두 가지 개념" 모두를 포함한다(p. 89). 개별화에 대한 최근 연구는 블랫(Blatt, 2008)에 의해 진행되었는데, 그는 관계성과 자기 규정이라는 양극의 경험에 대해 설명했다.

우리가 진행했던 질적 연구에서는 더 나은 통합을 향해 발전해 나가는 것을 의미하는 수많은 표현을 찾아볼 수 있었다. 몇 가지 예로, 상담자들은 자신의 이론적 지향을 바꾸거나 매우 잘 알려진 오래된 방법을 버리기도 하고, 상담자의 새로운 정체성에 맞게 근본적으로 수정하기도 했다. 개인에게 의미 있고 삶을 변화시킬 만한 사건이 있었을 수도 있다. 그 결과 전문가적이고 개인적인 정체성이 변하면서 둘 사이의 필연적인 통합이 이루어진다.

주제 2 시간이 흐르면서 기능의 초점이 내부에서 외부로, 다시 내부로 바뀐다

시간의 흐름에 따라 나타나는 상담자들의 발달을 기술하는 이번 주제는 다음의 세 부분으로 나누어 볼 수 있다.

① 훈련 이전기

교육을 받지 않고 하이킹하는 하이커들처럼, 훈련을 받지 않은 상담자들도 인습적이고 비전문적인 방법으로 남을 돕고, 가르치고, 치료한다. 자연의 법칙과 개인적인 경험에 따라 역할, 일하는 방식, 사용할 방법을 결정한다.

이 기간 동안에 비전문적인 상담자들은 상식적인 기반에서 활동한다. 돕고, 가르치고, 치유하는 행동과 개념은 효과적인 방법에 대한 각 개인의 해석을 반영한다. 이러한 방법은 개인적인 성향이나 대중적인 방법에 의해 추진된다. 예를 들면, 비전문적인 조력자들에게 돕는다는 것은 문제를 빨리 정의하고, 든든한 정서적 지지를 해 주며, 공감과 대조되는 연민을 제공하고, 자신의 경험을 바탕으로 조언해 주는 것이다. 조력자로서 타고난 특성을 가지고 있기 때문에 이들이 제공하는 도움은 진실되고 진정성 있게 경험된다.

② 훈련기: 외부지향적이고 경직된 방식

상담자들은 갑자기 하이터치 분야의 비전문적인 수준과 전문적인 수준을 연결 짓는 다리를 만나게 된다. 다리의 한쪽 끝에는 어떤 특정 방법, 기법, 태도, 접근을 사용하는 데 있어서 강한 신념을 지닌 전문적인 하이킹 전문가들이 위치한다. 이 전문가들은 상담 분야에 필요한 자격을 갖추도록 사람을 가르친다. 이들 각 분야에서 각각 초점을 두는 내용은 서로 다르지만, 모두 사람을 도와주기 위해 노력한다.

기초 훈련이 끝난 후, 해군 지원자들은 갑자기 일을 정확히 해야 한다는 사실에 사로잡혀 있다. 하이터치 영역의 지원자들도 마찬가지이다. 비전문가에서 전문가로의 성장을 위해 전문가들은 전문적 기준에 따라 모든 것을 정확히 하고자 비전문적인 방법에 대해 비판을 한다. 우리는 이것을 외부지향적이고 경직된 방식이라고 부른다. 신참 상담자들은 종종 훈련 단계에 있는 장애물을 뛰어넘고 관문을 통과하기 위해 옳은 방식으로 일을 하려고 필사적으로 애쓴다. 이것은 많은 에너지를 소모하는 힘겨운 과정이다.

행동은 덜 자연스럽고, 덜 여유로우며, 이전보다 더 경직된다. 유머의 사용은 상담자의 성장을 보여 주는 하나의 지표가 될 수 있는데, 훈련 이전 기간에 자연스럽고, 여유로우며, 유연했던 상담자는 훈련 기간 동안에 부자연스럽고, 경직되었다가 전문적 경험을 통해 다시 자연스럽고 유연성 있는 모습을 보이게 된다. 유머의 사용은 전형적으로 학생 훈련자들에게서 사라졌다가 이후 숙련된 상담자로서 전문가적인 자신감을 가질 때 다시 나타난다.

③ 훈련 이후기: 여유롭고 내부지향적인 방식

졸업식은 학교 교육의 끝을 축하하는 것이다. 그러나 그 용어는 사실 시작을 의미한다. 훈련이 끝나는 순간 상담자는 스스로를 이끌며, 전문가로의 발달 과정을 시작하는 것이다. 수십 년에 걸쳐 지속되어 온 훈련이 끝난 후, 오랜 기간 동안 배운 외부지향적인 방법들에서 벗어나는 과정을 거치게 된다. 이것은 전문적 자기를 만들어 가는 부분으로서 버리고 더하는 반복적인 과정을 따라 이루어지게 된다.

주제 3 전문적으로 성숙해지는 과정에서 지속적인 전문적 자기 성찰은 주요한 발달 과정이 된다

경험으로부터 배운다는 것이 분명히 가능한 일이기는 하지만 그것이 현실에서 항상 이루어지는 것은 아니다. 전문적인 경험이 항상 전문성을 향상시키지는 않는다. 당신은 "왜 그런가?"라는 질문을 할 것이다. 상담자에게는 두 가지 경로가 놓여 있는 것 같다. 한 경로에서 상담자는 돕고, 가르치고, 치료하는 풍부하고, 잘 짜여지고, 잘 조명되고, 실제를 변화시키는 수년 간의 전문적인 경험을 얻을 수 있다. 다른 경로에서 상담자는 일 년에 해당하는 정도의 경험만을 몇 년간 계속하여 반복할 수도 있다. 이것은 내담자들과의 작업으로부터 얻게 되는 피드백을 상담을 변화시키는 데 사용하지 않았기 때문에 일어나는 일이다.

이후에 자세히 설명하겠지만, 주어진 상담 과제에 비해 자신의 전문적 역량이 미치지 못하는 것 같은 경험을 할 수도 있다. 자신의 전문적 경험, 특히 도전과 어려움에 대해 성찰할 수 있는 능력과 의지는 이러한 발달상의 정체를 막는다. 동료들 간의 대화와 슈퍼비전을 포함한 고무적이고 지지적인 업무 환경은 성찰하는 능력뿐 아니라 직면한 문제를 적응적으로 처리하는 데 긍정적인 영향을 미친다. 비계설정(Wood, Bruner, & Ross, 1976)과 근접발달지대(Vygotsky, 1962)에 대한 개념은 성찰, 학습, 발달을 자극하는 지지적이고 관계적인 환경이 어떤 것인지 말해 준다.

내 생각에 상담자의 삶에서 가장 멋진 일은 경험으로부터 풍부하게 배우는 것인데, 이는 다음과 같은 세 조건이 갖추어질 때 일어난다.

① 전문적이고 개인적인 경험

전문성 발달연구가들(Chi, Glaser, & Farr, 1988)은 체스 선수, 택시 기사, 의사들을 연구한 결과, 이들에게 있어 경험이 한 분야의 전문성을 발달시키는 데 본질적인 것이라는 것을 발견하였다. 유능성을 증진시키는 요소 중 하나는 그 분야에서의 경험이다. 교수자들(예를 들어, 상담, 교육, 헬스케어)도 연습한다. 그러나 그렇지 않은 교수자들도 있다. 이럴 경우, 연습에 의해 효과적으로 연마되지 않은 방법을 가르치는 위험을 저지를 수 있다.

② 개방적이고 지지적인 작업 환경

특정 사실이 알려진 독단적인 작업 환경에서는 본질적인 탐구 과정이 허락되지 않는다. 그런 환경에서 초심자는 다른 답안에 비해 이미 있는 특정 답안이 더 낫다는 것을 금세 알아차린다. 정확성과 구조는 모호하고 복잡한 업무상의 자료들을 정리하는 데 도움을 주는 반면, 명확성과 구조를 지나치게 강조하면 소위 가짜발달(pseudodevelopment)을 하게 된다. 개방적인 작업 풍토를 위해 행정적인 뒷받침, 그리고 슈퍼바이저의 지원은 중요한 부분이다. 그런 환경에서 상담자들은 그들의 일로부터 자료를 얻을 수 있고, 그것을 재음미할 수 있다.

③ 자기 성찰적 자세

'재음미'는 전문적 발달 문헌에서는 자기 성찰(reflectivity)이라고 불린다(Neufeldt, Karno, & Nelson, 1996). 여기서 '재음미한다'는 것은 내담자, 학생 혹은 환자와의 만남에서 심오한 실제 경험에 대하여 생각하고, 심사숙고하고, 고려해 보고, 프로세스

(process)해 보는 것을 뜻한다. 베너와 루벨(Benner & Wrubel, 1982)은 자기 성찰적 자세를 다음과 같이 잘 설명했다.

> 경험은 한 전문성 수준에서 다음 수준으로 옮겨 가는 데 필요한 것이지만 나이, 경력 혹은 단순한 시간의 흐름과 동일한 것은 아니다. 경험이란 상담자들이 실제적인 상황들을 거쳐 지나가면서 (이런 경험들을 바탕으로) 다가올 모든 상황을 미리 지각하고 이해할 수 있도록 하는 것을 의미한다 (p. 28).

재음미를 하는 데 도전이 되는 것은 많은 상담자들이 지독히 바쁘다는 것이다. 만약 사람이 무엇을 '하느라'(doing) 바쁘다면 존재할 기회는 없다. 그러나 배울 기회를 만드는 것은 바로 '존재'(being)이다. 슈퍼비전 과정이 제대로 이루어진다면 이를 통해 성찰을 위한 환경을 제공할 수 있다. 이 장의 후반에 가면 수정된 상담자 발달 단계 모델에서 성찰이 중요한 위치를 차지한다는 것을 알게 될 것이다(Rønnestad & Skovholt, 2013). 이번 개정판에서는 회기 이전에 하는 사전 준비 계획 활동인 행위 이전의 성찰(reflection-pre-action) 이외에도, 추가적으로 쉔(Schön, 1987)의 개념인 행위 중 성찰(reflection-in-action)과 행위에 대한 성찰(reflection-on-action)에 대해서도 소개하려고 한다.

주제 4 배움에 대한 강한 헌신이 전문성 발달 과정을 촉진한다

전문적으로 성장하고자 하는 상담자 자신의 동기는 전문성 발달을 촉진하는 중요한 연료가 된다. 전문가에 이르는 여정의 길은 실제로 하이킹을 하는 하이커에게 달려 있다. 질적 연구의 참여자가 학생이든 상담자이든 전문가로서 배우고 발전하고자 하는 그들의 열정과 성찰의 태도는 우리에게 매우 깊은 인상을 주었다. 하이킹에 대한 새로운 방법을 시도하고, 탐구하고, 더 나아지기 위해 곁길로 가는 것은 전문적 성장에 매우 중요한 것이다. 배움에 대한 헌신과 윤리적 경계 안에서 기꺼이 위험을 무릅쓰는 것, 그리고 새로운 배움에 개방성을 갖는 것을 통해 전문가적인 역량을 형성하고 발전시킬 수 있다.

연구 참여자들은 계속 앞으로 나아가기보다는 멈춤과 쉼이 필요한 모라토리엄의 기간에 대해 말해 주었다. 우리는 모라토리엄이라고 할 수 있는 이러한 휴식기를 긍정적으로 보게 되었다. 비록 훈련 프로그램이 상담의 전문성을 발전시키는 데 도움을 주지만, 때론 잠시 멈추고 성찰할 시간이 필요하다는 것 또한 중요하다. 하이킹-휴식-하이킹-휴식이라는 흐름은 긴 산행을 해야 하는 사람들에게 잘 알려진 과정이다. 연구를 통해 정체와 쇠퇴의 기간에 대해서 알게 되었지만, 대부분의 참여자들은 전문적으로 성장하고자 하는 동기에 대한 결의, 헌신, 강한 의지를 보여 주었다.

동료 상담자들에 의해 지목된 상담 전문가들이 참여한 상담 대가 연구(Jennings et al., 2008; Jennings & Skovholt, 2016; Kottler & Carlson, 2014)에 따르면, 상담 대가들 역시 전문적으로 성장하고자 하는 끊임없는 동기가 있다. 이러한 결과는 국제 상담자 샘플에서도 나타났다(Orlinsky et al., 1999). 협업 연구 네트워크(Collaborative Research Network)에서 진행된 연구에 따르면, 현재 전문적으로 성장하고 있다는 경험은 시간이 지나도 감소하지 않는다는 것을 보여 준다. 20년 이상의 전문 경험을 지닌 상담자들의 설문 응답에서도 자신이 향상되고, 숙련되어 가며, 치료에 대한 열정이 점점 커진다는 경험을 특징으로 하는 성장감을 보고했다. 이러한 결과에 대한 연구자의 해석은 "상담자들이 현재 경험하고 있는 성장감은 치료를 위해 필요한 사기와 동기의 쇄신, 즉 치료 작업에 요구되는 에너지의 재충전과 신선한 통찰력을 반영한다"(Orlinsky et al., 1999, p. 212).

주제 5 인지 지도의 변화-초심 상담자는 외재적 전문 지식에 의존하지만, 경험이 풍부한 상담자는 내재적 지식에 의존한다

시간이 흐르면서 여정을 지나는 동안에 상담자는 점차 멋진 사실을 경험하게 된다. 상담자가 자신에게 맞는 방법을 찾게 되면서 어떻게 걸어야 하는지를 지시해 주는 교과서는 점차 버리게 된다. 교과서에서 얻은 내용들은 자신의 실제 하이킹을 통해 얻은 풍부한 경험과 결합된다.

당신은 "무슨 일이 일어난 것인가?" 하는 의문을 가질 수 있다. 우리는 외재적 지식이 내재적 지식으로 대체된 것이라고 답하겠다. 그것은 상담자의 전문적인 삶에서 나타나는 긍정적인 변화이다. 자신의 경험에 기초한 일반화와 축적된 지혜가 다른 사람들에 의해 발달된 포괄적인 이론을 대치하게 되는 것이다. 상담자의 전문성 발달에 관한 연구 중 가장 많이 알려진 콜빈(Colvin, 2010)과 글래드웰(Gladwell, 2008)의 연구는 초심 상담자에서 대가 상담자가 되는 과정을 이해하는 데 많은 도움을 준다. 전문성은 "영역 특수적 지식의 풍부한 구조"를 수반한다(Glaser & Chi, 1988, p. xxi). 상담자는 한 분야에서 수백 시간의 실습을 하고 자신의 실습에 대해 적극적인 자기 성찰을 한 후에 이런 전문성을 획득하게 된다. 매우 극한 상황에 처했던 윈스턴 처칠(winston churchill)의 말을 빌리면, "전문성은 피와 땀과 노력으로부터 온다".

드레퓌스와 드레퓌스(Dreyfus & Dreyfus, 1986)는 외재적 전문 지식에서 내재적 전문 지식으로의 발달을 다음과 같이 기술했다.

> …… 분리된 대상에 대해 분석하는 것, 대상의 환경을 인식할 수 있는 요소로 의식적으로 분해시키는 것, 그리고 그로부터 추론된 추상적인 규칙들을 도출함으로써 축적된 구체적인 경험을 바탕으로 한 숙련된 행동, 그리고 새로운 상황이 기억하고 있는 전체적인 상황과 유사하다는 것을 무의식적으로 알아차리는 것으로 진보해 가는 것이다(p. 35).

외부적인 안내를 따르다가 내부적인 안내를 따르게 되는 변화는 길게 짜여진 하이킹 동안에 일어날 수 있는 가장 심오한 변화 중 하나이다. 이를 설명할 수 있는 또 다른 방법은 상담자의 지식이 전수된 지식으로부터 구성된 지식으로 옮겨 간다는 것이다. 벨렌키, 친치, 골드버거와 타룰(Belenky, Chinchy, Goldberger, & Tarule, 1986)은 우리가 관찰한 지식의 발전 과정을 이해하는 데 도움이 되는 모델을 제안했다. 그들은 페리(Perry, 1981)의 인지적 의미와 발달 모델에 기반을 둔 앎의 7단계에 대해 설명했다. 이 모델에서 전수된 지식은 초급 수준의 지식이며, 구성된 지식은 가장 높은 단계의 지식이다. 신입생으로서 초심 상담자는 초심 단계에 어울리는 것 같이 보인다. 즉, 전수된 지식 습득자는 타인이 제공하는 것을 받아들이는 데 매우 개방적일 수 있는 반면, 스스로 말할 능력에서는 자신감이 매우 부족하다. 다른 사람들로부터 나온 진실을 믿기 때문에 다른 사람의 소리를 듣기 위해 자신의 소리를 누그러뜨린다(Belenky et al., 1986, p. 37). 숙련된 상담자들은 가장 높은 수준에 해당되는 것 같다.

> 모든 지식은 구성되고, 지식의 주체는 지식의 본질적인 부분이다. …… 모든 지식은 구성된 것이고, 진실은 그것이 적용되는 맥락에서의 문제라는 점을 앎으로써 어떤 것에 대해 생각하는 방법의 가능성을 크게 확장시키게 된다. …… 이론들은 진실이 아니라 근접한 경험들에 대한 모델이다(pp. 137-139).

외재적 지식에서 내재적 지식으로의 이행은 상담자의 기능 수행에 중대한 영향을 준다.

주제 6 최적의 전문성 발달은 길고, 느리고, 일정하지 않은 과정이다

루이스(Lewis)와 클라크(Clark)는 미국의 미개척지를 횡단하는 모험을 하였는데, 앰브로스(Ambrose, 1996)는 황무지에 길을 내는 이들의 모험 과정을 다음과 같이 서술하였다. "어떤 때는 이 탐험가들에게 만사가 순조로웠고, 어떤 때는 불확실성과 위험이 도사리고 있었다. 역경은 항상 고비고비마다 기다리고 있었다. 길이 보이기도 하고 사라지기도 하고, 그들이 전진하는 데 많은 시간이 걸리기도 했다. 그러나 결국 그들은 미국 대륙을 횡단했다."

루이스와 클라크처럼, 각 상담자들은 전문성 발달의 과정에서 유사하게 길고, 느리고, 일정하지 않은 여정에 직면하게 된다. 진정한 발달에는 오랜 시간이 걸린다. 복잡하고 모호함에 대한 전문성의 발달은 오랜 시간을 필요로 한다. 전문가 발달 과정이 긴 여정이라는 현실을 이해하는 것은 초심자들이 지나친 불안감과 빨리 유능해지고자 하는 욕망을 가라앉히는 데 도움이 된다. 상담자의 유능감과 숙달감이 꾸준히 증가하면서 점차 전문성 발달을 경험하게 된다. 우리의 연구 데이터에 따르면, 이러한 과정이 어떤 한 시점에서 볼 때는 크게 눈에 띌 만한 발전으로 보이지 않을 수 있지만, 회고적 관점에서 볼 때 상당한 것으로 나타났다.

상담자가 자신의 능력을 발전시키는 속도도 일정하지 않다. 변화의 과정은 때로는 느리고, 때로는 빠르기도 하다. 중요한 사건(critical incidents)(Skovholt & McCarthy, 1988)이나 결정적인 순간(Trotter-Mathison, Koch, Sanger, & Skovholt, 2010) 후에 빠른 발전이 일어나기도 한다. 피아제(Piaget, 1972)는 인지의 복잡성에 있어서 이러한 변화를 조절 다음에 나타나는 동화라고 불렀다.

주제 7 전문성 발달은 평생의 과정이다

이 주제는 이전 주제와 밀접하게 연관되어 있다. 졸업식은 학교 교육의 끝을 축하하는 것이다. 그러나 그 용어는 사실 시작을 의미한다. 이는 상담자의 전문성 발달에도 해당된다. 학교 정규 과정이 끝나면 상담자는 자신의 발전을 스스로 책임져야 한다. 대학원 과정은 최적의 발달을 위해 매우 중요하다. 대학원 과정이 매우 중요하다는 것은 우리의 연구에서도 매우 주목할 만한 결과이다. 많은 연구 문헌들이 학생들의 성장에 초점을 둔다. 인간 발달 모델에서는 성인기 삶의 사건들에 큰 관심을 두지 않고 초기 시절만을 강조한다. 예를 들면, 프로이트 발달이론의 마지막 단계는 청소년기부터 성인기까지를 모두 포함한다.

대부분의 상담자 발달 모델은 사실 학생 발달 모델이라고 할 수 있다. "대학원 상담 수련생에 대해 소개된 연구는 거의 없다. …… 상담자의 전문성 발달 과정을 전 생애에 걸쳐 온전히 이해하기 위해 이는 꼭 필요한 연구이다"(Borders, 1989, p. 21).

일과 전문적 자기의 변화는 졸업 후에 일어난다. 상담자들은 자신의 역량을 향상시키고, 어려움과 도전을 더 적절하게 대처하며, 책임감을 조절하는 데 더 능숙해진다. 게다가 멘토, 슈퍼바이저, 교육자가 되는 것과 같은 선임 상담자로서의 활동은 전문적 성장을 더욱 촉진한다.

학생 발달에 이같이 초점을 두는 것은 마치 모든 여정을 이 시기에 다 걸을 수 있는 것처럼 보이게 한다. 그러나 실상은 루이스와 클라크의 경우와 같다. 처음 몇 주는 그저 미국 대륙 횡단을 시작하는 시기였다. 이후 1805년의 추운 겨울, 설사병과 회색곰의 침입을 받았을 때에도 처음 몇 주처럼 별다른 진전이 없었다. 미주리강의 거대한 폭포와 로키산맥의 아름다움 앞에서도 마찬가지였다(Ambrose, 1996). 상담자의 여정은 단거리라기보다는 장거리이므로 보다 높은 수준의 유능성을 획득하고자 하는 사람들은 자신의 여정을 평생의 과정으로서 단거리가 아닌 장거리로 생각하고 지나가는 것이 중요하다.

주제 8 많은 초심자는 상당한 불안감을 경험한다. 하지만 시간이 흐르면서 이러한 불안은 대부분 극복된다

작은 씨앗을 심고 기르듯이, 돕고 가르치고 치료하는 분야에 있어 전문적 경험은 풍요로운 결실을 가져온다. 솜씨 있게 여러 가지 전문적 과업들을 처리할 수 있는 유능한 상담자들은 좋은 결실을 얻게 된다. 주요한 결실 중의 하나는 초심자에서 숙련된 상담자가 되면서 초심 시절에 만연되었던 불안이 현격히 감소하는 것이다.

많은 요소가 결합하여 초심 상담자의 수행 불안을 증가시킨다. 전문 지식의 부족, 높은 성취를 기대하는 학업 문화, 상담 일에 적합하지 않은 것 같은 두려움('가면 증후군') 등이 그 예라고 할 수 있다. 어떤 상담자는 너무 두려워서 내담자가 하는 말이 거의 들리지 않은 적이 있다고 말했다. 1936년에 로빈슨(Robinson)이 사회사업 수련생의 경험에 대해 기술한 이후(Gysbers & Rønnestad, 1974), 많은 연구자는 초심자의 불안에 대해 논의해 왔다. 매우 존경받는 한 선임 상담자는 연구 인터뷰에서 "시간이 지나면 더 이상 내담자를 두려워하지 않게 된다"고 말했다(Skovholt & Rønnestad, 1992a, p. 96). 마틴 등(Martin et al., 1989)은 불안이 감소하고 자신감이 증가하는 원인에 대해 "일을 통해 숙달된 상담자들은 효율적인 인지도식 세트를 얻어 일관되게 사용한다. …… 이러한 인지도식은 시간과 에너지 측면에서 상당한 실제적인 이득과 유능감을 갖게 한다"(p. 399)고 말했다.

주제 9 내담자는 중요한 영향력의 원천이 되어 초등교육 교사 같은 역할을 한다

내담자를 선생님이라고 말하는 것이 이상하게 들리지도 모른다. 상담자가 교사이지, 그 반대는 아닐 것이라고 생각할 것이다. 그래서 "이게 무슨 뜻이지?"라고 물을 수 있다. 여기서 우리는 상담자와 내담자 간의 전문적 관계에 대해 이야기하자고자 한다. 상호작용 과정에서 내담자는 상담자에게 피드백을 준다. 이것은 상담자에게 배움의 원천이 될 수 있다. 경험이 많은 한 상담자는 "당신이 정말로 내담자의 말에 귀를 기울인다면 당신이 돕고자 하는 사람으로부터 정말 많은 것을 배울 수 있다"고 톰에게 말했다. 실제 우리의 연구 참여자들은 내담자가 자신들의 최고의 선생님이었다고 말했다. 이는 20개 국가들로부터 상담자 샘플을 모집해 연구했던 상담자 집단연구에서도 지지되었다(Orlinsky, Botermans, & Rønnestad, 2001). 이 연구에서 내담자와의 치료 경험은 상담자의 전문성 발달에 가장 중요한 영향을 미치는 것으로 평가되었다.

확장한다면 학생과 환자 모두 중요한 역할을 한다. 하이터치 영역의 상담자들은 대체로 하이터치의 전문적 상호작용에서 다른 사람으로부터 직접적으로 배웠다고 말하지는 않는다. 물론 이러한 배움은 윤리적인 맥락에서 이루어져야 한다. 내담자의 반응은 계속적으로 내성할 수 있는 자료를 제공해 준다.

특히 그 자료가 상담자들에게 굴욕의 형태로 경험될 때 피드백에 대한 개방성은 더욱 중요하다. 개방성을 갖지 않으면 내담자는 침묵하는 선생이고, 상담자에게 들리는 것이라곤 아무것도 없다.

초심자 시절에 흔히 부딪히는 주된 위기는 주로 높이 평가되는 접근 방식을 사용하고자 할 때 경험한다. 초심자는 그 접근 방식을 배우고 적용시키려고 열심히 일한다. 결과는 실패와 실망일 뿐이다. 내담자가 변화하지 않았기 때문에 상담자들은 불만족스런 결과를 감지하게 된다. 성장의 한 부분으로서 상담자는 이렇게 스트레스를 주는 정보와 고투해야 한다. 이것이 내담자들이 주된 선생으로서 어떻게 상담자들에게 기여하는지를 보여 주는 고통스럽지만 가치 있는 예가 된다.

상담실, 교실, 진찰실은 모두 배움을 위한 실험실이 된다. 내담자, 학생, 환자들의 반응은 상담자들에게 계속적으로 영향을 준다. 친밀한 대인관계적 접촉을 통해 제공된 피드백은 배움의 과정에 강도를 더한다. 부정적인 피드백은 효과적인 것과 효과적이지 않은 것을 어떻게 이해하고 있는지에 영향을 준다.

어렵지만 부정적인 피드백을 듣고 배우고자 하는 것은 내담자를 선생님으로서 충분히 활용하는 데 매우 중요하다. 물론 긍정적인 피드백 또한 가치가 있다. 그리고 이러한 피드백을 받는 것은 정말 멋지고 힘이 되는 일이다.

주제 10 개인의 삶은 전문적 기능의 중요한 구성요소이다

우리는 어떻게 아는가? 지식은 어디에서부터 오는가? 지식은 심리치료, 상담, 교육, 의료 분야와 같은 전문 영역의 경험적 연구로부터 나온다. 그러나 앞서 말한 것처럼 지식은 우리의 선생님으로서 내담자, 학생, 환자를 포함해 다른 원천으로부터도 온다. 이 주제를 가지고 배움의 또 다른 원천에 대해 이야기하고자 한다. 하이터치 분야에서 상담자는 자신의 삶으로부터 배운다.

사람 지향적인(people-oriented) 분야에서 상담자 자신의 개인적인 삶은 매우 중요하다. 예를 들면, 상담 일을 시작하게 된 동기는 종종 개인적인 부분에서 비롯된다. 많은 초심자들은 친척과 같이 가까운 사람들에게서 종종 영감을 받는다. 어떤 초심자들은 심리치료, 교육 혹은 의료 분야의 유능하고 잘 돌봐 주는 사람에게 중요한 시점에서 도움을 받고 그 영향으로 이 분야에 입문한다. 이러한 예로는 정서적인 고통 중에 있던 대학생이 뛰어난 상담자의 훌륭한 도움을 받은 경우, 불안정한 가정에서 표류하던 고등학생이 비전을 주는 교사에게 힘을 얻은 경우, 질병으로 인해 고통받던 아이가 헌신적인 간호사에 의해 치료를 받은 경우를 들 수 있다. 또한 상담 전문가 훈련의 길에 들어서게 된 동기는 개인적인 고통에서 오기도 한다. 예를 들면, 부모의 알코올 중독의 황폐함을 목격하거나 잘 교육받지 못한 형제들이 좋은 기회를 얻지 못하는 것을 보고 자랐거나, 갑작스런 질병으로 사랑하는 사람을 잃게 되어 이 분야를 선택하게 된 경우를 들 수 있다.

이러한 예들은 단지 한 가지 요소—하이터치 분야의 직업 선택 동기—와만 관련된 것들이다. 하이터치 분야의 직업 생애 내내 개인의 삶은 상담자 주변에서 늘 소용돌이친다. 상담자는 정상적인 삶의 사건들—예를 들면, 나이가 들어가는 것—을 경험하면서 풍부한 교훈을 얻게 된다. 매 시기마다 감정적 · 인지적 · 신체적 발달에 관한 수많은 교훈을 얻게 된다. 마찬가지로 정상궤도를 벗어난 사건들, 예를 들면 실직과 같은 갑작스런 상실이나 영광스러운 성공과 같은 것들도 교훈을 준다. 최적의 직업발달을 위해서는 자신이 하는 일의 수준을 향상시키기 위해서 상담자는 이렇게 지속되는 개인의 현실을 편파하지 않고 교육적인 방법으로 깊이 생각하고 반추하고 활용해야 한다.

치료 경험이 가장 많았던 평균 연령 74세의 상담자들을 대상으로 인터뷰를 한 적이 있는데, 이를 통해 개인적인 삶이 전문적 기능에 영향을 미치는 것을 확인할 수 있었다. 우리가 확인한 배움의 영역들 중 두 가지는 개인적인 삶의 영역과 관련이 있었다. 이는 초기 어린 시절의 경험과 성인기 시절에 겪었던 개인적인 삶의 경험이었다(Rønnestad & Skovholt, 2001). 성인기에 경험했던 개인적인 역경과 위기는 전문적 기능에 즉각적인 부정적 영향을 미치는 것으로 나타났다. 그러나 때때로 개인적인 고통은 상담 전문가로서의 감수성을 높이기도 한다. 우리 연구에서는 특히 성인기에 고통을 경험했을 때 그러했다. 장기적으로 봤을 때 전문가적인 성찰과 배움을 가능하게 했던 강렬한 개인적인 경험의 예로는 배우자와 자녀의 죽음, 신체적인 장애, 가족 구성원의 심각한 정신적 손상 등을 포함한다. 이러한 경험은 내담자를 이해하고 관계 맺는 능력을 향상시키고, 인내와 참을성을 증가시키며, 신뢰할 만한 대상으로서 내담자의 모델링이 되며, 효과적인 도움이 무엇일지 보다 잘 헤아릴 수 있는 등 긍정적인 결과를 가져온다. 지지적이고 배려심이 많은 배우자와의 지속적인 결혼 생활 또한 매우 영향력이 있는 것으로 설명된다. 삶과 결혼 생활의 만족도는 상담자가 내담자와 관계 맺는 방식과 관련이 있다. 이러한 결과는 노르웨이 상담자들을 대상으로 한 최근 연구에서 지지되었다(Nissen-Lie, Havik, Høglend, Monsen, & Rønnestad, 2013). 이 연구는 상담자의 개인적 삶의 질과 작업 동맹에 대한 내담자와 상담자의 평정 사이에 유의미한 관계가 있다는 것을 보여 준다(p. 483).

내담자는 회기 중에 상담자의 행동을 통해 전달되는 상담자의 개인적인 삶의 스트레스에 특히 민감한 것처럼 보이는 반면에, 상담자 자신의 개인적인 안녕은 작업 동맹의 질에 대한 평가를 긍정적으로 편향시키는 것처럼 보인다.

주제 11 사람 간의 만남이 비인간적인 자료보다 더 영향력이 있다

사람과의 강렬한 접촉과 다른 사람을 돌보는 일이 중심이 되는 사람 지향적인 분야에서 인간 접촉이라는 드라마가 위대한 선생이 된다는 것은 놀랄 일이 아니다. 사실 우리는 연구 참여자들로부터 사람 간의 만남이 연구나 이론보다 더 유익했다는 말을 들었다. 사람들과의 의미 있는 접촉이 성장의 촉매제가 되었다. 가장 자주 언급된 사람들은 내담자, 선임 전문가(즉, 슈퍼바이저, 개인 상담자, 교수, 멘토), 동료 그룹, 친구들, 가족 구성원, 후배 동료들이었다.

연구 참여자들과 인터뷰하는 과정에서 다양한 수준의 전문적 기능에 영향을 미치는 다양한 영향력에 대해 조사할 때, 강력한 인간관계가 비인간적인 자료보다 더 중요한 것으로 나타났다. 인터뷰에서 이론과 연구가 미치는 영향력에 관한 질문을 할 때, 이론과 연구가 그들의 전문성 발달에 매우 중요한 것으로 인식될 것이라고 생각했다. 그러나 연구 참여자들은 사람들에게 받았던 긍정적인 영향력에 대해 가장 많이 언급했고, 경험적인 연구 결과들에 대해서는 가장 적게 언급했다.

연구 참여자들의 전문성 발달에 가장 많은 영향을 준 사람은 내담자, 선임 전문가, 동료 순이었다. 물론 개인마다 이 순서는 매우 다양했다. 시간이 지남에 따라 선임 전문가가 되어 가고 있는 선배들도 매우 중요한 역할을 했다. 이론과 연구는 중요한 영향을 미치는 사람들을 통해 종종 매개되기도 하는데, 이러한 면에서 볼 때 사람과 이론 · 연구들 또한 중요하다.

주제 12 초심자일수록 전문적인 선배와 대학원 훈련을 정서적으로 강한 반응으로 바라본다

돕고, 가르치고, 치료하는 어떤 직업에서도 선배는 매우 중요하다. 초심자들은 자주 선배들에게 의존하고, 그들의 판단에 의해 쉽게 상처를 입기도 한다. 학생들은 교수, 교사, 그리고 슈퍼바이저를 계속해서 평가한다. 학생들은 유능하다고 여기는 선배들로부터 배우고 그들을 모델링하길 원한다. 그들은 교수들과 슈퍼바이저들이 자신들의 직업적 진출을 통제할 수 있는 권한을 가지고 있을 것이라고 생각한다.

이러한 힘의 차이와 취약성 때문에 초심자들은 선배들을 이상화하거나 평가절하하기도 한다. 학생들은 지적인 탁월함, 뛰어난 치료 기술, 훌륭한 슈퍼비전 능력, 초심자에 대한 정서적 지원, 그리고 모델링할 만한 개인적이고 전문적인 삶의 가치를 지닌 상담자들을 존경한다.

우리의 연구는 선배들에 대한 부정적인 반응이 대체로 있을 수 있는 일이며 강렬하기도 하다는 것을 보여 준다. 학생들이 선배들을 이상화한 만큼 또한 평가절하할 수도 있다. 의존적이고 상대적으로 낮은 권력의 위치에 있다는 것은 때때로 강한 반응을 촉진하는 기폭제가 될 수 있다. 선배들의 행동이 매우 부정적으로 여겨질 때 그들은 평가절하된다. 부당할 정도로 비판적으로 여겨지는 슈퍼바이저 또는 실무에서 실천할 수 없을 것 같아 보이는 내용을 가르치는 교수와 같은 사람들이 여기에 포함된다.

시간이 지나면서 점점 더 경험이 쌓이고 덜 의존적으로 될 때, 초심자는 선배를 정서적으로 덜 강렬하게 바라볼 수 있다. 아이가 어렸을 때 부모를 이상화하다가 청소년 시기에 부모를 평가절하하고 비판하는 과정을 지나 성인이 된 후 부모를 평범한 인간성을 가진 하나의 사람으로 보게 되는 것처럼, 초심자들 또한 시간이 지나면서 이와 유사한 이행 과정을 경험하게 된다. 대학원 과정이 끝나면 선배들은 덜 이상화되고, 덜 평가절하되며, 그들의 인간성(평범함, 강점/약점, 독특함 등)은 더 분명하게 보인다.

돌봄직 분야의 신입생들은 훈련 프로그램에 대해서도 비슷한 과정을 경험한다. 롤러코스터를 탄 것 같은 학생들의 감정은 종종 극도의 흥분과 이상화에서 시작되어 이후 훈련 종결기에는 강한 실망의 골짜기로 빠지게 된다. 이러한 실망은 초심자들이 어느 정도의 훈련을 받은 후에 실제로 업무 수행을 하려고 할 때 자신이 준비되지 않았다고 느낄 때 생기게 된다(즉, 첫 번째 상담 실습, 8학년 학급에서 교생 수업을 하는 날, 신참 레지던트로서 환자를 만나는 경우).

대부분의 상담자들은 그들의 대학원 교육과 훈련에 대한 환멸을 경험한다. 연구 참여자들은 상담에 대한 구체적인 방법을 배우고자 기대했지만 종종 충족되지 않았다고 말한다. 때때로 좌절감에 시달리는 학생들의 공통된 질문은 '왜 그들이 우리를 더 잘 훈련시켜 주지 않았는가?'이다.

여기서는 강렬한 인간적 상호작용과 타인에 대한 돌봄을 핵심 활동으로 하는 모든 관계집약적 전문직에 존재하는 이론과 실무의 간극에 대해 다뤄 보고자 한다. 만일 상담이라는 것이 단순히 물체의 색을 바꾸기 위해 페인트를 사용하는 것과 같다면 정확한 안내가 설명될 것이다. 그러나 사람을 다루는 일에는 복잡한 다인(multiple-person) 예술 형태와 같은 상호작용이 존재한다. 이론은 실무에 직접적으로 적용될 수 없다. 어떻게 상담해야 하는지를 배우는 것은 많은 시간이 필요하다. 상담을 가르치는 사람들은 자신이 그랬던 것처럼 이것이 모든 학생이 경험해야 하는 고통스러운 간극이라는 것을 알고 있다. 이러한 간극이 경험될 때, 학생들은 실망과 환멸을 경험한다. 좋은 슈퍼바이저는 이론과 실무 사이의 간극에서 야기되는 혼란을 잘 완충시켜준다. 그러고 나서 졸업한 뒤 오랜 시간이 흐르고 나면 롤러코스터의 언덕과 골짜기는 사라지고 훈련 프로그램의 좋은 부분과 그다지 좋지 않은 부분에 대해 보다 객관적인 평가를 하게 된다.

좀 더 일반적인 방식으로, 이론과 실무의 간극 때문에 분투하는 학생들의 공통점을 어떻게 설명할 수 있을까? 간호, 중독 상담, 의학, 초등학교 교육, 물리 치료, 목회와 같이 다르지만 매우 유사한 분야들에 대해 말하는 것이다. 이처럼 사람 지향적인 전문직의 특징들을 분석해보면, 다음과 같은 몇 가지 공통점이 있다. ① 상담자와 내담자 사이 관계에 변화의 과정이 일어난다. ② 변화의 과정은 의사소통 실무실습으로 개념화될 수 있다. ③ 변화의 과정은 정서적인 실무실습으로 개념화될 수 있다. ④ 상담 전문가의 실무는 윤리적 책임을 실천할 수 있는 전문성을 요구한다. 이러한 공통점을 보면 높은 수준의 전문적 역량을 습득하고 유지하고 개발하는 것이 매우 힘든 일이라는 것을 알 수 있다(Rønnestad, 2008). 이러한 네 가지 공통점은 왜 수련생들이 이론을 상담 실무에 직접 적용할 수 없는지, 왜 전문적 역량을 신장시키려고 할 때 많은 좌절감을 경험하게 되는지를 설명해준다.

주제 13 고통의 경험은 사람의 다양성에 대한 인식, 수용, 그리고 이해를 높이는 데 기여한다

전문적이고 개인적인 삶을 살면서, 그리고 그 삶이 가져다준 경험을 통하여 상담자는 보통 타인에 대하여 덜 판단적이게 된다. 상담자는 내담자의 강렬하고 생생한 순간들을 함께한 목격자이다. 상담자는 내담자의 수많은 노력과 변화가 필요한 부분(정서적 · 인지적 · 신체적)을 개선하기 위해 했던 결심들을 보아 왔다. 또한 상담자는 자신의 삶을 통해 많은 것을 배우는데, 이를 통해 자신과 내담자를 더 잘 이해할 수 있게 된다.

삶을 예측하는 것이 어렵다는 것을 인식할 때, 어려운 상황을 다루기 위해 가장 좋은 방법으로 불확실성을 인정할 때(Baltes & Smith, 1990), 개인의 다양성에 대한 인내심이 증가할 때 상담자에게 지혜가 생긴다. 지혜의 발달에 관한 연구에서는 내부 지향적 삶의 재검토 과정을 따르는 자기 평가와 자기 수용이 지혜를 성장시킨다고 말한다(Hartmann, 2001). 우리의 연구 인터뷰에 따르면, 에릭슨(Erikson, 1950)이 개념화한 지혜의 발달은 통찰력, 내성, 자기 성찰을 통해 가능하다. 평균 70대의 선임 상담자들을 대상으로 시행된 두 번째 인터뷰에서 참여자들은 고유하고 다양한 방식으로 자신들에게 영향을 준 여러 전문적인 경험들에 대해 이야기해 주었다(Rønnestad & Skovholt, 2001).

주제 14 상담자에게는 영웅으로서의 자기에서 영웅으로서의 내담자로의 재편이 있다

조력 직종의 상담자들은 다른 사람에게 긍정적으로 영향을 미치기 위해서 돕고, 가르치고, 치료하는 분야에 입문한다. 이것이 바로 그들을 이러한 직업으로 끌어당기는 주요 동기이다. 이 직업 세계에 입문한 신입생들은 내담자, 학생, 환자가 어느 정도 정서적으로, 인지적으로, 신체적으로 향상을 보일지 확신할 수 없다. 이 분야로 끌어당겨진 몇몇의 신입생들은 일을 통해 현실적으로 가능한 것보다 더 빠르고, 더 완벽하게 변화를 이룰 수 있다고 믿는 오류를 범한다. 상담자가 이상과 현실을 구별하기까지는 오랜 시간이 걸린다. 이러한 오류는 종종 돌봄을 제공해 주어야 한다는 강한 충동과 관련되는데, 이는 상담자 자신이 놀랄 만한 변화를 가져다주는 도구가 될 수 있다고 믿는 것을 의미한다. 시간이 흐르면서 상담자는 자신은 단지 성공을 위한 하나의 부분일 뿐이라는 이해와 더불어 변화 과정에 대하여 더 짜임새 있게 이해하게 된다.

다양한 내담자와 겪었던 성공과 실패 경험을 통해 점차적으로 변화 과정을 이해하게 된다. 이러한 변화는 권력이 상담자에서 내담자로 옮겨 가는 것으로 설명될 수 있다. 이러한 태도의 변화는 덩컨과 밀러(Duncan & Miller, 2000)가 주장한 영웅적인 내담자라는 개념과 유사하다. 비록 상담자가 시간이 지날수록 자신감과 확신을 느끼지만, 상담에서 현실적으로 성취될 수 있는 것이 무엇인지 깨닫게 되는 일종의 '굴욕'을 경험할 수도 있다. 이러한 '자존심이 상하게 되는 경험들'이 처리되고 상담자의 자기 경험에 통합될 때, 상담자는 더 겸손해지고 권력을 덜 가지게 되면서도 자신감과 유능감이 증가되는 역설적인 경험을 하게 된다. 이러한 변화 과정은 스코브홀트와 제닝스(Skovholt & Jennings, 2004)의 상담 대가 연구에서 발견된 것과 유사하다.

논평

발달 주제를 포함한 상담자 발달에 대한 개념적 모델을 재구성(Rønnestad & Skovholt, 2013)하면서 다른 주제(모든 상담자가 최적으로 발달하는 것은 아님)를 추가하였고, 왜 어떤 상담자는 전문성을 발달하는 반면, 어떤 상담자는 그렇지 못하는지에 대해 살펴 보았다. 수정된 모델에 따라 상담자들은 발달 과정을 지나면서 세 가지 궤적을 거쳐 갈 수 있다. 과제가 어떻게 해결되느냐에 따라 발달 단계의 이동이 결정된다. 이러한 이동은 상담자의 성찰 능력과 정도에 따라 결정되기도 하는데, 이는 모호성에 대한 인내, 인지적 복잡성, 경험에 대한 개방성, 그리고 부정적인 정서를 처리하는 능력을 필요로 한다. 생산적인 성찰은 **기능적인 종결**(functional closure)을 가져오고, 이는 다시 계속적인 발전을 촉진한다. 이는 상담자가 내담자에게 효과적으로 반응할 수 있도록 관련 정보를 위계적으로 조직할 수 있는 것을 포함한다. 또는 **미성숙한 종결**(premature closure)과 **불충분한 종결**(inadequate closure)은 발달 정체를 가져온다. 미성숙한 종결은 상담자가 직면한 문제를 충분히 잘 다룰 수 없을 때 발생하는 방어적인 과정이다. 미성숙한 종결의 특성은 ① 오귀인(예를 들어, 상담자는 내담자가 치료에 대한 동기가 없어서 상담을 중단할 것이라고 부당하게 정의 내릴 수 있다), ② 왜곡(예를 들어, 상담자는 내담자를 잘못 이해할 수 있다), ③ 어려움에 직면했을 때를 지나치게 단순화하는 것을 포함한다. 불충분한 종결은 긍정적인 치료 결과를 위해 내담자를 이해하는 데 있어 상담자가 자신의 경험을 충분히 통합하고 종합할 수 없다는 것을 의미한다. 이는 필요한 정보와 불필요한 정보를 구별할 수 있는 능력이 부족하다는 것과 정보를 위계적으로 조직할 수 없다는 것을 의미한다.

[그림 11-1]은 로네스태드와 스코브홀트(Rønnestad & Skouholt, 2013)가 제안한 상담자의 전문성 발달 과정 중에 발생할 수 있는 발달과 정체에 관한 설명이다.

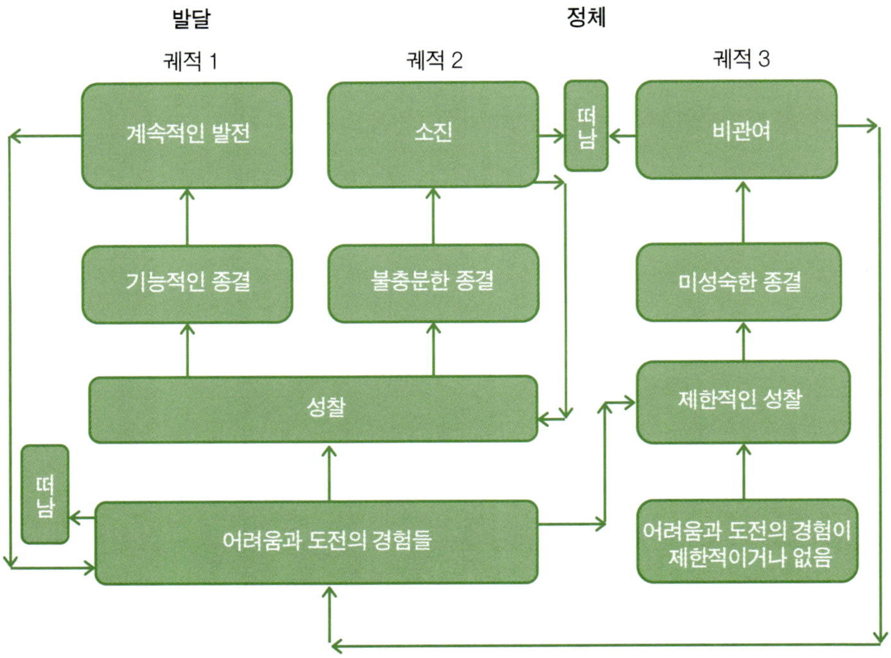

[그림 11-1] 상담자 발달의 순환적 · 궤적 모델

출처: Rønnestad, M. H., & Skovholt, T. M. (2013). *The developing practitioner: Growth and stagnation of therapists and counselors*. Routledge.

상담자의 발달 시기

인간 발달을 이해하는 한 가지 방법은 프로이트, 피아제, 에릭슨의 고전적인 발달 단계와 같이 단계를 생각해 보는 것이다. 일반적으로 단계적 관점은 갑작스럽고도 연속적으로 일어나는 변화를 말한다. 그러나 이들 단계 모델은 점차적으로, 계속적으로 무질서하게 일어나는 변화를 이해하는 데 적합하지 않다. 왜냐하면 모든 사람에게 있어서 발달 단계 모델에서 제시되는 것처럼 갑작스러운 변화란 존재하지 않기 때문이다. 단계 모델은 장단점 모두를 가지고 있다. 첫 번째 모델에서 우리는 단계(stage)라는 개념을 사용했다. 수정된 모델(Rønnestad & Skovholt, 2003)에서, 우리는 덜 갑작스러운 변화를 나타내기 위해 시기(phase)라는 용어를 사용했다. 다음에 나오는 각 시기들에 대한 설명이 상담자로서 자신의 발달을 이해하는 데 도움이 되길 바란다.

시기 1 비전문 조력자 시기(The layer helper phase)

부모, 친구, 자매, 형제, 조부모, 자녀, 동료, 자원봉사자의 역할로서 다른 사람을 돕는다. 역사적이고 다양한 문화적 관점에서 생각해 볼 때, 전문가가 아니라 가까운 친척들이 상담자 역할을 수행하는 것을 볼 수 있다. 여러 세대를 거쳐 오면서 사람들은 혈연 · 결혼 · 친구 관계를 통해 감정적으로 서로를 보살피고, 충고해 왔다. 이런 면에서 부모, 오빠, 언니, 다른 친척들은 아이들에게 첫 번째 교사이다. 건강을 위한 응급조치도 가까운 사람들에 의해 이루어진다.

최근에 특히 선진국에서 친척 관계가 느슨해짐에 따라 전문적으로 돕고, 가르치고, 치료하는 직업이 발달하고 있다. 또한 돕고 가르치고 치료하는 자원봉사자, 준전문가들도 증가하고 있다. 이러한 것은 원래 혈연과 관계된 것이 아니다. 예를 들어, 미국에서 대부분의 성인들은 하나 혹은 다른 형태로 지역사회를 위해 자원봉사 활동을 한다. 여러 문화, 여러 시대를 거쳐 다양한 형태의 비전문적인 조력 형태가 존재해 왔다. 여기서는 비전문 조력자 시기에 어떻게 타인을 돕고, 가르치고, 치료하는지에 관해 설명하고자 한다.

비전문 조력자 시기의 중심 과업은 타인을 돕는 능력과 기술을 사용하는 것이다. 비전문 조력자들은 종종 문제를 신속하게 파악한다. 이는 문제를 확인하는 데 상당한 시간이 걸리는 돌봄직 분야의 전문가들과 대조된다. 아마도 전문가들은 문제와 관련한 너무 많은 데이터들을 처리하느라 실제로 그 문제를 이해하는 데 시간이 더 걸릴 수 있다. 비전문 조력자들은 빠른 문제 파악과 함께 강한 정서적 지지와 조언을 제공한다.

비록 이 시기가 조력에 대한 전문적인 훈련을 받지 않은 사람들이 주로 속한 단계라고 할지라도 목표는 조력 전문직의 목표와 매우 유사한데, 타인에게 감정적이고 교육적이고 건강을 위한 도움을 제공하는 것이다. 아마도 이것은 친척으로서의 의무감, 친밀한 관계, 성공적인 자원봉사자가 되기 원하는 마음 때문일 것이다.

이들에게는 보통 상대방에 대한 연민과 그들을 돕고자 하는 관심이 있다. 일반인 조력자는 그러한 연민으로 인해 타인에 대한 안쓰러운 마음에 휩싸일 수 있고, 그들에게 과잉 동일시될 수도 있다. 연민의 감정이 비전문 조력자들을 압도할 수 있다.

이는 전문 조력자의 공감과 상반되는 것이다. 공감은 상대방에 대한 일시적인 동일시이다. 보하트 등(Bohart et al., 2002)에 따르면, 공감의 정의는 “내담자의 입장에서 내담자의 생각, 감정, 분투를 이해하고자 하는 세심한 능력이자 기꺼운 마음이다"(p. 85). 상담자가 곧 내담자가 되는 것이 아니다. 연민에 휩싸이기보다 '마치 ~인 것처럼'(as ~if) 내담자의 세계를 이해하는 것이다. 로저스(Rogers, 1957)가 제안한 '마치 ~인 것처럼'은 내담자에게서 자신을 분리할 수 있는 것을 말한다. 정서적 관여를 조절할 수 있는 것이 전문적인 공감의 특징이다.

때때로 비전문 조력자는 상대방을 도울 때 정서적 투자를 하지 않는 경우가 있다. 이는 상대방의 문제에 압도되지 않기 위해 거리를 두는 것이다. 이들은 자신의 개인적인 삶의 경험을 바탕으로 조언을 한다. 그들이 갖고 있는 지식, 관점, 접근은 이런저런 방식으로 삶이 그들에게 가르쳐 준 것이다. 예를 들면, 남자 친구와 문제가 생긴 젊은 여자가 도움을 청하기 위해 자신의 여자 친구에게 찾아온다. 대부분의 경우에 그 여자 친구는 자기 삶의 경험에 근거해서 충고할 것이다. 이것은 일종의 "나의 삶에 근거해 볼 때 바로 이것이 해야 할 일"이라고 접근하는 것이다. 친구의 삶에 도움이 된 만큼, 비전문 조력자 시기의 접근은 유용하다. 반면에 이것은 한계를 가지는데, 그 이유는 자신의 삶에 근거하여 친구를 돕는 방법과 해결이 상대방에게 '꼭 맞는 것'이 아닐 수도 있기 때문이다. 하이터치 분야에서 남을 돕는 경우에도 같은 원리가 적용된다. 예를 들면, 아이에게 읽기를 가르치고, 어른이 행복해지도록 돕고, 영적인 안내를 해 주는 등과 같이 다양한 영역에서 사람들을 도울 수 있게 한다.

하이터치 직업 분야에서 전문적인 훈련 과정 없이 상대방에게 자신의 경험과 해결책을 적용해 주는 경우는 흔한 일이다. 비전문 조력자는 종종 답을 주는데, 이것은 상식의 개념에 기초할 수 있다. 조력의 과정에 대한 자기 인식이나 자기 반성이 없을 수 있다. 오히려 전체 과정에 당연하다는 반응이 있을 수 있다. 예를 들면, 한 사람이 어떤 길을 선택해야 하는지 확신을 하지 못하고 있을 때 비전문 조력자는 "저도 그렇게 해 보았으니 한번 시도해 보세요" 또는 "그 사람이 없는 것이 더 낫습니다" 또는 "계속 노력해 보세요"라고 말할 수 있다.

비전문 조력자 시기에서 전문 훈련 프로그램 과정에 있는 학생들은 "내가 옳게 하고 있는가?" 혹은 "내가 어느 정도 이 일을 잘하는가?"와 같은 자기 인식이나 걱정이 덜하다. 이 시기에는 일하는 방식과 평가 과정 모두 매우 느긋하고 상식적인 방식을 취한다.

시기 2 초보 수련생 시기(Beginning Student phase)

하이터치의 직업 분야는 일상적이지 않은 역설로 특징 짓는다. 이러한 분야의 핵심은 모든 사람에게 개방되어 있지만 이를 할 수 있는 사람들은 단지 몇몇 사람들뿐이다. 예를 들면, 심리치료사들은 심한 고통에 휩싸인 사람들을 위로한다. 그러나 여자 형제, 아버지, 친구도 그렇다. 이처럼 조력 전문 분야에 포함되는 활동과 포함되지 않는 활동들이 서로 많이 겹쳐지는 본질적인 이유는 이 영역의 핵심이 타인을 돕는 것이기 때문이다. 하이터치 전문 영역에서 직업적인 핵심은 타인을 보살피는 것이다. 물론 타인을 보살피는 것은 가족, 우정, 자원봉사 활동에서 관계 결속이 이루어지게 하는 핵심이다. 그래서 이들은 서로 유사한 모습을 띠게 된다.

초심 수련생 시기는 과도기 단계로서 이미 알려진 비전문 조력자 시기에서 힘든 훈련과 엄격한 기준을 요하는 복잡한 전문적인 세계의 영역을 이어 주는 다리이다. 초심 수련생 시기를 지나 전문 영역으로 향하는 다리를 건너게 된다. 이러한 과정에서 전문적으로 옳은 방법을 얻기 위하여 그것이 어떤 것이었든지 상관없이 옛 방식의 사고, 행동, 감정을 기꺼이 포기한다. 이 시기는 모든 사람이 할 수 있는 비전문 조력직에서 전문 조력직으로 이동하는 과정이다. 예를 들면, 아이들에게 사칙연산을 가르치는 것은 누구나 할 수 있는 일이지만, 대학생에게 언어학 이론을 가르치는 것은 훈련된 몇몇만이 할 수 있는 일이다. 이 시기는 모두가 알고 있는 조력 방법을 넘어 교육과 훈련을 통해서만 습득될 수 있는 전문성을 배워 가는 과정이다. 알려진 지식은 비전문 조력자가 조력자, 교사, 치유자로서 기능하는 인습적 방식이며, 알려지지 않은 지식은 정신건강 상담, 중등교육, 간호와 같은 전문직을 수행하기 위한 규정된 방식이다.

다리를 건너는 동안, 전문직의 초심자는 종종 흥분과 열정으로 가득차 있다. 사람들은 어떤 경우에 자원봉사를 하면서 얻은 긍정적인 경험 때문에 이 분야를 지원하게 되고, 이들은 심화 수준의 기술을 습득하고 싶어 하고, 새로운 기법을 배우기를 간절히 기대한다. 또한 사람들은 예측할 수 없고 알 수 없는 미래에 대해 걱정한다.

이 단계로 접근하고, 이 단계를 통과하고, 다른 단계로 나아가는 것은 연령과 삶의 경험에 의해 영향을 받는다. 하이터치 전문 분야에서 경험을 가진 연장자들은 삶의 경험이 부족한 초심자보다 더 빠르게 훈련 단계를 통과하여 나갈 것이다. 40세의 한 여성이 대학원 훈련 프로그램을 시작했던 23세 때와 지금이 어떻게 다른지 설명하고 있다.

아마도 이 변화의 일면은 나이가 들어감에 따라, 그리고 내가 보람되고 몰두할 만한 두 가지 직업(교사와 엄마)을 가지게 되면서 나타났다. 교사와 엄마로서의 경험으로부터 나는 어떻게 효과적으로 사람들과 함께 일할 수 있는지를 배우게 되었다. 또한 나는 어떤 분야에서도 많은 이론이 있고, 내가 원리들을 고르고 선택하고 결합시킬 수 있다는 점을 알게 되었다.

—**스코브홀트와 로네스태드**(1995, p. 25)

처음 학교 공부가 시작됐을 때, 신입생들은 많은 이론, 아이디어, 관점, 사실, 길잡이, 비전에 둘러싸이게 된다. 이러한 공식적인 학교 교육은 학생들에게 엄청난 새로운 정보를 가져다준다. 기법에 있어서 초심자는 자기 평가와 이론적 접근이라는 두 가지 요소에 시간과 주의를 기울인다. 배우고 알아야 할 것이 너무 많아져서 이전에는 기꺼이 받아들였던 것이 압도적인 것으로 쉽게 바뀐다. 한 학생은 "너무 많은 자료, 너무 대립되는 많은 개념이 있고, 수업 시간에 배운 기법들은 쓸모가 없는 것 같고, 어떤 때는 오히려 상황을 더 나쁘게 하는 것 같기도 하다"고 말했다(p. 27).

첫 내담자를 만난다는 것은 비전문 조력자 역할에서 전문 조력자의 역할로 이동한다는 것을 의미한다. 학생 수련생들은 종종 이론과 실무 사이의 간극을 경험한다. "어떻게 회기 내내 계속 대화를 이어 갈 수 있을까?"와 같은 질문은 이 시기에 매우 중요하다. 초심 수련생들은 수업에서 배운 방법들을 실제 상담에 적용하려고 노력하지만 그렇게 하는 것이 어렵다는 것을 알게 된다.

수련 기간 동안에 영향력 있는 두 그룹은 교사 그룹과 동료 그룹이다. 이 두 그룹은 초심자에게 강력한 영향력을 행사하기 시작한다. 게다가 새로운 아이디어와 새로운 사람들은 초심자가 삶을 회고해 볼 수 있도록 촉매제와 같은 역할을 한다. 과거가 새로운 관점으로 검토되기 시작한다. 자신의 원가족을 새로운 방식으로 살펴보는 가족치료와 교육의 모델로서 자신의 선생님들을 관찰하는 교직 같은 직업에서 특히 그러하다.

전문적인 역할을 하려고 노력할 때, 사람들은 종종 열정을 가지지만 불안해 하기도 한다. 한 학생이 "나는 적절한 안장에 앉아 있고자 했지만, 그 안장의 느낌이 어떤지는 알지 못했다"(p. 26)라고 말했다. 또 다른 사람은 "만일 내가 성공하지 못한다면 나는 나 자신에게 환멸을 느낄 것이다"라고 말했다. 하지만 시간이 흐르면서 전문가적 영역으로의 이행 과정이 생경하거나 새로운 것만은 아니다.

상담자, 교사, 의료 전문가는 이 단계에서 많은 새로운 정보, 즉 연구, 이론, 기법,

훈련, 접근 방법 등을 제공해 주는 전문적인 교육에 깊숙이 관여하게 된다. 학생들은 강력하게 소용돌이치는 수많은 정보로 가득한 물속에서 헤엄치게 된다. 이 속에서 익사할 것 같다는 생각으로 갑작스럽게 위협을 느낄 수도 있다. 수련생들은 소용돌이치는 물, 혼란, 혼동에서 사용할 구명조끼를 찾는다. 잘 알려진 두 가지 구명조끼는 ① 전문가를 모방하는 것, ② 인간의 복잡성을 설명해 줄 수 있는 이론적인 모델을 찾는 것이다. "문제가 어떻게 해서 발생했는가?" "인간의 삶을 향상시킬 수 있는 가장 좋은 접근 방법은 무엇인가?"와 같은 질문이 생길 수 있다.

이 단계에서의 중심 과업은 구명조끼를 꼭 붙잡아 물에 빠지지 않는 동시에 상담자가 진정으로 발달한다는 것은 결국 구명조끼 없이 수영하는 수준에 이르는 것임을 깨닫는 것이다. 이러한 은유적 표현을 해석하면 수련생은 마이크로한 수준에서 잠정적인 선택을 하면서도 메타 수준에서 개방적이어야 한다는 것이다. 이러한 선택은 이론과 실제의 관점에서 무엇을 받아들여야 하는가이다. 잠정적인 선택은 수련생을 위협할 수 있는 불안에서 일시적으로 벗어나게 해 준다. 불안감은 모르는 데에서 생길 수 있다. 나뭇잎을 먼 곳에서 볼 때와 현미경으로 볼 때의 차이를 인식할 수 있는 것처럼, 전문 조력직 세계가 지니는 복잡성에 대한 이해가 증가된다. 만약 알지 못해서 초래되는 불안이 너무 심각하다면 학생들은 이 분야를 떠날 것이다. 이 단계에서 나타나는 두 가지 퇴보적인 방식은 그 분야를 떠나거나 혹은 현실을 이해할 때 한 가지 방법(한 가지 이론적 접근)만 완고하게 고수하는 것이다. 한 가지 이론만을 고수하는 것이 불안을 감소시킬 수는 있지만 불행하게도 숙련된 상담자로 성장하기 위해 핵심이 되는 인지적인 복잡성에 대한 능력을 감소시킨다.

만약 구명조끼가 사용된다면 당황스러운 불안은 일시적인 안도와 차분함으로 바뀌게 될 것이다. 그래서 구명조끼를 찾고자 하는 것은 가르칠 만한 순간에 배우고자 하는 동기를 일으킨다. 학생들은 준비되어 있는데 사용할 구명조끼가 없을 때 종종 실망한다.

첫 번째 구명조끼는 선배를 모델로 사용하는 것이다. 어떤 상담 전공 학생이 이것을 다음과 같이 간단하게 진술했다. "나는 내가 관찰했던 상담자로부터 배우기를 원했다"(p. 31). 교사가 되려는 학생들은 그들의 선생님이 가르치는 것을 관찰하고, 의학도들은 그들의 선생님이 환자와 상호작용하는 것을 관찰하고, 상담을 전공하는 학생들은 선생님이 내담자와 인터뷰하는 것에 대한 시범을 보이는 것을 열심히 관찰한다. 방식, 습관, 사고방식, 긍정적 모델들—전국적으로 혹은 지역적으로 알려진 전문가와 심지어 칭송받는 동료들—은 쉽게 채택된다. 이러한 방법을 통해 유능성을 빨리 느낄 수 있다. 비디오 혹은 실제 시연이 흔히 사용된다. 예를 들면, 존 칼슨(Jon Carlson)이 만든 미국 심리학회의 심리치료 비디오 인터뷰(American Psychological Association Systems of Psychotherapy video interviews)에는 여러 상담자가 상담 시연을 하는 모습을 담고 있다.

선택의 복잡성을 감소시키는 데 부정적인 모델들도 사용될 수 있다. 만약 어떤 요소들이 제거된다면 혼란은 감소될 수 있다. 학생들에 의해 나쁘게 판단되는 선배의 부정적인 모델들은 '내가 하고 싶지 않은 모습'이라는 한 편의 영화를 제공한다. 부정적인 모델의 고전적인 예로 교사가 되고자 하는 학생들에게 형편없는 교수법이라고 판단된 교수법을 가르치는 교수를 들 수 있다. 돌보는 조력 분야에서 보다 흔히 볼 수 있는 부정적인 모델로는 더 이상 내담자, 학생, 환자들을 돌보는 것 같지 않는 선임 상담자들이다. 심리적으로 소진된 상담자들은 좋지 않은 평가를 받게 되고, 사람들은 이들을 피하게 된다. 부정적인 측면에서 이러한 부정적인 모델은 강력한 영향을 끼치게 된다. 이에 대한 두려움을 학생들은 단적으로 "나도 결국 저 선배처럼 될지도 몰라"라고 표현한다.

두 번째 구명조끼는 혼동을 감소시켜 주는 이론적인 접근을 찾는 것이다. 한 학생은 이러한 과정을 다음과 같이 묘사했다.

> 나는 조각 그림을 하나로 맞추고 있는 중이다. 먼저 나는 한 조각이 다른 조각과 맞는지를 보기 위해 한 조각을 집는다. 그 조각을 이리저리 돌려 보고 다른 조각들과 여러 방법으로 맞추어 보면서 퍼즐을 풀어 보려고 노력했다. 만약 한 조각이 맞춰지면, 이것은 퍼즐의 자연스러운 일부분이 된다. 만약 그 조각이 맞지 않는다면 나는 맞는 다른 자리를 찾으려고 노력한다. 결국 맞는 자리가 없으면 그 조각은 버려진다(p. 33).

구명조끼는 "이 점을 주의하시오"와 "이것을 하시오"라고 제안하는 것 같이 쉽게 배울 수 있는 방법이다. 예를 들어, '간호학과 학생들이 매일 건강 검진을 하는 동안에 노인 환자들을 어떻게 돌보아야 하는가?'에 대해 교과서에서 읽거나 수업시간에 들은 이론적인 모델은 몇 가지 핵심 요소들을 제안한다. 가령 심리치료 분야의 학생들은 조력 기술 혹은 인지치료와 같은 간단한 이론적 모델을 재빨리 붙잡는다. 예를 들어, 간단한 인지적 접근은 인간의 복잡성 가운데 단지 '잘못된 사고'를 올바르게 고치는 목표를 가지고 잘못된 사고 패턴에만 주의를 기울임으로써 유능한 상담자가 될 수 있는 것처럼 보인다.

만약 학생들이 앞의 두 가지 구명조끼 가운데 어떤 것도 활용할 수 없다면 그들은 보통 그들이 받고 있는 훈련을 비평하기 시작한다. 교육에 대해 초기에 가졌던 흥분감은 실망과 좌절로 바뀌고, 그러한 부정적인 감정들을 동료들에게 말로 표현한다. 하나의 구명조끼도 없다면 학생들은 일을 하기 위해 준비가 된 것이 아니라 더욱 상처 입기 쉽다고 느낀다. 어떤 사람이 이 점을 다음과 같이 표현했다. "분노를 강하게 느끼는 것은 앞으로 다가올 도전으로 인해 생기는 것이다. 사람들은 일관된 수준으로 과업을 수행해야 하는데, 이렇게 오래 열심히 공부했음에도 불구하고 아직도 자신이 준비되지 않았다고 종종 느끼고 그래서 분노한다(p. 35).

여기서의 중심적인 과업, 즉 일시적인 해결로 안전함을 찾으면서 동시에 전문적인 복잡성에 대해 개방적인 태도를 견지하는 것은 학생들이 다음 단계로 들어가는 동안에도 계속된다.

이 시점에서 새로운 학습에 대한 개방성이 중요하다. 그러나 개방성은 "소방 호스로 물을 마시려 한다(역자 주: 넘쳐나는 양의 정보에 압도되어 지속적으로 높은 수준의 스트레스를 받는다)"는 것으로 묘사되는 문제를 가져올 수 있다. 생각해야 할 것과 결정해야 할 것이 너무 많다. 그래서 이미 말했듯이, 하나 이상의 구명조끼를 가지고 있을 필요가 있다. 새로운 배움에 개방적이라는 것은 전문적인 일이 복잡하다는 것을 기꺼이 인정하는 것을 의미한다. 모르는 범위가 아는 범위만큼 빠르게 생겨 난다는 사실을 깨닫는 것은 당혹스러울 수 있다. 이러한 깨달음은 더 전문적이라고 느끼기 위해, 그리고 전문성 발달 과정에서 혼란함과 명확성 사이를 오가지 않기 위해 학교에 가야 한다는 이유에 반하는 것이다.

혼란함과 명확성 사이를 오가며 노력하지만, 폐쇄적인 자세를 갖는다면 전문성을 정체시킬 수 있다. 반대로 전문성 발달이 느린 과정이라는 것을 받아들이고, 배움을 지속해야 한다는 것을 수용하는 것은 전문성 발달 과정에 도움이 될 수 있다.

전문직이 지니는 복잡성에 대처할 필요가 있다. 하지만 어떻게 해야 할까? 발달적 접근은 수용하는 자세가 필요하며, 시간이 걸리는 과정이다. 이 과정은 초심자에게 오랜 시간을 요구하며, 적극성, 탐색, 노력 등을 요구하는 시기이다.

결국은 정체를 가져오는 비발달적 접근은 탐색에 초점을 맞추기보다는 내담자를 이해하고, 상담을 진행할 때 필요한 모든 자료를 하나의 틀에만 맞춤으로써 혼란을 최소화하려는 것이다. 인상 관리(Goffman, 1967)에 중점을 둔 채 경험을 제한하고, 방어적이며, 불안을 경감시키려고 한다. 여기서는 장기적인 전문성 발달 과정에 수반되는 어려움에 개방적이어야 한다는 것보다는 그저 좋게 보이는 것이 더 중요하다.

다양한 이유 때문에 인상 관리에 더 신경을 쓸 수 있다. 첫째, 보통 훈련 프로그램은 대학교의 강력한 성취 문화의 일부분이다. 완벽이 목표이고, 모든 것을 잘해야 한다는 기대를 받는다. 따라서 초심자 시기에 경험할 수 있는 어려움에 대해 지지를 받지 못할 수 있다. 또한 실습 과정이나 인턴십에 있는 학생과 슈퍼바이저 사이에 권력의 차이가 있을 수 있다. 이러한 권력의 차이는 교육 시스템이 갖는 평가 기능 때문에 과장된다. 마지막으로 초심자가 혼란과 낮은 자기효능감이라는 파도에 휩쓸릴 때 인상 관리에 더 적극적일 수 있다.

훈련을 받는 동안에 학생들이 느끼는 자신감과 유능감은 각기 다를 수 있다. 어떤 학생들은 이전에 조력 직종 관련 분야에서 일해 본 경험이 있기 때문에 더 많은 자신감을 가질 수 있다. 삶의 경험과 개인의 성숙함의 정도가 일에 대한 자신감을 북돋울 수 있다. 또 다른 학생들은 아무런 기술 없이 시작해서 점차적으로 발전하는 일반적인 학습 곡선을 따라갈 수도 있다. 이는 대학원 수업을 통해 학생들이 토론자가 되고, 피아노에 능숙해지며, 야구를 배우고, 다양한 지식 영역을 통합하고, 외국 문화에서 생활하는 법을 배우는 것과 같은 기술을 습득하는 것에 비유될 수 있다. 처음에는 이러한 기술들을 습득하기 위해서 긍정적인 선생님이나 멘토의 도움을 받으며 많은 시도와 노력을 하게 된다. 이러한 시도와 노력에 대한 피드백이 학생들의 수행을 향상시키도록 도울 때 연습량이 증가한다. 초심 수련생 시기에 몇몇 학생들은 상담 일이 딱 맞는 것 같아 보이기도 한다. 이는 생물학적인 성향과 관련이 있을 수도 있고, 어린 시절부터 가족 내에서 중재자나 조력자 역할을 해 왔기 때문일 수도 있다. 때문에 초기 수련 시기에 불안을 덜 경험할 수 있다.

수련 초기에 학생들이 위협과 불안을 느끼는 것은 더 흔한 일이다. 수련 초기 동안에 경험하는 학생들의 불안은 모든 국가와 문화 전반에서 나타난다. 이러한 결과는 초심 수련생에서부터 숙련된 전문가들에 이르는 상담자를 대상으로 진행되었던 상담자 발달에 관한 국제 연구(International Study of the Development of Psychotherapists; Orlinsky & Rønnestad, 2005)에서 나온 것이다. 이 연구를 통해 우리는 많은 나라에 있는 초심 상담자들이 상담에서 어려움과 압도감을 자주 느낀다는 것을 알게 되었다. 발달의 후반부와 비교해 볼 때, 노르웨이 상담자들(Rønnestad & Lippe, 2002)은 초심

때 다음과 같은 어려움을 더 자주 경험했다고 보고했다. ① 내담자에게 유익한 영향을 미칠 수 있는지에 대한 자신감의 부족, ② 내담자를 도울 수 있는 최선의 방법에 대한 확신이 없음, ③ 치료적 상황에서 통제력을 잃을 것 같은 위험, ④ 내담자의 비극적인 삶의 상황에 무력감을 느끼고 괴로워함, ⑤ 내담자와 작업을 하면서 도덕적이거나 윤리적인 문제로 어려움을 겪는 것, ⑥ 상담자의 노력을 적극적으로 방해하는 내담자에게 화가 남, ⑦ 내담자에게 매우 중대한 상황을 잘못 처리한 것에 대한 죄의식이 그것이다.

상담 슈퍼비전에 대한 연구는 학생들에게 훈련 경험이 얼마나 위협적인가를 확인시켜 준다. 특히 그레이, 라다니, 워커와 앤시스(Gray, Ladany, Walker, & Ancis, 2001), 모스코비츠와 루퍼트(Moskowitz & Rupert, 1983), 라다니, 힐, 코벳과 낫(Ladany, Hill, Corbett, & Nutt, 1996)의 연구는 효과적이지 않은 슈퍼비전 관계가 가져올 수 있는 역생산성(counterproductivity)을 입증한 바 있다.

시기 3 상급생 시기(The advanced student phase)

다양한 조력 직종의 분야가 있지만(예를 들어, 대학 상담, 초등교사, 물리치료) 여러 면에서 다르다. 상담의 핵심은 타인을 돌보는 것이며, 이것은 상담자의 역할 안에서 이루어지게 된다. 가장 강도 높은 상담자 훈련은 보통 이 단계에서 일어난다. 여기서 훈련 중인 상담자들이 길고, 도전적이고, 어려운 여정을 걸어 나갈 수 있도록 지지적으로 이끌어 줄 필요가 생긴다. 안내자로서 슈퍼바이저는 초심자의 일을 해 주거나 초심자를 끌고 가지는 않는다. 그러나 슈퍼바이저는 하이킹하는 동안에 초심자가 분투하는 것을 관찰하고, 하이킹하는 동안에 만날 위험과 길에 놓여 있는 함정을 알려 주고, 험준한 길에서 하이킹하는 대안적인 방법을 제안한다. 사람들이 가이드와 함께 처음 하이킹하는 시기는 현장 실습, 인턴십, 파견 실습, 실습, 교생, 전도사, 레지던트 등의 시기에 해당한다.

여기서의 중심 과업은 하이터치 전문인처럼 보고, 행동하고, 생각하고, 느끼고, 수행하는 것이다. 그러나 많은 학생은 자신들의 기능에 대해 더 높은 포부를 가지고 있으며, 실수를 피하는 것뿐만 아니라 학업에 있어서도 뛰어나기를 원한다. 이것은 학생들의 막대한 에너지, 시간, 노력을 필요로 한다. 많은 사람이 그 어느 때보다 완벽하게 일을 해야 한다는 압박감을 느낀다. 상급생은 보통 역할과 기능에서 진지하고 엄격한 접근을 한다. 그들은 보통 느긋하거나, 위험을 감수하거나, 자발적이지 않다. 상담자 발달 과정을 몇 년 지나온 이들의 과제는 제한된 역할을 벗어나는 것이다. 그러나 지금의 과제는 문지기 역할을 하는 선임 전문가에게 문을 통과하는 데 필요한 것을 가지고 있다는 것을 보여 주는 것이다.

많은 학생은 전문적 기능에 대한 내재화된 높은 기준을 가지고 있으며, 이는 과도한 책임감을 불러일으키게 한다. 이 시기를 지나던 한 여학생은 "모든 일에 책임감을 느끼는 것이 맞다"고 말했다. 또 다른 학생은 "모든 사람을 도울 수 있고, 도와야만 한다고 생각한다"고 말했고, 다른 세 번째 학생은 "모든 요구를 다 해내고 싶다. 많은 것을 배우고 싶었고, 내가 그 일을 할 수 있다는 것을 훈련 책임자에게 증명하고 싶었다"라고 말했다.

슈퍼바이저는 안내자이자 평가자이다. 가이드하고 평가하는 두 가지 역할은 학생들이 문지기에 대해 깊은 수준의 양가적 감정을 갖도록 한다. 학생들에게 존경받는 전문적인 슈퍼바이저의 대다수는 감정적 지지를 많이 해 주어 학생들이 평가 불안을 적게 느끼게 하면서 능숙하게 가르친다. 학생들이 경멸하고 두려워하는 슈퍼바이저의 대다수는 그 반대이다. 그들은 학생들을 부적합하고 불공평하게 평가하는 무능한 상담자이다. 학생들이 희망하는 것은 전자의 슈퍼바이저이지만, 대다수의 경우에는 슈퍼바이저-문지기의 극단 사이에 존재하게 된다.

초심 상담자가 개선될 여지가 없어 보이는 비판적인 슈퍼바이저와 내담자를 동시에 만나게 된다면 이는 올린스키와 로네스태드(Orlinsky & Rønnestad, 2005)가 '이중 트라우마'라고 말했던 바로 그 상황이 된다. 경력 기반이 취약한 초심기에 내담자의 자살과 같은 위험한 사건을 경험할 수 있는데, 이는 상담자의 전문성 발달 과정에 매우 해가 될 수 있다.

자신의 능력을 평가하는 기준이 숙련된 전문가의 기준으로 바뀌면, 상급생은 배울 것이 아직 많다는 것을 깨닫게 된다. 상담자로서 상급생은 여전히 취약하고 불안감을 느낄 수 있으며, 적극적으로 선배들과 동료들로부터 확인과 피드백을 구할 수 있다. 여전히 외적 관계에 상당히 의존할 수 있다.

이 지점에서 내담자, 학생, 환자의 반응은 아주 중요하다. 상급생 시기에 있는 사람은 내담자, 학생 또는 환자에게 받는 간접적이고 직접적인 피드백을 이용해 상담자로서의 자신을 판단한다. 일반적인 자기 평가 질문이자 매우 중요한 질문은 "내가 이 일을 잘하는가?"이다. 다른 질문들은 "내가 할 수 있을까?" "내가 도와주려는 사람은 내가 잘한다고 생각할까?" "동료와 상사의 견해는 어떨까?" "그들은 내가 매우 숙련된 상담자가 될 수 있다고 생각할까?" 등이다. 자신감이라는 변수가 이 단계에 있는 사람들에 의해서 표현된다. "나는 내가 꽤 유능하다고 느꼈던 때가 많지 않았어. 나는 질문했지. 내가 적절한 위치에 있는가? 이 일이 내가 해야만 하는 일인가?"라고, 또 어떤 사람은 "겁을 먹었던 나의 마음이 편안해졌다"라고 말했다. 또 다른 사람은 "나는 이전보다 내담자들을 잃는 것이 덜 두렵다"라고 말하기도 했다.

이 단계에서 훈련 중에 있는 상담자는 실용적인 정보에 가장 흥미를 느끼며, 실제로 이러한 정보는 현재 내담자를 만나는 상담자에게 즉각적으로 도움이 된다. 정신분열로 고통받고 있는 10대의 내담자를 만나는 심리학과 학생은 "그녀와 인터뷰하는 것에 도움을 얻기 위해 무엇을 읽어야 하는가?"라고 궁금해한다. 훈련 중에 있는 중등교사는 심각하게 주의산만한 35명의 학생들의 산만성 정도를 평가하는 방법을 열심히 찾는다. 처음으로 상처를 꿰매기 전에 의대생은 슈퍼바이저에게 배운 교훈을 마치 마른 스펀지처럼 흡수한다. 실제적이고 유용한 정보가 가치 있게 여겨진다. 혼란스럽고 비실제적인 이론은 중대한 시험을 치러야 하는 것과 같이 외적인 불안이 있을 때에만 읽힌다.

초심 수련생을 슈퍼비전하는 것은 상급생에게 강력한 성장의 자원이 될 수 있다. 한 여성은 자신의 인턴십을 회상하며 이렇게 말했다. "내가 배운 것을 구체적으로 깨닫는 시간이었어요. 정말 값진 일이었어요. 그들과 나를 비교해 보면서 나 자신만의 방식을 알 수 있었고, 내가 얼마나 발전해 왔는지 알 수 있었어요."

전문가처럼 상담하는 경험은 학생의 역할을 넘어 전문적인 세계로 향하고자 하는 열망을 갖게 만든다. 학교를 졸업해서 떠나는 것은 사실상 긴 상담자 발달 과정의 그 다음 단계로 나아가는 것이다.

시기 4 초심 전문가 시기(The novice professional phase)

졸업식은 학교의 끝을 기념하는 것이고, 학생들은 형식적인 훈련의 요구로부터 벗어날 수 있기 때문에 기뻐한다. 초심 전문가 시기는 많은 이에게 자유의 시간이다. 이 단계는 새로운 시간의 시작이고, 초심자가 선임 상담자로 발달하는 여정에서 새로운 부분을 발견할 시간의 시작이다. 이 단계의 주요 과업은 개인이 이미 성공적으로 탐구해 왔던 것을 한 단계 뛰어넘어 찾는 것이다.

개인별 경로는 다양하지만, 초심 전문가 시기는 졸업 후 첫해를 포함하는 시기이다. 대부분의 상담자들에게 이 기간은 강렬하고 매력적으로 경험된다. 극복해야 할 도전과 선택해야 할 것들이 많이 있다.

초심 전문가 시기에 상담자는 혼자라는 느낌을 갖게 된다. 또한 개념과 행동 수준에서 '버리고 더하는' 지속적인 재구성의 과정을 거친다. 졸업 후 첫해 동안에는 순차적인 변화의 과정이 있는 것처럼 보인다. 첫째, 상담자가 훈련의 효용성을 확인하는 기간이다. 둘째, 충분히 숙달되지 않은 문제에 직면했을 때 전문적 훈련과 자신에 대한 환멸의 시기가 뒤따른다. 셋째, 자신과 직업적 환경에 대해 보다 집중적인 탐색이 이루어지는 시기이다.

새로운 상담자는 마침내 학생의 역할을 벗어나 돕고, 가르치고, 치료하는 세계에서 전문가가 되었다는 사실에 흥분하게 된다. 사람들은 학생생활에서의 고통과 스트레스를 겪으면서 힘들게 얻은 새로운 기술을 모두 사용하려고 한다. 새로운 전문가는 자신이 다녔던 학교 혹은 대학교의 지위와 그곳에서 받은 공식적인 훈련이 유용함을 확증하려고 하기 때문에 우리는 이 단계를 확증 하위기(confirmation subphase)라고 부른다.

이전 단계에서는 상담자에게 슈퍼바이저라는 가이드가 있었다. 슈퍼바이저의 지도 아래에서 실습하고 인턴십을 하는 고유의 구조는 긍정적인 학습 경험이 이루어지도록 보장하는 데 도움이 된다. 훌륭한 발달적 슈퍼비전은 긍정적인 학습이 일어나도록 한다. 그러나 항상 이상적인 것만 일어나는 것은 아니다. 때때로 가이드와 훈련 경험이 이상적이지 않다. 탐구 단계에서 자유를 지닌다고 하지만 안내자가 없으면 여전히 혼동과 위험이 발생할 가능성이 높다. 오랫동안 꿈꾸어 오던 자유는 뜻밖에도 불안, 손실, 혼동을 유발할 수도 있다. 이 단계에 속한 어떤 사람은 "교수나 슈퍼바이저로부터 지도를 조금밖에 받을 수 없는 것이 두려웠다"고 말했다. 다른 사람은 "일을 과도하게 떠맡지 않을 수 있도록 나를 보호하거나 배려해 주지 않았다"라고 말하기도 했다. 또한 다음과 같이 말하는 사람도 있었다.

> 나는 이 모든 것을 예상하지 못했다. 나는 학위만 끝내면 뭔가 잘될 것이라고 생각했다. 그리고 나 자신에 대한 회의와 절망은 학위를 받으면서 없어지리라고 생각하곤 했다. …… 이제 더 많은 가능성이 있다는 사실을 제외하고는 아무것도 알지 못하기 때문에 나에게 이것은 혼란스러운 과정이다. …… 부적절하다는 느낌을 갖게 된 지금에 이르러서야 정규 훈련 과정이 나에게 적절한 느낌을 갖게

해 줄 것이라는 기대가 틀렸음을 알았다. 그리고 내가 얼마나 많이 알기를 원했는지 깨달았다. 나의 전문적인 훈련은 끝났지만 나는 아직도 매우 많이 부족하다(pp. 51-52).

많은 상담자는 자율적이고 전문적인 기능을 잘 수행하며, 다음 단계로 이행할 수 있도록 가이드와 지원을 제공해 줄 멘토를 찾을 것이다.

보통 실제 일을 수행하는 동안에 상담자들은 학교 교육만으로는 부족하다는 것을 깨닫는다. 이들은 준비가 안 된 채로 새로운 도전을 시작한다. 도움을 받았던 내담자들이 상담자가 한 일이 성공적이지 못했다고 분명한 피드백을 줄 때 가장 도전이 된다. 이것은 상담자가 고통스럽게 경험하는 '일련의 모욕'이라고 부를 수 있는 형태로 다가온다. 고통을 경험하게 되는 이유는, 첫째, 돕고 가르치고 치료하는 일에서 성공해야 한다는 외부적인 요구가 있기 때문이며, 둘째, 대다수의 하이터치 전문가들은 타인에게 서비스를 제공하는 데 있어서 높은 동기 수준을 가지고 있기 때문이다. 실패는 고통스럽다.

환멸을 경험한 예가 있다. 수학과 과학에 학위를 가진 사람들이 연구를 기반으로 경험적 접근을 하는 대학원 프로그램에 입학했다. 그는 자신이 배운 것, 즉 정확성과 합리성을 중시하는 접근 방법을 척수 손상 환자에게 적용하는 과정에서 환자의 정서적 고뇌와 고통에 압도되었다. 그는 "때로는 물 한 잔으로 산불을 진압하려는 것 같은 기분이 들 때도 있어요"라고 말했다.

자신의 훈련이 불충분했다고 깨닫는 순간, '꿈에서 깨어나는 시기'(disillusionment subphase)가 온다. 불충분하다고 생각하는 것은 종종 더 준비하지 못한 것에 대한 분노와 연결된다. 한 여성 상담자는 다음과 같이 회고하며 말했다. "대학원 훈련이 현실과 괴리가 있다는 것을 깨달았어요. 대학원에서 배우지 않았던 것을 다루어야만 했던 일들이 많이 있었어요. 훈련 프로그램 관리자에게 교육과정에서 다루었어야만 했던 부분들에 대해 편지를 썼던 기억이 나요." 또 다른 사람들은 자기 자신을 탓하고 자기 자신의 불충분함을 고통스럽게 비판하였다.

초심 전문가는 업무의 복잡성을 이해하고, 상담 과정에서 치료적 관계가 얼마나 중요한지 더 깊이 인식하게 된다. 초심 전문가가 관계적 문제를 이해하고 숙달하는 데 더 많은 관심을 기울일 때, 업무의 역할을 정의하고 경계를 규정하는 데 더 능숙해진다.

자기 자신이 주된 안내자가 되어 전문가로서의 여정을 계속해야 한다는 것은 발달적인 도전이다. 여기서의 핵심은 개방적인 태도를 갖고, 계속 추구하고, 배우기 위해 자기 반영 과정을 사용하고, 계속하여 동료에게 지지를 받고, 선배들에게 전문적인 지도를 받는 것이다. 상담자의 발달은 긴 과정이다. 이러한 현실에 부딪힌 탐험 단계의 상담자는 계속해서 한 단계, 한 단계씩 성장의 과정을 거쳐 가게 된다.

시기 5 경험 있는 전문가 시기(The experienced professional phase)

이 시기에 이르면 상담자는 많은 경험을 쌓게 된다. 수년 전 정규교육을 마친 이후로 하이킹 신발은 수 마일 되는 경력의 길을 지나 왔다. 이 여정에서 가장 중요한 과업은 더욱더 확실하고 순수하고 전문적인 자아를 발달시키는 것이다. 이것은 개인의 자기 인식(가치관, 관심사, 태도를 포함하여)과 일치하는 역할을 만들어 내는 것을 의미하는데, 이를 통해 상담자는 진정한 방식으로 자신의 전문적 역량을 발휘할 수 있다. 한 연구 참여자는 이 시기의 진정한 자기를 음악적 비유를 사용하여 설명했다.

> 내가 나의 곡들을 정말 잘 안다면 각각의 곡들을 쉽게 연주할 수 있을 거예요. 함께 잘 연주가 되어 통일되고 일관된 음색을 낸다는 것이 어렵지만, 만일 그렇게 될 수 있다면 정말 아름다울 거예요 (p. 68).

전문성 발달에 영향을 미치는 주요 원천은—이론과 연구, 내담자, 선임 전문가들(교수, 슈퍼바이저, 멘토, 상담자), 동료, 개인적 생활, 사회적 · 문화적 환경—전문가로서 기능하는 데 있어 계속해서 중요한 역할을 한다. 경험 있는 전문가는 인류학이나 종교와 같은 관련 분야의 문헌, 산문, 시, 전기, 영화, 연극, 다른 예술적 표현을 통해 인간의 행동을 이해한다고 말한다.

버리고 더하는 과정은 진정으로 전문적 자기를 형성하는 데 핵심이 된다. 버리고 더하는 것은 공고하게 하는 과정에서 중요한 부분이다. 유명한 노르웨이의 화가 에드바르 뭉크(Edvard Munch)의 전문가적인 삶은 우리에게 진정한 전문적 자기를 발전시키는 과정에서 버리고 더하는 과정이 얼마나 중요한지 알려 준다(Berman, Heller, Prelinger, & Munch, 2006). 이 시기에 있는 어떤 상담자는 이를 "혼란을 내던지기"라고 불렀다(p. 62). 다른 연구 참여자는 다음과 같이 말했다.

> 부분적으로는 훈련 때문에 한 가지 접근법에만 몰두했던 때가 있었는데, 내담자를 보기 시작하고,

다른 접근법들을 접하고, 나 자신이 상담을 받으면서 변하기 시작했다(p. 64).

어떤 사람은 다음과 같이 말했다.

나는 모든 규칙[상담 가이드라인]을 배웠고—많은 노력을 통해—그 규칙에 대해 매우 잘 알게 되었다. 점차적으로 나는 규칙들을 수정하였다. 그러고 나서 내가 나아가길 원하는 곳으로 갈 수 있도록 규칙을 사용하기 시작하였다. 후에 나는 규칙에 관하여 많은 말을 하지 않게 되었다(pp. 66-67).

또 다른 사람은 다음과 같이 말했다.

예전보단 덜 경직된 방식으로 일에 접근한다. 물론 모든 것은 윤리적이고 전문적으로 처리되어야 한다. 그것은 당연한 것이다. 질문이나 대답에만 열광하지 않는다. 올바른 과정이란 것이 있지만, 이를 위한 올바른 방법이 한 가지만 있다고 생각하지 않는다(p. 67).

전문적 자기로서 개별화됨에 따라 상담자는 더 높은 수준의 독창성으로 돕고 가르치고 치료하는 자기를 표현하게 된다. 이전의 기능과 비교해 볼 때, 기술과 방법은 규칙을 따르거나, 경직되거나, 외재적이거나 기계적인 방식으로 적용되는 것이 아니라 개별화되고 유연한 방식으로 사용될 수 있다. 이것은 개념 시스템을 적극적으로 공식화하고 개인에게 맞는 직무 방식을 적극적으로 개발해야 한다는 것을 의미한다. 상담자는 자신에게 맞지 않는 일을 참기보다는 자신의 특성과 직업적 환경이 어울리는 곳을 찾는 경향이 점점 강해지는데, 이는 홀랜드(Holland, 1997)의 직업선택이론의 기본 전제와 일치하는 움직임이다. 전문적 자기를 구성하는 자료는 수십 년을 거쳐 다양한 곳으로부터 상담자에게 온다. 이전 시기에 대한 환멸은 전문적 자기를 적극적으로 구성하는 것으로 대체된다. 더하고 버리는 과정은 광범위하고 다양한 방법, 접근, 기법을 시도해 보는 것, 내담자, 학생, 그리고 환자들로부터 직접적이고 간접적으로 받은 피드백을 통한 성찰, 다양한 슈퍼바이저와 다른 전문가 선배들로부터의 배움, 그리고 유능한 동료들로부터의 배움 등을 통해 이루어진다.

여정을 따라 걸어가면서 위험한 요소(위험한 가지, 돌, 뿌리)들로 인해 몸을 피하고, 낡고, 지치고, 무관심해지지만 그러는 동안에도 상담자는 더 전문적인 성숙을 하기 위해 앞으로 계속해서 나아가야 한다. 오래된 개념, 방법, 그리고 기법들을 그저 재활용해서 사용하는 것은 정체되어 있는지, 발달 과정을 지나고 있는지에 대한 자기 인식을 어렵게 만드는 요인이 된다. 사람을 돌보는 직업에서는 새롭고, 혁신적이며, 성공적이고, 매우 영향력 있는 것이 무엇인지 주목해야 한다. 연구자들은 오래된 것을 복제하는 것이 아니라 새로운 것을 출판한 것으로 인정을 받는다. 상담자들, 특히 새로운 상담자들은 "가끔 효과가 있는 오래된 아이디어"에 끌리지 않는다. 그러나 숙련된 상담자는 "새 포장지 속에 든 오래된 물고기"를 감지할 수 있으며, 냉소적인 생각이 들 수도 있다. 어떤 상담자는 "최근에 워크숍에 다니는 것을 그만두었다"고 말했다. "그것들은 마치 '신입생 영어교육'에 맞춘 오래된 것들처럼 보였다"(p. 78). 소진된 것인가, 아니면 경험의 지혜인가? 상담자가 이를 정확하게 판단하는 것은 어려울 수 있다.

이 단계에서의 엄청난 과제는 길을 따라 걸을 때, 일관된 방식으로 정착하면서 동시에 더 탐험하고 더 발달하도록 자신에게 도전해야 한다는 것이다. 이 둘 모두 더 깊은 확실성과 개별화라는 주요 과업을 이루기 위해 합쳐져야 한다.

교수, 멘토, 그리고 임상 슈퍼바이저와 계속적으로 몇 년간의 교류를 한 이후에 상담자는 전문적인 문지기의 안내를 더 이상 받지 않게 된다. 상담자에게 영향을 미치는 자원으로서 선임 전문가들은 조명을 받는 무대에서 물러나 이제는 배경에 있게 된다. 경험 있는 전문가 시기에는 상담자 스스로가 안내자가 되어 계속적인 전문가적 발전을 이루어야 한다. 삶이 달라져 상담자들은 이제 전문가의 행렬 앞에 서 있다. 그러나 이것이 자신의 선임 전문가가 없다는 것을 의미하지는 않는다. 선임 전문가들은 내면화되어 계속하여 그 마음속에 살아 있다. 한 상담자는 20년 전에 슈퍼바이저였던 존이 미친 영향에 대해 회고하면서 다음과 같이 말하였다. "나는 주기적으로 뒤로 물러나 내 마음의 단어, 어구, 인용구들을 되돌아본다. 때때로 '존은 이 상황을 어떻게 다루었을까?'라고 내 자신에게 묻는다"(p. 79). 연구 참여자들은 상당한 애정과 감사를 가지고 '내면화된 멘토들'을 기억했다.

이러한 전문가의 발달 과정은 인간의 발달과 유사하다. 한 연구 참여자는 다음과 같이 말했다.

> 당시에 나는 아내와 함께했던 즐거운 시간이 자기 안에 계속 존재하기 때문에 자신이 너무나 사랑하던 아내가 실제로 죽지 않았다고 설명하는 노인 한 분과 이야기한 적이 있었다. 그와 이야기를 하는 동안, 나는 내가 알고 지내다가 나를 떠났거나 죽은 모든 사람이 사실 완전히 사라진 것이 아니라, 그 노인의 부인이 그의 안에 계속 존재하듯이 나에게도 계속 존재하고 있다는 사실을 깨닫게 되었다

(Golden, 1997, p. 427).

경험 있는 전문가 시기에서 학습 과정은 매우 자기주도적이다. 걷는 속도, 방향, 초점, 내용 모두 자기가 관리하는 것이다. 계속 교육이 필요하지만, 그것들은 대개 공식적이고 일방향적으로 정보를 제공하며, '앉아 있는 시간'을 요구하는 인습적인 방법으로 구성되어 있다. 상담자의 삶에서 경험되는 중요한 사건과 결정적인 순간과 같은 매우 영향력 있는 계속 교육은 방법이나 초점면에서 이보다 더 광범위할 수 있다. 중요한 것들은 영화를 보고, 자기와 다른 문화 속에서 강도 높은 경험을 하고, 개인적으로 치료를 받고, 가르치고, 도자기를 만드는 것 등을 통해 배울 수 있다. 침체와는 반대로 발달의 핵심은 계속적이고 자기주도적인 노력이다.

> 새로운 내담자를 만나면서 나는 과거의 상담 사례에 대해 생각한다. 나는 그 상담이 어떤 상태로 되어 갔는지에 대해 생각한다. 상담을 하다 보면 그 사례에 흐르는 주제가 생기고, 이것은 나의 기억을 자극한다. 그러한 기억은 보통 구체적인 상황, 이야기, 스크립트가 결합된 형태로 떠오른다. 기억이 완전히 의식적이지는 않지만 새로운 사례를 통해 그 기억을 떠올리도록 자극을 받는다. 예전에 상황이 어떻게 지나갔는지에 대한 기억은 현재의 상담을 시작하는 기초를 제공한다(p. 77).

상담자 자신의 개인적인 성숙과 삶의 경험은 이 시기에 매우 중요한 영향을 준다. 하이터치 직업은 그 속성상 인간의 감정적 · 인지적 · 신체적 발달과 건강에 초점을 두고 있기 때문에 이것의 영향력을 강하게 받는 영역이다. 뿐만 아니라 경험 있는 전문가 시기에 있는 상담자는 지금까지 오랜 세월을 살아왔고, 끌어다 쓸 수 있는 개인적인 역사가 많이 쌓여 있다. 예를 들면, 부모가 되는 경험과 같이 강력한 개인의 경험은 잠재적으로 어떤 상담자에게나 일하는 방식에 영향을 미칠 수 있다. 또 다른 예로는 가까운 친지나 친구의 죽음과 그 결과 생기는 깊은 슬픔도 큰 영향을 줄 수 있다. 이것은 인간의 삶에서 깊은 애착-상실의 과정이라는 두 가지 결과를 보여 주는 예이다.

더 경험이 많은 연구 참여자들을 인터뷰하면서 개인적인 삶과 전문가적인 삶 사이의 관계에 대해 많은 이야기를 듣게 되었다. 과중한 업무로 인한 피로가 가정생활에 어떻게 부정적인 영향을 미치는지, 또는 전문적인 지식과 역량이 개인의 생활에 어떤 영향을 주는지에 대해 이야기했다. 하지만 반대 방향, 즉 개인의 삶이 전문적인 기능에 어떻게 영향을 미치는지에 대해 더 많은 이야기를 했다. 어떤 참여자는 말했다. "내담자에게 많은 것을 배우는 것처럼, 당신의 자녀에게서도 많은 것을 배울 겁니다"(p. 65). 또 다른 참여자는 그녀의 인생에서 가장 힘들었던 이혼 경험에 대해 말했다. 그녀는 자신을 다른 사람과의 관계에서 딸이나 아내가 아닌 별개의 분리된 사람으로 생각하도록 강요를 받고 있다는 것을 깨달았다. 그녀는 말했다. "정말로 뼛속까지 충격을 받았습니다. 나는 어두운 곳에 들어가 나에 대한 것들을 들여다보아야만 했습니다"(p. 65). 그녀는 이 모든 경험이 인간의 고통에 대한 이해를 증가시켰고, 지적 호기심을 더 갖게 했으며, 궁극적으로는 더 나은 상담자가 되는 데 도움을 주었다고 말했다. 우리는 상담자의 개인적인 삶에 대한 부정적인 경험이 장기적으로 긍정적인 영향을 미친다는 이와 유사한 이야기를 많이 들었다.

좋지 않은 개인적 경험이 즉각적으로는 부정적일 수 있다. 한 선임 상담자가 우리에게 깊은 감동을 준 이야기를 한 적이 있다. 그녀는 남편과 외동딸을 2년 만에 잃었고, '다시 숨을 쉴 수 있을 때까지' 또 다른 2년이 걸렸다고 말했다. 오랜 기간의 극심한 슬픔이 있고 난 뒤, 그녀는 그 트라우마 경험을 자신의 일에 건설적으로 사용할 수 있었다. 이러한 충격적인 상실은 조앤 디디온(Joan Didion)이 자신의 딸이 병원에 입원해 있는 동안에 남편이 쓰러져 죽었던 이야기에 대해 썼던 글을 떠올리게 한다. 그녀의 책 『마술적 사고의 해(The Year of Magical Thinking)』(2007)에서 설명한 바와 같이, 그 충격은 그녀의 인식을 변화시켰다. 관계집약적 전문직에 종사하는 사람들에게 극심한 개인적 슬픔은 다양한 방식으로 전문적 기능에 영향을 미친다.

앞서 설명한 바와 같이, 연구 참여자들은 전문적 기능에 부정적인 영향을 미치는 초기 아동기와 가정생활에 대해 부정적 경험을 보고했다(Rønnestad & Skovholt, 2001). 치유된 초기의 상처가 더 효과적인 상담자가 되는데 기여한다고 하지만 연구자들의 이러한 보고는 '상처 입은 치유자'에 대한 일반적인 인식과 반대되기 때문에 놀라웠다(Henry, 1966). 초기의 상처가 반드시 치유되는 것은 아니며, 전문적 기능을 방해할 수 있다. 그러나 인터뷰 결과, 성인기의 삶에서 받은 상처가 성찰되고, 이해되고, 동화된다면(Stiles, 1997 참조) 조력 활동을 더 효과적으로 하는 데 도움이 될 수 있다. 상담자 발달에 관한 국제 연구(International Study of the Development on Psychotherapists)에서는 초기의 가족 경험과 이후의 치료 기능 간의 관계가 상담자의 개인 치료 경험에 의해 정적으로 매개된다는 것을 보여 주었다(Orlinsky & Rønnestad, 2005).

상담자의 발달에서 개인의 정서적 · 인지적 · 신체적 발달은 상당히 자연스럽게 영향을 미치는 자원이다. 그러나 몇몇 사람들은 일할 때 개인적인 삶이 영향을 미친다는 사실을 자각하거나 반추하지 않는다. 예를 들면, 조지아 오키프(Georgia O'Keeffe)는 그녀의 싱싱한 꽃 그림을 그녀의 삶에서 가장 로맨틱했던 시기에 그렸음에도 불구하고, 그 그림이 성적인 요소를 풍긴다는 사실을 인정하지 않으려고 했다(Lisle, 1987). 그렇지만 어떤 사람들은 개인적인 삶이 직업에 영향을 미친다는 사실을 잘 자각하고 있다. 한 사람은 다음과 같이 말하였다.

> 확실히 나의 경험은 중요한 요소로 작용했다. …… 몇 년 동안의 평화봉사단 경험은 나에게 문화의 상대성을 가르쳐 주었다. 내 생각으로는 아이들을 양육하는 것은 매우 중요하다. 나는 내 아이들이 자라는 것을 보면서 회고할 기회를 가졌고, 다른 문화권에 있는 사람들에게는 아이를 기르는 것이 어떤 느낌을 가져다줄까 생각해 보았다(p. 79).

확실성은 일에 대한 인식론적 바탕으로서 자신의 전문적 경험을 더 많이 사용하는 것을 의미한다. 어떻게 효과적으로 돕고, 가르치고, 치료하는지에 대한 것은 현재 경험에 기초한 일반화와 축적된 지혜로부터 얻는다. 어떤 상담자는 이것을 다음과 같이 말하였다.

> 나는 당신이 일을 더 많이 하면 할수록…… 더 다양한 방법을 발견하게 될 것이라고 생각한다. 당신은 경험을 통하여 일을 끝마치고…… 당신의 경험에 근거하여 당신이 아는 것, 그리고 과거에 효과가 있었던 것을 한다. …… 이러한 과정을 통하여 당신은 당신의 모델을 발달시킨다. 당신의 모델은 당신의 성격에 부합하고, 당신은 경험을 통해 그 모델이 효과가 있다는 것을 알게 된다. 당신은 한 가지 이론을 가지고 시작하지만 결국 그것을 수정하게 된다(p. 75).

질적 연구에서 찾은 중요한 발견들이 앞의 인용문에 잘 반영되어 있다. 초기의 실무경험은 경험 있는 상담자에게 가장 깊이 내재화되는 것으로 보인다. 그리고 이러한 초기 경험들은 하이터치 분야에서 실무를 하는 데 있어 인지적 틀을 구성한다. 트로터 매디슨 등(Trotter-Mathison et al., 2010)은 상담자의 발달 과정에서 나타나는 결정적인 순간에 대한 경험들을 모아 출판했는데, 이는 초기의 실무 경험이 얼마나 중요한지를 보여 준다. 중요한 사건들처럼, 이러한 결정적인 순간들은 상담자의 전문적 정체성과 방식을 형성하는 강력한 사건들이다. 87개의 결정적인 순간들 중에서 대부분의 사람들은 내담자의 경험 또는 슈퍼비전 경험과 같이 초기의 상담 실무에서 겪었던 사건들에 대해 말한다.

이후 실무에서 모든 내담자가 상담자에게 극적인 영향을 미치는 것은 아니다. 정말 잘하거나 잘하지 못하는 극단에 있는 사람들도 있다. 경험 있는 전문가 시기의 상담자는 내담자와 작업을 할 때, 내담자가 긍정적이든 부정적이든 심오한 경험을 할 때 상담자가 깊이 감동한다. 전문적인 수준에서 깊은 만족감을 얻기 위해서 상담자는 긴 여정을 따라가야 한다. 첫째, 선임 전문가의 노하우와 이 분야의 새로운 이론과 연구를 받아들이는 과정이 있다. 초심자 시절에는 길을 잃고 혼동하면서 초기 상담에 대한 고뇌가 있었다. 그러고 나면 버리고 더하는 과정이 오고, 대부분이 경험에서 교훈을 얻게 된다. 상담을 통하여 교훈을 얻고 적극적으로 자기 성찰을 사용하면, 앞에서도 언급했듯이 더 깊은 전문적 개별화가 일어난다.

만족은 이 시기의 상담자들이 경험하는 공통적인 감정이다. 이것은 많은 복잡한 과업에서 유능하다고 느끼고, 가장 적당한 수준 혹은 그 이상으로 일을 감당한 상담자가 수년에 걸친 모든 노력의 결과로 이 단계에서 창출해 낸 결과이다. 하지만 어떤 상담자는 잘하지 못한다. 국제 설문 연구에서 나온 결과 중 하나는 소수의 상담자들이 전문적으로 쇠퇴하고 있다는 생각과 함께 실무에서 상당한 어려움을 보고한다는 것이다(Orlinsky & Rønnestad, 2005). 수십 년 동안 상담 실무를 해 온 상담자를 포함해 상담자의 13%는 실무가 괴롭다고 보고했다. 앞서 우리가 최근에 시작한 연구 주제에서 말했던 것처럼, “모든 상담자가 최적의 발달을 하고 있는 것은 아니다”. 초심자에서 매우 경험 있는 상담자로 가는 길이 항상 더 높은 행복의 단계로 이어지는 것은 아니라는 것을 알아 두는 것이 중요하다. 일반적으로 인간의 발달처럼 많은 변산성이 있을 수 있다. 예를 들면, 산부인과 병동에 있는 10명의 아기들이 80세가 되면 엄청난 변화를 겪게 되는 것처럼 말이다.

하지만 우리의 질적 연구에서 발견한 것에 따르면, 경험이 풍부한 전문가 시기에 있는 많은 상담자는 자신들의 정서를 조절하고, 그들이 직면한 문제에 대처할 수 있는 것으로 보인다. 또한 대다수의 상담자들은 전문적으로 성장하고 있다고 느끼고 있다. 이전 연구에서는 87%만이 상담 실무가 고통스럽지 않다고 응답했다.

이제 상담자의 즐거움은 현실적인 기대와 부분적으로 관련이 있다. ‘세상을 변화시키는’ 직업 분야에 입문한 사람들은 좌절 때문에 일을 그만두거나 혹은 그들의 기대를 수정해 왔다. 큰 영향력을 미치기를 원하는 소망은 훌륭한 직업, 즉 인간의 고통을 감소시키려는 목적을 가진 직업을 시작하게 하는 좋은 동기이다. 그러나 결국 가장 상위 수준의 상담자는 이러한 노력들이 위험하고 어리석은 형태의 완벽주의와 과장주의라고 생각한다. 따라서 역설적이지만 기대를 감소시키면 만족감과 자그마한 기쁨을 더 자주 맛볼 수 있게 된다.

경험을 통해 현실적인 목표를 설정하고, 강점과 한계에 대한 인식이 증가하고, 책임에 대한 더 명확한 정의와 개별화가 이루어지면서 개입 수준이 전문적인 방식으로 미세하게 조율된다. 상담자는 내담자에 대한 개입과 동일시를 조절하는 데 능숙해진다. 한 남자 상담자는 "일이 잘 풀리지 않을 때에도 나 자신과 전문적인 일 사이의 경계를 보다 잘 인식하게 됨으로써 나 자신을 덜 비난하게 된다"(p. 85)고 말했다. 또 다른 사람은 "회기가 끝나면 상담과 관련한 일들을 그 자리에 내려놓을 수 있다"(p. 93)고 말했다. 상담자는 한 내담자에게 완전히 몰두하다가 회기가 끝난 후에는 다음 내담자에게 몇 분 안에 다시 주의를 집중할 필요가 있다. 이때 '과도한 책임감'을 내려놓는 과정은 감정과 태도를 조절하기 위한 필수적인 조건일 수 있다. 이러한 것이 성공적으로 그리고 이상적으로 숙달되면 상담자는 지치고 고갈되기보다는 더 상쾌하고 활기차게 상담 업무를 마칠 수 있다.

현실적인 결과가 이상적인 결과를 대체하고, 내담자와 적절한 전문적 경계를 조절하게 되면서 경험 있는 전문가는 친구, 부모, 배우자와 같은 역할과 전문가적 역할을 분리하는 방법을 배우게 된다. 한 여성 상담자는 이런 문제를 경험했던 대학원 시절을 회고했다. 그녀는 자신의 딸이 "엄마, 사회복지사 그만하고 그냥 제 엄마만 해주실래요?"라고 했던 말이 그녀에게 매우 유용한 피드백이었다고 웃으면서 말했다 (p. 69).

시기 6 선임 전문가 시기(The senior professional phase)

이 시기에 해당하는 상담자들은 25년 정도의 실무 경험을 가진다. 이 시기에 해당하는 많은 상담자는 은퇴를 앞두고 있다. 우리의 샘플에서 가장 경력이 많은 그룹의 나이는 평균 64세였으며, 우리가 그들을 다시 인터뷰했을 때는 74세였다. 이 두 번째 인터뷰는 매우 성숙한 전문가 시기를 보내고 있는 상담자들의 경험과 성찰에 대해 배울 수 있는 기회를 주었다. 선임 전문가 수준에 있는 상담자들 중에는 이러한 지위의 변화를 환영하는 이들도 있었고, 그렇지 않은 이들도 있었다. 한 상담자는 젊은 인턴들을 슈퍼비전하는 것에 대해 다음과 같이 말했다. "그들은 점점 성장합니다. 저는 인턴들에게 가르치는 것만큼 그들에게서 많은 것을 배운다고 느낍니다. 그들이 저의 선생님이었습니다"(p. 92). 반대로 또 다른 사람들은 말했다. "갑자기 사람들이 나를 리더로 보았지만 나는 그렇게 생각하지 않았습니다. 나는 소속감을 느끼지 못했습니다"(p. 80).

연구 결과, 이 시기의 중심 과제는 한 사람의 개별성을 유지하는 것으로 정의되는 통합이다. 우리는 유명한 심리학자 에릭슨(Erikson, 1968)의 용어들을 가지고 이러한 중심 과제를 개념화했는데, 이 단계의 심리적 발달 과제는 통합(integrity) 대 절망(despair)이다. 가치, 전문적 경험과 능력, 전문가적인 삶과 개인적인 삶의 균형을 잘 통합하는 시기이다. 이 과정에서 은근한 즐거움이 배어 나온다. 길게 짜여진 여정이라는 은유적인 표현 내에서 이 단계의 과업은 노련한 상담자가 수십 년 동안 발달시켜 온 유능한 방식을 계속 사용하는 것이다. 이처럼 선임 전문가 시기가 긍정적인 여정의 길이 될 수 있기도 하지만, 늙어 가는 것이 좋은 것만은 아니라는 반대 의견도 있었다. 예를 들면, 한 남성 상담자는 "황금 시대가 결코 최선이라고 생각하지 않습니다. 내가 말할 수 있는 건 늙고 현명하다는 것이 젊고 순수하고 활기찬 것보다 더 좋은 것은 아니라는 것입니다"(Rønnestad & Skovholt, 2001, p. 183).

전문직의 윤리적인 기준 내에서 상담을 하는 동안, 이 단계는 자신에 대한 깊은 수용과 완전한 표현을 나타낸다. 한 선임 상담자가 말하기를 "나는 내가 이전에 존재해 왔던 것보다 더 많이 나 자신으로서 존재한다고 생각한다"(p. 87)고 했다. 상담자의 이러한 충만한 표현은 졸업 후에도 몇 년간 탐구, 통합, 개별화, 그리고 현재에 이르는 전문적 자기를 만들도록 요구한다. 자신을 주도자로 하되 외적인 영향력이 첨가되고, 그러면서도 동시에 원하지 않는 외부적인 영향력을 버리는 과정이 있어 왔다.

상담자의 주된 정서인 수용은 '자신의 노동에 대한 열매'로부터 유래한다. 이와 관련된 정서는 평온, 안전, 겸손, 그리고 신뢰이다. 어떤 상담자는 이것을 다음과 같이 묘사했다.

> 내가 이 분야에 더 오래 있으면 있을수록 나는 점점 더 나의 한계를 받아들이게 된다. 이것은 그저 있는 그대로를 받아들이는 것이다. 어떤 것은 내가 잘하고, 어떤 것은 그렇게 잘하지 못한다(p. 88).

두 번째로 주된 정서는 지나가 버린 시간과 놓쳐 버린 기회에 대한 후회이다.

초기에 나타났던 수행 불안은 크게 감소된다. 상담자는 이제 무엇을 해야 할지 몰라서 갖게 되는 두려움과 안내자로서의 전문적인 연장자에 대한 강한 의존심을 갖지 않는다. 상담자들의 불안이 감소하는 것은 전문 지식의 내면화 때문이다. 이는 교재와 가이드북의 저자, 임상 슈퍼바이저, 교수와 멘토와 같이 다른 사람들에게서 오는 것이 아니라, 수천 시간의 경험을 통해 얻어지는 것이다. 초심자가 다른 사람들의 아이디어를 사용할 때의 문제는 일반화되어 있는 아이디어들을 각 내담자에게 개별적으로 맞춤화해야 한다는 것이다. 초심 전문가의 지식이 외재화되어 있는 반면에 선임 전문가는 지식의 기반이 대부분 내재화되어 있고, 개별적인 내담자에게 쉽게 적용할 수 있기 때문에 이는 문제가 되지 않는다. 내적인 전문성, 경험을 기초로 한 일반화와 축적된 지혜 때문이며, 이 단계에서 이것은 과업을 이끄는 자동적인 안내자이다. 선임 전문가 시기에 있는 상담자는 "나는 내 일에 대해서 거의 불안해 하지 않는다. 나는 이전에 모든 것을 해 왔고, 그리고 결과들이 다 좋았다"(p. 88)라고 말하며 이러한 감정을 표현했다.

초심 상담자에게 영향을 미치는 일련의 요소들이—이론과 연구, 내담자, 학생, 환자, 전문적인 연장자, 그리고 친구와 동료—이제는 달라진다. 이러한 영향력의 원천들은 전문적 지식을 기반으로 긴박하게 물을 마셔 대는 목마른 초심자들처럼 선임 전문가들에게 흡수되지 않는다. 차가운 밀크셰이크를 너무 빨리 마시는 것은 사람의 머릿속에 강렬한 느낌을 줄 수 있다. 이는 여러 곳에서 온 너무 많은 데이터에 압도될 때 초심 전문가가 겪는 경험이다.

이제 선임 전문가 시기에서는 상황이 다르다. 이유는 무엇인가? 많은 영향이 내재화되기 때문에 상황이 달라진 것이다. 그것들은 현재 내적으로 존재하고 있는 역할과 작업 방식에 영향을 미친다. 선임 상담자는 이 분야에 대한 새로운 아이디어에 대해 흥분하지 않는 듯하다. 한 상담자는 이 점에 대해 다음과 같이 말했다. "수십 년 동안 이미 엄청나게 많은 새로운 아이디어에 노출되어 왔다. 선임 전문가에게는 새로운 아이디어와 오래된 아이디어의 차이보다 유사성이 더 잘 보인다. 이제 새롭고 혁신적인 전문적 아이디어가 오래된 것보다 훨씬 좋다는 인식이 종종 덜하다." 이는 숙련된 상담자가 오래된 아이디어에 갇혀 있다는 것을 의미하는 것이 아니라, 이미 존재하는 것에 더 많은 것을 더하고 있다는 것을 의미한다. 한 상담자는 다음과 같이 말했다.

> 사람이 자신의 직업적인 삶의 종착역에 도달할 때까지 열차 바퀴가 새로 만들어지는 것을 매우 자주 보게 된다. …… 오래된 생각들이 새로운 이름으로 나타나고, …… 자신이 몇 년 동안 알고 있었던 것에 대해서 다른 사람들이 크게 흥분하는 것을 보면 좌절을 느낄 것이다. 이것은 사람에 대한 냉소주의를 갖게 할 수 있다(p. 95).

한 가지 영향력이 확대되는데, 이것은 '세상이라는 결코 쉽지 않은 학교'에서부터 배우는 것이다. 아마도 가장 중요한 것은 상실로부터 얻은 깊이와 지혜일 것이다. 예를 들어, 거의 모든 멘토와 모델들은 이리저리로 떠나 버렸고 동료들은 종종 더 이상 강한 영향력을 갖지 못한다. 가르치는 일이든, 신체적인 치료이든, 상담이나 관련 분야이든 간에 일에 대한 순수함을 상실할 수 있다. 환상은 사라지고 직업적으로 성취할 수 있는 것에 대한 현실감도 높아진다.

이러한 상실은 사람 지향적인 직업에 종사하는 상담자를 위하여 교육적일 수 있다. 그러나 상담자는 자신의 슬픔에 대해 작업을 하여 해결점에 이르러야만 한다(Rønnestard & Skovholt, 2001). 그러고 나서 〈게이샤의 추억(Memoirs of a Geisha)〉의 주인공이 "우리는 고통을 완전히 견디어야 비로소 고통에 대해 솔직히 말할 수 있다고 생각한다"(Golden, 1997, p. 419)라고 말한 것처럼, 상담자 또한 이러한 깊이와 지혜로 말할 수 있다. 그래서 깊은 인간 상실을 견뎌 냄으로써 얻어지는 깊이와 지혜를 사용하는 이러한 종류의 영향력은 숙련된 상담자들에게 큰 가치를 지닐 수 있다.

선임 전문가 시기에 있는 상담자는 반복되는 일상적인 업무로 인해 지적으로 무관심해지거나 지루해질 수 있는데, 이는 하이터치 분야에 종사하고자 하는 의지를 감소시킬 수 있다. 이것은 매우 위험할 수 있는데, 상담은 내담자에게 적극적으로 개입하고자 할 때 힘을 발휘하기 때문이다. 이를 마틴 부버(Martin Buber)의 용어(Kramer, 2004)를 사용해서 설명하자면, 내담자에게 나와 그것의 관계(I–It)가 아닌 나와 너의 관계(I– Thou)로 접근하는 것이다. 올린스키와 로네스태드(Hinsky & Rønnestad, 2005)의 연구 결과, 대부분의 연구 참여자들이 계속해서 전문적으로 성장하기 위해 노력하고 있는 것으로 나타났다.

많은 선임 상담자가 하는 일은 만족스럽고, 수행 불안은 크게 감소된다. 종종 일과 통제에 대한 유능감을 강하게 느끼고, 이 시기에 있는 상담자는 또 다른 내담자들과 성공적으로 일하게 된다. 최고의 단계에 있는 어떤 상담자가 다음과 같이 진술하였다.

> 불안이 감소됨에 따라 나는 내담자를 점점 덜 두려워하게 되었고, 나 자신의 다양한 레퍼토리의 기술과 절차를 사용하면서 여유로워졌다. 다양한 기술과 절차는 내가 필요로 할 때 더욱 유용하게 되었다. 그리고 그러는 동안에 누군가 나와 기꺼이 자신의 개인적인 세계를 공유한다는 사실과 그들과 함께 내가 했던 일이 그들에게 매우 긍정적인 결과를 가져왔다는 사실이 나에게 매우 놀랄 만한 일이 되었다. 이것은 나에게 굉장히 큰 기쁨을 주었다(p. 96).

우리는 이러한 인용문에서 이 책의 제2장에서 기술된 것과 같은 상담하는 것에서 얻는 즐거움을 엿볼 수 있다. 선임 전문가 시기의 가장 위험한 하이킹 요소들—나뭇가지들, 가파른 경사, 위험하고 높은 곳, 끝이 뾰족한 바위들—을 다루었다. 이제 목표는 더 가까워졌으며, 전문적인 하이커는 길게 짜인 여정의 마지막을 즐길 수 있다.

제 12 장 소진 예방과 상담자의 자기 돌봄 전략*,**

—Mary Mullenbach and Thomas M. Skovholt

이 장에서 우리의 연구 결과를 발표하게 되어 매우 기쁘다. 우리가 아는 한 이 연구는 유효하게 선택된 전문가 · 대가 상담자들을 대상으로 진행한 처음이자 유일한 회복탄력성 연구이다. 타당도와 신뢰도를 가진 데이터를 얻기 위해 동료 지명 방법(peer nomination methodology)을 사용하였다. 이것은 코틀러와 칼슨(Kottler & Carlson, 2014, p. 218)이 말하는 상담자를 찾는 데 훌륭한 방법이다. "가장 창의적인 상담자들은 비교적 무명으로 일하며, 악평에 관심이 없으며, 자신들의 아이디어를 더 많은 사람에게 알리기에 너무 바쁘다." 이러한 전문가들은 초심 상담자들(상담의 불확실성을 경험하는 동안에 방식 · 방법 · 절차의 확실성이 가장 필요한 사람들)에게 새로운 접근법을 적극적으로 지지하거나 카리스마 있게 말하지 않는다. 오히려 전문 상담자들은 인간의 필요와 고통에 직접적으로 대응할 수 있다는 것에 만족해 하면서 내담자를 직접 돕고, 슈퍼비전한다.

질적 인터뷰를 하기 전에 전문가 또는 대가 상담자를 찾기 위해 사용하는 동료 지명 방법은 최근 몇 년 동안에 많은 연구에서 이용되고 있다. 그러한 연구들은 상담자들의 회복탄력성에 직접적으로 초점을 맞추고 있지는 않지만, 광범위하게 정의된 특성들을 연구했다. 캐나다(Smith, 2008), 일본(Hirai, 2010), 한국(Kwon & Kim, 2007), 포

* 이 장은 뮬렌바흐(Mullenbach, 2000)의 박사논문 『대가 상담자: 전문적 회복탄력성과 정서적 안녕에 관한 연구(Expert therapists: A study of professional resiliency and emotional wellness)』를 바탕으로 구성된 것이다. 이 논문의 지도교수는 미네소타 대학교의 톰 스코브홀트(Thomas Skovholt)이다. 이 연구는 또한 스코브홀트와 제닝스(Skovholt & Jennings, 2004)의 『대가 치료자: 치료와 상담에서 전문성 탐구(Master therapists: Exploring expertise in therapy and counseling. Allyn & Bacon.)』라는 책에 수록되어 있다.

** 인용문은 글의 명료함을 높이기 위해 조금 수정되었다.

르투갈(Carvalho & Matos, 2011a, 2011b), 그리고 싱가포르(Jennings et al., 2008) 등 미국 이외의 지역에서도 대가 상담자에 관한 연구가 진행되었다.

이 장은 상담자가 전문가적인 활력을 유지하기 위해 사용하고 있는 방법들에 초점을 맞추고 있다. 여기서 제시되는 방법은 조력직, 돌봄직, 관계집약적 직업 등 다양한 범위에 속하는 상담자들에게 유용할 수 있다. 이들은 조력자, 치유자, 교사, 성직자, 인사 전문가, 가족법이나 이민과 같은 분야에서 일하는 변호사들이다.

상담자들은 내적인 원인에서 오는 스트레스와 외적인 요인에서 오는 스트레스 두 가지를 모두 경험한다고 할 수 있다(Baker, 2003; Freudenberger, 1990; Norcross & Guy, 2007). 이러한 요인들의 영향은 상담자 자신에게 매우 직접적으로 영향을 미치는 것으로, 상담과 같이 조력 전문직에서 소진 현상은 매우 일반적인 것으로 알려져 있다. 제3장에서 이미 언급한 바와 같이, 상담자들은 내담자에 대한 애착과 분리를 반복해야 한다. 내담자에게서 더 이상의 성과가 나타나지 않는다거나, 상담 관계 속에서 일방적으로 주기만 해야 하거나, 지나치게 일이 많거나, 다루기 어려운 내담자의 행동 때문에, 성과가 잘 나타나지도 않고 순조롭지도 못한 상담 과정 때문에, 지치거나 상담 과정에 몰두한 결과 상담자 자신의 문제가 올라와 힘들거나 혹은 고립되거나, 행정 관리 분야로부터 행정적인 요구를 받을 때, 상담자의 애착과 분리 스트레스는 더욱 심화 된다(Dupree & Day, 1995; Farber, 1990; Figley, 2002; Kassam-Adams, 1995). 이로 인해 상담자가 지속적으로 고갈되어 갈 때 소진이 발생한다.

이렇게 상담자를 쇠약하게 만드는 요인들의 장기적인 영향에 대한 연구가 이루어져 왔다(Freudenberger & Robbins, 1979; Smith & Moss, 2009). 그들의 연구에 바탕을 두고 파버(Farber, 1983)는 상담 활동 그 자체가 상담자의 자기 정체성, 행동, 그리고 일터에서 취하게 되는 자세에 부정적인 영향을 미친다는 연구를 하기도 했다. 역사적으로 이 분야의 연구들은 일과 관련된 스트레스를 확인하는 데 주로 초점이 모아져 왔다.

이 장의 앞부분에서 언급했던 것처럼, 이 연구는 유효하게 선택된 전문 상담자들의 회복탄력적 패턴에 관한 처음이자 유일한 연구이다. 1996년 10명의 추천된 상담자들을 대상으로 하는 연구 프로그램이 시작되었다. 이 연구의 애초의 목적은 이 분야에서 전문인으로서 가져야 할 필수적인 요인들을 찾아내는 것에 있었다. 시간이 지날수록 이 프로그램이 확장되었다. 현재 연구는 정신건강 관련 실무자들의 안녕 그리고 회복탄력성과 관련된 요소들을 확인하는 것이다. 이 연구에서는 표본으로부터 풍부한 정보를 끌어내기 위해 질적 연구를 진행했다. 자료는 반구조화된 인터뷰 형식을 사용하여 수집되었으며, 인터뷰에 사용된 질문들은 정신건강 관련 실무자들의 스트레스 요인에 초점을 맞춘 기존 연구를 토대로 만들어졌다. 이 질문들은 스트레스 요인들을 찾아내고, 심리적인 안녕 그리고 회복탄력성과 관련된 정보에 접근할 수 있도록 구성되었다. 데이터 분석을 위해 심층적인 탐구가 가능한 귀납적 접근 방법을 사용했다. 참여자들 각각에 대해 두 번의 인터뷰가 완료되었다. 이전 연구에서 같은 표본에 대해 얻은 두 번째 데이터를 사용하여 결과를 보완했다. 뮬렌바흐(Mullenbach, 2000)가 측정한 총 연구 시간은 수백 시간이었다. 질적 연구는 보통 시간이 많이 소요된다. 본 장에서는 여러 연구 결과 중 높은 수준의 스트레스 요인과 자기 돌봄 전략에 초점을 두어 설명하고자 한다. 참여자들이 했던 말들 중 매우 의미 있다고 여겨지는 말은 직접 인용했다. 여러분에게도 마찬가지이기를 바란다.

이 장은 자료 분석을 통해 얻은 다섯 가지 범주와 스무 가지 주제에 관해 다룬다. 다섯 가지의 범주는 ① 전문가로서의 스트레스, ② 전문 상담자의 출현, ③ 긍정적인 작업 환경의 창출, ④ 보호요인, ⑤ 고독과 관계를 통해 자신을 성숙시켜 나가기이다. 이를 요약하면 다음과 같다.

범주 A 전문가로서의 스트레스

자신의 전문적인 능력으로 풀기 어려운 문제 때문에 스트레스를 받는다.

진전이 되지 않는 상담 때문에 심각한 스트레스를 겪는다.

동료들과의 불화나 소원함이 스트레스가 된다.

개인적인 위기는 전문가의 역할에 부정적인 결과를 준다.

범주 B 전문 상담자의 출현

분명한 역할 영역과 한계를 배운다.

시간이 지날수록 상담자로서의 역할을 해내는 데 불안을 덜 느낀다.

경험이 늘어 갈수록 이론보다는 자기 자신을 활용하게 된다.

애착과 분리의 과정을 자연스러운 것으로 받아들인다.

인간의 고통에 대해 깊이 이해할 수 있다.

범주 C 긍정적인 직업 환경의 창출

초심자의 경우 선배와 동료들의 지지가 매우 결정적인 도움이 된다.

지속적이고 풍부한 동료 관계를 맺는다.
여러 가지 역할이 보호요인이 된다.
건강을 증진시키는 작업 환경을 창출한다.

범주 D 보호요인
강한 스트레스가 되는 전문가적인 딜레마에 직접 대응한다.
개인적인 문제들을 직면하고 해결한다.
배움에 몰입하는 것은 자신을 새롭게 하는 강력한 원천이 된다.

범주 E 고독과 관계를 통해 자신을 성숙시켜 나가기
개인적인 삶을 성숙시켜 가는 과정을 통해서 전문인으로서의 안정성을 기른다.
원기를 회복할 만한 폭넓은 활동에 투자한다.
확고한 인간관계를 맺어 간다.
내적인 초점을 가치 있게 여긴다.

범주 A 전문가로서의 스트레스

범주 A에는 상담자가 직면할 수 있는 스트레스 요인과 관련한 네 가지 주제가 포함되어 있다.

주제 1 자신의 전문적인 능력으로 풀기 어려운 문제 때문에 스트레스를 받는다

참여자들은 자신들에게 위협이 되는 많은 주제와 사건들에 대해 이야기했다. 때때로 자살하려는 내담자와 같이, 예기치 못한 아주 결정적인 사건들이 상담자들에게 스트레스가 된다. 또한 덜 심각한 사건들과 문제들은 보다 자주 그리고 계속적으로 경험하게 된다. 구체적인 경험은 각각 다양하지만, 이런 스트레스는 상담자의 능력과 안정성에 상관없이 '두들겨 맞은 것' 같은 느낌을 준다는 점에서 마찬가지이다. 한 참여자는 병원에 입원 중 자살을 시도했던 내담자로부터 받았던 충격을 다음과 같이 말했다.

그녀가 병원에서 죽으려고 했다는 것을 알았어요. 그래서 그녀를 특히 안전하게 돌봐야 한다고 주의를 줬어요. 그런데 근무자들이 뭘 했던 것인지 모르겠어요. 그녀는 자살했고, 그 사람들은 그녀를 지키지 않은 거죠. 그리고 그녀는 죽었어요. 정말 어려웠어요. 가슴이 찢어지는 것 같았죠. 내가 상담자라는 것이 정말 화나더라고요.

또 다른 한 참여자는 전혀 진전을 보이지 않는 만성 환자와 일함으로써 지속적으로 받는 스트레스에 대해 이야기했다.

정말 이길 수 없는 우울이었어요. 모든 기법을 다해 봤어요. 내 말은 환자들이 내게 오기 전에도 여러 치료자를 만났다는 거죠. 어떤 사람은 충격 요법을 쓰기도 하고, 어떤 사람은 약물을 쓰기도 하죠. 하지만 그 어느 것도 아무런 효과가 없었다는군요. 알다시피 오랫동안 정성을 들이면 사람들을 어떤 궤도에 올려 놓을 수 있잖아요. 하지만 이런 사람의 경우엔 그들이 필요로 하는 것을 우리가 하나도 가지고 있지 못하다는 생각만 하게 했어요.

또 다른 한 참여자는 내담자의 행동문제를 다룰 때 느끼는 혼란스러움 또는 고갈되는 느낌에 대해 이야기했다.

나 자신이 중독자들과는 잘 일하지 못한다는 것을 깨닫게 되었어요. 나 자신이 그들의 역동 속으로 빨려 들어가 그들이 도움이 필요해서 그 자리에 있다는 사실조차 잊었어요.

다른 사람을 학대하는 내담자들을 만났죠. 그들이 내게로 다가왔어요. 그들의 신체적 · 성적인 학대는 너무 생활화된 것이어서 그런 문제를 다루려고 하지도 않았어요. 마침내 나는 상담 시간에 매우 화가 났어요. 그들에게 도움을 주기는커녕 나는 완전히 이용만 당했죠. 도망치고 싶었어요. 전혀 보람이 없었어요. 그들은 나에게 아무것도 되돌려 주지 않았죠.

때때로 내담자들이 표현하는 괴로움이 상담자를 힘들게 한다.

그런 경우는 꽤 많았던 것 같아요. 내가 할 수 있는 것보다 훨씬 더 어려웠던 경험이 있어요. 상처와 고통을 가진 사람들에게 사람이 할 수 있는 것보다 오히려 더 못하게 되는 그런 때도 있고요. 때때로 그건 달라지는 것 같아요.

주제 2 진전이 되지 않는 상담 때문에 심각한 스트레스를 겪는다

상담과 치료에 관한 동기가 없거나 낮은 내담자, 혹은 저항하는 내담자를 치료하는 것이 지루하고 피곤한 느낌을 가져다준다고 상담자들은 말한다. 이렇듯 상담 관계에서 지루함을 느끼는 과정은 중요한 스트레스원이 되는 것으로 보고되었다.

> 저에게 있어서 문제는 뭔가를 생각하고자 하는 의지가 하나도 없는 내담자와 일하는 거예요. 모든 것이 자신의 밖에 있는 것처럼 보일 때…… 저도 관심이 없어져요.
>
> 솔직히 말해서 지루한 내담자를 만날 때 가장 힘이 들어요. 알다시피 그런 내담자들은 시간이 아무리 흘러도 거의 변화하지 않지요.

저항하는 내담자와 상담할 때, 상담자 자신에게 일어나는 방어적인 반응을 한 상담자는 이렇게 설명했다.

> 아마 나는 그 내담자에 대해 신경 쓰지 않는 것 같아요. 저항하는 그들 앞에서 나도 이미 저항하고 있는 것 같았어요. 물론 그들도 그렇게 할 권리가 있지만, 나도 그들에게 저항하고 싶었던 것 같아요. 하지만 난 그걸 좋아하지 않아요.

주제 3 동료들과의 불화나 소원함이 스트레스가 된다

연구에 참여했던 상담자들은 한결같이 일하는 환경에서나 혹은 전문가 집단에서 또래로부터 받는 건설적인 지지와 지원이 많은 도움이 된다고 보고했다. 놀라울 것도 없이 전문가 집단에서 동료들 간의 소원한 관계 혹은 부조화는 많은 스트레스를 준다. 한 상담자는 다음과 같이 말했다.

> 가장 스트레스를 받을 때는 편안하게 느껴지지 않는 동료와 매일 아침 눈을 마주치고 하루를 시작하거나, 함께 일하던 동료와 갑자기 어떤 일로 관계가 끝나 버리는 때예요. 나를 존경하거나 믿지도 않는 사람을 내가 어떻게 존경하고 믿을 수 있겠어요? 지금 그런 상황이 아닌 것이 무척 다행스러워요.

또 다른 참여자는 상담 실무와 성실성에 관련된 문제들에 대해 논의할 때 동료들과 관계를 잘 유지하려고 노력한다고 말했다.

> (저에게 스트레스가 되는 것은) 중요한 부분에서 나와 의견을 달리하는 동료들과의 관계입니다. 저는 그들과 멀어지거나 거리를 두려고 하지 않고, 기꺼이 관계를 유지하면서 다른 의견들을 나누려고 합니다.

비슷하게 참여자들은 심리학 공동체 안에서도 분리되어 있는 작은 분야 사이의 갈등에 대해서도 부정적인 반응을 보였다.

> 그 사람들은 정말 좋은 사람들이에요. 그리고 그러한 사실이 우리에게, 그리고 우리가 일을 할 때 분명히 좋은 일입니다. 하지만 그들 사이엔 어떤 경쟁이나 분노가 들어 있는 것 같아요. 뭐라 불러야 할지 모르겠지만…… 그런 일 사이에 내가 놓이게 되면 너무 싫고 불행해질 거예요.

주제 4 개인적인 위기는 전문가의 역할에 부정적인 결과를 준다

참여자들은 개인적인 위기나 위협적인 상황에 놓이는 것이 전문가의 역할을 수행하는 데 나쁜 영향을 준다고 말한다. 참여자들이 이런 상황에 대해서 아주 적극적인 자세로 대응하더라도, 이런 위기나 도전에 직면했을 때 힘겹고 불편한 느낌을 갖는다는 것은 공통적이었다. 한 참여자는 개인적인 위기에 닥쳤을 때, 상담자로서 자신과 개인으로서 자신에 대해 가졌던 불일치감을 다음과 같이 말했다.

> 오래 전 제 가족문제로 많이 울고 힘들었을 때가 있었어요. 그때 너무 힘들었고, 상담 일을 하면서 나 자신에 대한 자아개념을 새롭게 해야 한다는 것은 매우 어려웠습니다. 당신도 당신 자신이 하는 일에서 벗어나 자신에 대해 새롭게 생각하고 다시 돌아오겠다는 결심이 매우 어렵다는 것을 알 겁니다. 나 자신에 대한 개념은 내가 어디서 무엇을 하든 그 안에 아주 밀접하게 스며들어 있기 때문입니다.

또 다른 참여자의 진술이다. 위기를 해결해 나가는 동안에 그녀가 겪었던 어려움에 대한 것이다.

> 내담자에게 온전히 집중할 필요가 있지만 그렇지 못한다고 느낄 때가 있습니다. 내 삶에서 다른

일들이 일어나고 있다는 것을 알지만, 그 일은 오늘 당장 전화 한 통화로 해결되거나 일주일 안에 해결될 수도 없는 일이지요. 문제는 삶의 어느 순간에 벌어질 수도 있어요. 솔직히 말해 그건 저에게 고문실과 같아요. …… 내담자와 함께 앉아 있을 때, 저와 약간 비슷하거나, 동일시되거나, 접촉이 되는 문제에 대해 이야기할 때 불안감이 올라와요. …… 어떻게 그러한 불안을 다루면서 동시에 내담자에게 현존할 수 있을까요?

범주 B 전문 상담자의 출현

범주 B에서는 전문적인 상담으로 접근해 가면서 참여자들의 측면에 초점을 맞춘 다섯 가지 주제들을 모았다. 이 주제들은 전문가로서의 생명력과 복지감을 증진시키고, 보존하는 태도와 기술들을 반영하고 있다.

주제 1 분명한 역할 영역과 한계를 배운다

경력이 쌓일수록 참여자들은 도와주는 사람으로서 자기 역할의 한계와 경계, 책임의 범위, 책임지는 사례의 수, 내담자와 관계 설정, 그리고 상담의 구조 등에서 명확한 설정을 해야 한다. 이러한 경계와 한계를 설정하는 것은 상담자의 생명력과 행복감을 유지하고, 내담자의 행동 문제에 보다 더 효과적으로 대처하며, 어려움에 지속적으로 노출되는 상담자 자신을 관리할 수 있도록 돕는다. 한 참여자는 자신의 역할 설정에 대해 다음과 같이 이야기했다.

나는 알 필요가 없는 것과 고칠 필요가 없는 것이 무엇인지에 대해서 잘 알게 되었다. 내가 처음 상담을 시작했을 때는 대부분 그렇듯이 모든 해답을 알고 있어야 한다고 느끼고 있었다. 도움을 주려면 나의 이 생각을 고쳐야 했다. 이 분야에서 시간이 흐르고 보다 많은 경험을 하면서 우리의 일은 좀 더 긴장을 풀고 편안하게 앉아서 어떤 사람이 정리하고자 하는 생각을 경청하는 것임을 배우게 되었다.

한 참여자는 일의 한계와 경계를 설정하는 것은 상담자로서 진실성을 가지고 일하며 건강과 활력을 촉진하기 위한 필수 요소라고 말했다.

내담자에게 충분히 도움을 주기 위해서는 정서적인 건강을 유지하는 것뿐만 아니라 내가 해야 하는 모든 것은 나에게 달려 있다. 치료가 실패로 끝나게 되는 경우는 상담자가 자신의 정서를 유지하기 위해서 내담자를 이용하기 시작할 때라고 생각한다. 좋은 상담자가 되기 위해서는 상담자 자신이 잘 먹고, 많이 사랑받아야 한다. 기본적으로 효과가 있는 인생을 살아야 한다.

어떤 참여자는 일의 영역과 한계를 정하는 것이 하루 일을 시작하고 마무리하는 구조를 설정하는 데 매우 중요한 역할을 한다고 했다. 자신의 일과에 대해 그녀는 다음과 같이 말했다.

나는 일주일에 40시간 이상을 일하게 될 수 있기 때문에 내가 얼마큼 일하고 있는지를 헤아려 보는 것은 매우 중요하다. 아침에 일어났는데 피곤하다고 느껴질 때, 또는 하루가 두렵거나 졸리고 피곤하다고 느껴질 때, 지루한 작업이 아닌데 이중 스케줄을 잡는 실수들을 하거나, 너무 열심히 일하고 있다는 어떤 징후들이 생길 때 무언가 잘못되어 가고 있다는 생각이 들기 시작합니다.

내담자의 행동에 대한 한계를 설정하는 상담자의 능력에 관해서 한 참여자는 다음과 같이 말했다.

나는 나 자신에 대해서 더 자신이 생긴다. …… 더치 삼촌***의 권위에 무조건 따르지 않을 수도 있게 되었다. 그것이 성장하게 해 주는 것인지 아닌지, 양육하는 것과 거부하는 것 간의 미묘한 차이를 의미한다.

다른 한 참여자는 상담자로서 자신의 한계를 이해하는 것이 왜 중요한지를 다음과 같이 말했다.

상담자 자신의 한계를 아는 것은 어떤 의미에서 진짜 내담자 편에 선다는 것을 의미하며, 다른 의미에서는 다른 대안을 생각해 낼 수 있음을 의미한다. 다시 말해서 이것은 어떤 것을 줄 수 있는 사람이 따로 있음을 의미하는 것이며, 또한 우리가 모든 사람을 위해서 모든 것을 줄 수는 없다는 것을 의미하는 것이기도 하다. 즉, 한계를 받아들인다는 뜻이다.

*** 누군가를 교육할 때 솔직하고, 가혹하거나 심한 비판을 하는 사람

주제 2 시간이 지날수록 상담자로서의 역할을 해내는 데 불안을 덜 느낀다

시간이 지날수록 참여자들은 상담자로서의 역할을 수행하는 데 따르는 불안감이나 불편감을 덜 느끼고 편안해진다고 하였다. 이러한 변화와 더불어 상담자들은 내담자들의 행동이나 상담 과정에서 발생하는 다양한 치료적 과제를 자신 있게 운영하게 된다. 이러한 변화를 통해서 그들은 도움을 주는 사람으로서 상담자 역할에서 좀 더 개방적이고 너그러운 사람이 될 수 있다. 세 사람의 참여자 이야기를 들어 보자.

나 자신을 증명해 보여야 할 필요를 덜 느끼고, 내가 뭔가를 지켜야 하고 방어해야 한다는 필요를 느끼지 않기 때문에 좀 더 개방적일 수 있어요. 알다시피 때때로 무언가를 처음 시작할 때, 외줄을 타는 듯한 느낌이 들 수 있어요. 아무도 당신이 누구인지, 당신이 어떻게 하고 있는지 모르기 때문이죠. 나이가 들고 점점 경험이 많아질수록 당신 주변에 어떤 보호 장치가 작동되는 것처럼 느껴질 수 있어요 . "우리 모두 몰라요. 배워 가고 있는 중이죠"라는 말이 맞아요. 그렇게 생각하면 정보를 얻거나 피드백을 듣는 것에 대해 더 개방적일 수 있어요. 더 많이 웃습니다. 나이가 들면서 그게 도움이 되었어요. 내가 충분히 괜찮은지 고민하지 않아도 될 것 같아요. 일하러 나오는 것이 더 편해졌고, 아마 앞으로도 그럴 겁니다. 어떤 일이 일어나도 나는 할 수 있을 것 같다는 느낌입니다. 내가 이 일을 10년 했다고 생각되는 때쯤부터 그런 종류의 균형 감각을 가지게 되었어요.

주제 3 경험이 늘어 갈수록 이론보다는 자기 자신을 활용하게 된다

참여자들은 자신들의 경험이 축적되어 갈수록 상담의 접근 방법이나 기법에 있어서 좀 더 개방적이고 너그러워지는 것 같다. 이러한 변화는 그들이 상담의 과정을 좀 더 잘 인식하고 내담자와의 관계에서 자기 자신을 사용하는 방법을 더 잘 깨닫기 때문이다. 이들이 특정 이론이나 기법에 의지하지 않고 자기 자신을 상담 과정에 활용하려면 위험적인 요소와 개방성의 요소가 모두 필요하다. 한 번 성취되기만 하면 자기 자신이 편안한 전문가가 된 것처럼 느껴지고, 또 그것이 내담자와의 친밀한 관계를 형성하고, 일의 효과를 높이는 데 도움이 될 것이다. 내담자와의 친밀하고 돈독한 관계에 초점을 맞추어 다음과 같이 이야기할 수 있다.

말하자면 그건 즐거운 것입니다. 사람들과 함께 일하고 있고, 그들이 성숙해 가는 과정을 느끼며,

그 성장에 기여하는 것이기 때문이죠. 그건 즐겁습니다.

그것이 바로 제가 소진되는 것을 막아 주는 요인인 것 같습니다. 단 한 사람도 같아 보이지가 않아요. 하지만 소진된 사람들은 모든 사람이 비슷비슷해 보입니다. 함께 일하는 사람들이 그저 문젯거리로만 보이지요.

주제 4 애착과 분리의 과정을 자연스러운 것으로 받아들인다

참여자들은 상담 관계에서의 애착과 분리를 다른 인간관계에서 경험되는 것과 유사한 자연스러운 일련의 과정으로 이해하였다. 이런 생각은 여러 내담자를 만나고 헤어지는 과정을 통해 점점 더 구체화되고 굳어지는 것 같다. 상담자들은 거기에는 여러 가지 어려움이 있고, 또 그런 과정은 상호적인 것이기는 하지만 상담자들은 그 과정에 적극적으로 관여한다. 한 참여자는 애착과 분리의 과정이 어떻게 보면 하나의 작은 인생과 같은 것이라고 말하였다.

제겐 모든 인생이 애착과 분리의 과정이라고 생각되어요. 알다시피 결혼에서도 애착이 굉장히 중요하지만 분리가 정말 필요할 때도 또한 있죠. 우리 각자가 모두 하나하나의 개인이고, 모두 다른 능력과 욕구를 가지고 있기 때문이죠. 그게 바로 내가 나를 돕고 진정한 인생을 사는 것이라고 생각해요. …… 사람들이 그들에게 일어나지 않을 수도 있었던 것들을 극복하기 위해 집착하는 것도 중요해요. 그러나 분리하고 놓아 줄 수 있는 것도 중요하다고 생각해요.

참여자들은 분리 이후에도 관계를 계속 이어 갔던 경험에 대해서도 이야기했다. 이러한 관계 형태는 심리 내적인 수준으로 존재할 수도 있지만, 실제로 내담자가 다시 상담해 왔을 때에도 해당된다. 몇몇의 경우에는 한 내담자와 시작한 상담이 내담자의 자녀상담으로 연결된 경우도 있었다. 관계가 지속되는 특성이 있다는 믿음은 상담을 하면서 애착과 분리를 반복해야 하는 잠재적 스트레스로부터 상담자들을 보호하는 역할을 한다.

몇 년 후에 다시 찾아오는 내담자들도 있어서 저는 더 확신을 가지게 돼요. 일종의 대상 항상성처럼, 그 사람들은 적어도 내 마음속에 늘 살아 있어요. 지금은 그들이 나와 떨어져 있지만 상황이 다시 발생하면 그들이 다시 돌아올 것 같다고 생각해요.

> 애착은 밖으로 드러나는 것이 아니라 내적인 현상이라고 생각해요. 몇 년 동안 매일 보면 아마 애착을 느끼지 못할지도 모르죠. 하지만 더 이상 만나지 않으면 어떤 상실감이 있어요. 하지만 이것이 어떤 것을 빼앗겼다는 것을 의미하는 것은 아니에요.
>
> 나는 나 자신의 일부를 준 것 같은 느낌이 들어요. 그들이 떠날 때, 난 정말 내담자들에게 마음을 쏟게 됩니다. 하지만 요즘은 누구에게도 영원히 안녕이라고 하지 않아요. 다시 돌아오는 오래된 내담자들이 늘 있거든요. 어렸을 때 상담실 마루에서 놀던 아이들이 배우자를 데리고 상담에 오기도 하거든요.

주제 5 인간의 고통에 대해 깊이 이해할 수 있다

상담자들은 그들의 일을 통해서 인간의 고통에 대해 깊은 이해를 가지게 된다. 그것은 고통의 요소가 어떤 것인지를 이해함과 동시에 성장을 위한 잠재력도 함께 이해한다는 것이다. 상담자들의 이야기에는 인간의 고통에 대한, 그리고 도움을 주는 사람으로서의 상담자의 역할에 대한 심오한 통찰이 깃들어 있다. 고통이 어떻게 그들의 삶을 한층 더 고양시킬 수 있을까에 대한 그들의 희망과 시야는 그들의 삶에도 크게 도움이 되는 것 같다. 한 참여자는 다른 사람의 고통에 늘 마주하면서 자신의 생각이 어떻게 달라져 왔는가를 보여 주었다.

> 모든 것이 나에게 어떤 열정을 가지게 해 주었다. 내가 심한 고통을 경험하고 있는 사람을 만나고, 그들이 그것으로부터 자유로워지는 것을 지켜보면서 나는 많이 인내할 줄 알게 되었다.

다른 참여자는 단기적인 스트레스와 고통이 주는 장기적인 이득에 대해 이야기해 주었다.

> 내담자인 어떤 사람의 사적인 세계를 아주 깊이 있게 함께하면서 슬픔을 공감할 때, 정말 이 세상에 혼자인 것 같은 외로움을 느꼈다. 어느 누구에게도 내가 어떤 경험을 했는지 사사로이 이야기할 수 없다. 그런 외로움은 굉장한 부담이다. 어떤 때는 모든 일의 종말에 서 있는 것 같은 슬픔을 느끼기도 했다. …… 하지만 그로 인해 이제 나는 인간에 대한 더 큰 사랑을 가지게 되었다. 나는 슬픔, 성, 그리고 인생의 위기라는 주제에 대해 더 편안해졌다. 인간에 대해 보다 안정적인 관점을 가지게 되었다고 생각한다.

범주 C 긍정적인 작업 환경의 창출

범주 C에서는 시간이 지남에 따라서 참여자들이 건강을 증진시키는 데 도움이 되도록 환경 내에서 어떻게 지지를 만들어 가는지에 대한 네 가지 주제를 다룬다.

주제 1 초심자의 경우 선배와 동료들의 지지가 매우 결정적인 도움이 된다

참여자들은 선배와 동료들과의 긍정적인 관계가 초심자 시기에 매우 중요한 영향을 끼친다고 보고했다. 초심자들은 이러한 관계가 힘들기는 하지만 압도당할 만큼은 아니라고 표현한다. 초심자들의 환경은 배움의 기회, 책임을 다할 수 있는 자율성, 그리고 위험에 도전하도록 하는 격려를 풍부하게 제공한다. 이러한 단계에서 참여자들은 자신의 일에 초석을 마련하게 된다. 한 참여자는 자신의 첫 번째 일을 회상하면서 다음과 같이 말했다.

> 내가 기억하기로는 그때가 좋았다. 많은 일이 새롭기 때문에 스트레스가 되기도 했지만, 나는 많은 지지를 받는 것 같았다. 나는 자원이 있었고, 스스로에 대해서 가치 있게 느꼈으며, 상당히 독립심이 있었다.

또 다른 참여자는 다음과 같이 말했다.

> 그때는 내가 하는 일에 대해 많은 피드백과 점검을 받으면서 동료들과 열정적으로 일하던 시기였다. 모든 것이 대체적으로 매우 좋았다. 그 시절은 무엇과도 바꿀 수 없는 소중한 날들이다.

한 참여자는 대학원 교육을 마치고 처음으로 배치된 곳에서의 슈퍼바이저에 대해서 다음과 같이 말했다.

> 첫 직장에서 운 좋게도 좋은 슈퍼바이저를 만났어요. 내가 받은 훈련과 경험의 대부분은 그 슈퍼바이저 덕분이에요. 그 경험 때문에 저는 정서적인 자각을 할 수 있게 되었으며, 나 자신을 상담에서 사용할 수 있게 되었죠. 그리고 그러한 부분은 절대 무시해서는 안 된다는 것을 배웠어요. 그 경험은 나에게 모든 가능성을 열어 주었고, 나 자신이 매우 생동감 있고 박진감 있게 일할 수 있도록 만들어 주

었습니다. 난 그 시기를 정말 고맙게 생각해요.

또 다른 참여자는 그때 자신의 중요한 선배이자 선생님이었던 경험이 많은 임상가들의 그룹에 합류하기로 결정했던 것에 대해서 이렇게 회고했다.

> 선배 임상가들의 집단에 합류했던 것은 운이 좋았거나 훌륭한 판단이었다고 생각해요. 모두 매우 경험이 풍부하고 나보다 나이가 20살 이상 많았던 분들이었는데, 나에게는 그들이 가지고 있지 않은 의사학위가 있었죠. 나는 그들의 환자들을 위해서 약을 처방할 수 있었고, 환자들을 입원시킬 수 있었어요. 하지만 그분들은 나에게 심오하고 광대한 임상적인 경험과 일에 대한 이해를 제공해 주셨지요. 그것은 나에게 너무나 중요했습니다.

시간이 흐름에 따라 선배와의 관계에 대한 필요는 점차 감소하기는 하지만, 한 참여자는 초기 단계에서 이러한 관계에 관한 중요성을 강조했다.

> 그때는 잘 몰랐는데 지금 생각해 보면 사람들이 나를 신뢰해 주고, 신뢰할 수 있도록 관계를 맺었던 것 같아요. 그때는 잘 몰랐지만 그러한 관계가 정말 나를 성장시켰어요. 그러한 경험이 없었다면 내 인생은 아마도 다른 길을 택했을 거라고 생각이 될 정도로 많은 것을 얻었습니다.

주제 2 지속적이고 풍부한 동료 관계를 맺는다

참여자들은 초심자의 단계를 넘어서면서 다양한 동료 관계를 맺고, 그 관계를 유지해 나간다고 보고했다. 이러한 관계는 참여자들을 지지해 주는 중요한 역할을 한다. 한 참여자는 동료와의 관계를 지속적으로 경험하는 점에 대해서 다음과 같이 기술했다.

> 꼭 몇 년의 경험을 했는지는 충분하지 않다고 생각해요. 같은 기간의 경험을 20번 한 것과 같은 거예요. 그러니까 주변에서 얻게 되는 훌륭한 자문, 동료 체계들을 모두 포함시켜야 할 필요가 있어요. 그리고 그것이 상담자의 안녕을 위한 한 부분이기도 하고요.

한 참여자는 특히 작업 환경에서의 동료 관계에 관해 논의하면서 다음과 같이 말했다.

동료 관계는 사실상 상담자의 지속적인 성장에 도움을 주는 독특하고 보기 드문 환경이라고 할 수 있을 것 같아요. 심지어 수년 동안 상담 일을 해 왔어도 상담이 진행되는 데 대해서 잘 알지 못하거나 두렵기도 하고, 실패할 것 같다고 느낄 수 있다고 말해 주죠.

작업 환경에서 동료 관계의 중요성은 형식적 교류와 비형식적 교류 모두가 중요한 요소로 강조되었다. 한 참여자는 자신과 동료들 간에 다양한 교류를 제공하는 작업 환경을 어떻게 전략적으로 만들었는지에 대해서 기술했다.

우리는 의도적으로라도 서로가 마주칠 수 있도록 휴게실을 마련하고 일주일에 한 번씩 점심 식사를 했는데, 그건 서로에게 자문을 구하는 것뿐만 아니라 휴식과 교제를 나누는 데에도 무척 도움이 되었어요. 항상 내담자들의 이름을 이야기하지 않고도 "이것 좀 봐. 이 점에 대해서 어떻게 생각해?"라고 말할 수 있는 사람이 있는 거예요. 문제에 대해서 설명하고 내가 존경하는 사람으로부터 피드백을 받을 수 있는 거지요.

한 참여자는 동료 관계에 대해서 이야기하면서 직업적인 문제뿐만 아니라 생활에서 일어나는 일을 서로 나눌 수 있는 친구 관계의 가치를 강조했다.

우리는 회의를 시작하기 전에 그저 앉아서 좀 시간을 갖고 우리의 일상에 대해서 이야기해요. 내담자들에 대해서 이야기하기 전에 그저 자녀들에 관한 이야기나, 지난 주말에 뭘 했는지, 영화를 봤다거나, 그냥 개인적인 얘기를 하는 거예요.

종종 긴밀한 동료 관계는 참여자들이 자신의 인식의 폭을 깊이 있게 하고, 그 결과 내담자와의 상담 과정에 좀 더 심도 있게 투자할 수 있는 능력을 갖게 하는 데 중요한 요소였다. 두 명의 참여자는 긴밀한 친구 관계가 실제 작업 환경에서 얼마나 중요한가를 이렇게 말했다.

예를 들면, 우리는 6명의 그룹인데 그중 몇 명은 대략 14년 동안 함께 일해 왔어요. 그러니까 정말 서로 간의 경험을 깊이 있게 하고, 그로 인해서 내담자와도 심도 있는 작업을 할 수 있게 되는 거예요. 왜냐하면 일과 관련해서 자신에 대해서 더 잘 알게 되고, 다른 사람들도 "이것 좀 봐"라고 말할 수 있을 정도로 당신을 잘 알게 되거든요. …… 우리는 18년 동안 계속 이렇게 지내 왔으며, 매주 자문

회의를 통해 무엇이 우리를 멈추게 하는지, 무엇이 우리를 막고 있는지, 무엇 때문에 우리가 힘들어 하는지에 대해 이야기했어요.

좀 더 광범위한 전문가 집단에서의 다양한 동료 관계 또한 중요한 지지 세력으로 강조되었다. 참여자들은 다양한 전문가 활동이나 학회 등에 적극적으로 참가하는 경우가 많았다. 한 참여자는 다양한 분야의 전문 조력자들로 구성된 위원회에서 활동하는 가치에 대해서 이렇게 말했다.

이 모든 사람이 시간과 에너지를 들여서 어떻게 하면 우리의 일이 향상될 수 있을지 생각해 본다는 것은 정말 고무적인 일이에요. 나에게 있어서 그것은 힘이 되고 격려가 되며 많은 도움이 됐습니다.

또 다른 참여자도 비슷한 이야기를 했다.

지난 10년 동안 나에게는 매우 중요한 동료집단이 있었어요. 우리는 매년 서부 해안에서 만나 방을 하나 빌려서 일주일 동안 함께 지내요. 그들은 모두 실존주의자들인데, 그들은 나의 가장 절친한 동료들이지요. 아마 일 년에 두 번이나 세 번 정도는 개인으로나 그룹으로 만나는 것 같아요. 이것은 지난 세월 동안 나에게 무척 많이 도움이 되었어요.

주제 3 여러 가지 역할이 보호요인이 된다

참여자들은 자신이 여러 가지 과업과 전문적 관여를 모두 하고 있다고 보고했다. 또한 참여자들은 내담자 타입을 선택하고 비용을 청구하는 것도 자유롭게 했다. 이처럼 일의 성격을 조절할 수 있는 능력이 생길 때 참여자들은 스트레스를 줄이면서 전문가적인 책임감을 갖게 된다. 한 참여자는 임상 일만 하는 것이 아니라, 일을 다양화해야 하는 필요에 대해서 다음과 같이 말했다.

내가 오직 이 일만을 한다면 정말 지겨워서 못 견뎠을 거예요. 그건 내가 만나는 사람들 때문이 아니라, 이 일을 하기 위해서는 주기적으로 자신을 고갈시켜야 하기 때문이에요. 그것은 건강에 매우 좋지 않아요.

또 다른 참여자는 다양한 활동에 참가하는 것이 자신의 전문적인 임상 일을 어떻게 향상시키는지에 대해서 논의했다.

> 사례 지도나 강의에는 정말 심오한 뭔가가 있다고 생각해요. 그것은 내가 계속해서 일에 관심을 가지게 하고 생동감을 느끼게 해서 책을 읽게 되고, 꼭 내 머릿속에 있는 것뿐만이 아니라 다른 관점에서 생각해 보도록 하는 자극을 줘요.

또한 참여자들은 자신의 사례 수를 계획하고, 비용 청구를 조절할 수 있는 자유를 갖는 것이 전문가적인 경험에 긍정적인 영향을 끼친다고 보고했다. 내담자와 관계된 스트레스에 관해서 한 참여자는 다음과 같이 말했다.

> 나의 내담자들이 나에게 스트레스라고 간주할 만큼의 영향을 끼치고 있다고 생각하지는 않아요. 물론 지난 몇 년 동안에 그런 일들이 있었어요. 자살 사례라든가, 이런 저런 사례들로 말이에요. 오랫동안 그런 사례가 그다지 많지 않았는데, 그 이유는 내가 위기 사례를 다루지 않는 곳에 배치되어 있기 때문입니다. 나는 내담자의 복지를 다루는 일에 종사하거든요. 그래서 지금은 그렇게 일에 떠밀리고 있지는 않아요.

한 참여자는 자신의 사례 수를 구성하고 비용 청구를 전임하는 방법을 다음과 같이 논의했다.

> 나는 두 가지 측면에서 정말 운이 좋았어요. 제가 이 분야에서 오랫동안 일해 왔고, 저에 대한 평판이나 이력을 잘 관리해 왔어요. 대부분의 내담자들이 다른 내담자의 소개로 와요. 그리고 내담자들이 대부분 자기 돈으로 비용을 지불하기 때문에 기꺼이 비용을 조정해 주죠, 보험회사가 할인해 주는 것보다 제가 그들에게 가격을 조정해 주는 게 더 나아요.

주제 4 건강을 증진시키는 작업 환경을 창출한다

참여자들은 그들의 작업 환경이 공간 활용적인 면, 미적인 면, 그리고 편안함을 주는 면에 부합된다고 말했다. 이러한 환경이 성공적인 상담 관계를 촉진시키는 데 영향을 미친다는 것이 중요하다. 한 참여자는 자신이 일하는 환경의 좋은 점을 다음과 같이 요약했다.

> 나는 정말 여기가 좋아요. 나의 공간이 좋아요. 난 여기에 있는 게 좋아요. 비가 올 때나 눈이 올 때 여기에 있는 걸 정말 좋아해요. 마치 누에고치처럼 아늑하고 보호받는 느낌이에요. 환경을 어떻게 꾸미면 상담이 잘 이루어질 수 있을까 생각하곤 하는데, 그런 면에서 이곳은 좋은 편입니다. 내담자들이 여기에 있는 것이 좋다고 말하는 걸 들었어요.

다른 참여자들 역시 편안하고 치료적인 작업 환경을 만드는 것이 필요하다는 점을 주장했다.

> 나 자신뿐 아니라 상대방의 개인적인 공간을 충족시킬 수 있을 만큼의 거리를 유지하세요. 사실상 그건 내담자에 따라서 달라요. 그래서 나는 종종 느낌에 따라서 앞으로 다가가기도 하고 뒤로 물러서기도 해요. 하지만 서로 통하지 않고, 마치 허공에 대고 얘기하는 것같이 느낄 만큼 거리를 많이 두지는 않아요. 뭔가 개인의 사적인 것을 보장해 주고, 안전감을 줄 수 있는 공간이지요. 내 생각에 그런 공간은 갇혀 있다는 느낌보다는 보호받는다는 느낌을 준다고 생각해요.

> 알다시피 나는 친근한 무늬나 색깔을 좋아해요. 조명과 조용한 것도 중요하죠. 우리는 사무실에 방음 장치를 하는 데 많은 노력을 들였어요. 건물이 적절하게 방음 시설이 되었다고 생각하겠지만 나는 여전히 옆 방에서 나는 소리를 들을 수 있었어요. 그래서 우리는 방음이 될 수 있도록 벽 사이에 절연제를 설치했어요. 대체적으로 안전하다고 느낄 수 있어야 하는 것 같아요. 위험한 지역에 있는 상담소에서 일하는 사람들은 알겠지만, 그런 환경은 상담자나 환자에게 편안함을 주지 못합니다.

범주 D 보호요인

범주 D에서는 참여자들이 스트레스에 대처하기 위해서 적극적인 전략을 사용할 때 나타나는 세 가지 주제를 다룬다.

주제 1 강한 스트레스가 되는 전문가적인 딜레마에 직접 대응한다

참여자들은 계속되는 어려운 상황과 위기들을 적극적으로 다룰 수 있는 숙련된 기술을 가지고 있어서 미래에도 그러한 일들을 예방할 수 있다. 그들의 전략은 변화를 수용하고 예상치 못한 일들이나 변화무쌍한 일들에 대처할 수 있는 능력을 반영한다. 참여자들은 도전적인 어려움이나 문제를 희망적인 관점에서 보고, 계획을 세우며, 적절한 자원을 이용하는 경향이 있었다. 도전이 되는 문제에 직면할 때, 참여자들은 내적인 면과 외적인 면에서 가능성과 접근을 받아들여야 하는 필요성에 대해서 이렇게 논의했다.

그러고 나서는 내 자신 안에 있는 스트레스 문제를 다루어야 하죠. 왜냐하면 이 문제를 보지 않으려고 하고, 내가 가진 힘을 부인하려는 내 안의 어떤 부분이 있기 때문이에요. 그것은 나 자신이 중요하지 않다고 생각하게 만들고, 나 자신에 대한 책임감을 축소하거나, 다른 누군가의 경험에 더 주의를 기울이려는 책임감을 최소화시키죠.

매우 비도덕적이며 환자들을 학대하는 것으로 밝혀진 몇몇의 상담자들과 함께 일하고 난 뒤 나는 매우 중요한 것을 배웠어요. 나의 절친한 친구 중 한 사람이 어떤 상담자에 의해 부당하게 이용당하는 것을 보고 나는 '뭔가 정말 잘못되었다'는 것을 알게 되었어요. 나는 나 자신이 경계나 경계 위반의 문제에 대해서 어느 정도 전문가가 되었다고 생각하는데, 이것은 그 문제가 나의 전체적인 자아개념과 누군가를 돕는 과정으로서의 상담이라는 전체적인 개념에 이의를 제기하는 일이었기 때문이에요. 그래서 나는 그 문제에 열의를 갖게 되었어요.

동료의 자문을 적절히 이용하는 것은 참여자들이 문제와 사건을 탐색하는 과정에서 중요한 자원이 된다.

나는 자문을 많이 받았어요. 그래서 정말 어려운 사례들을 대할 때 혼자가 아니었지요. 그것이 나에게 매우 중요해요. 정말 중요하다고 생각하는 것은 정말 어려운 상황에서 혼자가 아니라 동료가 함께 있다는 사실이에요. 그래서 이 일에 내가 혼자가 아니라는 느낌을 갖게 돼요. 나에게는 문제를 명확하게 보는 것이 매우 중요한데, 종종 혼자만으로는 이 일이 어려울 때가 있다고 생각해요. 당신과 더불어서 다른 사람들이 함께 보고, 함께 듣는다는 것은 자신을 보호하는 중요한 방법이에요.

참여자들의 보고에서 기본적인 특성은 그들이 기꺼이 개방적이고 융통성을 유지한다는 점이었다. 이러한 특성을 논의하면서 한 참여자는 다음과 같이 말했다.

> 개방적이고 융통성 있는 자세로 인해 어떤 때는 마치 내가 아는 것을 잘 모르는 것처럼 느끼게 될 때도 있죠. 하지만 다른 한편에서 보면 그 때문에 나를 새롭게 하고, 개방적인 느낌을 갖게 됩니다. 나는 기꺼이 어떤 일이라도 고려해 보려고 하고, 거의 모든 일에 대해서 내가 옳지 않을 수도 있다는 점을 보려고 해요.

또 다른 참여자는 일상의 임상 장면에 대해서 묘사하면서 한 내담자에게서 다른 내담자에게로 융통성 있게 적응해 가는 능력에 대해 예를 들었다.

> 그들의 고통을 함께할 수 있다가도 다음 상담에서는 누군가와 함께 웃기도 하고, 축하할 수도 있다고 느끼는 점에서 내가 정서적으로 융통성이 있다고 생각해요. 그렇게 내담자들의 정서를 따라갈 수 있어요.

주제 2 개인적인 문제들을 직면하고 해결한다

참여자들은 자신의 개인적인 삶에서의 위기가 자신에게 도전이 되는 영역이라고 보고했다. 또한 이러한 문제를 직접 인정하고 해결할 때 개인적인 자기와 전문가로서의 자기 간에 일치가 생긴다고 믿었다. 한 참여자는 가족 중 한 사람의 예기치 않은 죽음을 경험한 것이 개인적인 차원에서 도전이 되었으나 그로 인해 내담자에게 더욱 공감적으로 조율할 수 있게 되었다고 말했다.

> 글쎄요. 가족 중에 누군가가 자살을 한 경우가 있는 내담자를 상담하는 것은 매우 어려운 일인 것 같아요. 다행히도 나는 훌륭한 상담자를 만났어요. 일이 어려울 때 그 상담자를 만났기 때문에 계속 정서적인 도움을 많이 받았죠. 저는 제가 도움받았던 경험을 내담자와 상호작용하는 데 적용했습니다. 그것은 마치 상담자가 내가 가야 할 필요가 있는 곳으로 기꺼이 함께 가 주고, 내 안에 있었으나 내가 알지 못했던 부분을 열어 주고 개발해 주는 것과 같았어요. 그러고 나니까 내담자에게 있는 그러한 부분을 나도 자동적으로 들을 수 있었어요. 그들이 내가 경험해 본 것을 경험하고 있기 때문에 질문할 수 있었죠.

주제 3 배움에 몰입하는 것은 자신을 새롭게 하는 강력한 원천이 된다

참여자들은 그들이 새로운 경험에 개방적이고, 배움에 이르는 다양한 길을 모색하며, 여러 출처로부터 정보를 통합해 왔다고 보고했다. 그들의 삶은 그칠 줄 모르는 호기심과 모호함을 편안하게 받아들이고 지속적으로 지식을 소비한다는 점에서 주목할 만하다. 이러한 지속적인 학습 과정은 그들이 계속해서 조력자로서의 역할을 다하는 데 필요한 에너지를 유지하도록 하게끔 도움이 되었다. 배움과 그에 따른 효과에 관해 논의하면서 한 참여자는 다음과 같이 말했다.

> 그것은 한 가지 일을 하는 데 있어 지속적으로 에너지를 제공해 줘요. 우리 분야에서는 지겨워지고 소진될 수 있다고 생각해요. 하지만 배움으로 인해서 나는 계속해서 힘이 나고, 내가 하는 일에 대해서 관심과 사랑을 갖게 됩니다. 배움은 신나는 일이에요.

어떤 참여자는 모호함을 참을 수 있고 배움에 대해 개방적인 것이 왜 그들의 일에서 결정적으로 중요한 요소인지에 대해서 이렇게 설명했다.

> 말하자면 미스터리를 선호한다는 것은 이미 알고 있는 것을 포기한다기보다는 우리가 알고 있는 것 위에서 그것을 수용한다는 거예요.

> 당신은 다양한 직업과 관심사를 가지고 살아온 사람들과 일하기를 원할 거예요. 당신이 적어도 내담자의 일에 관해서 계속해서 내담자로부터 배우려는 자각이나 개방성을 갖지 않고 아웃사이더로 남는다면 당신이 어떻게 그들에게 도움이 되겠어요? 그러므로 관심과 호기심이 있어야 하고, 내담자를 좋아해야 한다고 생각해요. 당신이 그들과 함께하려고 하지 않는다면 왜 그들이 당신을 믿고 당신에게 자기 자신을 털어놓겠어요.

> 알려지지 않은 것, 불확실한 것과 일할 수 없다면 당신은 이 일을 오래 할 수 없어요.

또 다른 참여자는 새로운 정보를 자신의 일에 적용하려는 노력에 대해 논의했다.

> 책을 읽을 때 적극적으로 배우는 과정이 어떻게 이루어지는지 알 수 있습니다. 그 과정은 새로운

정보를 얻어서 그것을 이미 알고 있는 것에 어떻게 통합시킬 수 있을지를 생각하는 겁니다. 그것은 또한 내가 이미 존재하는 것들을 변화시켜서 나의 필요에 맞게 개조하고, 내가 알고 있는 것과 통합한다는 것을 의미합니다. 모든 일이 이미 엄밀하게 고정된 형태로 존재한다는 접근을 가지고 있다면 이러한 일이 부정적일 수도 있어요. 하지만 저는 그렇게 생각하지 않습니다. 나는 지속적으로 새로운 것들을 통합함으로써 나의 생각들을 수정합니다. 정말 중요한 것은 통합과 조화입니다.

한 참여자는 배움의 과정을 촉진하는 데 동료들이 어떻게 도움이 되었는지 이야기했다.

집단에 속해서 일한다는 것은 당신의 흥미를 유지하고, 이용 가능한 것을 찾으려고 하며, 자신의 개방성을 지속시킨다는 점에서 도움이 되는 것 같아요. 나는 수년 동안 다른 상담자들과 함께 집단상담을 해 왔어요. 협력상담(co-therapy)과 결혼상담(marriage therapy)을 해 왔죠. 그러한 과정은 개방성을 유지하게 해서 지속적으로 새로운 정보를 얻고 새로운 방식으로 생각하게 합니다. 당신이 일하는 방식에 대해 알게 되는 것 또한 도움이 된다고 생각합니다.

범주 E 고독과 관계를 통해 자신을 성숙시켜 나가기

참여자들은 견고한 자아개념을 유지해야 하는 이유를 명확하게 밝혔다. 영역 E는 이러한 필요에 초점을 두고 있는 중요한 요소로 네 가지 주제를 포함한다. 이 주제들은 참여자들이 한 개인으로서 혹은 전문가로서의 일치를 유지하도록 하는 복합적인 접근과 내적이고 외적인 참여 네트워크를 반영한다.

주제 1 개인적인 삶을 성숙시켜 가는 과정을 통해서 전문인으로서의 안정성을 기른다

참여자들은 그들의 개인적인 삶과 전문가로서의 삶에 균형을 유지하는 것이 중요하다는 점을 인식하고 있었다. 그들은 전문가로서의 삶 외에 다양한 역할에 관여하고, 다양한 관계를 갖는 삶의 방법을 통해서 조력자로서 그들의 역할이 촉진된다는 점을 믿고 있다. 한 참여자는 이러한 의견을 다음과 같이 표현했다.

내가 하는 일에 어느 정도는 무심할 수 있고, 이 일 외에도 내 삶을 가져야 한다는 자세가 오히려 일을 잘 해낼 수 있도록 합니다. 이 일이 나의 전부가 될 수는 없고, 이 일에만 관심을 가질 수는 없다는 것이죠. 내가 할 수 있는 만큼은 기꺼이 자신을 투자하지만, 일에 투자하는 에너지를 적절하게 조절하는 것이 도움이 돼요. 이를 위해서는 다방면에서 실제적인 존재감을 갖는 것이 중요합니다.

또 다른 참여자는 다음과 같이 간결하게 말했다.

좀 더 큰 의미에서의 균형감 같은 게 필요해요. 어떤 사람도 철저하게 일만 할 수는 없다고 생각해요. 중심적인 일에서 벗어나려고 하는 경향성이 매우 크죠.

주제 2 원기를 회복할 만한 폭넓은 활동에 투자한다

참여자들은 여가를 위한 일련의 활동을 개발한다. 실제적으로 참여하는 일의 종류는 다양하지만 공통적으로 일관된 주제는 그러한 활동을 통해 일에서 생기는 스트레스로부터 탈피하고 자신과 타인을 재결합하는 장이 마련되어야 한다는 것이다. 활동과 취미의 역할에 대해서 한 참여자는 다음과 같이 말했다.

개인적으로 뭔가 신체적인 일을 하는 것이 도움이 돼요. 우리가 2차 외상을 겪었다고 했을 때, 그저 나가서 뭐라도 차고 싶거나 자전거를 빠르게 타거나 빨리 뛰거나 그러고 싶다고 느낄 때가 있어요. 그리고 그러한 일을 하는 것이 정말 도움이 된다고 생각해요. 나는 자주 연극을 보거나, 극장에 가고, 친구들과 어울리기도 하고, 우리가 본 영화나 책에 대해서 이야기를 하기도 해요.

한 참여자는 다양한 일에 참여하는 것에 매력을 느낀다고 말했다.

나는 추리소설과 위인전을 좋아해요. 나는 역사소설을 통해서 역사를 배웠죠. 영화도 좋아하고, 스포츠도 좋아해요. 나는 열성적인 풋볼 팬이랍니다. 뜨개질도 많이 하고요.

다른 참여자들도 그들이 자연이나 다른 창조적인 활동에 대해 매력을 갖는 것에 대해서 논의했다.

나는 꽃이나 풀들을 가꿀 때 뭔가 내 안의 영감을 느껴요. 우리 집은 화초를 많이 키우는 데, 화초를 가꾸는 것은 마치 의식과도 같습니다. 이곳과 북쪽 오두막에 정원이 있는데, 이 또한 어떤 의식과도 같지요. 그것이 나에게 안식처가 되고, 정말 여러 면에서 그것에 몰두할 수 있어요. 나는 창조적인 것을 사랑해요. 그리고 책을 쓰거나 학교에서 뭔가를 하거나 할 때 정말 창조적인 시도를 하려고 노력해요.

음악이 내 삶의 경험의 깊이를 증폭시키는 데 근간이 된답니다. 많은 사람들도 그러하리라 생각하지만 나에게는 정말 그래요. 항상 그래 왔어요. 한 예로, 내가 울 수조차 없다고 느낄 때 음악을 통해서 표현하게 됩니다.

한 참여자는 여행이 가지는 중요한 역할에 대해 논의했다.

여행은 사물을 조망하는 데 도움이 됩니다. 정말 도움이 돼요. 오랫동안 떠나 있어도 다른 사람이 충분히 당신을 대신할 수 있다는 것을 깨닫는 것이 비결이에요. 누군가가 충분히 당신을 대신할 수 있다는 거지요. 그렇게 함으로써 당신은 진정한 자유와 안심을 논할 수 있어요. 그 안에 진정한 자유와 휴식이 있답니다.

주제 3 확고한 인간관계를 맺어 간다

참여자들은 관계를 잘 맺는다. 그들은 가까운 가족이나 친구, 혹은 다른 사회 조직과 도움이 되면서도 도전적인 관계를 발전시켜 나간다. 다른 사람들과의 관계를 통해 지속적으로 일관된 지지를 받고, 자신에 대해서 현실적인 조망을 할 수 있게 된다. 이러한 관계는 근본으로서도 중요하지만 위기 상황에서는 특별히 결정적인 역할을 한다. 몇몇의 참여자들은 지지적인 관계망이 자신의 삶을 어떻게 확고하게 하고, 정서적인 안전망으로서의 역할을 하는지에 대해서 다음과 같이 말했다.

삶에서 좋은 친구들이 있고, 훌륭한 지지 체계가 있다면 친구들에게 당신이 지쳐 있거나 소진되었거나 피곤하다는 것을 알려서 그들에게 도움을 얻고 지지를 얻을 수 있을 거예요.

많은 가까운 친구와 자녀가 최고의 친구이죠. 그들은 내가 균형감을 유지하고 조망할 수 있도록 해 주고 너무 교만하지 않도록 해 준답니다. 그들은 매우 훌륭한 지지 세력이에요.

적어도 나에게는 견고한 가족 관계를 갖는다는 것이 매우 중요해요. 나는 삶에서 의지가 되는 친구나 부인 같은 사람들이 있어서 내가 포착하지 못하는 것들을 깨닫게 해 주지요.

어떤 참여자들은 배우자나 삶의 동반자와의 관계를 통해 얻게 되는 격려와 위안에 대해서 이야기했다.

나는 나에게 딱 맞는 여자와 결혼했어요. 아내는 아동발달 전공으로 석사학위를 마쳤어요. 그래서 우리는 서로 대화할 수 있고, 아내는 내 말을 이해해요. 아내는 결혼하자마자 아이를 갖게 되어서 결혼 후에는 일하지 않았습니다. 하지만 우리는 대화할 수 있고, 서로를 이해합니다. 그리고 내가 너무 교만해지려고 할 때에도 아내는 항상 균형감을 갖지요. 그녀는 나의 그런 점을 지적하고, 그런 점이 도움이 되었어요. 지금도 그렇고요.

사실 우리는 친구로 만났어요. 그것은 아마도 개인적으로뿐만 아니라 전문가로서도 가장 중요한 관계라고 확신해요. 우리는 심리학에 대해 이야기하며 지난 수년간을 지내왔고, 그건 매우 중요하다고 믿어요.

한 참여자는 자녀와 가족의 중요한 역할을 강조했다.

사람들을 만나거나 사람들을 집에 초대하는 등 가족과 함께하는 일을 많이 해요. 저의 아이들이 지금은 집을 떠났지만, 어렸을 때는 정말 제게 도움이 되는 일을 많이 했어요. 우리는 가족 행사를 많이 해요. 사람들을 불러 함께 친교를 나누고 저녁 식사를 해요. 지금은 자녀들이 집에서 분가한 상태이지만, 정말 도움이 되는 것들을 했습니다. 함께 게임을 하는 시간을 갖습니다. 일과 완전히 분리된 상태로 가족들과 함께 무언가를 하는 것이죠.

또 다른 참여자는 친구들의 중요한 역할에 대해서도 이야기했다.

내가 말하려는 것은 몇몇의 친한 친구가 있다는 거예요. 그리고 내가 문제에 처했거나 그들이 문제에 처했을 때 언제든지 아무리 오랫동안이라도 서로에게 도움을 청한다는 규칙이 있어요. 그리고 문제가 해결되면 서로의 삶으로 돌아가는 것이죠. 그들은 매우 도움이 되고, 나 역시 그들에게 그렇다고 생각해요.

또한 참여자들은 좀 더 큰 의미에서 세상과 본질적인 관계를 조성했다. 그들은 대체적으로 영적 자각이나 타인과의 더 나은 관계를 추구하는 점에 대해서 말했다.

나는 영감과 경외감을 가지고 있어요. 비록 나는 작지만 우주에서 나의 위치를 알아요. 그것은 내가 관여하는 곳이에요. 나는 그 모든 것에 자비가 있다고 믿습니다. 차갑고 매서운 바람 외에도 따뜻하고 온화한 바람이 나의 길에 분다는 것을 믿어요.

주제 4 내적인 초점을 가치 있게 여긴다

참여자들은 자신의 건강과 상담자로서 효과적으로 기능하기 위한 능력을 지속하는 데 있어서 내적인 과정이 중요하다는 것을 인식하고 있다고 보고했다. 그들은 이러한 성찰과 자기 반성을 위해 개인상담을 받는 것에 대해서 개방적이고, 기꺼이 상담을 받으려고 했다. 이렇게 자신을 이해하는 데 노력을 기하는 것은 조력자로서의 역할에서 유연성과 건강함을 갖게 하기 때문에 중요한 자기 관리의 한 방법이다. 참여자들이 말한 내용들은 지속적인 자기 인식의 중요성을 반영했다. 한 사람은 이것에 대해 유의하는 것이 중요하다고 말했다.

무엇이 되었든지 나의 내면 세계에서 일어나는 일을 이해할 필요가 있어요. 나는 일을 할 때 마음을 비우는 상태가 돼요. 그것은 실체가 없다는 것이 아니라 내가 그것에 집착하지 않는 거예요. 그렇게 함으로써 바로 내 자리를 찾게 되는 것이죠.

또 다른 사람은 이렇게 말했다.

자신에게 취약점이 있다는 것을 아는 것이 중요합니다. 자신의 약점을 알고 자신의 상처를 인식하고 나서야 비로소 상담을 제대로 할 수 있을 거라고 생각해요.

한 참여자는 내적인 과정에 귀를 기울이는 것이 부분적으로는 윤리적인 책임이라는 신념을 나누었다.

이 부분에 있어서 자기 감시와 자기 인식이 필요하다고 생각해요. 만약 내가 정신병적이 된다면 아마도 내 주위에 있는 사람들이 그 점을 알아차리겠죠. 하지만 이렇게 극단적인 일 외에도 생활에서 일어나는 일이나 건강상의 문제 등으로 상담하는 일에 문제가 된다면 윤리적인 면에서 문제가 된다고 생각해요.

다른 참여자들은 개인상담이 그들의 자기 인식을 추구하는 데 중요한 수단이 된다는 신념에 대해서 논의했다. 한 참여자는 다음과 같이 말했다.

모든 상담자가 개인상담을 다시 받아야 할 때가 언제인지를 깨닫는 것이 중요하다고 생각해요. 개인적인 불안이나 문제들은 일에 의해서 야기되기도 하고 외부로부터 생기기도 해요.

결론

이 장에서는 몇 가지 관련 분야를 집중적으로 다루었다. 참여자들은 다양한 치료적 쟁점이나 내담자의 행동, 동료 관계에서의 불화, 개인적인 위기와 삶의 변화가 주는 영향과 관련된 스트레스에 대해 이야기했다. 참여자들의 설명에서 나타난 스트레스 영역을 보면 조력자로서의 역할이 큰 노력을 요하는 성격을 가진다는 점을 강조하였고, 상담자의 건강과 전문가로서의 활력을 지속하는 수단으로서 보호적인 접근과 자기 관리 전략이 중요하다는 것이 강조되었다.

참여자들이 확인한 중요한 보호요인들은 내적 대처 전략들로부터 외적 환경 변인까지 다양하다. 참여자들에게 존재하는 공통점은 그들이 자기 관리와 중요한 자원을 이용하는 기술을 습득하는 데 노력을 들인다는 점이다.

참여자들은 내적인 분야에 대해서 정확하게 인식하고 있으며, 자기 자신의 정서적인 면에 유의한다. 그들의 자기 관찰(self-observation)에 대한 적극적인 노력은 종종 일이나 개인적인 삶에서 야기되는 스트레스를 직접적으로 직면하고자 하는 진취적인 방법과 함께 쓰인다. 이 두 가지가 결합되었을 때 이러한 접근들은 참여자들이 전문가로서의 안녕과 소진 예방에 중요한 개인적인 일치감과 에너지 수준을 유지하도록 해 주었다.

이 집단의 참여자들은 다양한 경로와 관계를 통해서 성장했다. 참여자들에게 현실적 관점과 지속적인 전문적 지지를 제공해 주는 동료의 역할이 강조되었다. 동료 간의 지지는 진로의 모든 단계에서 중요했지만, 특히 초심자 단계에서나 예기치 못한 위기 상황이 일어났을 때 특별히 중요한 역할을 했다. 참여자들은 또한 진정한 관계를 형성하고 일 이외의 활동을 하는 것이 중요하다는 점을 강조했다. 이런 다양한 참여는 건강한 균형감을 유지하기 위한 자기 돌봄 계획에 있어서 중요한 요소이다.

이 장에는 실제 적용할 수 있는 것들이 많이 있다. 학교와 개인 상담실에서 일하고 있는 한 적극적인 상담자는 도움이 필요한 사람들에게 도움이 되는 활력을 가지고 일할 수 있기 때문에 이러한 통찰들을 매일 사용한다고 말했다. 이는 매우 유용한 연구의 예이다.

자기 성찰 활동

1. 상담 전문가들이 전문가적인 활력을 유지하기 위해 사용하는 방법 중 당신에게 가장 인상 깊었던 것은 무엇인가?

2. 상담 전문가들은 당신의 회복탄력성 개발과 자기 돌봄을 위해 무엇을 가르쳐 줄 수 있는가?

제13장 맺는말

삶에서 중요한 문제를 경험하고 있는 사람을 돕는 일은 효과적이고 만족스러우며 의미가 있다. 또한 그 일은 위대한 작업이 될 것이다. 그러나 이를 잘하기 위해서는 한 사람, 또 다른 사람과 성공적으로 끊임없이 애착 관계를 맺고 분리해야만 한다. 상담자는 모호한 직업적 손실, 어쩔 수 없는 실패, 2차 외상, 대리 외상을 입기도 한다. 그러나 상담자는 부단히 긍정적으로 타인에게 투자해야 한다. 이 말은 끊임없이 자기를 갱신하고 자기 돌봄과 타인 돌봄 간의 균형을 지속적으로 이루어 가는 것을 의미한다.

이 일은 매우 소중하고 즐거운 것이다. 68세의 한 상담자는 자신의 일에 대해 다음과 같이 회상했다.

> 불안이 줄어들면서 나는 내담자들을 점점 덜 무서워하게 되었고, 다양하고 폭넓은 나만의 기술과 절차의 레퍼토리를 쉽게 사용할 수 있게 되었다. 다른 사람들이 나와 자신의 개인적 세계를 기꺼이 공유하고, 나는 그들과 함께 작업함으로써 긍정적인 결과를 이루는 일은 무엇과도 비교할 수 없이 소중하다. 이로 인해 나는 강한 기쁨을 느낀다.
>
> –**스코브홀트와 로네스태드**(1995, p. 96)

심상 훈련

당신 앞에 좋아하는 한 그루의 나무가 서 있다고 상상해 보자. 그 나무의 아름다움, 향기, 활력, 힘을 보자. 이제 그 나무가 당신 자신이라고 상상해 보자. 아름답고, 향기가 있고, 활기차며, 강한 자신을 말이다. 나무로서 당신은 다른 사람들을 위해 이산화탄소를 받아들이고 산소를 내뿜는다. 이 과정은 말 그대로 당신이 돌보는 이들에게 새 삶을 주는 일이다. 그러기 위해서 나무는 부지런히 일을 해야 하고 건강해야 한다. 외부 혹은 내부로부터 생기는 위험한 벌레들로부터 자유로워야 한다. 잘 자라려면 가지를 쭉 뻗기도 하고 가지를 치는 데 잘 반응을 해야 한다. 어떻게 하면 당신이 상담자로서 과도한 직업적 손실, 잎을 갉아먹는 벌레들을 피하고, 비옥한 땅, 비, 햇빛을 머금을 수 있을까? 당신은 무엇을 위해 햇빛, 비, 토양을 머금고 있는가?

공기가 모자라서 숨이 막히고 헐떡거리는 사람에게 산소를 배출하는 것보다 더 좋은 일이 있을까? 건강하고 강한 나무가 그런 일을 하는 것보다 더 아름다운 일이 있을까? 어떻게 건강한 나무로 30년, 40년이 넘어서도 벌레들을 피하고, 항상 비, 땅, 햇빛을 지니려는 마음을 잊지 않고 가질 수 있을까?

나는 여러분이 이 일을 잘 해내기를 바란다.

자기 성찰 활동

이 장에서는 여러분이 가장 좋아하는 나무와 이 나무가 이산화탄소를 흡수하고 산소를 배출할 수 있는 방법에 대해 생각해 보도록 했다. 내담자들과 작업을 할 때, 상담자들도 이와 비슷한 일을 한다. 다른 사람을 돕는 조력자로서 나무에 관한 은유를 당신의 삶에 적용해 보자.

1. 당신의 물, 태양, 흙은 무엇인가? 이것들이 당신에게 얼마나 적당하게 있는가?

2. 당신의 활력을 잠재적으로 갉아먹을 수 있는 큰 해충들은 무엇인가? 작거나 보이지 않는 또는 은밀한 해충들은 무엇인가?

3. 이산화탄소를 흡수하고 산소를 배출함으로써 다른 사람들을 도울 수 있는 건강한 나무가 되기 위해 당신에게 어떤 변화가 필요한가?

제14장 자기 돌봄 행동 계획

이 책의 제13장까지는 상담자들이 하게 되는 일들 가운데 중심이 되는 주제들에 대한 내용이었다. 이 장에서는 읽고 이해하는 단계를 넘어서 실행하는 것에 중점을 두고 있다. 상담자로서 이 장의 내용을 당신의 삶에 실제로 활용할 수 있기를 권한다. 자기 돌봄에 대해 다루는 이 장에서는 책에 담겨 있는 내용과 부가적인 검사 도구, 그리고 여러 차트 등에 대해 당신이 직접 답해야 한다. 그리고 여러분 자신은 자기 돌보기 행동 계획을 스스로 세워 보아야 한다. 이 장은 다음 두 부분으로 이루어져 있다.

- **파트 1** 다른 상담자들이 자기 돌봄을 위해 어떤 활동을 하고 있는지 살펴보면서 여러분 자신은 타인 돌보기와 자기 돌보기 사이의 균형을 잘 이루어 가고 있는지 평가하게 될 것이다.
- **파트 2** 타인 돌보기와 자기 돌보기에서 균형을 이루기 위해서 행동, 생각, 그리고 감정에 어떤 변화가 필요한지 여부를 결정하게 될 것이다. 그리고 변화를 위해 구체적이면서도 현실적인 계획을 세우도록 할 것이다.

파트 1 자기 돌봄 · 타인 돌봄의 균형 정도 평가

1 단계 당신 직무의 스트레스 수준 평가

첫 단계는 여러분의 업무 스트레스 수준을 평가하는 것이다. 스트레스가 많은 업무

속에서 개인들은 많은 것을 요구받게 되지만, 반면에 낮은 통제감을 경험한다. 예를 들면, [그림 14-1]에서 4분면의 상황은 1분면에 비해 종종 훨씬 많은 스트레스를 경험한다. 당신의 경우에 일에서 느끼는 스트레스 수준을 평가하면 어느 정도인가? 그 결과치는 타인 돌봄과 자기 돌봄의 균형 상태를 재 보는 데 도움을 준다. 그리고 [그림 14-2]의 짧은 질문지에 답해 보라.

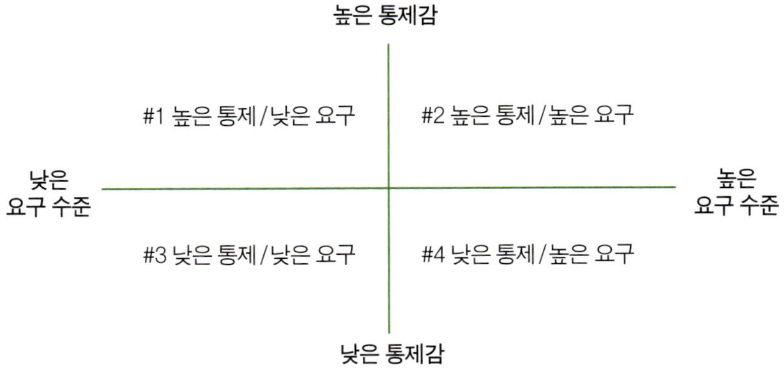

[그림 14-1] 업무 스트레스의 요소

출처: Karasek, R., & Theorell, T. (1992). *Healthy work: Stress, productivity and the restructuring of working life*. Basic Books.

[그림 14-1]과 [그림 14-2]를 사용하여 여러분의 업무 스트레스 수준을 기술해 보라.

당신 업무의 스트레스 정도는 얼마인가?

이 검사는 당신이 직무 수행을 통해 얼마나 스트레스를 겪고 있는지에 대해 대략의 지표를 제공할 수 있다. 이 검사는 매사추세츠 대학교 로웰 캠퍼스에 재직 중인 로버트 카라섹(Robert Karasek) 박사가 만든 것을 간략형으로 만들어 수정한 것이다. '예' 또는 '아니요'로 답하라.

요구사항	예	아니요
나는 매우 열심히 일해야 한다.	______	______
나는 과도한 업무를 하도록 요구받고 있지 않다.*	______	______
나는 나의 업무를 완수하기에 충분한 시간이 있다.*	______	______
통제감		
나는 많은 반복 작업을 해야만 한다.*	______	______
나는 창의적이어야만 한다.	______	______
나는 새로운 것을 배워야만 한다.	______	______
나는 벌어지는 일들에 대해 얘기할 것이 많다.	______	______
나는 내 일을 처리하는 방식을 스스로 결정할 자유가 거의 없다.*	______	______
사회적 지지		
나는 협조적인 사람들과 일한다.	______	______
나는 내게 사적인 관심을 지닌 사람들과 일한다.	______	______
나의 상사는 협조적이다.	______	______
나의 상사는 나의 복지에 관심을 지니고 있다.	______	______

채점: 요구사항, 통제감, 사회적 지지 세 부분을 각각 채점하라. 각 부분마다 * 표시가 없는 문항에서 '예'라고 답한 경우 1점을 준다. 그리고 * 표시가 있는 문항들은 '아니요'라고 답한 경우에 1점을 준다. 세 부분에 대한 점수를 다음의 빈칸에 적으라. 그리고 각 점수별 설명을 밑줄 친 부분에 써라.

1. 요구사항 점수: □

나의 업무 요구 수준은 ____________.
(점수가 0, 1점이면 '낮다', 2, 3점이면 '높다')

2. 통제감 점수: □

일에서의 나의 통제감 수준은 ____________.
(점수가 0~2점이면 '낮다', 3~5점이면 '높다')

3. 사회적 지지 점수: □

일에서의 나의 사회적 지지 수준은 ____________.
(점수가 0, 1점이면 '낮다', 2점이면 '보통', 3, 4점이면 '높다')

해석: 높은 요구 수준과 낮은 통제감, 그리고 낮은 사회적 지지는 모두 스트레스를 증가시키기 쉽다. 일하면서 그런 요소들에 많이 직면할수록, 그리고 각 요소별 점수가 극단적일수록 여러분의 스트레스는 더 커진다. 세 부분 모두에서 긴장을 만들어 내는 상황일 경우에 그 업무는 대개 매우 스트레스가 많다. 반면에 두 부분에서 긴장이 유발된다면 그 업무는 다소 스트레스가 많다. 스트레스 요인이 하나뿐이라면 다른 두 요인이 얼마나 스트레스 정도를 상쇄시키느냐에 따라 스트레스가 보통이거나 낮은 경우가 될 수 있다. 가장 스트레스가 적은 업무는 요구 수준이 낮으면서 높은 통제감과 사회적 지지가 함께 겸비된 경우이다.

[그림 14-2] 업무 스트레스 평가

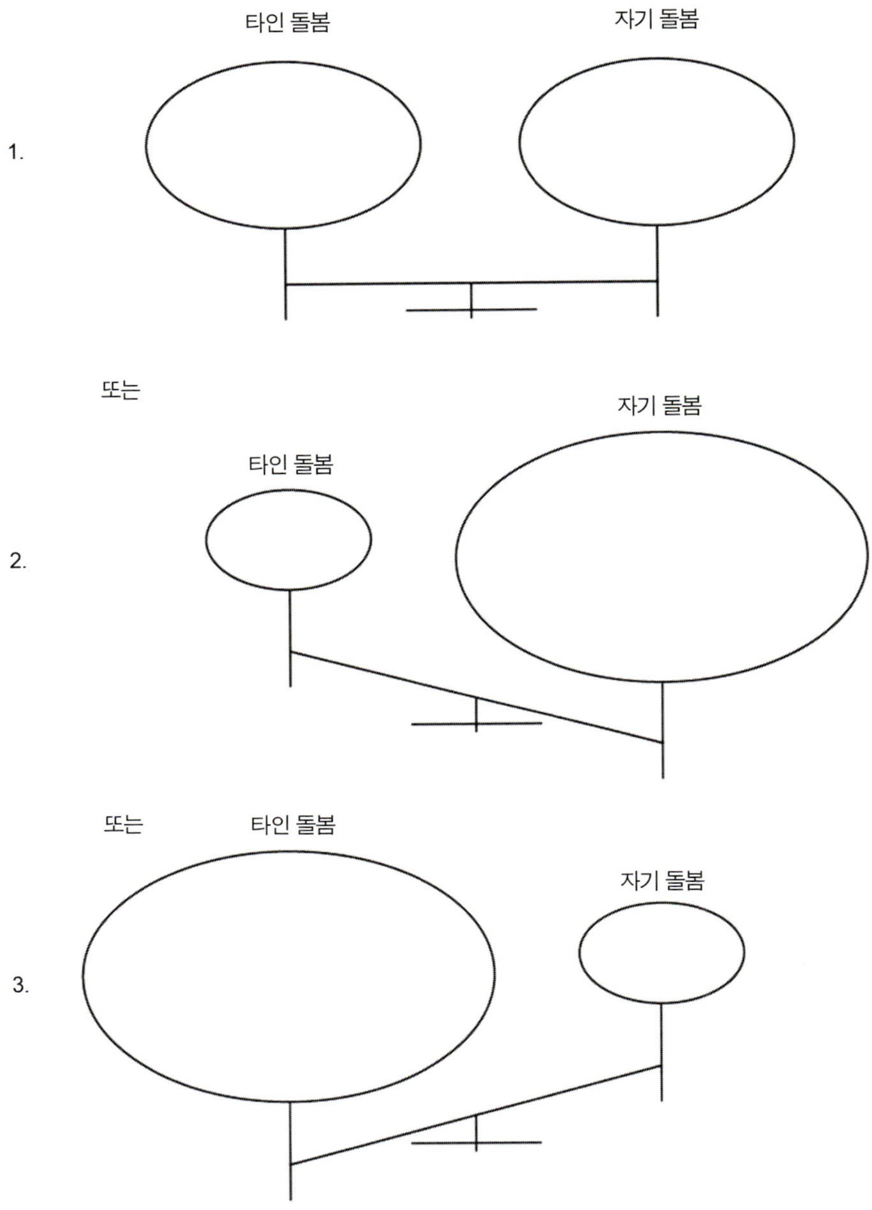

[그림 14-3] 타인 돌봄과 자기 돌봄 균형

2 단계 타인 돌봄과 자기 돌봄 간의 균형 평가

다음 단계는 타인 돌봄과 자기 돌봄 간의 균형을 평가하는 것이다. [그림 14-3]에서 당신의 유형을 선택하라. 그리고 타인 돌봄과 자기 돌봄 간의 균형 점수를 표시하라.

50~50, 10~90, 90~10, 70~30, 또는 30~70 중 어디에 해당되는가?

당신의 타인 돌봄과 자기 돌봄 간의 균형 점수는 얼마인가? ________~________

종종 타인을 돕는 상담자들은 자기 배려보다는 타인을 돌보는 일을 더 지향한다. 어느 정도의 불균형은 괜찮을 수 있다. 그러나 이러한 태도가 당신에게 과도한 때는 언제인가?

3 단계 전문적 자기 돌봄 평가

제8장에는 전문적 자기를 유지하기 위한 방법이 제시되어 있다. 각 방법들을 고려해 볼 때, 전문적 자기를 유지하기 위해 당신은 무슨 일을 하고 있는가? 당신은 전문적 자기를 얼마나 잘 유지해 나가고 있는가? 다양한 환경과 상황에서 일하는 여러 상담자에게 모든 방법이 동일한 가치를 가지는 것은 아닐 것이다.

1. 〈표 14-1〉의 두 번째 열에서 당신이 전문적 자기를 유지하기 위해 취하는 활동의 예를 나열해 보라.

2. 각 요인과 관련하여 자신의 전문적 자기를 얼마나 잘 유지하고 있는지 평가해 보라.

〈표 14-1〉

0	1	2	3	4	5	6

전혀 못하고 있다 ⟶ 매우 잘하고 있다

요인
의미 있는 일 유지하기
전문적 성공 경험을 극대화하기
크게 이루려고 욕심내는 대신에 작은 성공의 성취를 즐기기
길게 내다보기
개별적 · 적극적으로 설계된 발달 방법을 창조하고 유지해 나가기
전문적인 자기 이해
일하는 곳에 전문가 온실 만들기
• 상담자로서 성장할 수 있는 배움의 환경
• 타인과 자신을 돌보는 일 사이에 균형을 맞출 수 있도록 해 주는 리더십
• 동료들로부터의 지지
• 멘토, 슈퍼바이저 또는 상사로부터 타인 돌봄을 받기
• 멘토, 슈퍼바이저, 상사로서 일하며 성장하기
• 전문가가 되어 가면서 일을 즐길 줄 알고, 재미를 갖고 농담을 하며 웃을 수 있는 방법 배우기
고통스러운 감정을 벗어 버리기 위한 전문적인 환기와 표현적 글쓰기
'충분히 좋은' 조력자 되기
초심자 시절에 흔히 겪게 되는 불안을 이해하기
자신을 쇄신해 지적인 자극을 증진하고 권태와 지루함을 줄이기
모호한 결말을 최소화하기
경계와 한계의 설정, 부적절한 요청을 거절할 줄 알기

앞선 평가로부터 전문적 자기 돌봄 항목 가운데에서 가장 잘하고 있는 영역 3개와 가장 못하고 있는 영역 3개를 적어 보시오.

• 가장 잘하고 있는 자기 돌봄 영역

1.

2. ______________________________

____

____

3. ______________________________

____

____

• 가장 못하고 있는 자기 돌봄 영역

1. ______________________________

____

____

2. ______________________________

____

____

3. ______________________________

____

____

4 단계 개인적 자기 돌봄 평가

제9장에는 개인적 자기의 여러 부분에 대한 내용들이 제시되어 있다. 각 부분을 배양하기 위해 어떤 일들을 하고 있는가? 개인적 자기의 여러 부분을 배양하는 일들이 얼마나 잘 이루어지고 있는가?

1. 〈표 14-2〉에 개인적 자기의 각 부분을 배양하기 위한 구체적인 활동을 나열해 보시오.

2. 개인적 자기의 각 부분을 얼마나 잘 배양하고 있는지 평가해 보시오.

〈표 14-2〉

0	1	2	3	4	5	6

전혀 못하고 있다 ——→ 매우 잘하고 있다

자기의 일부분	자기의 여러 부분을 배양하기 위한 구체적인 활동	평가
정서적 자기		
경제적 자기		
유머러스한 자기		
사랑하는 자기		
영양가가 높은 자기		
신체적 자기		
유희의 자기		
우선순위 부여 자기		
재충전 자기		
이완/스트레스 감소 자기		
• 마음챙김		
• 요가		
고독한 자기		
영적 · 종교적 자기		

앞선 평가로부터 개인의 자기 돌봄 항목 가운데 가장 잘하고 있는 영역 3개와 가장 못하고 있는 영역 3개를 적어 보시오.

- 가장 잘하고 있는 자기 돌봄 영역

1. ____________________

2. ____________________

3. ____________________

- 가장 못하고 있는 자기 돌봄 영역

1. ____________________

2. ____________________

3. ____________________

5 단계 적극적인 전략 개관

〈표 14-3〉과 〈표 14-4〉에서 상담자들이 사용하는 적극적인 전략과 이어서 제시한 상담자의 자기 돌봄에 치명적 영향을 주는 항목을 검토해 보시오.

〈표 14-3〉 상담자의 자기 돌봄 행동에 대한 세 가지 연구

연구 1: 도움이 되는 활동[a]	연구 2: 경력을 유지시키는 행동[b]	연구 3: 234명의 유능한 상담자들의 적응성에 기여한 활동[c]
가까운 친구, 의미 있는 타인 또는 가족을 지지적 자원으로 사용하기		
문제에 대한 해결책 구하기	파트너/가족과 시간 보내기	자기 자각과 자기 점검
유머를 사용하기	전문적인 생활과 개인적인 생활의 균형 유지하기	개인적인 가치들
관심 있는 인턴십 활동 선택하기	유머 감각을 유지하기	개인적이고 전문적인 삶 사이의 균형 유지하기
나의 인턴십 경험이 나와 나의 일에 미치는 영향에 대해 인식하기	자기 인식 유지하기	배우자, 동료, 또는 가족과의 관계
인턴십 이외의 즐거운 활동 추구하기	전문적 정체성을 유지하기	개인 심리치료
동료 인턴들과 상의하기		
인턴십에 대한 현실적인 목표 설정하기	조용한 레저 활동에 참여하기	친구들과의 관계
	업무 책임에 대한 적절한 통제감 유지하기	휴가
슈퍼바이저로부터 슈퍼비전 받기	신체적 활동에 참여하기	직업의 정체성
편안한 업무 환경을 만들기 위해 노력하기	정기적으로 휴가 가기	일상에서 동료들의지지
	내담자의 문제에 관심 갖기	정신적 지도자

[a] 출처: "Intern Self-Care: An Exploratory Study into Strategy Use and Effectiveness". J. A. Turner, L. M. Edwards, I. M. Eicken, K. Yokoyama, J. R. Castro, A. N., & K. L. Haggins, 2005, *Professional Psychology: Research and Practice*, *36*, pp. 674-680.

[b] 출처: "Career-Sustaining Behaviors, Satisfactions, and Stresses of Professional Psychologists". P. Stevanovic & P. A. Rupert, 2004, *Psychotherapy: Theory*, *Research*, *Practice*, *Training*, *41*, pp. 301-309.

[c] 출처: "Well-Functioning in Professional Psychologists," J. J. Coster & M. Schwebel, 1997, *Professional Psychology: Research and Practice*, *28*, pp. 5-13.

〈표 14-4〉 상담자의 자기 돌봄 방법

외상 심리치료자들의 유용한 행동 항목[a]	상담자, 선생님, 건강 관련 전문가들이 공통으로 언급한 10가지 활동[b]
동료들과 사례 토론하기	가족과 함께하기
워크숍 참석	전문적 기술 교육
가족이나 친구들과 시간 보내기	재미있는 취미 활동
여행, 방학, 취미, 영화	신체 활동
회기 사이에 동료들과 대화하기	독서
사교성 지니기	상담 및 슈퍼비전 받기
운동	직장 내 사회 활동
사례의 부담을 줄이기	자기만의 시간 갖기
영적 삶을 개발하기	친구, 동료, 배우자와 시간 갖기
전반적인 슈퍼비전 받기	휴가

[a] 출처: "Vicarious Traumatization: An Empirical Study of the Effects of Trauma Work on Trauma Therapists". L. A. Pearlman & P. J. Maclan, 1995, *Professional Psychology: Research and Practice*, *26*, pp. 558-565.

[b] In alphabetical order. Data from workshops by T. M. Skovholt in 1996.

• 상담자의 자기 돌봄에 치명적 영향을 주는 항목

1. 해가 되는 슈퍼바이저와 동료
2. 놀이, 유머, 웃음 등의 즐거움이 거의 없는 생활과 일
3. 자기 욕구에 대한 혼돈되고 명료하지 못한 이해
4. 개인의 유능성은 높이고 불안감은 낮추는 전문적 발달 과정이 없는 것
5. 힘을 북돋아 주는 사생활이 없는 것
6. 터무니없는 요구사항에 대해 "아니요"라고 말하지 못하는 것
7. 누적된 대리 외상적 충격
8. 늘 주는 사람으로서의 역할로 이루어진 압도적이며 일방적인 사적 관계들
9. 직무에 대한 지속적인 완벽주의적 자세
10. 해결되지 않은 채 지속적으로 남아 있는 애매모호한 직업적 손실들
11. 도움을 주고자 하는 지나치게 강한 욕구
12. 내담자의 긍정적인 변화나 감사 등 일방적으로 정의된 직업적 성공

6 단계 자기 돌봄의 강점과 약점 평가

1단계에서 5단계를 거치면서 모아진 정보를 가지고 여러분의 자기 돌봄의 강점과 약점을 평가하고 그 내용을 적어 보라. 앞 장을 통해 기록된 것처럼, 일에는 즐거움도 있지만 상당한 위험도 도사리고 있다. 상담자들이 최선의 작업을 수행하기 위해서는 자신을 개방해야 하는데, 그것은 동시에 전문가로서 단호하게 개인적인 자기의 복지를 성장시켜야만 한다는 것을 의미한다. 당신은 자신의 복지를 성장시키기 위해 어떻게 하고 있는가?

파트 2 변화를 위한 행동 계획

7 단계 행동 계획

이제 1~2개의 자기 돌봄의 취약성에 대처할 행동 계획을 개발해 보자. 완만하고 점진적인 행동 변화가 가장 효과적이라는 사실을 잊지 말자. 당신은 목표에 신중해야 하고, 동시에 변화를 유지시킬 강화물을 통해 도달할 수 있는 변화를 이루어 가야 한다.

당신의 전체 행동 계획 :

구체적인 목표 1 :

목표 달성을 위한 방법 1 :

새로운 행동 유지를 위한 강화물 :

구체적인 목표 2 :

목표 달성을 위한 방법 2 :

새로운 행동 유지를 위한 강화물 :

참고문헌

Ackerley, G. D., Burnell, J., Holder, D. C., & Kurdek, L. A. (1988). Burnout among licensed psychologists. *Professional Psychology: Research and Practice, 19,* 624-631. doi: 10.1037/0735-7028.19.6.624

Ackerman, D. (1999). *Deep play.* New York: Random House.

Adams, H. (1918). *The education of Henry Adams.* New York: Houghton Mifflin.

Adolson, M. J. (1995). Clinical supervision of therapists with difficult-totreat patients. *Bulletin of the Menninger Clinic, 59,* 32-52. Retrieved from http://www.unboundmedicine.com/medline/citation/7894380/Clinical_supervision_of_therapists_with_difficult_to_treat_patients

Ambrose, S. E. (1996). *Undaunted courage.* New York: Touchstone.

Ampel, C. (2013, July 26). Minister connected with everyone. *Minneapolis Star Tribune* , p. B4.

Angus, L., Hayes, J. A., Anderson, T., Ladany, N., Castonguay, L. G., & Muran, J. C. (2010). Future directions: Emerging opportunities and challenges in psychotherapy research. In L. G. Castonguay, J. C. Muran, L. Angus, J. A. Hayes, N. Ladany, & T. Anderson (Eds.), *Bringing psychotherapy research to life: Understanding change through the work of leading clinical researchers* (pp. 353-362). Washington, DC: American Psychological Association.

Anonymous. (Ed.). (1982). *Each day a new beginning.* San Francisco, CA: HarperCollins.

Associated Press. (2012, December 16). Acts of altruism emerge. *Columbia Daily Tribune.* Retrieved from http://www.columbiatribune.com

Ayers, W. (1993). *To teach: The journey of a teacher.* New York: Teachers College Press.

Bachelor, A., & Horvath, A. (1999). The therapeutic relationship. In M. A. Hubble, B. L. Duncan, & S. D. Miller (Eds.), *The heart and soul of change: What works in therapy* (pp. 133-178). Washington, DC:

American Psychological Association.

Bain, K. (2004). *What the best college teachers do*. Cambridge, MA: Harvard University Press.

Baker, E. (2003). *Caring for ourselves: A therapist's guide to personal and professional well-being* . Washington, DC: American Psychological Association.

Balch, J. F., & Balch, P. A. (1997). *Prescription for nutritional healing*. Garden City Park, NY: Avery Publishing Group.

Baltes, P. B., & Smith, J. (1990). Toward a psychology of wisdom and its ontogenesis. In R. E. Sternberg (Ed.), *Wisdom: Its origins and development* (pp. 87-120). Cambridge: Cambridge University Press.

Bandhauer, B. (1997). Waiting for wisdom to arrive. In J. Kottler (Ed.), *Finding your way as a counselor* (pp. 7-9). Alexandria, VA: American Counseling Association.

Barnett, J. E., Baker, E. K., Elman, N. S., & Schoener, G. R. (2007). In pursuit of wellness: The self-care imperative. *Professional Psychology: Research and Practice*, 38 (6), 603-612. doi: 10.1037/0735-7028.38.6.603

Barnett, J. E., Johnston, L. C., & Hillard, D. (2006). Psychologist wellness as an ethical imperative. In L. VandeCreek & J. B. Allen (Eds.), *Innovations in clinical practice: Focus on health and wellness* (pp. 257-271). Sarasota, FL: Professional Resources Press.

Beck, H. (2009, December 20). Bowing to body clocks, N.B.A. teams are sleeping in. *New York Times*, pp. SP1, SP3.

Becker, E. (1973). *The denial of death*. New York: Free Press.

Beckett, S. (1997). *Waiting for Godot*. New York: Grove Press.

Belenky, M., Chinchy, B., Goldberger, N., & Tarule, J. (1986). *Women's ways of knowing*. New York: Basic Books.

Benjo, C., & Scotta, C. (Producers), & Cantet, L. (Director). (2009). *The class* [Motion picture]. Paris, France: Sony Pictures Classics.

Benner, P., & Wrubel, J. (1982). Skilled clinical knowledge: The value of perceptual awareness, part 2. *Journal of Nursing Administration*, 12, 28-33. Retrieved from http://journals.lww.com/nurseeducatoronline/Abstract/1982/05000/Skilled_Clinical_Knowledge__The_Value_of.3.aspx

Benson, H. (1975). *The relaxation response*. New York: Morrow.

Benson, H. (1999, August). *Power and biology of belief*. Presented at the annual convention of the American Psychological Association, Boston, MA.

Benson-Henry Institute for Mind Body Medicine. (2010). *Eliciting the relaxation response*. Retrieved from http://www.massgeneral.org/bhi/basics/eliciting_rr.aspx

Berman, P., Heller, R., Prelinger, E., & Munch, E. (2006). *Edvard Munch: The modern life of the soul.* New York: Museum of Modern Art.

Bernard, J. M., & Goodyear, R. K. (2008). *Fundamentals of clinical supervision* (4th ed.). Boston: Allyn & Bacon.

Berry, C. R. (1988). *When helping you is hurting me: Escaping the Messiah trap.* New York: Harper & Row.

Blatt, S. (2008). *A dialectical psychology: Implications for research and practice.* Washington, DC: American Psychological Association.

Bohart, A. C., Elliot, R., Greenberg, L. S., & Watson, J. C. (2002). Empathy. In J. C. Norcross (Ed.), *Psychotherapy relationships that work: Therapist contributions and responsiveness to patients* (pp. 89-108). London: Oxford University Press.

Borders, L. D. (1989). A pragmatic agenda for developmental supervision research. *Counselor Ed & Supervision, 29* , 16-24. doi: 10.1002/j.1556-6978.1989.tb01130.x

Borders, L. D., & Brown, L. L. (2005). *The new handbook of counseling supervision* (5th ed.). Mahwah, NJ: Lawrence Erlbaum Associates.

Boss, P. (1999). *Ambiguous loss: Learning to live with unresolved grief.* Cambridge, MA: Harvard University Press.

Boss, P. (2006). *Loss, trauma, and resilience: Therapeutic work with ambiguous loss.* New York: W. W. Norton.

Boss, P., & Carnes, D. (2012). The myth of closure. *Family Process, 51* , 456-469. doi: 10.1111/famp.12005

Boss, P., Caron, W., Horbal, J., & Mortimer, J. (1990). Predictors of depression in care-givers of dementia patients: Boundary ambiguity and mastery. *Family Process, 29,* 245-254. doi: 10.1111/j.1545-5300.1990.00245.x

Boss, P., & Greenberg, J. (1984). Family boundary ambiguity: A new variable in family stress theory. *Family Process, 23,* 535-546. doi: 10.1111/j.1545-5300.1984.00535.x

Bowlby, J. (1969). *Attachment.* New York: Basic Books.

Bowlby, J. (1973). *Separation: Anxiety and anger.* New York: Basic Books.

Bowlby, J. (1980). *Loss: Sadness and depression.* New York: Basic Books.

Bowlby, J. (1988). *A secure base: Parent-child attachment and healthy human development.* New York:

Basic Books.

Brazelton, T. B. (2013). *Learning to listen: A life caring for children.* Boston: DA CAPO Press.

Brinson, J. (1997). Reach out and touch someone. In J. Kottler (Ed.), *Finding your way as a counselor* (pp. 165-167). Alexandria, VA: American Counseling Association.

Brown, B. (2012). *Daring greatly: How the courage to be vulnerable transforms the way we live, love, parent, and lead* . New York, NY: Penguin Random House.

Brown, R. M. (Ed.). (1986). *The essential Reinhold Neibuhr: Selected essays and addresses.* New Haven, CT: Yale University Press.

Buber, M. (1970). *I and thou.* New York: Touchstone.

Campbell, D. P., Hyne, S. A., & Nilsen, D. L. (1992). *Manual for the Campbell interest and skill survey.* Minneapolis, MN: NCS Pearson.

Canfield, J. (2005). Secondary traumatization, burnout, and vicarious traumatization: A review of the literature as it relates to therapists who treat trauma. *Smith College Studies in Social Work, 75*(2), 81-101. doi: 10.1300/J497v75n02_06

Carey, B., Cave, D., & Alvarez, L. (2009, November 8). A military therapist's world: Long hours, filled with pain. *New York Times* , p. 1.

Carkhuff , R. (1969). *Helping and human relations.* New York: Holt, Rinehart and Winston.

Carvalho, H., & Matos, P. M. (2011a). Ser e tornar-se psicoterapeuta parte I: Diálogo entre experiências pessoais e profissionais. *Psicologia: Ciência e Profi ssão, 31*(1), 80-95. Retrieved from http://www.redalyc.org/articulo.oa?id=282021809008

Carvalho, H., & Matos, P. M. (2011b). Ser e tornar-se psicoterapeuta parte II: Diálogo entre mudanças pessoais e profissionais. *Psicologia: Ciência e Profissão, 31*(4), 778-799. Retrieved from http://www.redalyc.org/articulo.oa?id=282021813008

Cassidy, J. (1999). No satisfaction: The trial of a shopping nation. *The New Yorker, 129*(43), 88-92.

Castonguay, L. G., Constantino, M. J., & Grosse Holtforth, M. (2006). The working alliance: Where are we and where should we go?. *Psychotherapy: Theory, Research, Practice, Training, 43*(3), 271-279. doi: 10.1037/0033-3204.43.3.271

Cedoline, A. J. (1982). *Job burnout in public education.* New York: Teachers College Press.

Chang, V. Y., Palesh, O., Caldwell, R., Glasgow, N., Abramson, M., & Luskin, F. (2004). The effects of a mindfulness-based stress reduction program on stress, mindfulness self-efficacy, and positive states of mind. *Stress and Health: Journal of the International Society for the Investigation of Stress, 20*(3),

141-147. doi: 10.1002/smi.1011

Cherniss, C. (1980). *Staff burnout: Job stress in the human services.* Thousand Oaks, CA: Sage.

Cherniss, C. (1995). *Beyond burnout.* New York: Routledge.

Chi, M. T. H., Glaser, R., & Farr, M. J. (Eds.). (1988). *The nature of expertise.* Hillsdale, NJ: Erlbaum.

Chodorow, N. (1978). *The reproduction of mothering.* Berkeley: University of California Press.

Christopher, J. C. (2010). Mindfulness and my search for meaning. In M. Trotter-Mathison, J. M. Koch, S. Sanger, & T. M. Skovholt (Eds.), *Voices from the field: Defining moments in counselor and therapist development* (pp. 37-40). New York: Routledge.

Colvin, G. (2010). *Talent is overrated* . New York: Portifolio Penguin.

Corey, G. (2005). A meaningful life-personal and professional-has many twists and turns. In R. K. Conyne & F. Bemak (Eds.), *Journeys to professional excellence: Lessons from leading counselor educators and practitioners* (pp. 57-72). Alexandria, VA: American Counseling Association.

Corey, M. S., & Corey, G. (1989). *Becoming a helper.* Pacific Grove, CA: Brooks/Cole.

Corsini, R. J., & Wedding, D. (2010). *Current psychotherapies* (9th ed.). Belmont, CA: Brooks/Cole.

Coster, J. S., & Schwebel, M. (1997). Well-functioning in professional psychologists [Special section]. *Professional Psychology: Research and Practice, 28,* 5-13.doi: 10.1037/0735-7028.28.1.5

Cousins, N. (1979). *Anatomy of an illness as perceived by the patient.* New York: W. W. Norton.

Csikszentmihalyi, M. (2008). *Creativity: Flow and the psychology of discovery and invention.* New York: Harper & Row.

Danby, H. (Trans.). (1933). *The Mishnah, Talmud.* London: Oxford University Press.

David, D. P. (2012). *Resilience as a protective factor against compassion fatigue in trauma therapists* (Order No. 3544932, Walden University). ProQuest Dissertations and Theses, 214. Retrieved from http://login.ezproxy.lib.umn.edu/login?url=http://search.proquest.com/docview/1235717224?accountid=14586 (1235717224).

Davis, D. D. (2008). *Terminating therapy.* New York: Wiley.

Davis, M., Eshelman, E. R., & McKay, M. (2008). *The relaxation and stress reduction workbook* (6th ed.). Oakland, CA: New Harbinger Publications.

Didion, J. (2007). *The year of magical thinking.* New York: Vintage.

Diener, E., Suh, E. M., Lucus, R. E., & Smith, H. L. (1999). Subjective well-being: Three decades of progress. *Psychological Bulletin, 125,* 276-302. doi: 10.1037/0033-2909.125. 2.276

Dodge, K. A., & Feldman, E. (1990). Issues in social cognition and sociometric status. In S. R. Asher & J.

D. Coie (Eds.), *Peer rejection in childhood* (pp. 119-155). New York: Cambridge University Press.

Doehrman, M. J. (1976). Parallel processes in supervision and psychotherapy. *Bulletin of the Menninger Clinic, 40,* 1-104. Retrieved from http://www.ncbi.nlm.nih.gov/pubmed/1252650

Dominguez, J., & Robin, V. (1992). *Your money or your life.* New York: Penguin Books.

Donne, J. (1975). *Devotions: Upon emergent occasions* (A. Raspa, Ed.). Montreal: McGill-Queen's University Press.

Dreyfus, H. L., & Dreyfus, S. E. (1986). *Mind over machine: The power of human intuition and expertise in the era of the computer.* New York: Free Press.

Dubé, V., & Ducharme, F. (2015). Nursing reflective practice: An empirical literature review. *Journal of Nursing Education and Practice, 5*(7), 91. doi: 10.5430/jnep.v5n7p91

Duncan, B. L., & Miller, S. D. (2000). *The heroic client: Doing client-centered, outcome-informed therapy.* San Francisco, CA: Jossey-Bass.

Dupree, P. I., & Day, H. D. (1995). Psychotherapists' job satisfaction and job burnout as a function of work setting and percentage of managed care clients. *Psychotherapy in Private Practice, 14*(2), 77-93. doi: 10.1300/J294v14n02_11

Eison, J. A. (1985, August). *Coming of age in academe: From teaching assistant to faculty member.* Presented at the annual convention of the American Psychological Association, Los Angeles.

Ellwein, M. C., Grace, M. E., & Comfort, R. E. (1990). Talking about instruction: Student teachers' reflections on success and failure in the classroom. *Journal of Teacher Education, 41*(4), 3-14. doi: 10.1177/002248719004100502

Emmons, H., & Kranz, R. (2006). *The chemistry of joy: A three-step program for overcoming depression through western science and eastern wisdom.* New York: Fireside.

Ericsson, K. A. (2007). An expert-performance perspective of research on medical expertise: The study of clinical performance. *Medical Education, 41,* 1124-1130. doi: 10.1111/j.1365-2923.2007.02946.x

Ericsson, K. A., Charness, N., Feltovich, P. J., & Hoffman, R. R. (2006). *The Cambridge handbook of expertise and expert performance.* New York: Cambridge University Press.

Ericsson, K. A., Prietula, M. J., & Cokely, E. T. (2007). The making of an expert. *Harvard Business Review, 85*(7-8), 114-121. Retrieved from https://hbr.org/2007/07/the-making-of-an-expert

Erikson, E. (1950). *Childhood and society.* New York: W. W. Norton.

Erikson, E. (1968). *Identity, youth and crisis.* New York: W. W. Norton.

Etringer, B. D., Hillerbrand, E., & Claiborn, C. D. (1995). The transition from novice to expert counselor.

Counselor Education and Supervision, 35, 4-17. doi: 10.1002/j.1556-6978.1995.tb00205.x

Farber, B. (1983). The effects of psychotherapeutic practice upon the psychotherapists. *Psychotherapy: Theory, Research, and Practice, 20*(2), 174-182. doi: 10.1037/h0088488

Farber, B. (1990). Burnout in psychotherapists: Incidence, types, and trends. *Psychology in Private Practice, 8*(1), 35-44. doi: 10.1300/J294v08n01_07

Farber, B. A., & Heifetz, L. J. (1981). The satisfactions and stresses of psychotherapeutic work: A factor analytic study. *Professional Psychology: Research and Practice, 12,* 621-630. doi.org.ezp2.lib.umn.edu/10.1037/0735-7028.12.5.621

Figley, C. R. (1995). Compassion fatigue: Toward a new understanding of the costs of caring. In B. H. Stamm (Ed.), *Secondary traumatic stress: Self-care issues for clinicians, researchers and educators* (pp. 3-28). Baltimore: Sidran Press.

Figley, C. R. (2002). Compassion fatigue: Psychotherapists' chronic lack of self-care. *Journal of Clinical Psychology, 58,* 1433-1441. doi: 10.1002/jclp.10090

Firestone, R. W., & Catlett, J. (1999). *Fear of intimacy.* Washington, DC: American Psychological Association.

Fletcher, D., & Sarkar, M. (2013). Psychological resilience: A review and critique of definitions, concepts, and theory. *European Psychologist, 18*(1), 12-23. doi: 10.1027/1016-9040/a000124

Foa, V. G. (1971). Interpersonal and economic resources. *Science, 171,* 345-351. doi: 10.1126/science.171.3969.345

Frank, J. D., & Frank, J. B. (1991). *Persuasion and healing* (3rd ed.). Baltimore: Johns Hopkins University Press.

Frankl, V. (1959). *Man's search for meaning.* Boston: Beacon Press. (Original work published 1946)

Frattaroli, J. (2006). Experimental disclosure and its moderators: A meta-analysis. *Psychological Bulletin, 132,* 823-865. doi: 10.1037/0033-2909.132.6.823

Freudenberger, H. J. (1974). Staff burnout. *Journal of Social Work, 30,* 159-165. doi: 10.1111/j.1540-4560.1974.tb00706.x

Freudenberger, H. J. (1990). Hazards of psychotherapeutic practice. *Psychotherapy in Private Practice, 8*(1), 31-34. doi: 10.1300/J294v08n01_06

Freudenberger, H. J., & Robbins, A. (1979). The hazards of being a psychoanalyst. *The Psychoanalytic Review, 66*(2), 275-295.

Fromm, E. (1968). *The revolution of hope toward a humanized technology.* New York: Harper & Row.

Galluzzo, G. R., & Kacer, B. A. (1991). *The best and worst of high school student teaching*. Paper presented at the annual meeting of the American Educational Research Association, Chicago, IL.

Garfield, C. (1995). *Sometimes my heart goes numb*. San Francisco, CA: Jossey-Bass.

Garfunkel, G. (1995). Lifeline. In M. R. Sussman (Ed.), *A perilous calling: The hazards of psychotherapy practice* (pp. 148-159). New York: John Wiley & Sons.

Garmazey, N. (1971). Vulnerability research and the issue of primary prevention. *American Journal of Orthopsychiatry, 41*, 101-116. doi: 10.1111/j.1939-0025.1971.tb01111.x

Garmazey, N., & Devine, V. (1984). Project competence: The Minnesota studies of children vulnerable to psychopathology. In N. Watt, E. J. Anthony, L. Wynne, & J. Rolf (Eds.), *Children at risk for schizophrenia* (pp. 289-303). New York: Cambridge University.

Gawande, A. (2007). *Better: A surgeon's notes on performance*. New York: Henry Holt and Co.

Geller, S. M., & Greenberg, L. S. (2012). *Therapeutic presence: A mindful approach to effective therapy*. Washington, DC: American Psychological Association.

Geller, J. D., Norcross, J. C., & Orlinsky, D. E. (Eds.). (2005). *The psychotherapist's own psychotherapy: Patient and clinician perspectives*. New York: Oxford University Press.

Gilligan, C. (1982). *In a different voice*. Cambridge, MA: Harvard University Press.

Gladwell, M. (2008). *Outliers: The story of success*. New York: Little, Brown.

Gladwell, M. (2013). *David and Goliath: Underdogs, misfits, and the art of battling giants*. New York: Little, Brown.

Glaser, R., & Chi, M. T. H. (1988). Overview. In M. T. H. Chi, R. Glaser, & M. J. Farr (Eds.), *The nature of expertise* (pp. xx-xxi). Hillsdale, NJ: Erlbaum.

Goffman, E. (1967). *Interaction ritual*. Garden City, NY: Doubleday Anchor.

Golden, A. (1997). *Memoirs of a geisha*. New York: Vintage.

Goldfried, M. R. (1980). Toward the delineation of therapeutic change principles. *American Psychologist, 35*, 991-999. doi: 10.1037/0003-066X.35.11.991

Goodyear, R. (1981). Termination as a loss experience for the counselor. *Personnel and Guidance Journal, 59*, 347-350. doi: 10.1002/j.2164-4918.1981.tb00565.x

Gray, L. A., Ladany, N., Walker, J. A., & Ancis, J. R. (2001). Psychotherapy trainees' experience of counterproductive events in supervision. *Journal of Counseling Psychology, 48*, 371-383. doi: 10.1037/0022-0167.48.4.371

Grosch, W. N., & Olsen, D. C. (1994). *When helping starts to hurt: A new look at burnout among* psychotherapists. New York: W. W. Norton.

Grotevant, H., & Cooper, C. (1986). Individuation in family relationships: A perspective on individual differences in the development of identity and role-taking skill in adolescence. *Human Development, 29*, 82-100. doi: 10.1159/000273025

Grothe, M. (2008). *I never metaphor I didn't like.* New York: Collins Books.

Guy, J., Brown, K., & Poelstra, P. (1990). Who gets attacked? A national survey of patient violence directed at psychologists in clinical practice. *Professional Psychology: Research and Practice, 21,* 493-495. doi: 10.1037/0735-7028.21.6.493

Guy, J., Brown, K., & Poelstra, P. (1992). Safety concerns and protective measures used by psychotherapists. *Professional Psychology: Research and Practice, 23,* 421-423. doi: 10.1037/0735-7028.23.5.421

Gysbers, N. C., & Henderson, P. (2005). *Developing & managing your school guidance and counseling program* (4th ed.). Alexandria, VA: American Counseling Association.

Gysbers, N. C., & Rønnestad, M. H. (1974). Practicum supervision: Learning theory. In G. F. Farwell, N. R. Gamsky, & P. Mathieu-Coghlan (Eds.), *The counselor's handbook: Essays on preparation* (pp. 133-140). New York: Intext Educational Publishers.

Hage, S. (2010). Caring and letting go: Balancing both sides of the turtle. In M. Trotter-Mathison, J. M. Koch, S. Sanger, & T. M. Skovholt (Eds.), *Voices from the field: Defining moments in counselor and therapist development* (pp. 182-185). New York: Routledge.

Hagstrom, S. J., Skovholt, T. M., & Rivers, D. A. (1997). The advanced undecided college student: A qualitative study. *NACADA Journal, 17*(2), 23-30. doi: 10.12930/0271-9517-17.2.23

Hall, C. W., Row, K. A., Wuensch, K. L., & Godley, K. R. (2013). The role of self-compassion in physical and psychological well-being. *The Journal of psychology, 147*(4), 311-323. doi: 10.1080/00223980.2012.693138

Hampl, P. (1995). *Burning bright: An anthology of sacred poetry.* New York: Ballantine Books.

Harmon, C., Hawkins, E. J., Lambert, M. J., Slade, K., & Whipple, J. (2005). Improving outcomes for poorly responding clients: The use of clinical supports tools and feedback to clients. *Journal of Clinical Psychology, 61*(2), 175-185. doi: 10.1002/jclp.20109

Harrison, R. L., & Westwood (2009). Preventing vicarious traumatization of mental health therapists: Identifying protective practices. *Psychotherapy Theory, Research, Practice, Training, 46*(2), 203-219. doi: 10.1037/a0016081

Hartmann, P. S. (2001). Women developing wisdom: Antecedents and correlates in a longitudinal sample. *Dissertation Abstracts International, 62*(1), 501B.

Hays, K. F. (1999, August). Nutrition and exercise: Key components of taking care of yourself. In L. T. Pantano (Chair), *Taking care of yourself: The continuing quest.* Symposium conducted at the annual convention of the American Psychological Association, Boston.

Healy, M. (2014, May 2). Study: Laughing puts brain in mock-meditative state. *St. Paul Pioneer Press*, p. 12A.

Help for helpers: Daily meditations for counselors. (1989). Center City, MN: Hazelden Foundation.

Henry, W. E. (1966). Some observations on the lives of healers. *Human Development, 9,* 47-56.

Heppner, P. P. (1989). Chance and choices in becoming a therapist. In W. Dryden & L. Spurling (Eds.), *On becoming a therapist* (pp. 69-86). New York: Routledge.

Hernández, P., Engstrom, D., & Gangsei, D. (2010). Exploring the impact of trauma on therapists: Vicarious resilience and related concepts in training. *Journal of Systemic Therapies, 29*(1), 67-83. doi: 10.1521/jsyt.2010.29.1.67

Hill, L. (1988). From chaos to organization. *Journal of Counseling and Development, 67,* 105. doi: 10.1002/j.1556-6676.1988.tb02049.x

Hillenbrand, L. (2010). *Unbroken: A world war II story of survival, resilience, and redemption.* New York: Random House.

Hirai, T. (2010). *Personal and professional characteristics of Japanese master therapists: A qualitative investigation on expertise in psychotherapy and counseling in Japan* (Unpublished doctoral dissertation). University of Minnesota.

Hoffer, E. (1951). *The true believer* . New York: Harper & Row.

Holland, J. L. (1997). *Making vocational choices: A theory of vocational personalities and work environments* (3rd ed.). Odessa, FL: Psychological Assessment Resources.

Hou, J. M. (2015). *Characteristics of highly resilient counselors* (Unpublished doctoral dissertation). University of Minnesota, Minneapolis, MN.

Howard, E. E., Inman, A. G., & Altman, A. N. (2006). Critical incidents among novice counselor trainees. *Counselor Education & Supervision, 46*, 88-102. doi: 10.1002/j.1556-6978.2006.tb00015.x

Jenkins, S. R., & Baird, S. (2002). Secondary traumatic stress and vicarious trauma: A validational study. *Journal of traumatic stress, 15*, 423-432. doi: 10.1023/A:1020193526843

Jennings, L., D'Rozario, V., Goh, M., Sovereign, A., Brogger, M., & Skovholt, T. (2008). Psychotherapy expertise in Singapore: A qualitative investigation. *Psychotherapy Research, 18*(5), 508-522. doi: 10.1080/10503300802189782

Jennings, L., & Skovholt, T. M. (1999). The cognitive, emotional and relational characteristics of master therapists [Special section]. *Journal of Counseling Psychology, 46*(1), 3-11. doi: 10.1037/0022-0167.46.1.3

Jennings, L., & Skovholt, T. M. (Eds.). (2016). *Expertise in counseling and therapy: Master therapist studies from around the world* . New York: Oxford University.

Jennings, L., Soverign, A., Renninger, S., Goh, M., Skovholt, T. M., Lakhani, S., & Hessel, H. (in press). Bringing it all together: A qualitative meta-analysis of seven master therapists studies from around the world. In L. Jennings & T. M. Skovholt (Eds.), *Expertise in counseling and therapy: Master therapist studies from around the world.* New York: Oxford University Press.

Johnson, T. H., & Ward, T. (Eds.). (1958). *The letters of Emily Dickinson* (Vol. 2). Cambridge, MA: Belknop Press of Harvard University.

Jordan, K. (2010). Vicarious trauma: Proposed factors that impact clinicians. *Journal of Family Psychotherapy, 21*, 225-237. doi: 10.1080/08975353.2010.529003

Kabat-Zinn, J. (2003). Mindfulness-based interventions in context: Past, present, and future. *Clinical Psychology: Science and Practice, 10*(2), 144-156. doi: 10.1093/clipsy/bpg016

Kabat-Zinn, J., Lipworth, L., & Burney, R. (1985). The clinical use of mindfulness meditation for the self-regulation of chronic pain. *Journal of Behavioral Medicine, 8,* 163-190. doi: 10.1007/BF00845519

Karasek, R., & Theorell, T. (1992). *Healthy work: Stress, productivity and the restructuring of working life.* New York: Basic Books.

Kaslow, N. J., Keilin, W. G., & Hsu, J. (2010). Internship and postdoctoral programs in professional-Psychology. *Corsini Encyclopedia of Psychology*, 1-3. Association of Psychology Postdoctoral and Internship Centers. New York: Wiley.

Kassam-Adams, N. (1995). The risks of treating sexual trauma: Stress and secondary trauma in psychotherapists. In B. H. Stamm (Ed.), *Secondary traumatic stress: Self-care issues for clinicians, researchers, and educators* (pp. 37-48). Lutherville, MD: Sidran Press.

Kierkegaard, S., Hong, E., & Hong, H. (1983). *Fear and trembling/repetition: Kierkegaard's writings* (Vol. 6). Princeton, NJ: Princeton University.

Kinnetz, P. L. (1988). Saving myself vs. serving clients. *Journal of Counseling and Development, 67,* 87. doi: 10.1002/j.1556-6676.1988.tb02031.x

Klem, A. M., & Connell, J. P. (2004). Relationships matter: Linking teacher support to student engagement and achievement. *Journal of School Health, 74*(7), 262-273. doi: 10.1111/j.1746-1561.2004.tb08283.x

Kohlberg, L. (1979). *Measuring moral judgment.* Worcester, MA: Clark University Press.

Kottler, J. A., & Carlson, J. (2014). *On being a master therapist: Practicing what you preach.* New York: Wiley.

Kram, K. (1985). *Mentoring at work: Developmental relationships in organizational life.* Glenview, IL: Scott, Foresman.

Kramer, K. P. (2004). *Martin Buber's I and thou: Practicing living dialogue.* Mahwah, NJ: Paulist Press.

Kristof, N. D. (2009, February 16). Week in review: Our greatest national shame. *New York Times*, p. 11.

Kushner, H. S. (1996). *How good do we have to be?: A new understanding of guilt and forgiveness.* Boston: Little, Brown.

Kwon, K., & Kim, C. (2007). Analysis of the characteristics of Korean master group counselors. *The Korean Journal of Counseling, 8*(3), 979-1010.

Ladany, N., Hill, C. E., Corbett, M. M., & Nutt, E. A. (1996). Nature, extent, and importance of what psychotherapy trainees do not disclose to their supervisors. *Journal of Counseling Psychology, 43*, 10-24.

Lambert, M. J., Garfield, S. L., & Bergin, A. E. (2004). Overview, trends, and future issues. In M. J. Lambert (Eds.), *Handbook of psychotherapy and behavior change* (pp. 805-821). New York: John Wiley & Sons.

Lange, S. (1988). Critical incidents aren't accidents. *Journal of Counseling and Development, 67,* 109.

Larson, D. G. (1993). *The helper's journey.* Champaign, IL: Research Press.

Leiter, M. P., & Maslach, C. (2005). *Banishing burnout: Six strategies for improving your relationship with work.* San Francisco, CA: Jossey-Bass.

Levine, H. (1996). *In search of Sugihara: The elusive Japanese diplomat who risked his life to rescue 10, 000 Jews from the Holocaust.* New York: Free Press.

Levinson, D., Darrow, D., Klein, E., Levinson, M., & McKee, R. (1978). *The seasons of a man's life.* New York: Ballantine Books.

Lieberman, M. A., Yalom, I. D., & Miles, M. B. (1973). *Encounter groups: First facts.* New York: Basic Books.

Lief, H. I., & Fox, R. C. (1963). Training for "detached concern" in medical students. In H. I. Leif, V. I.

Lief, & N. R. Leif (Eds.), *The psychological basis of medical practice* (pp. 12-35). New York: Harper & Row.

Lindbergh, A. M. (1975). *Gift from the sea.* New York: Pantheon Books.

Linley, A., & Joseph, S. (2007). Therapy work and therapists' positive and negative well-being. *Journal of Social and Clinical Psychology, 26*(3), 385-403. doi: 10.1521/jscp.2007.26.3.385

Linville, M. (1988). The long afternoon. *Journal of Counseling and Development, 67,* 101. doi: 10.1002/j.1556-6676.1988.tb02045.x

Lisle, L. (1987). *Portrait of an artist: A biography of Georgia O'Keeffe.* Albuquerque: University of New Mexico Press.

Lopez, S., & Edwards, E. M. (2008). The interface of counseling psychology and positive psychology: Assessing and promoting strengths. In S. D. Brown & R. W. Lent (Eds.), *Handbook of counseling psychology* (pp. 86-102). New York: Wiley.

Luthar, S. S., Cicchatti, D., & Becker, B. (2000). The construct of resilience: A critical evaluation and guidelines for future work. *Child Development, 71*(3), 543-563. doi: 10.1111/1467-8624.00164

Maas, H. S. (1963). Long term effects of early childhood separation and group care. *Vita Humana, 6*(1-2), 34-56. doi: 10.1159/000269669

Maclay, E. (1977). *Green winter: Celebrations of later life.* New York: Readers Digest Press.

Maggio, R. (1997). *Quotations from women on life.* Paramus, NJ: Prentice Hall.

Mahoney, M. J. (1997). Psychotherapists' personal problems and self-care patterns. *Professional Psychology: Research and Practice, 28*(1), 14-16. doi: 10.1037/0735-7028.28.1.14

Majeski, T. (1996, August 6). Hospital turns a corner. *St. Paul Pioneer Press,* pp. 1A, 5A.

Mallinckrodt, B., & Wei, M. (2005). Attachment, social competencies, social support, and psychological distress. *Journal of Counseling Psychology, 52,* 358-367. Doi: 10.1037/0022-0167.52.3.358

Mann, K., Gordon, J., & MacLeod, A. (2009). Reflection and reflective practice in health professions education: A systematic review. *Advances in Health Sciences Education, 14*(4), 595-621. doi: 10.1007/s10459-007-9090-2

Mann, T., Tomiyama, A. J., Westling, E., Lew, A., Samuels, B., & Chatman, J. (2007). Diets are not the answer. *American Psychologist, 62*(3), 220-233. doi: 10.1037/0003-066X.62.3.220

Martin, J., Slemon, A. G., Hiebert, B., Halberg, E. T., & Cummings, A. L. (1989). Conceptualizations of novice and experienced counselors. *Journal of Counseling Psychology, 36,* 395-400. doi: 10.1037/0022-0167.36.4.395

Maslach, C. (1982). *Burnout: The cost of caring.* Englewood Cliffs, NJ: Prentice-Hall.

Maslach, C. (2003). *Burnout: The cost of caring*. Cambridge, MA: Malor Books.

Maslach, C., & Jackson, S. E. (1981). *The Maslach Burnout Inventory.* Palo Alto, CA: Consulting Psychologists Press.

Maslach, C., & Leiter, M. P. (1997). *The truth about burnout.* San Francisco, CA: Jossey-Bass.

Maslach, C., & Leiter, M. P. (2008). Early predictors of job burnout and engagement. *Journal of Applied Psychology, 93*(3), 498-512. doi: 10.1037/0021-9010.93.3.498

Maslow, A. H. (1968). *Toward a psychology of being.* New York: Van Nostrand Reinhold.

Masten, A. S. (2014). *Ordinary magic: Resilience in development*. New York: Wiley.

Mathieu, F. (2012). *The compassion fatigue workbook*. New York: Routledge.

May, R. (1969). *Love and will.* New York: W. W. Norton.

Mayeroff, M. (1990). *On caring.* New York: Harper Perennial.

McAslan, A. (2010, March 14). *Re: The concept of resilience: Understanding its origins, meaning and utility* [Web blog message]. Retrieved from http://www.torrensresilience.org/origins-of-the-term

McCann, I. L., & Pearlman, L. A. (1990). Vicarious traumatization: A framework for understanding the psychological effects of working with victims. *Journal of traumatic stress, 3,* 131-149. doi: 10.1007/BF00975140

McConnell, E. A. (Ed.). (1982). *Burnout in the nursing profession.* St. Louis, MO: Mosby.

McCourt, F. (2005). *Teacher man: A memoir.* New York: Scribner.

McRae, C. (2010). One hour of career counseling and 30 years of influence. In M. Trotter-Mathison, J. M. Koch, S. Sanger, & T. M. Skovholt (Eds.), *Voices from the field: Defining moments in counselor and therapist development* (pp. 32-34). New York: Routledge.

Milbouer, S. (1999, August 21). Social worker slain outside client's home. *Boston Globe,* pp. B1-B2.

Miller, W. R., & Rollnick, S. (2002). *Motivational interviewing: Preparing people for change* (2nd ed.). New York: Guilford.

Mitchell, K. R., & Anderson, H. (1983). *All our losses, all our griefs: Resources for pastoral care.* Louisville, KY: Westminster, John Knox.

Molassiotis, A., & Haberman, M. (1996). Evaluation of burnout and job satisfaction in marrow and transplant nurses. *Cancer Nursing, 19,* 360-367. Retrieved from http://journals.lww.com/cancernursingonline/Abstract/1996/10000/Evaluation_of_burnout_and_job_satisfaction_in.5.aspx

Montagu, A. (1974). *The natural superiority of women.* New York: Collier Books.

Moreland, L. (1993). Learning cycle. *Family Therapy Networker,* May/June, 13.

Morton, L. L., Vesco, R., Williams, N. H., & Awender, M. A. (1997). Student teacher anxieties related to class management, pedagogy, evaluation and staff relations. *British Journal of Educational Psychology, 67,* 69-89. doi: 10.1111/j.2044-8279.1997.tb01228.x

Moskowitz, S. A., & Rupert, P. A. (1983). Conflict resolution within the supervisory relationship. *Professional Psychology: Research and Practice, 14,* 632-641. doi: 10.1037/0735-7028.14.5.632

Mullenbach, M. (2000). *Expert therapists: A study of professional resiliency and emotional wellness* (Unpublished doctoral dissertation). University of Minnesota, Minneapolis, MN.

National Mental Health Survey of Doctors and Medical Students in Australia. (2013, October 8). Retrieved from https://www.beyondblue.org.au/docs/default-source/research-project-fi les/bl1132-report—nmhdmss-full-report_web.pdf ?sfvrsn=4

National Sleep Foundation. (2006). *Sleep-wake cycle: Its physiology and impact on health.* Retrieved from http://www.sleepfoundation.org

Neff, K. D. (2003). Development and validation of a scale to measure self-compassion. *Self and Identity, 2,* 223-250. doi: 10.1080/15298860390209035

Neff, K. D., Kirkpatrick, K. L., & Rude, S. S. (2007). Self-compassion and adaptive psychological functioning. *Journal of Research in Personality, 41,* 139-154. doi: 10.1016/j.jrp.2006.03.004

Neufeldt, S. A. (2007). *Supervision strategies for the first practicum* (3rd ed.). Alexandria, VA: American Counseling Association.

Neufeldt, S. A., Karno, M. P., & Nelson, M. L. (1996). A qualitative study of experts' conceptualization of supervisee reflectivity. *Journal of Counseling Psychology, 43*(1), 3-9. doi: 10.1037/0022-0167.43.1.3

Neusner, J. (Trans.). (1984). *Torah from our sages.* Dallas: Rossel Books. (Original work approximately 900 A.D.)

Newell, J. M., & MacNeil, G. A. (2010). Professional Burnout, Vicarious Trauma, Secondary Traumatic Stress, and Compassion Fatigue. *Best Practices in Mental Health, 6*(2), 57-68.

Nissen-Lie, H. A., Havik, O. E., Høglend, P. A., Monsen, J. T., & Rønnestad, M. H. (2013). The contribution of the quality of therapists' personal lives to the development of the working alliance. *Journal of Counseling Psychology, 60,* 483-495. doi: 10.1037/a0033643

Nissen-Lie, H. A., Rønnestad, M. H., Høglend, P. A., Havik, O. E., Solbakken, O. A., Stiles, T. C., & Monsen, J. T. (2015). Love yourself as a person, doubt yourself as a therapist?. *Clinical Psychology & Psychotherapy.* doi: 10.1002/cpp.1977

Norcross, J. C. (2010). The therapeutic relationship. In B. L. Duncan, S. D. Miller, B. E. Wampold, & M. A. Hubble (Eds.), *The heart and soul of change: Delivering what works in therapy* (pp. 133-178). Washington, DC: American Psychological Association.

Norcross. J. C., & Guy, J. D. (2007). *Leaving it at the office: A guide to psychotherapist self-care*. New York: Guilford.

Ogles, B. M., & Hayes, J. A. (2010). Michael J. Lambert: Building confidence in psychotherapy. In L. G. Castonguay, C. J. Muran, L. Angus, J. A. Hayes, N. Ladany, & T. Anderson (Eds.), *Bringing psychotherapy research to life: Understanding change through the work of leading clinical researchers* (pp. 141-151). Washington, DC: American Psychological Association.

Okun, B. F., & Kantrowitz, R. E. (2008). *Effective helping: Interviewing and counseling techniques* (7th ed.). Belmont, CA: Brooks/Cole.

Oliner, S. P. (2003). *Do unto others: Extraordinary acts of ordinary people*. Boulder, CO: Westview Press.

Olson, D. H. (2000). Circumplex model of marital and family functioning. Journal of Family Therapy, 22(2), 144-167. doi: 10.1111/1467-6427.00144

Olson, S. (1997). *The singing wilderness.* Minneapolis: University of Minnesota Press.

Orlinsky, D. E., Botermans, J.-F., & Rønnestad, M. H. (2001). Toward an empirically grounded model of psychotherapy training: 5000 therapists rate influences on their development. *Australian Psychologist, 36,* 139-148. doi: 10.1080/00050060108259646

Orlinsky, D. E., & Rønnestad, M. H. (2005). *How psychotherapists develop: A study of therapeutic work and professional growth*. Washington, DC: American Psychological Association.

Orlinsky, D., & Rønnestad, M. H. (2013). Positive and negative cycles of practitioner development: Evidence, concepts and implications from a collaborative quantitative study of psychotherapists. In M. H. Rønnestad & T. M. Skovholt (Eds.), *The developing practitioner: Growth and stagnation of therapists and counselors* (pp. 265-290). New York: Routledge.

Orlinsky, D. E., Rønnestad, M. H., Ambuhl, H., Willutzki, U., Botermans, J.-F., Cierpka, M., Davis, J., & Davis, M. (1999). Psychotherapists' assessment of their development of their development at different career levels. *Psychotherapy, 35,* 203-215. doi: 10.1037/h0087772

Osachuk, T. A. G. (2010). The transforming moment with David. In M. Trotter-Mathison, J. M., Koch, S. Sanger, & T. M. Skovholt (Eds.), *Voices from the field: Defining moments in counselor and therapist development* (pp. 64-66). New York: Routledge.

Palmer, P. J. (1998). *The courage to teach: Exploring the inner landscape of a teacher's life.* San

Francisco, CA: Jossey-Bass.

Palmer, P. J. (2004). *A hidden wholeness: The journey toward an undivided life.* San Francisco, CA: John Wiley & Sons.

Papastylianou, A., Kaila, M., & Polychronopoulos, M. (2009). Teachers' burnout, depression, role ambiguity and conflict. *Social Psychology of Education, 12*(3), 295-314. doi: 10.1007/s11218-008-9086-7

Pearlman, L. A. (1995). Self-care for trauma therapists: Ameliorating vicarious traumatization. In B. H. Stamm (Ed.), *Secondary traumatic stress: Self-care issues for clinicians, researchers, and educators* (pp. 51-64). Lutherville, MD: Sidran Press.

Pearlman, L. A., & Maclan, P. S. (1995). Vicarious traumatization: An empirical study of the effects of trauma work on trauma therapists. *Professional Psychology: Research and Practice, 26,* 558-565. doi: 10.1037/0735-7028.26.6.558

Peck, M. S. (1978). *The road less traveled: A new psychology of love, traditional values and spiritual growth.* New York: Simon & Schuster.

Penedo, F. J., & Dahn, J. R. (2005). Exercise and well-being: A review of mental and physical health benefits associated with physical activity. *Current Opinion in Psychiatry, 18,* 189-193. doi: 10.1097/00001504-200503000-00013

Perry, W. G. (1981). Cognitive and ethical growth: The making of meaning. In W. Chickering & Associates (Eds.), *The modern American college* (pp. 76-116). San Francisco: Jossey-Boss.

Piaget, J. (1972). Intellectual evolution from adolescence to adulthood. *Human Development, 15,* 1-12. doi: 10.1159/000271225

Pica, M. (1998). The ambiguous nature of clinical training and its impact on the development of student clinicians. *Psychotherapy, 35,* 361-365. doi: 10.1037/h0087840

Pilpay. (1872). *The fables of Pilpay.* New York: Hurd and Houghton.

Pincus, S. (1997). Recognizing your emotional vulnerabilities. In J. Kottler (Ed.), *Finding your way as a counselor* (pp. 59-61). Alexandria, VA: American Counseling Association.

Piper, M. (2003). *Letters to a young therapist.* New York: Basic Books.

Pistole, M. C. (2003). Linking work, love, individual, and family issues in counseling: An attachment theory perspective. In P. Erdman & T. Caffery (Eds.), *Attachment and family systems: Conceptual, empirical, and therapeutic relatedness* (pp. 117-137). New York: Brunner-Routledge.

Pistole, M. C., & Fitch, J. C. (2008). Attachment theory in supervision: A critical incident experience.

Counselor Education and Supervision, 47, 193-205. doi: 10.1002/j.1556-6978.2008.tb00049.x

Plante, T. G. (1993). Aerobic exercise in prevention and treatment of psychopathology. In P. Seraganian (Ed.), *Exercise psychology: The influence of physical exercise on psychological processes* (pp. 358-379). New York: John Wiley & Sons.

Pollack, S. K. (1988). Grieving and growing. *Journal of Counseling and Development, 67,* 117.

Pope, K. S., & Tabachnick, B. G. (1994). Therapists as patients: A national survey of psychologists' experiences, problems and beliefs. *Professional Psychology: Research and Practice, 25,* 247-258. doi: 10.1037//0735-7028.25.3.247

Pope, K., & Vasquez, M. (1991). *Ethics in psychotherapy and counseling.* San Francisco, CA: Jossey-Bass.

Prochaska, J. O., DiClemente, C. C., & Norcross, J. C. (1992). In search of how people change: Applications to addictive behavior. *American Psychologist, 47*(9), 1102-1114. doi: 10.1037/0003-066x.47.9.1102

Prochaska, J. O., & Norcross, J. C. (2001). Stages of change. *Psychotherapy, 38*(4), 443-448. doi: 10.1037//0033-3204.38.4.443

Radeke, J. T., & Mahoney, M. J. (2000). Comparing the personal lives of psychotherapists and research psychologists. *Professional Psychology: Research and Practice, 31,* 82-84. doi: 10.1037//0735-7028.31.1.82

Raimy, V. C. (Ed.). (1950). *Training in clinical psychology.* Upper Saddle River, NJ: Prentice Hall.

Reibel, D. K., Greeson, J. M., Brainard, G. C., & Rosenzweig, S. (2001). Mindfulness-based stress reduction and health-related quality of life in a heterogeneous patient population. *General Hospital Psychiatry, 23*(4), 183-192. doi: 10.1016/S0163-8343(01)00149-9

Reissman, F. (1965). The "helper" therapy principle. *Social Work, 10,* 27-32. Retrieved from http://www.jstor.org/stable/23708219

Rilke, R. M. (2000). *Letters to a young poet.* Novato, CA: New World Library.

Roberts, C. A. (1986). Burnout: Psychobabble, or a valuable concept?. *British Journal of Hospital Medicine, 36,* 194-197.

Robiner, W. N., Fuhrman, M., & Ristvedt, S. (1993). Evaluation difficulties in supervising psychology interns. *Clinical Psychologist, 46,* 3-13.

Robinson, B. E. (1992). *Overdoing it: How to slow down and take care of yourself.* Deerfield Beach, FL: Health Communications.

Rodolfa, E. R., Kraft, W. A., & Reilley, R. R. (1988). Stressors of professionals and trainees at APA-approved counseling and VA Medical Center internship sites. *Professional Psychology: Research and Practice, 19,* 43-49. doi: 10.1037/0735-7028.19.1.43

Rogers, C. R. (1957). The necessary and sufficient conditions of therapeutic personality change. *Journal of Consulting Psychology, 21*(2), 95-103. doi: 10.1037/h0045357

Rogers, C. R. (1961). *On becoming a person.* Boston: Houghton Miffl in.

Rogers, C. R. (1995). *A way of being.* Boston: Houghton Mifflin.

Rønnestad, M. H. (1985). A developmental model of supervision in clinical work [English abstract of Norwegian journal]. *Journal of the Norwegian Psychological Association, 22,* 175-181.

Rønnestad, M. H. (2008). Profesjonell utvikling [Professional development]. In A. Molander & L. I. Terum (Eds.), *Profesjonsstudier [Professional studies]* (pp. 279-294). Oslo: Universitetsforlaget.

Rønnestad, M. H., Gullestad, S. E., Halvorsen, M. S., Haavind, H., Lippe, A. L. von der, Nissen-Lie, H. A., & Reichelt, S. (2014, June). *The outcomes of therapies conducted by highly experienced therapists.* Paper presented at Society for Psychotherapy Research; International meeting, Copenhagen, Denmark.

Rønnestad, M. H., & Lippe, A. L. von der. (2002). *Det kliniske intervjuet [The clinical interview].* Oslo: Gyldendal Akademisk.

Rønnestad, M. H., & Skovholt, T. M. (2001). Learning arenas for professional development: Retrospective accounts of senior psychotherapists. *Professional Psychology: Research and Practice, 32,* 181-187. doi: 10.1037/0735-7028.32.2.181

Rønnestad, M. H., & Skovholt, T. M. (2003). The journey of the counselor and therapist: Research findings and perspectives development. *Journal of Career Development, 30*(1), 5-44. doi: 10.1023/A:1025173508081

Rønnestad, M. H., & Skovholt, T. M. (2013). *The developing practitioner: Growth and stagnation of therapists and counselors.* New York: Routledge.

Roth, A. L. (2014). *Yoga as a psychological intervention: Conceptualizations and practice integration of psychologists-yoga teachers* (Unpublished doctoral dissertation). University of Minnesota, Minneapolis, MN.

Rothschild, B., with M. Rand (2006). *Help for the helper: The psychophysiology of compassion fatigue and vicarious trauma.* New York: W. W. Norton.

Ruddick, S. (1989). *Maternal thinking: Toward a politics of peace.* Boston: Beacon Press.

Rupert, P. A., Stevanovic, P., & Hunley, H. A. (2009). Work-family conflict and burnout among practicing psychologists. *Professional Psychology: Research and Practice, 40*, 54-61. doi: 10.1037/a0012538

Rupp, J. (1994). *Little pieces of light.* Mahwah, NJ: Paulist Press.

Rutter, M. (1985). Resilience in the face of adversity: Protective factors and resistance to psychiatric disorders. *The British Journal of Psychiatry, 147*, 598-611.

Sanger, S. (2010). How to fail. In M. Trotter-Mathison, J. M. Koch, S. Sanger, & T. M. Skovholt (Eds.), *Voices from the field: Defining moments in counselor and therapist development* (pp. 72-75). New York: Routledge.

Schafer, W. (1996). *Stress management for wellness.* Fort Worth, TX: Harcourt Brace.

Schaufeli, W. B., Leiter, M. P., & Maslach, C. (2009). Burnout: 35 years of research and practice. *Career Development International, 14*(3), 204-220. doi: 10.1108/13620430910966406

Schelske, M. T., & Romano, J. L. (1994). Coping skills and classroom management training for student teachers. *The Teacher Educator, 29,* 21-33. doi: 10.1080/08878739409555059

Schlossberg, N. K. (1984). *Counseling adults in transition: Linking practice with theory.* New York: Springer Publishing Company.

Schoefield, W. (1974). *Psychotherapy: The purchase of friendship.* Englewood Cliffs, NJ: Prentice-Hall.

Schön, D. A., (1987). *Educating the reflective practitioner.* San Francisco: Jossey-Bass.

Schor, J. (1998). *The overspent American.* New York: Basic Books.

Schorr, M. (1997). On being a wounded healer. In J. Kottler (Ed.), *Finding your way as a counselor* (pp. 55-58). Alexandria, VA: American Counseling Association.

Schweitzer, A. (1975). In *The Reader's Digest Treasury of Modern Quotations.* New York: Readers Digest Press.

Selye, H. (1974). *Stress without distress.* New York: Signet.

Sexton, T. L., & Whiston, S. C. (1994). The status of the counseling relationship: An empirical review, theoretical implications, and research directions. *The Counseling Psychologist, 22*(1), 6-78. doi: 10.1177/0011000094221002

Shirom, A., Oliver, A., & Stein, E. (2009). Teachers' stressors and strains: A longitudinal study of their relationships. *International Journal of Stress Management, 16*(4), 312-332. doi: 10.1037/a0016842

Skinner, B. F. (1953). *Science and human behavior.* New York: Macmillan.

Skovholt, T. M. (1974). The client as helper: A means to promote personal growth. *The Counseling Psychologist, 4*(3), 56-64. doi: 10.1177/001100007400400308

Skovholt, T. M. (1986, Spring). Learning to teach. In *Focus: On teaching and learning*(p. 8). Minneapolis, MN: Office of Educational Development, University of Minnesota.

Skovholt, T. M. (1988). Searching for reality. *The Counseling Psychologist, 16,* 282-287. doi: 10.1177/0011000088162010

Skovholt, T. M. (2001). *The resilient practitioner: Burnout prevention and self-care strategies for counselors, therapists, teaches and health professionals.* Needham Heights, MA: Allyn & Bacon.

Skovholt, T. M. (2005). The cycle of caring: A model of expertise in the helping professions. *Journal of Mental Health Counseling, 27,* 82-93. doi: 10.17744/mehc.27.1. mj5rcvy6c713tafw

Skovholt, T. M. (2008). Two versions of erosion in the helping professions: Caring burnout and meaning burnout. *New Therapist, 52,* 28-29.

Skovholt, T. M. (2012a). *Becoming a therapist: On the path to mastery.* New York: John Wiley and Sons.

Skovholt, T. M. (2012b). The counselor's resilient self. *Turkish Journal of Counseling and Guidance, 4,* 137-146.

Skovholt, T. M. (2014). Searching for certainty. In D. Salvador & R. Collins (Eds.), *Mentoring doctors: How to design and implement a junior doctor mentoring program in Australia* (pp. 8-10). Queensland, Australia: Dianne Salvador Publisher.

Skovholt, T. M., & D'Rozario, V. (2000). Portraits of outstanding and inadequate teachers in Singapore: The impact of emotional intelligence. *Teaching & Learning, 40*(1), 9-17. Retrieved from http://hdl.handle.net/10497/342

Skovholt, T. M., & Jennings, L. (2004). *Master therapists.* Boston: Pearson.

Skovholt, T. M., Jennings, L., & Mullenbach, M. (2004). Portrait of the master therapist: Developmental model of the highly functioning self. In T. M. Skovholt & L. Jennings. (Eds.), *Master therapists: Exploring expertise in therapy and counseling* (pp. 125-146). Boston: Allyn and Bacon.

Skovholt, T. M., & McCarthy, P. R. (Eds.). (1988). Critical incidents in counselor development [Special issue]. *Journal of Counseling and Development, 67,* 69-135. doi: 10.1002/j.1556-6676.1988.tb02016.x

Skovholt, T. M., Morgan, J., & Cunningham, H. N. (1989). Mental imagery in career counseling and life planning: A review of research and intervention methods. *Journal of Counseling and Development, 67,* 287-291. doi: 10.1002/j.1556-6676.1989.tb02604.x

Skovholt, T. M., & Rønnestad, M. H. (1992a). *The evolving professional self.* John Wiley and Sons.

Skovholt, T. M., & Rønnestad, M. H. (1992b). Themes in therapist and counselor development. *Journal* of *Counseling & Development, 70,* 505-515. doi: 10.1002/j.1556-6676.1992.tb01646.x

Skovholt, T. M., Rønnestad, M. H., & Jennings, L. (1997). Searching for expertise in counseling, psychotherapy, and professional psychology. *Educational Psychology Review, 9*(4), 361-369. doi: 10.1023/A:1024798723295

Skovholt, T. M., & Starkey, M. T. (2012). The practitioner's intense search for knowing in a sea of ambiguity: Answers from the learning triangle of practice, academic research and personal life. In G. Neimeier & J. Taylor (Eds.), *Continuing professional development and lifelong learning: Issues, impacts and outcomes* (pp. 229-247). Hauppauge, NY: Nova Science.

Skovholt, T. M., & Trotter-Mathison, M. (2011). *The resilient practitioner* (2nd ed.). New York, NY: Routledge.

Skovholt, T. M., Vaughan, M., & Jennings, L. (2012). Practitioner mastery and expertise. In T. M. Skovholt (Ed.), *Becoming a therapist: On the path to mastery* (pp. 203-242). New York: Wiley.

Smetanka, M. J. (1992, November 6). Burnout vaccine: Institute gives teachers a shot of enthusiasm. *Minneapolis Star Tribune,* p. 1B.

Smiley, J. (1991). *A thousand acres.* New York: Ivy Books.

Smith, A. (2008). *Personal characteristics of master couple therapists* (Unpublished doctoral dissertation thesis). University of Alberta, Canada.

Smith, P. L., & Moss, S. B. (2009). Psychologist impairment: What is it, how can it be prevented and what can be done to address it?. *Clinical Psychology: Science and Practice, 16*, 1-15. doi: 10.1111/j.1468-2850.2009.01137.x

Smith, T., & Hawks, S. R. (2006). Intuitive easting, diet composition, and the meaning of food in healthy weight promotion. *American Journal of Health Education, 37*(3), 130-136. doi: 10.1080/19325037.2006.10598892

Söderfeldt, M., Söderfeldt, B., & Warg, L. E. (1995). Burnout in social work. *Social Work, 40,* 638-646. Retrieved from http://www.jstor.org/stable/23718210

Stamm, B. H. (1995). Preface. In B. H. Stamm (Ed.), *Secondary traumatic stress: Self-care issues for clinicians, researchers, and educators* (pp. ix-xii). Lutherville, MD: Sidran Press.

Stanley, T. J., & Danko, W. D. (1996). *The millionaire next door.* New York: Pocket Books.

Stevanovic, P., & Rupert, P. A. (2004). Career-sustaining behaviors, satisfactions, and stresses of professional psychologists. *Psychotherapy: Theory, Research, Practice, Training, 41*(3), 301-309. doi: 10.1037/0033-3204.41.3.301

Stevens, W. (1923). *Harmonium.* New York: Alfred A. Knopf.

Stiles, W. (1997). Multiple voices in psychotherapy clients. *Journal of Psychotherapy Integration, 7,* 177-180. doi: 10.1037/h0101121

Stone, G. L. (1988). The heroic syndrome. *Journal of Counseling and Development, 67,* 108. doi: 10.1002/j.1556-6676.1988.tb02052.x

Strauss, J. L., Hayes, A. M., Johnson, S. L., Newman, C. F., Brown, G. K., Barber, J. P., Laurenceau, J. -P., & Beck, A. T. Beck. (2006). Early alliance, alliance ruptures, and symptom change in a nonrandomized trial of cognitive therapy for avoidant and obsessive-compulsive personality disorders. *Journal of Consulting and Clinical Psychology, 74*(2), 337-345. doi: 10.1037/0022-006X.74.2.337

Strupp, H. H., & Hadley, S. W. (1978). Specific vs. non-specific factors in psychotherapy: A controlled study of outcomes. *Archives of General Psychiatry, 36,* 1125-1136. doi:10.1001/archpsyc.1979.01780100095009

Sussman, M. B. (Ed.). (1995). *A perilous calling: The hazards of psychotherapy practice.* New York: John Wiley & Sons.

Swanson, K. W. (2010). Constructing a learning partnership in transformative teacher development. *Reflective Practice, 11,* 259-269. doi: 10.1080/14623941003672428

Tarasoff v. Regents of the University of California. 118 Cal. Rptr. 129, 529 P 2d 533 (1974).

Teater, M., & Ludgate, J. (2014). *Overcoming compassion fatigue.* Eau Claire, WI: PESI Publishing & Media.

Thoits, P. A. (2011). Mechanisms linking social ties and support to physical and mental health. *Journal of Health and Social Behavior, 52,* 145-161. doi: 10.1177/0022146510395592

Thorson, T. (1994). *Reflections on practice.* Unpublished manuscript, Minneapolis, MN.

Tippett, K. (2007). *Speaking of faith.* New York: Viking.

Torrence, P. (1996). The culture and mentoring series. In A. M. Soliman (Ed.), *Mentoring relationships in the Arab culture* (pp. 2-7). Athens, GA: Georgia Studies of Creative Behavior.

Tracey, T. J. G., Wampold, B. E., Lichtenberg, J. W., & Goodyear, R. K. (2014). Expertise in psychotherapy: An elusive goal?. *American Psychologist, 69,* 218-229. doi: 10.1037/a0035099

Tredgold, T. (1818). On the transverse strength of timber. *Philosophical Magazine: A Journal of Theoretical, Experimental and Applied Science*, Chapter XXXXVII. London: Taylor and Francis.

Trotter, M. J. (2009). *Effects of participation in a mindfulness-based stress reduction program on college students' psychological well-being.* Unpublished doctoral dissertation, University of Minnesota, Minneapolis, MN.

Trotter-Mathison, M., Koch, J., Sanger, S., & Skovholt, T. M. (2010). *Voices from the field: Defining moments in counselor and therapist development.* New York: Routledge.

Turner, J. A., Edwards, L. M., Eicken, I. M., Yokoyama, K., Castro, J. R., Tran, A. N-T., & Haggins, K. L. (2005). Self-care: An exploratory study into strategy use and effectiveness. *Professional Psychology: Research and Practice, 36,* 674-680. doi: 10.1037/0735-7028.36.6.674

U.S. Census Bureau. (2014). *US and world population clocks.* Retrieved from www.census.gov/main/www/popclock.html

van Dernoot Lipsky, L., & Burk, C. (2009). *Trauma stewardship: An everyday guide to caring for self while caring for others.* San Francisco, CA: Berrett-Koehler.

Vitaliano, P. P., Zhang, J., & Scanlan, J. M. (2003). Is caregiving hazardous to one's physical health? A meta-analysis. *Psychological Bulletin, 129*(6), 946-972. doi: 10.1037/0033-2909.129.6.946

Vygotsky, L. S. (1962). *Thought and language.* Cambridge: MIT Press.

Wampold, B. E., & Weinberger, J. (2010). Jerome Frank: Psychotherapy researcher and humanitarian. In L. G. Castonguay, J. C. Muran, L. Angus, J. A. Hayes, N. Ladany, & T. Anderson (Eds.), *Bringing psychotherapy research to life: Understanding change through the work of leading clinical researchers* (pp. 29-38). Washington, DC: American Psychological Association.

Ward, C. C., & House, R. M. (1998). Counseling supervision: A reflective model. *Counselor Education and Supervision, 38,* 23-33. doi: 10.1002/j.1556-6978.1998.tb00554.x

Warner, C. (1992). Chinese proverb. In *Dictionary of women's quotations.* Englewood Cliffs, NJ: Prentice Hall.

Weis, A. C. (2010). Growing my perspective beyond the "secret knowledge" mindset. In M. Trotter-Mathison, J. M. Koch, S. Sanger, & T. M. Skovholt (Eds.), *Voices from the field: Defining moments in counselor and therapist development* (pp. 52-54). New York: Routledge.

Werner, E. E. (1992). The children of Kauai: Resiliency and recovery in adolescence and adulthood. *Journal of Adolescent Health, 13,* 262-268. doi: 10.1016/1054-139X(92)90157-7

Werner, E. E., Bierman, J. M., & French, F. E. (1971). *The children of Kauai: A longitudinal study from the prenatal period to age ten.* Honolulu: University of Hawaii.

Werner, E. E., & Smith, R. (1992). *Overcoming the odds: High risk children from birth to adulthood.* Ithaca, NY: Cornell University Press.

Wessells, D. T., Kutscher, A. H., Seeland, I. B., Selder, F. E., Cherico, D. J., & Clark, E. J. (Eds.). (1989). *Professional burnout in medicine and the helping professions.* New York: Haworth Press.

White, E. C. (2004). *Alice Walker: A life.* New York: W. W. Norton.

Wicks, R. J. (2008). *The resilient clinician.* New York: Oxford University Press.

Winnicott, D. W. (1965). *The maturational processes and the facilitating environment.* New York: International Universities Press.

Wood, D. J., Bruner, J. S., & Ross, G. (1976). The role of tutoring in problems solving. *Journal of Child Psychology and Psychiatry, 17,* 89-100. doi: 10.1111/j.1469-7610.1976.tb00381.x

Woolf, V. (1990). *A moment's liberty: Th e short diary* (A. O. Bell, Ed.). San Diego, CA: Harcourt Brace Jovanovich.

Yalom, I. D. (1985). *The theory and practice of group psychotherapy* (3rd ed.). New York: Basic Books.

Yalom, I. D. (1989). *Love's executioner.* New York: Basic Books.

Yalom, I. D. (1995). *The theory and practice of group psychotherapy* (4th ed.). New York, NY: Basic Books.

Yalom, I. D. (2002). *The gift of therapy: An open letter to a new generation of therapists and their patients.* New York: HarperCollins.

Yalom, I. D., & Leszcz, M. (2005). *The theory and practice of group psychotherapy* (5th ed.). New York: Basic Books.

Young, M. E. (1997). How to avoid becoming a zombie. In J. Kottler (Ed.), *Finding your way as a counselor* (pp. 45-48). Alexandria, VA: American Counseling Association.

Zeh, J. B. (1988). Counseling behind closed doors: How safe?. *Journal of Counseling and Development, 67,* 89. doi: 10.1002/j.1556-6676.1988.tb02033.x

Zeigler, J. N., Kanas, N., Strull, W. M., & Bennet, N. E. (1984). A stress discussion group for medical interns. *Journal of Medical Education, 59,* 205-207.

찾아보기

인명

내용

저자 소개

톰 스코브홀트(Thomas M. Skovholt, PhD, LP, ABPP)는 University of Minnesota의 교수로 파트 타임 개인상담을 하는 심리학자이며, 13권의 책의 저자 또는 공동 저자이다. 그는 글쓰기, 가르치는 일 및 전문 상담자로서 수상 경력이 있고, 전 세계를 다니며 가르치고 워크숍을 진행하였다.

미셸 트로터-매디슨(Michelle Trotter-Mathison, PhD, LP)은 심리학자이며 University of Minnesota 보인턴 의료 서비스의 정신건강 클리닉 부국장(assistant director)이다. 또한 미네소타주 세인트 폴에서 개인 상담소를 운영하고 있으며, 『Voice from the field: Defining moments in counselor and theraphist development』의 공동 편집자이다.

역자 소개

유성경(Yoo, Sung-Kyung)은 서울대학교 사범대학 교육학과에서 학사학위와 석사학위를 받고, 미국 University of Minnesota에서 박사학위를 취득하였다. 2001년부터 현재까지 이화여자대학교 심리학과에서 교수로 재직 중이며, 2007년과 2015년에 두 차례에 걸쳐 Fulbright 방문교수로 미국 McKenna College와 Harvard University에서 연구와 강의를 진행하였다. 미국심리학회 및 한국상담심리학회에서 다양한 수상 경력이 있으며, 2022년에는 미국심리학회 Fellow로 선발되었다. 주요 저서 및 역서로는 『감정 공포 치료: 단기역동정신치료(STDP) 실습 매뉴얼』(공역, 학지사, 2015), 『상담 및 심리치료의 핵심원리』(학지사, 2018), 『아동 · 청소년 성격장애 치료: 관계적 접근』(공역, 학지사, 2018), 『성격장애의 정신역동치료』(공역, 학지사, 2020) 등이 있다. 상담자 교육과 슈퍼비전, 정서적 개입에 관한 교육과 워크숍을 활발히 진행하고 있다.

김선경(Kim, Sun-Kyung)은 서울대학교 교육학과에서 교육상담 전공으로 박사학위를 취득한 뒤 미국 Colorado State University에서 박사후 연구원과 The University of Alabama에서 외래교수를 역임하였다. 서울대학교 대학생활문화원 전임카운슬러 및 삼성전자 기흥사업장 여성상담소 소장으로 일하였고, 서울상담심리대학원대학교와 차의과학대학교 임상상담심리대학원에서 교수로 재직하였다. 기업상담, 상담자 교육, 트라우마 접근에 관심이 있다.

유정이(Ryu, Jeong-Yi)는 서울대학교 교육학과에서 학부를 졸업하고 동대학원에서 교육상담 전공으로 석사학위와 박사학위를 받았다. 서울대학교 학생상담센터, 삼성그룹 생활문화센터 상담실 그리고 한국상담복지개발원에서 상담실무를 해 왔고, 현재는 안양대학교 교육대학원 상담심리 전공에서 교육하고 있다. 한국상담심리학회와 한국상담학회의 1급전문가이며, 대인과정접근상담, 상담의 효과측정 및 상담기록관리 등의 주제에 관심이 있다.

이윤주(Lee, Yoon-Joo)는 서울대학교 교육학과에서 학부를 졸업하고 동대학원에서 교육상담 전공으로 석사학위와 박사학위를 받았다. 경기도 안산 청소년상담센터와 삼성그룹 생활문화센터에서 청소년상담과 기업상담실무를 경험하고, 2003년 3월 대구가톨릭대 교육학과 조교수로 일하다가 2009년 3월 영남대학교 교육학과로 옮겨 현재까지 재직 중이다. 한국상담심리학회와 한국상담학회의 1급전문가로서, 사람의 긍정성과 변화가능성에 대한 애정 어린 믿음을 가지고 30년 넘게 상담과 슈퍼비전을 해 오고 있으며, 강점중심상담, 상담사례개념화, 집단상담, 매체활용상담 등을 연구하고 있다.

장채원(Jang, Chae-Won)은 이화여자대학교 일반대학원 심리학과 석 · 박사 통합과정으로 상담심리학을 전공하고 박사학위를 받았다. 이화여자대학교 마음E센터에서 수련 후 이화여자대학교 아동발달센터(부모심리지원)에서 임상경험을 쌓았고, 현재 사설 상담센터에서 성인 및 청소년을 대상으로 상담 실무를 진행하고 있으며, 선문대학교 미래융합대학원과 총신대학교(원격) 평생교육원에서 강의하고 있다. 주요 논문으로는 「한국판 상담자 회복탄력성 척도 타당화」(공동연구, 2022), 「초심상담자의 화상 수퍼비전 경험과 전문성 향상에 대한 합의적 질적연구」(공동연구, 2023) 등이 있다.

정인숙(Jung, Ihn-Sook)은 이화여자대학교 일반대학원 심리학과 석 · 박사 통합과정으로 상담심리학을 전공하고 박사학위를 받았다. 이화여자대학교 마음E센터에서 임상 수련 후 서울과학기술대학교 국제처 소속 객원상담사로 외국인 유학생들의 심리상담을 담당하였다. 현재 이화여자대학교 아동발달센터(부모심리지원) 및 서울과학기술대학교 학생상담센터의 객원상담사로서 상담실무와 함께, 실제 상담 중인 상담자와 내담자를 대상으로 하여 '상담과정 중 상담자와 내담자가 경험하는 정서변화와 상담성과와의 종단적 관계 탐색 연구'를 진행 중이다. 주요 논문으로는 「한국판 상담자 회복탄력성 척도 타당화」(공동연구, 2022), 「상담자 훈련과 테크놀로지의 접목 가능성 탐색」(공동연구, 2023) 등이 있다.

상담자의 회복탄력성과 자기 돌봄

The Resilient Practitioner (3rd ed.)

2025년 7월 25일 1판 1쇄 인쇄
2025년 7월 30일 1판 1쇄 발행

지은이 • Thomas M. Skovholt · Michelle Trotter-Mathison
옮긴이 • 유성경 · 김선경 · 유정이 · 이윤주 · 장채원 · 정인숙
펴낸이 • 김진환
펴낸곳 • (주) 학지사
04031 서울특별시 마포구 양화로 15길 20 마인드월드빌딩
대표전화 • 02)330-5114 팩스 • 02)324-2345
등록번호 • 제313-2006-000265호

홈페이지 • http://www.hakjisa.co.kr
인스타그램 • https://www.instagram.com/hakjisabook

ISBN 978-89-997-3463-2 93180

정가 25,000원

역자와의 협약으로 인지는 생략합니다.
파본은 구입처에서 교환해 드립니다.